Kark

Plötzlich Compliance Officer

Plötzlich Compliance Officer

Erste Hilfe für den Einstieg in das Compliance-Management

von

Prof. Dr. Andreas Kark, LL.M. (Miami)
Rechtsanwalt in Horb am Neckar

2021

Zitiervorschlag:
Kark Plötzlich Compliance Officer § … Rn. …

www.beck.de

ISBN 978 3 406 65372 8

© 2021 Verlag C.H. Beck oHG
Wilhelmstraße 9, 80801 München
Druck und Bindung: Druckerei C.H. Beck
(Adresse wie Verlag)

Satz: 3w+p GmbH, Rimpar
Umschlaggestaltung: Martina Busch, Grafikdesign, Homburg Saar

Gedruckt auf säurefreiem, alterungsbeständigem Papier
(hergestellt aus chlorfrei gebleichtem Zellstoff)

Vorwort

Sie wurden zum Compliance Officer ernannt! Für Unternehmen, einerlei ob es sich um einen großen Konzern oder ein mittelständisches Unternehmen mit fünfzig Mitarbeitern handelt, wird die ordnungsgemäße Wahrnehmung dieser Aufgabe immer wichtiger.

Dies liegt vor allem daran, dass der Gesetzgeber dem Thema Compliance, also der Einhaltung der für ein Unternehmen maßgeblichen Rechtsvorschriften sowie der internen Richtlinien des Unternehmens, eine immer größere Bedeutung beimisst. So wurde zum Beispiel im Juni 2020 der Entwurf eines Gesetzes zur Stärkung der Integrität in der Wirtschaft veröffentlicht, mit dem auf der einen Seite ein Unternehmensstrafrecht in Deutschland eingeführt werden soll, das mit erheblichen Sanktionen verknüpft wird. Auf der anderen Seite sieht dieser Gesetzentwurf vor, dass wirksame Compliance-Maßnahmen bei der Strafzumessung mildernd berücksichtigt werden sollen.

Auch im Ausland wird die Einhaltung der rechtlichen Vorgaben immer stärker eingefordert. Unabhängig davon, ob ein Unternehmen im Ausland über einen Produktionsstandort verfügt oder ob es sich „nur" um einen Absatzmarkt handelt, allen voran die Vereinigten Staaten von Amerika, aber auch zahlreiche andere Länder, erwarten von in ihrem Land tätigen Unternehmen ein effektives Compliance-Managementsystem, das in der Lage ist, präventiv Gesetzesverstößen vorzubeugen.

Zunehmend interessieren sich aber auch Kunden für die Integrität ihrer Zulieferer und Dienstleister. Dies führt dazu, dass im Rahmen von Einkaufsverhandlungen, aber auch bei Audits in einer laufenden Geschäftsbeziehung, Kunden nicht nur die Fertigungsqualität überprüfen, sondern auch immer öfter validieren, ob sich der Lieferant um eine rechtlich einwandfreie Unternehmenstätigkeit bemüht, also „compliant" ist.

Der Aufbau und das Management der Compliance des Unternehmens ist daher eine zunehmend wichtiger werdende Aufgabe. Dieses Buch gibt einen Überblick über die ersten Schritte, die ein neu ernannter Compliance Officer tätigen muss, um seiner wichtigen Aufgabe gerecht zu werden.

Horb am Neckar, im Februar 2021   Prof. Dr. Andreas Kark, LL.M.

Inhaltsverzeichnis

Vorwort V
Abbildungsverzeichnis XV
Checklistenverzeichnis XVII
Abkürzungsverzeichnis XIX
Verzeichnis der (abgekürzt) zitierten Literatur XXI
Literaturempfehlungen zum Einstieg XXII
Literaturempfehlungen zur Vertiefung XXII
Gesetzessammlungen und ergänzende Materialien XXV

Einleitung

§ 1 Ausgangssituation

§ 2 Die ersten Schritte als neuer Compliance-Officer

A. Die erste Aufgabenbeschreibung 7
B. Das Selbstverständnis des Compliance Officer 9
    I. Abgrenzung zur Compliance-Aufgabe der
       Geschäftsprozessverantwortlichen 9
    II. Aufgabe und Haftung des Compliance Officer 11
    III. Zwischenergebnis 12
C. Das große Ziel: Das Compliance-Managementsystem 13
    I. Kurzbeschreibung der einzelnen Bausteine des
       Compliance-Managementsystems 14
       1. Commitment der Geschäftsleitung und Compliance-Kultur ... 15
          a) Verhaltenskodex 15
          b) Compliance-Strategie 16
       2. Compliance-Risikomanagement 17
          a) Die Identifikation der Compliance-Risiken 17
          b) Die Analyse, Bewertung und Priorisierung der
             Compliance-Risiken 18
       3. Compliance-Programm 18
       4. Compliance-Monitoring 19
       5. Compliance-Dokumentation und -Reporting 20
          a) Compliance-Dokumentation 20
          b) Compliance-Reporting 21
       6. Compliance-Kommunikation 22
    II. Zwischenergebnis 23
D. Wo fange ich an? 24
    I. Einige Vorüberlegungen 25
       1. Pragmatische vs. systematische Vorgehensweise? ... 25
       2. Bestehen akute Compliance-Herausforderungen? .. 29
          a) Kundenanforderungen 29
          b) Compliance-Verstoß 30
       3. Zeit ist kritisch – das Momentum erhalten 30
       4. Zwischenergebnis 31

Inhaltsverzeichnis

II. Erste Maßnahmen zum Aufbau des Compliance-Managementsystems	32
1. Die Ausgangsbasis: Der Verhaltenskodex	34
a) Die Inhalte des Verhaltenskodexes	34
b) Formale Aspekte des Verhaltenskodexes	43
c) Marketing des Verhaltenskodexes	44
d) Compliance-Schulungen und der Verhaltenskodex	45
2. Compliance-Richtlinien	45
a) Anti-Korruptionsrichtlinie	47
b) Die Richtlinie zur Kartellprävention	48
c) Die Datenschutz-Richtlinie	49
d) Nachhaltigkeitsrichtlinie für Zulieferer	49
e) Die Richtlinie für die Geschäftspartnerprüfung	50
3. Compliance-Schulungen	51
4. Aufbau einer Compliance-Organisation und von Compliance-Prozessen	57
a) Das Compliance-Committee	59
b) Whistleblower-Hotline	60
c) Lokale Compliance Officer	62
d) Das Reporting an die Geschäftsleitung	64
e) Der Compliance-Monitoringprozess	65
f) Der Compliance-Kommunikationsprozess	66
g) Die Vorbereitung der Compliance-Schulungen	67
5. Die erste Abfrage der Compliance-Risiken im Unternehmen	68
a) Optionen zur Identifizierung der Compliance-Risiken	69
b) Vor- und Nachteile der internen Compliance-Risikoabfrage vs. eines Compliance-Risikoaudits	76
6. Die Optimierung der Geschäftsprozesse des Unternehmens unter Compliance-Gesichtspunkten.	77
7. Zwischenergebnis	78
E. Fazit	78

§ 3 Der Weg zum eingeschwungenen Compliance-Managementsystem

A. Ziel: Die Verstetigung der Compliance des Unternehmens	81
B. Instrumente zur Verstetigung der Compliance	82
I. Das Compliance-Risikomanagement	82
1. Integration der Compliance-Risikoabfrage in bestehende Geschäftsprozesse	82
2. Optimierung der fragebogenbasierten Compliance-Risikoabfrage	83
3. Zwischenergebnis	86
II. Das Compliance-Monitoring	87
1. Wirksamkeit des Compliance-Programms	87
2. Compliance-Analyse des Unternehmens und seines Umfelds	87
3. Prozess des Compliance-Monitorings	89
4. Zwischenergebnis	89
III. Compliance-Kommunikation	89
1. Langfristige Compliance-Kommunikationsstrategie	89
2. Aktuelle Compliance-Kommunikationsbotschaften	90
3. Nonverbale Compliance-Kommunikation	91
4. Formale Aspekte der Compliance-Kommunikation	92
5. Compliance-Kommunikation und Compliance-Kultur	93
6. Zwischenergebnis	93

Inhaltsverzeichnis

IV. Compliance-Organisation und -Prozesse	93
V. Compliance-Schulungen	94
1. Entwicklung eines Compliance-Schulungskonzepts	94
a) Compliance-Basisschulungen	95
b) Wiederholungsschulungen	95
c) Spezielle Compliance-Schulungen	97
2. Compliance-Schulungen und die Geschäftsleitung	100
3. Zwischenergebnis	101
VI. Zusammenarbeit mit der Personalabteilung	101
1. Personalauswahl	101
2. Zielvereinbarungen	102
3. Zusammenarbeit bei Compliance-Schulungen	104
4. Sanktionen	104
5. Zwischenergebnis	105
VII. Compliance der Geschäftsprozesse optimieren	106
1. Dokumentation der operativen Geschäftsprozesse	106
2. Einführung Compliance-absichernder Geschäftsprozessergänzungen	107
a) Messebesuche	107
b) Teilnahme an Verbandssitzungen	108
3. Zwischenergebnis	109
C. Compliance und Corporate Social Responsibility	109
I. Die gesellschaftliche Verantwortung der Unternehmen	110
II. CSR in der Europäischen Union	113
III. Compliance und Nachhaltigkeit	114
IV. Zwischenergebnis	115
D. Lieferantenaudits der Kunden	115
I. Grundsätzliches zum Management der Lieferantenaudits	116
II. Schriftliche Lieferantenaudits	117
III. Lieferantenaudits vor Ort	117
IV. Sonderprüfungen	118
V. Zwischenergebnis	119
E. Fazit	119

§ 4 Fragen zur steten Eigenprüfung

A. Ist das Compliance-Managementsystem gut konzipiert?	122
I. Compliance-Risikomanagement	123
II. Compliance-Richtlinien und -Prozesse	124
III. Compliance-Schulungen und -Kommunikation	125
IV. Sichere Kommunikationskanäle für Hinweisgeber sowie interne Untersuchungen	127
V. Geschäftspartnerprüfung	128
VI. Mergers & Acquisitions (M&A)	131
VII. Zwischenergebnis	132
B. Ist das Compliance-Managementsystem mit ausreichenden Ressourcen ausgestattet und in der Lage, effektiv zu funktionieren?	132
I. Ressourcenausstattung und Befugnisse des Compliance Officer im Allgemeinen	133
II. Commitment der Geschäftsleitung und der oberen Führungskräfte	133
III. Eigenständigkeit und Ressourcen der Compliance-Funktion	134
IV. Incentivierung und Sanktionen	136

Inhaltsverzeichnis

    V. Zwischenergebnis 137
C. Funktioniert das Compliance-Managementsystem des Unternehmens in der Praxis? 138
    I. Kontinuierliche Verbesserung, regelmäßige Tests und Überprüfungen 139
    II. Untersuchung von Compliance-Verstößen 141
    III. Analyse und Behebung der tieferliegenden Ursachen eines Compliance-Verstoßes 141
    IV. Zwischenergebnis 143
D. Wie kann ich das Compliance-Management effizienter machen? 143
E. Fazit 144

§ 5 Überlegungen zur Übernahme der Aufgabe des Compliance Officer

A. Anforderungen an Form und Inhalte der Aufgabenübernahme 147
    I. Die Haftung des Compliance Officer 147
        1. Grundsätzliches zur Verantwortung für die Compliance des Unternehmens 148
        2. Die strafrechtliche Haftung des Compliance Officer – das BSR-Urteil 149
            a) Die Garantenpflicht des Compliance Officer 149
            b) Der Umfang der Garantenpflicht 150
            c) Die Compliance-Verantwortung der Geschäftsführung 151
            d) Rechtliche und faktische Beschränkungen 151
        3. Die Haftung aus dem Ordnungswidrigkeitenrecht 152
        4. Zivilrechtliche Haftung 153
        5. Aufnahme in die D&O-Versicherung 155
        6. Volle Verantwortung oder dediziertes Lastenheft? 155
        7. Zwischenergebnis 156
    II. Inhaltliche Ausgestaltung der Aufgabenbeschreibung 156
    III. Erwägungen zur Führungsstruktur 157
        1. Erwägungen zur Unternehmenshierarchie 157
        2. Erwägungen zur organisatorischen Zuordnung 158
            a) Compliance in der Spartenorganisation 159
            b) Compliance in der Funktionalorganisation 159
            c) Compliance in der Stab-Linien-Organisation 160
            d) Compliance in der Matrix-Organisation 160
            e) Räumliche Aspekte 162
    IV. Zwischenergebnis 162
B. Zusammenarbeit mit den Funktionalbereichen des Unternehmens 163
    I. Die Finanzabteilung 163
    II. Die Personalabteilung 164
    III. Die Abteilung Kommunikation und Marketing 165
    IV. Die IT-Abteilung 165
    V. Rechtsabteilung 166
    VI. Interne Revisionsabteilung 167
    VII. Zwischenergebnis 168
C. Zusammenarbeit mit externen Ansprechpartnern 168
    I. Wirtschaftsprüfer 168
    II. Externe Rechtsanwälte des Unternehmens 169
    III. Kunden 170
    IV. Der Umgang mit Behörden 170

Inhaltsverzeichnis

	V. Medien	171
	1. Presse	171
	2. Social Media	172
	VI. Compliance-Netzwerke und Kammern	172
	VII. Zwischenergebnis	173
D.	Das Compliance-Budget	173
E.	Fazit	176

Zusammenfassung der Checklisten

§ 2	Die ersten Schritte als neuer Compliance-Officer		177
	Checkliste 1:	Das erste Aufgabenprofil des Compliance Officer	177
	Checkliste 2:	Das richtige Selbstverständnis der Aufgabe des Compliance Officer	177
	Checkliste 3:	Das Compliance-Managementsystem	177
	Checkliste 4:	Wo fange ich an – Vorüberlegungen	178
	Checkliste 5:	Erste Maßnahmen zum Aufbau des Compliance-Managementsystems – Der Verhaltenskodex	178
	Checkliste 6:	Erstellung, Verteilung und Schulung des Verhaltenskodexes	178
	Checkliste 7:	Gründe für eine Geschäftspartnerprüfung	179
	Checkliste 8:	Compliance-Richtlinien	179
	Checkliste 9:	Compliance-Schulungskonzept	179
	Checkliste 10:	Inhalte einer Compliance-Basisschulung	179
	Checkliste 11:	Organisatorische Aspekte einer Compliance-Schulung	180
	Checkliste 12:	Aufbau einer Compliance-Organisation und -Prozessen	180
	Checkliste 13:	Das Compliance-Committee	181
	Checkliste 14:	Das Hinweisgebersystem (Whistleblower-Hotline)	181
	Checkliste 15:	Netzwerk lokaler Compliance-Manager	181
	Checkliste 16:	Erste Schritte bezüglich der Berichterstattung an die Geschäftsleitung, Compliance-Monitoring und Compliance-Kommunikation sowie Compliance-Schulungen	181
	Checkliste 17:	Die erste Compliance-Risikoerhebung	182
§ 3	Der Weg zum eingeschwungenen Compliance-Managementsystem		182
	Checkliste 18:	Effektivität und Effizienz der Compliance-Risikoabfrage	182
	Checkliste 19:	Gründe für inhaltlich besonders relevante Rückläufe bei der Compliance-Risikoabfrage	183
	Checkliste 20:	Verwendung konkreter Fragen bei der Identifikation der Compliance-Risiken	183
	Checkliste 21:	Interne Informationsquellen für das Compliance-Monitoring (Umfeldbeobachtung) (Auswahl)	183
	Checkliste 22:	Externe Informationsquellen für das Compliance-Monitoring (Umfeldbeobachtung) (Auswahl)	184
	Checkliste 23:	Langfristige Compliance-Kommunikationsbotschaften (Beispiele)	184
	Checkliste 24:	Mögliche anlassbezogene Compliance-Kommunikationsbotschaften	184
	Checkliste 25:	Teilnehmer der Compliance-Basisschulungen	184
	Checkliste 26:	Teilnehmer der Compliance-Wiederholungsschulungen	185
	Checkliste 27:	Vertiefende Compliance-Schulungen zu spezifischen Themen und deren Zielgruppen	185
	Checkliste 28:	Compliance-Basisschulungen für spezielle Teilnehmergruppen	185

XI

Inhaltsverzeichnis

Checkliste 29: Mögliche kalkulatorische Gestaltung einer Zielvereinbarung einschließlich eines Compliance-Ziels 185
Checkliste 30: Geschäftsprozessoptimierung aus Compliance-Sicht 186
Checkliste 31: Corporate Social Responsibility und Compliance 186
Checkliste 32: Lieferantenaudits zur Compliance des Unternehmens 186

§ 4 Fragen zur steten Eigenprüfung des Compliance Officer 186
Checkliste 33: Ist das Compliance-Managementsystem gut konzipiert? 186
Checkliste 34: Ist das Compliance-Risikomanagement gut konzipiert? 187
Checkliste 35: Sind alle erforderlichen Compliance-Richtlinien und -Prozesse vorhanden? 187
Checkliste 36: Entwicklung, Vollständigkeit, Zugänglichkeit und Verantwortlichkeiten für die operative Einbindung der Compliance-Richtlinien und -Prozesse sowie besondere Einbindung von Mitarbeitern mit wichtigen Kontrollfunktionen 188
Checkliste 37: Compliance-Schulungen und -Kommunikation (allgemein) 188
Checkliste 38: Risikobasierte Compliance-Schulungen, Form, Inhalte, Lernerfolg der Compliance-Schulungen, Berichterstattung über Fehlverhalten sowie Verfügbarkeit von Erläuterungen zu den Compliance-Richtlinien 189
Checkliste 39: Compliance-Hinweisgebersystem (Whistleblower-Hotline) (allgemein) 190
Checkliste 40: Wirksamkeit des Hinweisgebersystems 190
Checkliste 41: Aufklärung, Reaktion und Ressourcen sowie Nachverfolgung der Untersuchungsergebnisse des Hinweisgebersystems 190
Checkliste 42: Geschäftspartnerprüfung im Allgemeinen 191
Checkliste 43: Geschäftspartnerprüfung: Compliance-risikobasierte Prozesse und deren Operationalisierung, angemessene Kontrollen, das Management von Geschäftspartnern sowie Compliance-Maßnahmen und Konsequenzen 191
Checkliste 44: Mergers and Acquisitions (M&A) (allgemein) 192
Checkliste 45: Compliance Due Diligence, Integration der Compliance-Funktion in den M&A-Prozess sowie Verknüpfung der Compliance Due Diligence mit der Post Merger Integration 193
Checkliste 46: Ressourcenausstattung und Befugnisse des Compliance Officer 193
Checkliste 47: Commitment und Verhalten der Geschäftsleitung und der (oberen) Führungskräfte sowie des Aufsichtsrates bzw. Gesellschafterversammlung 193
Checkliste 48: Eigenständigkeit und Ressourcen der Compliance-Funktion 194
Checkliste 49: Organisatorische Einbindung, Seniorität und Gravitas sowie Erfahrung und Qualifizierung des Compliance Officer; Ressourcen sowie Unabhängigkeit der Compliance-Funktion, Zugang zu Unternehmensdaten und -informationen, Outsourcing von Compliance-Funktionen 195
Checkliste 50: Incentivierung und Sanktionen 196
Checkliste 51: Funktioniert das Compliance-Managementsystem des Unternehmens in der Praxis? 196
Checkliste 52: Kontinuierliche Verbesserungen, Interne Revision, Wirksamkeit der Kontrollen, stetige Aktualisierungen des Compliance-Managementsystems sowie Compliance-Kultur 197

Checkliste 53: Untersuchung von Compliance-Verstößen (keine Interne
    Revisionsabteilung vorhanden) 198
Checkliste 54: Analyse von Compliance-Verstößen 198
Checkliste 55: Effizienzverbesserung des Compliance-Managementsystems 199

§ 5 Überlegungen zur Übernahme der Aufgabe des Compliance Officer 199
Checkliste 56: Quellen der persönlichen Haftung des Compliance Officer 199
Checkliste 57: Tatbestandsvoraussetzungen der ordnungswidrigkeitsrechtlichen
    Haftung gemäß § 130 OWiG 200
Checkliste 58: Voraussetzungen der zivilrechtlichen Haftung auf
    Schadensersatz 200
Checkliste 59: Organisatorische Aspekte 200
Checkliste 60: Zusammenarbeit mit externen Ansprechpartnern 201
Checkliste 61: Spezifische Positionen des Compliance-Budgets 201
Checkliste 62: Argumente für den Wertschöpfungsbeitrag von Compliance 201

Stichwortverzeichnis 203

Abbildungsverzeichnis

Abbildung 1:	Die Wertschöpfungskette der Widget GmbH	9
Abbildung 2:	Das Compliance-Managementsystem der Widget-GmbH	14
Abbildung 3:	Der Verhaltenskodex als Dach der nachgelagerten internen Compliance-Vorgaben	16
Abbildung 4:	Das Compliance-Managementsystem als Puzzle verstehen	26
Abbildung 5:	Die ersten Implementierungsschritte zum Compliance-Managementsystem	28
Abbildung 6:	Der UN Global Compact: Compliance-Anforderungen werden herunter kaskadiert	37
Abbildung 7:	Die ersten Compliance-Maßnahmen und weitere Implementierungsaufgaben	58
Abbildung 8:	Modell des Prozesses einer Whistleblower-Hotline	62
Abbildung 9:	Das Netzwerk lokaler Compliance Officer der Widget GmbH	63
Abbildung 10:	Formular zur Abfrage von Compliance-Risiken	70
Abbildung 11:	Die Prozessschritte der ersten Compliance-Risikoabfrage	75
Abbildung 12:	Das Monitoring der Wirksamkeit des Compliance-Programms	87
Abbildung 13:	Zielvereinbarung mit Compliance-Element	103
Abbildung 14:	Exemplarischer Beschaffungsprozess	107
Abbildung 15:	Die drei Dimensionen der Corporate Social Responsibility nach *Schwartz/Carroll*	110
Abbildung 16:	Dimensionen rechtlicher Entscheidungsmotivationen	111
Abbildung 17:	Das Drei-Säulen-Modell nach *Elkington*	113
Abbildung 18:	Fragen zur Selbstprüfung	122
Abbildung 19:	Compliance in der Spartenorganisation	159
Abbildung 20:	Compliance in der Funktionalorganisation	160
Abbildung 21:	Compliance in der Stab-Linien-Organisation	160
Abbildung 22:	Compliance und das Compliance-Netzwerk in der Matrix-Organisation	161

Checklistenverzeichnis

Checkliste 1:	Das erste Aufgabenprofil des Compliance Officer	7
Checkliste 2:	Das richtige Selbstverständnis der Aufgabe des Compliance Officer	12
Checkliste 3:	Das Compliance-Managementsystem	24
Checkliste 4:	Wo fange ich an – Vorüberlegungen	29
Checkliste 5:	Erste Maßnahmen zum Aufbau des Compliance-Managementsystems – Der Verhaltenskodex	43
Checkliste 6:	Erstellung, Verteilung und Schulung des Verhaltenskodexes	45
Checkliste 7:	Gründe für eine Geschäftspartnerprüfung	51
Checkliste 8:	Compliance-Richtlinien	51
Checkliste 9:	Compliance-Schulungskonzept	52
Checkliste 10:	Inhalte einer Compliance-Basisschulung	53
Checkliste 11:	Organisatorische Aspekte einer Compliance-Schulung	57
Checkliste 12:	Aufbau einer Compliance-Organisation und -Prozessen	58
Checkliste 13:	Das Compliance-Committee	60
Checkliste 14:	Das Hinweisgebersystem (Whistleblower-Hotline)	62
Checkliste 15:	Netzwerk lokaler Compliance-Manager	64
Checkliste 16:	Erste Schritte bezüglich der Berichterstattung an die Geschäftsleitung, Compliance-Monitoring und Compliance-Kommunikation sowie Compliance-Schulungen	68
Checkliste 17:	Die erste Compliance-Risikoerhebung	77
Checkliste 18:	Effektivität und Effizienz der Compliance-Risikoabfrage	84
Checkliste 19:	Gründe für inhaltlich besonders relevante Rückläufe bei der Compliance-Risikoabfrage	85
Checkliste 20:	Verwendung konkreter Fragen bei der Identifikation der Compliance-Risiken	86
Checkliste 21:	Interne Informationsquellen für das Compliance-Monitoring (Umfeldbeobachtung) (Auswahl)	88
Checkliste 22:	Externe Informationsquellen für das Compliance-Monitoring (Umfeldbeobachtung) (Auswahl)	88
Checkliste 23:	Langfristige Compliance-Kommunikationsbotschaften (Beispiele)	90
Checkliste 24:	Mögliche anlassbezogene Compliance-Kommunikationsbotschaften	91
Checkliste 25:	Teilnehmer der Compliance-Basisschulungen	95
Checkliste 26:	Teilnehmer der Compliance-Wiederholungsschulungen	97
Checkliste 27:	Vertiefende Compliance-Schulungen zu spezifischen Themen und deren Zielgruppen	99
Checkliste 28:	Compliance-Basisschulungen für spezielle Teilnehmergruppen	100
Checkliste 29:	Mögliche kalkulatorische Gestaltung einer Zielvereinbarung einschließlich eines Compliance-Ziels	103
Checkliste 30:	Geschäftsprozessoptimierung aus Compliance-Sicht	109
Checkliste 31:	Corporate Social Responsibility und Compliance	115
Checkliste 32:	Lieferantenaudits zur Compliance des Unternehmens	119
Checkliste 33:	Ist das Compliance-Managementsystem gut konzipiert?	123
Checkliste 34:	Ist das Compliance-Risikomanagement gut konzipiert?	123
Checkliste 35:	Sind alle erforderlichen Compliance-Richtlinien und -Prozesse vorhanden?	124
Checkliste 36:	Entwicklung, Vollständigkeit, Zugänglichkeit und Verantwortlichkeiten für die operative Einbindung der Compliance-Richtlinien und -Prozesse sowie besondere Einbindung von Mitarbeitern mit wichtigen Kontrollfunktionen	125
Checkliste 37:	Compliance-Schulungen und -Kommunikation (allgemein)	126

Checklistenverzeichnis

Checkliste 38: Risikobasierte Compliance-Schulungen, Form, Inhalte, Lernerfolg der Compliance-Schulungen, Berichterstattung über Fehlverhalten sowie Verfügbarkeit von Erläuterungen zu den Compliance-Richtlinien 126
Checkliste 39: Compliance-Hinweisgebersystem (Whistleblower-Hotline) (allgemein) 127
Checkliste 40: Wirksamkeit des Hinweisgebersystems 128
Checkliste 41: Aufklärung, Reaktion und Ressourcen sowie Nachverfolgung der Untersuchungsergebnisse des Hinweisgebersystems 128
Checkliste 42: Geschäftspartnerprüfung im Allgemeinen 129
Checkliste 43: Geschäftspartnerprüfung: Compliance-risikobasierte Prozesse und deren Operationalisierung, angemessene Kontrollen, das Management von Geschäftspartnern sowie Compliance-Maßnahmen und Konsequenzen 129
Checkliste 44: Mergers and Acquisitions (M&A) (allgemein) 131
Checkliste 45: Compliance Due Diligence, Integration der Compliance-Funktion in den M&A-Prozess sowie Verknüpfung der Compliance Due Diligence mit der Post Merger Integration 131
Checkliste 46: Ressourcenausstattung und Befugnisse des Compliance Officer 133
Checkliste 47: Commitment und Verhalten der Geschäftsleitung und der (oberen) Führungskräfte sowie des Aufsichtsrates bzw. Gesellschafterversammlung 133
Checkliste 48: Eigenständigkeit und Ressourcen der Compliance-Funktion 135
Checkliste 49: Organisatorische Einbindung, Seniorität und Gravitas sowie Erfahrung und Qualifizierung des Compliance Officer; Ressourcen und sowie Unabhängigkeit der Compliance-Funktion, Zugang zu Unternehmensdaten und -informationen, Outsourcing von Compliance-Funktionen 135
Checkliste 50: Incentivierung und Sanktionen 137
Checkliste 51: Funktioniert das Compliance-Managementsystem des Unternehmens in der Praxis? 139
Checkliste 52: Kontinuierliche Verbesserung, Interne Revision, Wirksamkeit der Kontrollen, stetige Aktualisierungen des Compliance-Managementsystems sowie Compliance-Kultur 139
Checkliste 53: Untersuchung von Compliance-Verstößen (keine Interne Revisionsabteilung vorhanden) 141
Checkliste 54: Analyse von Compliance-Verstößen 141
Checkliste 55: Effizienzverbesserung des Compliance-Managementsystems 144
Checkliste 56: Quellen der persönlichen Haftung des Compliance Officer 147
Checkliste 57: Tatbestandsvoraussetzungen der ordnungswidrigkeitsrechtlichen Haftung gemäß § 130 OWiG 153
Checkliste 58: Voraussetzungen der zivilrechtlichen Haftung auf Schadensersatz 153
Checkliste 59: Organisatorische Aspekte 163
Checkliste 60: Zusammenarbeit mit externen Ansprechpartnern 173
Checkliste 61: Spezifische Positionen des Compliance-Budgets 174
Checkliste 62: Argumente für den Wertschöpfungsbeitrag von Compliance 174

Abkürzungsverzeichnis

ABl	Amtsblatt
AGG	Allgemeines Gleichbehandlungsgesetz
AktG	Aktiengesetz
Anm.	Anmerkung
AöR	Anstalt des öffentlichen Rechts
Aufl.	Auflage
B2B	Business-to-Business
B2C	Business-to-Consumer
BDSG	Bundesdatenschutzgesetz
BGBl	Bundesgesetzblatt
BGH	Bundesgerichtshof
BKR	Zeitschrift für Bank und Kapitalmarktrecht
BSR	Berliner Stadtreinigung
bzw.	beziehungsweise
ca.	circa
CCZ	Corporate Compliance Zeitschrift
CO_2	Kohlendioxid
CSR	Corporate Social Responsibility
D&O	Directors & Officers Liability Insurance
dh	das heißt
DS-GVO	Verordnung (EU) 2016/679 des Europäischen Parlaments und des Rates vom 27. April 2016 zum Schutz natürlicher Personen bei der Verarbeitung personenbezogener Daten, zum freien Datenverkehr und zur Aufhebung der Richtlinie 95/46/EG (Datenschutz-Grundverordnung)
e.V.	eingetragener Verein
f., ff.	folgende Seite bzw. Seiten
Fn.	Fußnote
GmbHG	Gesetz betreffend die Gesellschaften mit beschränkter Haftung
GuV	Gewinn- und Verlustrechnung
Hrsg.	Herausgeber
IDW	Institut der Wirtschaftsprüfer
iSd	im Sinne des/der
KVP	Kontinuierlicher Verbesserungsprozess
LCM	Lokaler Compliance-Manager
LG	Landgericht
M&A	Mergers & Acquisitions
NZWiSt	Neue Zeitschrift für Wirtschaftsstrafrecht
o. g.	oben genannte(r, s)
OEM	Original Equipment Manufacturer (Originalausrüstungshersteller bzw. Erstausrüster)
OWiG	Gesetz über Ordnungswidrigkeiten
rd.	rund
Rn.	Randnummer
s.	siehe
SOX	Sarbanes-Oxley Act 2002

Abkürzungsverzeichnis

ua	unter anderem
Urt.	Urteil
usw	und so weiter
uU	unter Umständen
uvm	und vieles mehr
v.	vom
va	vor allem
vgl.	vergleiche
vs.	versus (gegen[über] oder im Gegensatz zu)
zB	zum Beispiel
zT	zum Teil

Verzeichnis der (abgekürzt) zitierten Literatur

Agudelo/Jóhannsdóttir/ Davídsdóttir .... *Agudelo/Jóhannsdóttir/Davídsdóttir,* A literature review of the history and evolution of corporate social responsibility, 4 International Journal of Corporate Social Responsibility 1, 2019.

Bamberger/Wrona Strategische Unternehmensführung .... *Bamberger/Wrona,* Strategische Unternehmensführung, 2. Aufl. 2012.

Bürkle .... *Bürkle,* Grenzen der strafrechtlichen Garantenstellung des Compliance-Officers, CCZ 2010, 4.

Bürkle/Hauschka Compliance-Officer/ *Bearbeiter* .... *Bürkle/Hauschka,* Der Compliance Officer, 2015.

Carroll .... *Carroll,* In Search of the Moral Manager 30 Business Horizons 7, 1987.

Carroll .... *Carroll,* The pyramid of corporate social responsibility: Toward the moral management of organizational stakeholders. 34 Business Horizons 39, 1991.

Chaffee .... *Chaffee,* The Origins of Corporate Social Responsibility, 85 University of Cincinnati Law Review 347, 2017.

Drucker .... *Drucker,* The Practice of Management, 1954.

Elkington .... *Elkington,* Cannibals with forks: the triple bottom line of 21st century business, 1998.

FBS Mergers & Acquisitions/*Bearbeiter* ..... *Feix/Büchler/Straub,* Mergers & Acquisitions, 2017.

Fissenewert Compliance .... *Fissenewert,* Compliance für den Mittelstand, 2. Aufl. 2018.

Gehring/Kasten/Mäger ...... *Gehring/Kasten/Mäger,* Unternehmensrisiko Compliance? Fehlanreize für Kartellprävention durch EU-wettbewerbsrechtliche Haftungsprinzipien für Konzerngesellschaften, CCZ 2013, 1.

Gerrig Psychology and life .... *Gerrig,* Psychology and life, 20. Aufl. 2013.

Graf Zedtwitz-Arnim .... *Graf Zedtwitz-Arnim,* Tu Gutes und rede darüber, 1961.

HML Corporate Compliance/*Bearbeiter* ..... *Hauschka/Moosmayer/Lösler,* Corporate Compliance, 3. Aufl. 2016.

Kark .... *Kark,* Das Management von Compliance-Risiken, ZRFC Risk, Fraud & Compliance, 2019, S. 254–261.

Kark Compliance .... *Kark,* Compliance-Risikomanagement, 2. Aufl. 2019.

KK-OWiG/*Bearbeiter* ...... *Mitsch,* Karlsruher Kommentar zum Gesetz über Ordnungswidrigkeiten: OWiG, 5. Aufl. 2018.

Klengel/Mückenberger .... *Klengel/Mückenberger,* Internal Investigations – typische Rechts- und Praxisprobleme unternehmensinterner Ermittlungen, CCZ 2009, 81.

Mehrabian .... *Mehrabian,* Silent Messages: Implicit Communication of Emotions and Attitudes, 1981.

Verzeichnis der (abgekürzt) zitierten Literatur

Mehrabian/Ferris	*Mehrabian/Ferris,* Inference of attitudes from nonverbal communication in two channels, 31 The Journal of Counselling Psychology 248, 1967.
Mengel Compliance	Mengel, Compliance und Arbeitsrecht, 2009.
Moosmayer Compliance	Moosmayer, Compliance, 3. Aufl. 2015.
MüKoAktG/*Berabeiter*	*Goette/Habersack/Kalss,* Münchener Kommentar zum Aktiengesetz, 5. Aufl. 2019.
MüKoBGB/*Bearbeiter*	*Säcker/Rixecker/Oetker/Limperg,* Münchener Kommentar zum Bürgerlichen Gesetzbuch, 8. Aufl. 2018.
Paine	*Paine,* Managing for Organizational Integrity. Harvard Business Review 106, March/April 1994.
Schwartz/Carroll	*Schwartz/Carroll,* Corporate Social Responsibility: A Three-Domain Approach, 13 Business Ethics Quarterly 503, 2003.
Secka	*Secka,* Einfluss von Kommunikationsmaßnahmen mit CSR-Bezug auf die Einstellung zur Marke: Entwicklung und Überprüfung eines konzeptionellen Modells, 2015.
Spindler/Stilz/*Bearbeiter*	*Spindler/Stilz,* Aktiengesetz, 4. Aufl. 2019.
Träger	*Träger,* Organisation, 2018.
Umnuß Compliance-Checklisten	*Umnuß,* Corporate Compliance Checklisten, 4. Aufl. 2020.

Literaturempfehlungen zum Einstieg

Hauschka/Moosmayer/Lösler	Corporate Compliance – Handbuch der Haftungsvermeidung im Unternehmen, 3. Aufl. 2016.
Kark	Das Management von Compliance-Risiken, ZRFC Risk, Fraud & Compliance, 2019, S. 254–261.
Moosmayer	Compliance: Praxisleitfaden für Unternehmen, 3. Aufl. 2015.
Umnuß	Corporate Compliance Checklisten: Rechtliche Risiken im Unternehmen erkennen und vermeiden, 4. Aufl. 2020.

Literaturempfehlungen zur Vertiefung

Bürkle	Grenzen der strafrechtlichen Garantenstellung des Compliance-Officers, CCZ 2010, 4.
Bürkle/Hauschka	Der Compliance Officer: Ein Handbuch in eigener Sache, 2015.
Chaffee	The Origins of Corporate Social Responsibility, 85 University of Cincinnati Law Review 347 (2017).
Fissenewert	Compliance für den Mittelstand, 2. Aufl. 2018.
Jahn/Guttmann/Krais	Krisenkommunikation bei Compliance-Verstößen, 2020.
Klengel/Mückenberger	Internal Investigations – typische Rechts- und Praxisprobleme unternehmensinterner Ermittlungen, CCZ 2009, 81.
Krais	Geldwäsche und Compliance: Praxishandbuch für Güterhändler, 2018.

Verzeichnis der (abgekürzt) zitierten Literatur

Mengel	Compliance und Arbeitsrecht: Implementierung, Durchsetzung, Organisation, 2009.
Moosmayer/Hartwig	Interne Untersuchungen: Praxisleitfaden für Unternehmen, 2. Aufl. 2018.
Nietsch	Corporate Social Responsibility und Compliance, 2021.
Paine	Managing for Organizational Integrity. Harvard Business Review 106, March/April 1994.
Pfeil/Mertgen	Compliance im Außenwirtschaftsrecht: Zoll, Exportkontrolle, Sanktionen, 2016.
Schwartz/Carroll	Corporate Social Responsibility: A Three-Domain Approach, 13 Business Ethics Quarterly 503, 2003.
Thüsing/Wurth	Social Media im Betrieb: Arbeitsrecht und Compliance, 2. Aufl. 2020.

Gesetzessammlungen und ergänzende Materialien

https://www.compliance-consultancy.de/compliance-informationen-downloads.html (zuletzt abgerufen am 21.12.2020)

Die Website wird vom Verfasser betrieben. Sie beinhaltet gesetzliche Vorschriften und Richtlinien, die branchenunabhängig Compliance-Anforderungen begründen bzw. beeinflussen können. Darüber hinaus sind dort ua auch sogenannte „Resource Guides" und „Enforcement Manuals" angloamerikanischer Behörden zu finden, die hilfreiche Hinweise zum Aufbau eines Compliance-Managementsystems geben.

- Rechtsvorschriften Deutschland:
  - Aktiengesetz (AktG)
  - GmbH-Gesetz (GmbHG)
  - Handelsgesetzbuch (HGB)
  - Strafgesetzbuch (StGB)
  - Gesetz gegen Ordnungswidrigkeiten (OWiG)
  - Gesetz gegen Wettbewerbsbeschränkungen (GWB)
  - Vergabe- und Vertragsordnung für Bauleistungen Teil A (VOB/A)
  - Gesetz über das Kreditwesen (KWG)
  - Gesetz über den Wertpapierhandel (WpHG)
  - Gesetz über die Beaufsichtigung der Versicherungsunternehmen (VAG)
- Rechtsvorschriften und Richtlinien der EU und der OECD
- Rechtsvorschriften Großbritannien
  - UK Bribery Act 2010
    - Bribery Act 2010
    - Bribery Act 2010 Bribery Act – Explanatory Notes
    - The Bribery Act 2010 – Guidance
    - Bribery Act 2010: Joint Prosecution Guidance of The Director of the Serious Fraud Office and The Director of Public Prosecutions
  - Kartellrechtliche Vorschriften und Erläuterungen
    - Quick Guide to Competition Law, OFT 1330
    - Agreements and concerted practices, OFT 401- deutsch
    - Abuse of a dominant position, OFT 402
    - How your business can achieve compliance with competition law, OFT 1341 | Guidance
    - A quick guide to competition and consumer protection laws that affect your business, OFT 911
    - Company directors and competition law, OFT 1340 | Guidance
    - Quick Guide to Cartels and Leniency for Businesses, OFT 1495b
    - Competition Act 1998: Guidance on the CMA's investigation procedures in Competition Act 1998 cases, CMA8
    - Cartel Offence Prosecution Guidance, CMA9
    - Director disqualification orders in competition cases, OFT 510 | Guidance
    - OFT's guidance as to the appropriate amount of a penalty, OFT 423
    - Rewards for Information about Cartels
  - Erläuterungen zu Vorschriften gegen Bestechung, Betrug und Geldwäsche
    - Fraud, Bribery, And Money Laundering Offences – Definitive Guideline 2014
    - Criminal Finances Act 2017
    - Criminal Finances Act 2017 | Explanatory Notes
- Rechtsvorschriften USA
  - Sarbanes-Oxley Act 2002 und Erläuterungen
    - Sarbanes-Oxley Act 2002
    - SEC Enforcement Manual
  - Federal Sentencing Guidelines, U.S. Attorney's Manual und Erläuterungen

Gesetzessammlungen und ergänzende Materialien

- 2018 Federal Sentencing Guidelines Manual Chapter 8
- U.S. Attorney's Manual 9–28.000 Principles of Federal Prosecution of Business Organizations
- DoJ, Evaluation of Corporate Compliance Programs, 2020
- Anti-Korruptionsbestimmungen und Erläuterungen
  - Foreign Corrupt Practices Act 1977 (FCPA) – English
  - Foreign Corrupt Practices Act 1977 (FCPA) – Deutsch
  - A Resource Guide to the U.S. Foreign Corrupt Practices Act, 2. Aufl. 2020
  - U.S. Attorney's Manual 9–47.000 Foreign Corrupt Practices Act of 1977
  - U.S. Travel Act, 18 U.S.C. § 1952
- Bestimmungen zur Prävention der Geldwäsche und Erläuterungen
  - Anti-Drug Abuse Act of 1986
  - U.S. Attorney's Manual 9–105.000 Money Laundering
  - Criminal Resource Manual 2101 – Money Laundering
  - 2017 No. 692 Financial Services – The Money Laundering, Terrorist Financing and Transfer of Funds (Information on the Payer) Regulations

sowie

❑ Vorschriften Österreichs, der Schweiz, Kanadas, Brasiliens und Italiens.

Einleitung

Compliance ist ein nicht mehr wegzudenkender Bestandteil moderner Unternehmensführung. Dies gilt sowohl für börsennotierte Großunternehmen als auch für kleinere und mittelständische Unternehmen.

Bei der praktischen Umsetzung bewegt man sich als Compliance Officer keineswegs nur auf der juristischen Ebene. Vielmehr treten eine ganze Reihe weiterer Komponenten hinzu, deren Berücksichtigung sich positiv auf den Erfolg der Tätigkeit des Compliance Officer auswirken wird.

So ist der Compliance Officer zunächst abhängig von der Unterstützung der Geschäftsleitung und seiner Kollegen, da es de facto unmöglich ist, eine rechtlich einwandfreie Unternehmenstätigkeit im Alleingang zu gewährleisten. Der Compliance Officer hat also zwischenmenschlich geprägte Komponenten in seiner Aufgabenwahrnehmung zu berücksichtigen. In diesem Zusammenhang spielt Psychologie, vor allem in der Ausprägung der Organisationspsychologie eine wichtige Rolle, ebenso wie Diplomatie, aber auch natürlich die eigene Integrität.

Natürlich kosten Compliance-Maßnahmen auch Zeit: die Arbeitszeit des Compliance Officer, der das Compliance-Managementsystem aufbaut und betreut, die der Geschäftsleitung und der Mitarbeiter des Unternehmens, die sich zB damit befassen sollen, wie Geschäftsprozesse so optimiert werden können, dass sie rechtlich einwandfrei und frei von Manipulationsmöglichkeiten sind. Wie schon Benjamin Franklin feststellte, ist Zeit jedoch Geld, dh der Compliance Officer muss betriebswirtschaftliche Erwägungen zB bei der Definition von Maßnahmen für die Verbesserung der Compliance des Unternehmens berücksichtigen.

Auch sollte der Compliance Officer seine Kollegen zB durch kreative Lösungsvorschläge unterstützen, durch die ein suboptimaler Geschäftsprozess „compliance-fest" gemacht werden kann. Damit bewegt er sich in der Organisationslehre.

Diese drei Beispiele zeigen, dass es die Vielseitigkeit ist, die den Reiz der Aufgabe des Compliance Officer ausmacht. Sie wird an Bedeutung in dem Maße zunehmen, in dem staatliche Behörden und Kunden des Unternehmens darauf insistieren, dass auch Unternehmen ganz selbstverständlich die für sie geltenden rechtlichen Vorgaben zu erfüllen haben.

Aber wo fange ich in meiner neuen Funktion als Compliance Officer an?

Nach einer kurzen Einführung in die Thematik im ersten Kapitel befasst sich das zweite Kapitel mit den ersten operativen Schritten, die der Compliance Officer regelmäßig zu tätigen hat. Dazu werden die verschiedenen Aufgaben erörtert und Empfehlungen zu deren Lösung gegeben. Hierbei orientiert sich dieses Buch an den Anforderungen und Gegebenheiten eines mittelständischen Unternehmens, das nicht börsennotiert ist.

Dies setzt ein gewisses Grundverständnis von Compliance im Allgemeinen sowie vom Tätigkeitsprofil eines Compliance Officer im Besonderen voraus. Um dem Leser die Lektüre längerer theoretischer Abhandlungen zu Beginn dieses praxis- und va umsetzungsorientierten Buches zu ersparen, werden immer wieder kurze Erläuterungen eingeschoben, um den Kontext, in dem die ersten Umsetzungsmaßnahmen stehen, zu erklären.

Im dritten Kapitel werden diejenigen Aufgaben erläutert, deren Ziel es ist, das Compliance-Management im Unternehmen und in seinen Geschäftsprozessen zu verstetigen, um damit in den Köpfen der Mitarbeiter zu verankern, dass es eine Selbstverständlichkeit ist, sich regeltreu zu verhalten.

Unabhängig von der Erläuterung der ersten operativen Aufgaben und den Maßnahmen zur Verstetigung der Compliance im Unternehmen ist es wichtig, im eingeschwungenen Zustand des Compliance-Managementsystems immer wieder zu prüfen, wo Optimierungsbedarf besteht, ganz im Sinne des japanischen Kaizens bzw. des „Kontinuierlichen Verbesserungsprozesses" (KVP). Nicht nur ist dies eine sehr sinnvolle, etablierte betriebs-

Einleitung

wirtschaftliche Praxis. Vielmehr wird auch seitens Behörden und Gerichte erwartet, dass sich Unternehmen bemühen, über ein den aktuellen Rahmenbedingungen gerecht werdendes Compliance-Managementsystem zu verfügen – und dass sie dies auch belegen können. Im vierten Kapitel werden hierzu entsprechende Hinweise gegeben.

Ein weiteres Kapitel ist der Rolle des Compliance Officer im Unternehmen gewidmet. Auch wenn in den vorgenannten Abschnitten immer wieder auf diesen, für die Aufgabenwahrnehmung entscheidenden Aspekt eingegangen wird, so enthält dieses Kapitel weiterführende Aussagen zu den Anforderungen an Form und Inhalt der Aufgabenübernahme, einschließlich arbeitsrechtlicher Erwägungen, zu seiner organisatorischen Zuordnung im Unternehmen sowie Anmerkungen zur Haftung des Compliance Officer. Auch wird in diesem Abschnitt auf die funktionale Aufgabenverteilung im Unternehmen und die Zusammenarbeit mit externen Ansprechpartnern eingegangen.

Am Ende findet sich eine Zusammenstellung der verschiedenen Checklisten, die zur Erleichterung der ersten Schritte eines neuernannten Compliance Officer hilfreich sein können.

§ 1 Ausgangssituation

Im Rahmen eines Gesprächs mit der Geschäftsleitung erfährt der Mitarbeiter eines mittelständischen Unternehmens, dass Compliance, also die Einhaltung der für das Unternehmen maßgeblichen Vorschriften und internen Unternehmensrichtlinien, ein zunehmend wichtiges Thema sei und dass er dies künftig managen soll.[1]

Tatsächlich mag es zu einem **Gesetzesverstoß** aus dem Unternehmen heraus gekommen sein, der es der Geschäftsleitung als dringend ratsam erscheinen lässt, dass sich jemand im Unternehmen einmal näher mit dieser neuen Thematik „Compliance" befasst.

Gut ist es jedoch auch möglich, dass der Vertrieb der Unternehmensleitung meldete, dass sich ein **wichtiger Kunde** neuerdings nach dem Stand der „Compliance" des Unternehmens erkundigt und bei der Gelegenheit keinen Zweifel daran ließ, dass sich ein Fehlen von Compliance negativ auf das **Lieferantenaudit** auswirken würde und damit zu einem Wettbewerbsnachteil für das Unternehmen werden könnte.

Dass man ihn für diese Aufgabe auserkoren hat, mag daran liegen, dass er eine juristische Ausbildung genossen hat bzw. schon früher mit juristischen Aufgaben im Unternehmen betraut worden war und diese erfolgreich ausfüllen konnte. Es mag auch darin begründet sein, dass der Mitarbeiter schon als **Sicherheitsbeauftragter, Umweltschutzbeauftragter, Datenschutzbeauftragter** und/oder **Exportkontrollbeauftragter** im Unternehmen tätig ist und daher die Wahrnehmung der Aufgabe des Compliance-Beauftragten, oder neudeutsch die des Compliance Officer, auch noch übernehmen soll, da diese ja thematisch zueinander passen.

Einerlei mit welcher Begründung die Wahl auf diesen Mitarbeiter fiel, in der Regel haben die Compliance Officer in einem mittelständischen Unternehmen eines gemein: Sie sind selten *nur* Compliance Officer. In den meisten Fällen müssen sie die Aufgabe zusätzlich zu einer oder mehrerer der oben genannten Funktionen erfüllen. Allerdings sind diese Aufgaben ihrerseits regelmäßig ebenfalls nicht die Hauptaufgabe des Mitarbeiters. Vielmehr kann dies die Funktion des **Chief Operations Officers** oder die des **Qualitätsmanagers** sein, der gleichzeitig zB Sicherheits- und Umweltschutzbeauftragter ist.

Es kann auch der **Leiter des Finanzbereichs** sein, dem diese zusätzliche Aufgabe angedient wird. In seltenen Fällen verfügt ein mittelständisches Unternehmen über einen sogenannten **Syndikusanwalt,** der die rechtlichen Interessen des Unternehmens wahrnimmt. Auch wenn diese Ein-Personen-Rechtsabteilung in aller Regel schon mehr als gut mit ihrer originären Aufgabe ausgelastet ist, wird dem Unternehmensjuristen gern auch die Aufgabe des Compliance Officer übertragen, da es sich ja zunächst und auf den ersten Blick um ein ausschließlich juristisches Thema zu handeln scheint.

Das bedeutet, dass der neue Compliance Officer nicht selten **kaum mehr als 20 %** seiner zur Verfügung stehenden **Arbeitszeit** dem Thema Compliance widmen kann. Dies ist eine Einschränkung, die sich naturgemäß auf die Wahrnehmung der operativen Aufgabe auswirken muss. Verfügt das mittelständische Unternehmen über seinen Hauptsitz in Deutschland, an dem die Produktion und die Verwaltung konzentriert sind, so wirken sich die **limitierten Kapazitäten** nicht so erheblich aus wie in einem vergleichbaren Unternehmen, das jedoch mit seinen Produktionsstätten denen seiner Kunden ins außereuropäische Ausland gefolgt ist, wie dies oftmals zB in der Automobilzulieferbranche der Fall ist.

In letzterem Szenario ist die Komplexität bei der Implementierung eines Compliance-Managementsystems des Unternehmens eine deutlich höhere. Hier machen sich die eingeschränkten zeitlichen Kapazitäten eher bemerkbar, da sie die Geschwindigkeit der Realisierung der Umsetzungsmaßnahmen beeinflussen, es sei denn, der neu ernannte Compliance Officer kann externe Unterstützung für einzelne Themenstellungen hinzuziehen.

---

[1] Sämtliche Funktionsbezeichnungen umfassen die männliche, weibliche bzw. diverse Form.

9   Um die gegebenen Kapazitäten möglichst effizient nutzen zu können, ist es daher von erheblicher Bedeutung, die **Aufgaben** des Compliance Officer **klar zu definieren**.[2] Diese sind im Laufe der Ausübung dieser Tätigkeit einem Wandlungsprozess unterworfen. Es werden neue, zusätzliche Aufgaben hinzutreten und Kapazitäten des Compliance Officer beanspruchen. Dafür werden bestehende Aufgaben zur Routine oder können als erledigt angesehen werden, wodurch wiederum Kapazitäten frei werden.

10 Sowohl in Bezug auf die eigenen zur Verfügung stehenden zeitlichen Kapazitäten als auch hinsichtlich der Komplexität der vor ihm liegenden Aufgaben ist es sicherlich hilfreich, in der Funktion des Compliance Officer über die Gelassenheit zu verfügen, Dinge hinzunehmen, die man zurzeit (noch) nicht ändern kann, den Mut zu haben, Dinge zu ändern, die man ändern kann, und die Weisheit zu besitzen, das eine vom anderen zu unterscheiden.[3]

11 Bereits an dieser Stelle sei hervorgehoben, dass es die Mitglieder der Geschäftsleitung sind, ob Vorstand oder Geschäftsführung, die gemeinsam die Verantwortung für die Einhaltung ihrer **Legalitätspflicht** tragen, indem sie sicherstellen, dass ihr Unternehmen in einer Weise organisiert und beaufsichtigt wird, dass keine Gesetzesverstöße erfolgen. Um ihrer **Organisationspflicht** gerecht zu werden, muss die Geschäftsleitung eine Compliance-Organisation einrichten, die auf Schadensprävention und Risikokontrolle angelegt ist. Art und Umfang der Compliance-Organisation bestimmt sich nach der Gefährdungslage, in der sich das Unternehmen befindet.

12 Diese variiert natürlich sehr stark von Unternehmen zu Unternehmen. Ein Automobilzulieferer mit fünfzig Mitarbeitern, der seinen Sitz in Deutschland hat und ausschließlich im Inland tätig ist, hat naturgemäß ein anderes Compliance-Risikoprofil als ein Unternehmen mit 5.000 Beschäftigten, das Produktionsstandorte auf der ganzen Welt unterhält, auch in Ländern, in welchen zB Korruption zum Geschäftsmodell mancher Behörden zählt.

13 Maßgeblich für den Umfang der Compliance-Organisation ist daher die **Art und Größe des Unternehmens.** So macht es in Hinblick auf die Compliance des Unternehmens einen Unterschied, ob es sich um ein Tiefbauunternehmen mit 15.000 Mitarbeitern handelt, das ausschließlich für die öffentliche Hand tätig ist, also für Kunden, für die besonders strenge Anti-Korruptionsbestimmungen gelten, oder um ein Unternehmen zB aus der IT-Branche mit 35 Beschäftigten.

14 Auch ist es für den Aufbau einer effektiven Compliance-Organisation relevant, ob Entscheidungen im Unternehmen stärker **zentralisiert,** dh in den allermeisten Fällen am Firmensitz getroffen werden oder ob sich die Tochtergesellschaften im In- und Ausland eines hohen Maßes an **Autonomie** erfreuen können.

15 Naturgemäß ist es einfacher, sich an wenige, überschaubare rechtliche Vorgaben zu halten und ein Compliance-Managementsystem auf diese auszurichten, als zahlreiche und dazu auch noch **komplexe gesetzliche Vorschriften verschiedener Staaten,** in welchen das Unternehmen tätig ist, berücksichtigen zu müssen.

16 Darüber hinaus ist von besonderer Bedeutung, ob das Unternehmen Geschäfte in sogenannten **Hochrisikoländern** betreibt, also Staaten, die im Ruf stehen, zB besonders unter Korruption zu leiden. Dabei ist es einerlei, ob das Unternehmen aus einem solchen Land Zulieferungen bezieht, dh dort Beschaffungsaktivitäten betreibt, ob es dort einen Fertigungsstandort unterhält oder ob es ein Absatzmarkt für die Produkte oder Dienstleistungen des Unternehmens ist.

17 Sind im Unternehmen bereits **in der Vergangenheit Rechtsverstöße** aufgedeckt oder Verdachtsfälle bekanntgeworden, sind dies Indizien dafür, dass Geschäftsprozesse in einer Weise gestaltet sind, die einen nachhaltigen Optimierungsbedarf aufweisen. Bis man sicher

---

[2] S. hierzu ausf. → Rn. 777 ff.
[3] In Anlehnung an das „Gelassenheitsgebet" des deutsch-amerikanischen Theologen *Reinhold Niebuhr.*

sein kann, dass diese Geschäfte in einer rechtlich einwandfreien Weise durchgeführt werden, sind sie immer wieder zu prüfen und zu verbessern.[4]

So sieht sich der frisch ernannte Compliance Officer einem Thema gegenüber, das ihm zunächst ein wenig fremd erscheinen mag – eine Charakterisierung, die nicht selten auch vom Unternehmensjurist geteilt wird. Daher werden im folgenden Kapitel die ersten Schritte beschrieben, die der neue Compliance Officer tätigen sollte, um auf eine möglichst effiziente und für das Unternehmen und dessen Geschäftsführung sinnvolle Weise seiner neuen Aufgabe gerecht zu werden. 18

---

[4] Diese Grundsätze finden sich im Urteil des LG München NZWiSt 2014, 183 mAnm *Rathgeber*, in dem ausführlich und richtungsweisend im Rahmen der sog. **Siemens/Neubürger-Entscheidung** die Wahrnehmung der Compliance-Verantwortung des Vorstands beschrieben wurde.

§ 2 Die ersten Schritte als neuer Compliance-Officer

Was genau ist denn die Aufgabe des Compliance Officer? Beschäftigt man sich näher mit dieser Frage, stößt man auf eine Vielzahl von Definitionen und Erklärungen. Gleichzeitig wird dem neuen Compliance Officer klar, dass er sich nicht nur einer für ihn völlig neuen Thematik gegenübersieht, sondern sich mit dem rund 20-prozentigen Arbeitszeitumfang durchaus einer zusätzlichen, **kapazitiven Herausforderung** stellen darf, diese umfangreiche Aufgabe erfolgreich zu bewältigen. 19

A. Die erste Aufgabenbeschreibung

Um einen Fahrplan für die eigenen Aktivitäten zu entwickeln, sollte sich Compliance Officer zunächst Gedanken darüber machen, welche **Teilziele** er in welcher **Reihenfolge** abarbeiten will, um den Erwartungen seiner Geschäftsführung gerecht zu werden. 20

Dabei ist es inhaltlich richtig und aus Gründen des eigenen Kapazitätsmanagements wichtig, das Aufgabenprofil im ersten Schritt zunächst **auf das Wesentliche zu beschränken**: 21

Checkliste 1: Das erste Aufgabenprofil des Compliance Officer
Die Aufgaben des Compliance Officer bestehen zunächst in
- ❏ der Unterstützung der Geschäftsleitung in der Wahrnehmung ihrer Legalitätspflicht durch
  - die Erarbeitung von Vorschlägen für den Aufbau und Betrieb eines Compliance-Managementsystems, das auf die spezifischen Anforderungen des Unternehmens zugeschnitten ist.
  - die regelmäßige Berichterstattung über die Compliance des Unternehmens an seinen Vorgesetzten in der Geschäftsleitung sowie gegebenenfalls in der Geschäftsleitungssitzung.
  - das Erstellen von Entscheidungsvorlagen zu Compliance-relevanten Themen sowie
  - die Umsetzung der Entscheidungen der Geschäftsleitung in Bezug auf Compliance.
- ❏ der Beratung der Geschäftsleitung und der Mitarbeiter in Compliance-Fragen.
- ❏ der Durchführung von Compliance-Schulungen für die relevanten Mitarbeitergruppen.

Diese zunächst nur für die Anfangsphase geltende, kurze Aufgabenbeschreibung sollte jedoch nicht darüber hinwegtäuschen, dass sich hinter jeder einzelnen Position **sehr viel Arbeit** verbirgt, die auch zum Teil nur mit vertieften Fachkenntnissen auszufüllen ist.[5] 22

Daher mag es für den Compliance Officer im Hinblick auf die Gestaltung einer konstruktiven Zusammenarbeit mit der Geschäftsleitung sehr sinnvoll sein, ein gemeinsames Verständnis über die zunächst anstehenden Aufgaben zu definieren, und dies noch bevor der Compliance Officer die ersten operativen Maßnahmen zur Verbesserung der Compliance des Unternehmens ergreift. 23

Für eine solche **Abstimmung des Aufgabenprofils** sprechen mehrere Gründe: 24
- ❏ Es ist zunächst eine etablierte Führungspraxis, im Rahmen der Delegation einer Aufgabe diese klar zu umreißen. Hierzu erarbeitet der Compliance Officer einen Vorschlag, den er seiner Geschäftsleitung zur Entscheidung vorlegt. Dies kann zB als eine **Ergänzung einer Zielvereinbarung** oder als eine Erweiterung seiner **Aufgabenbeschreibung** erfolgen.

Über eine durchdachte Entscheidungsvorlage freut sich jedes Mitglied einer Geschäfts-

---
[5] Diese Aufgaben werden in den folgenden Abschnitten näher beschrieben (→ Rn. 116).

führung, da diese in den seltensten Fällen über eine vertiefte Expertise in diesem sehr speziellen Thema verfügen. Auch ermöglicht es der Compliance Officer seiner Geschäftsführung durch diese Vorgehensweise, seine Leistung messen zu können.

❑ Der aus den USA übernommene **Begriff „Compliance"** wird zwar vielfach verwendet und dennoch ist das Verständnis darüber, was dieser Begriff tatsächlich bedeutet, ein bisweilen recht unterschiedliches. Der Begriff ist also **keineswegs eindeutig belegt.** Da sich eine Geschäftsleitung ganz selbstverständlich darum bemüht, das Unternehmen entsprechend der gesetzlichen Vorgaben zu leiten, kann es zu einer gewissen Verwirrung führen, wenn nun auch noch in einer strukturierten Vorgehensweise sichergestellt werden soll, dass dem wirklich so ist – und dass man dies auch noch belegen muss (man redet doch eigentlich von einer **Selbstverständlichkeit**).

Dass dies durchaus keine Selbstverständlichkeit ist, belegen die nicht weniger werdenden Compliance-Skandale, die auch zum Niedergang eines Dax-Unternehmens führen können, wie das Beispiel der Wirecard AG belegt.

Daher schafft eine Aufgabenbeschreibung eine gemeinsame Diskussionsbasis, die auf einem **gemeinsamen Aufgabenverständnis** des Compliance Officer und seiner Geschäftsführung fußt.

❑ Auch dient es dem Erwartungsmanagement der Beteiligten, dem Compliance Officer auf der einen und der Unternehmensleitung auf der anderen Seite. Die wahrzunehmenden Aufgaben sind umfangreich und va in der **Aufbauphase zeitintensiv.** Daher ist eine realistische Einschätzung des in der gegebenen Zeit Darstellbaren sicherlich sehr hilfreich, auch um überhöhten Erwartungen vorzubeugen.

So mögen die vereinbarten bzw. von der Geschäftsführung vorgegebenen Kapazitäten für die Wahrnehmung der Aufgabe des Compliance Officer in der Größenordnung von 20 % ausreichen. Doch auch wenn dies vielleicht zunächst nach einer recht großzügigen Allokation aussieht, so sollte man sich darüber im Klaren sein, wieviel dies tatsächlich in Arbeitstagen ausgedrückt bedeutet.

Unterstellt man, dass der Compliance Officer rd. 220 Arbeitstage im Jahr für das Unternehmen tätig ist, so ergibt sich rein rechnerisch eine über das Jahr verteilte **Zeitallokation** von **ca. 44 Arbeitstagen.** Vor allem in der Aufbauphase, aber auch später, wenn der Compliance Officer Compliance-Trainings und -Wiederholungsschulungen, womöglich verbunden mit Reisezeiten zu entfernten Unternehmensstandorten, durchführen soll, schmelzen die 44 Arbeitstage zügig dahin.

❑ Besteht aus Sicht der Geschäftsleitung ein **höherer Zeitdruck,** um bestimmte Compliance-Maßnahmen zB im Rahmen eines Lieferantenaudits durch einen wichtigen Kunden dokumentieren zu können, so ist es ebenfalls hilfreich, wenn der Compliance Officer anhand seines Aufgabenprofils belegen kann, für welche der zu bewältigenden Arbeitspakete er uU **externe Unterstützung** – und damit Budgets – benötigt.

❑ Darüber hinaus kann der Compliance Officer seine Aufgabe nicht im Alleingang erfolgreich erledigen. Vielmehr ist er auf die **Unterstützung** und Mitwirkung seiner Kollegen und auch und vor allem auf die der Mitglieder der Unternehmensleitung angewiesen. Durch eine klare Aufgabendefinition fällt es auch leichter, die Beiträge, die die einzelnen Stakeholder im Unternehmen einzubringen haben, zu definieren. So weiß die Geschäftsleitung, dass zB der Verhaltenskodex, den das Unternehmen benötigt, nicht ohne ihre Mitwirkung Gestalt annehmen kann.

25 Im Rahmen der Diskussion um die Aufgabenbeschreibung ist es auch anzuraten, mit der Geschäftsführung zu vereinbaren, dass er einen **Lehrgang für Compliance Officer** besuchen und entsprechende **Fachliteratur** beschaffen darf. All dies kostet Zeit und Geld, all dies sind Kosten, die va in einem mittelständischen Unternehmen nicht ausufern dürfen.

26 Woran orientieren sich diese ersten wichtigen Aufgaben des Compliance Officer? Am sinnvollsten erscheint es, auch im Bereich der Compliance, diese aus den Zielen abzuleiten, die die Geschäftsleitung erfüllen muss. Diese Vorgaben sind imUrteil des Landgerichts

München definiert worden.⁶ Dazu gehört zunächst, dass ein **organisatorischer Rahmen** geschaffen wird, in welchem **Compliance-Prozesse** entwickelt und umgesetzt werden und in dem uU erforderliche **Compliance-Richtlinien** entworfen werden.

Die unternehmensinternen Vorgaben der Geschäftsführung können sich gegebenenfalls auch aus deren **Zielvereinbarung** ableiten, die sie von den Gesellschaftern oder vom Aufsichtsrat des Unternehmens für das neue Geschäftsjahr erhalten haben. Diese Alternative ist ideal für die Wahrnehmung der Aufgabe des neuen Compliance Officer, da auf diese Weise die Mitglieder der Geschäftsleitung eine sehr viel direktere Motivation verspüren, das Thema „Compliance" auch mit persönlichem Engagement voranzutreiben.

Regelmäßig hat die Geschäftsführung ein Compliance-Managementsystem im Unternehmen zu etablieren, um diese Vorgaben zu erfüllen.

B. Das Selbstverständnis des Compliance Officer

Aus der ersten Aufgabenbeschreibung (→ Rn. 20 ff.) wurde bereits deutlich, dass der Compliance Officer **beratend** und **unterstützend tätig** ist, dass er für die Geschäftsleitung **Entscheidungsvorlagen** erstellt, die von dieser gegebenenfalls befürwortet und von ihm danach **umgesetzt** werden. Mit der Wahrnehmung dieser ersten Umschreibung eines Tätigkeitsprofils ist der Compliance Officer bereits sehr ordentlich ausgelastet.

Gleichzeitig wird daraus deutlich, dass der Compliance Officer nicht selbst über die Vorgehensweise in Bezug auf die einzelnen Schritte entscheidet, die zur Erfüllung der Compliance-Verantwortung der Geschäftsleitung, vorzunehmen sind. Auch wenn dies manch einem widerstrebt, va Menschen, die gern initiativ tätig werden und ein klares Bild eines Idealzustands für sich definiert haben, so sprechen mindestens zwei gute Gründe für ein **klar umrissenes Selbstverständnis** des Compliance Officer, das eher dem eines **Beraters** entspricht, als dem eines Managers, der eigenverantwortlich in seinem Aufgabenbereich die Unternehmensgeschicke steuert. Dies ist zum einen die richtige Allokation der Verantwortung für die Compliance eines Geschäftsprozesses und zum anderen ist dies die persönliche Haftung des Compliance Officer.

I. Abgrenzung zur Compliance-Aufgabe der Geschäftsprozessverantwortlichen

Der Compliance Officer sollte so **selbstkritisch sein,** dass er sich darüber bewusst ist, dass er, ganz praktisch betrachtet, wohl in keinem Fall über alle Geschäftsprozesse des Unternehmens so detailliert und aktuell informiert ist, dass er allein aus diesem Wissen heraus und ohne Mitwirkung der für das operative Geschäft verantwortlichen Mitarbeiter, Führungskräfte und Mitglieder der Geschäftsleitung beurteilen oder gar entscheiden sollte, welche Compliance-Risiken zB im Personalbereich oder in den Vertriebsabteilungen „Naher Osten" sowie im Bereich „Produktentwicklung" bestehen.

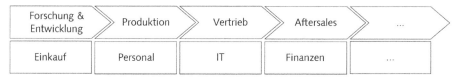

Abb. 1: Die Wertschöpfungskette der Widget GmbH

---

⁶ S. zur Compliance-Verantwortung des Vorstands → Rn. 11 ff. und ausführlich → Rn. 787 ff.

32 Um ein **Differenzierungskriterium** zu entwickeln, welche **Geschäftsprozesse aus Sicht der Compliance wichtiger** sind und welche eher nicht besonderer Aufmerksamkeit bedürfen, kann in Anlehnung an der US-amerikanische Vorgaben des Sarbanes-Oxley Acts (SOX) zwischen denjenigen Geschäftsprozessen unterschieden werden, die für die **Richtigkeit der Gewinn- und Verlustrechnung (GuV)** und die der **Bilanz** des Unternehmens von Bedeutung sind und den übrigen Geschäftsprozessen.[7]

33 Diese Unterscheidung wird im Fall des SOX damit begründet, dass durch eine Finanzberichterstattung, die nicht den geltenden Bilanzierungsvorschriften entspricht, die Öffentlichkeit und va Investoren über die tatsächliche wirtschaftliche Situation des Unternehmens getäuscht werden können.

34 Dies kann durchaus verallgemeinert werden, da eine Geschäftsleitung besonderen Wert auf die **Transparenz der Geschäftsprozesse** im Unternehmen legen sollte und daher sicherstellen muss, dass die Abläufe im Unternehmen **nicht manipuliert** werden können, sodass sie ihre Entscheidungen auf korrekten Informationen basieren.

35 Daher sollte insbesondere bei denjenigen **Prozessen,** bei welchen **Geldmittel fließen,** sei es, weil sie Ausgaben verursachen oder sei es, weil sie Einnahmen generieren, ein besonderes Augenmerk darauf gerichtet werden, dass diese nicht manipuliert werden können. So sollte zB der Versuch des Vertriebsmitarbeiters, den Einkäufer eines Kunden zu bestechen, um einen Auftrag zu erhalten, und dafür Geld in Form überhöhter Spesenabrechnungen, Anforderungen von Barauszahlungen oÄ zu verwenden, spätestens bei der Beantragung dieser Mittel beim Vorgesetzten oder im Finanzbereich auffallen.

36 Transparente und sichere Geschäftsprozesse sind somit die Basis **gut informierter Entscheidungen.** Sorgt die Geschäftsführung nicht für eine solche Prozessqualität, trifft sie uU unsachgemäße Entscheidungen und verstößt gegen ihre Pflichten aus § 43 Abs. 1 GmbHG, da sie nicht die Sorgfalt eines ordentlichen Geschäftsmannes walten lässt.

37 Um eine Größenordnung zu benennen, um wieviel relevante Geschäftsprozesse es sich handelt, sei das Beispiel einer klassischen **Vertriebsgesellschaft** herangezogen, deren Geschäftsprozesse naturgemäß weder Forschung & Entwicklung noch die Produktion der Unternehmensprodukte umfassen. Die Anzahl der Geschäftsprozesse, die für die Richtigkeit der GuV und der Bilanz von Bedeutung sind, kann auf über 600 einzelne Prozesse beziffert werden.

38 Sehr viel grundsätzlicher muss sich der Compliance Officer verdeutlichen, wo die **Verantwortlichkeiten für die Compliance** der Geschäftsprozesse im Unternehmen angesiedelt sind. Wie bereits erwähnt, liegt die Verantwortung für die Einhaltung der Legalitätspflicht im Unternehmen bei der **Geschäftsleitung.** Diese Verantwortung ist **delegationsfeindlich.** Ein Geschäftsführer kann sich also nicht seiner Verantwortung entziehen, indem er diese an seinen Compliance Officer im Rahmen einer Delegation überträgt.

39 Allerdings sind alle Mitarbeiter, ob Sachbearbeiter oder Führungskräfte, durch ihren Arbeitsvertrag mit dem Unternehmen verpflichtet, ihre Aufgaben auf rechtmäßige Weise, also unter Einhaltung der rechtlichen Vorschriften, zu erfüllen. Daraus wird deutlich, dass jeder Mitarbeiter nicht nur verantwortlich für das betriebswirtschaftliche Ergebnis der von ihm verantworteten Geschäftsprozesse ist, sondern auch dafür, dass er diese Erfolge in Einklang mit den für diese geltenden Rechtsvorschriften erbracht hat. So reicht es nicht aus, dass ein Vertriebsmitarbeiter erfolgreich neue Aufträge einwerben konnte. Vielmehr muss dies ohne Bestechungsgeldzahlungen gelungen sein.

40 Anders ausgedrückt, jeder der für einen Geschäftsprozess verantwortlich ist, ist auch für dessen Compliance verantwortlich − ohne dass dies an der Gesamtverantwortung für die Compliance des Unternehmens seitens der Geschäftsleitung etwas ändert. Der **Geschäftsprozessverantwortliche** ist somit nicht nur für die Erreichung des betriebswirtschaftlich angestrebten Erfolgs verantwortlich, sondern **auch für dessen Legalität.**

---

[7] Sarbanes-Oxley Act 2002 (SOX), Public Law No. 107−204, 116 STAT. 745, 15 U.S.C. §§ 7201 et seq. (2003).

B. Das Selbstverständnis des Compliance Officer § 2

Sollte nun der Compliance Officer auf den Gedanken kommen, dass er für die Compliance des Unternehmens zuständig und verantwortlich ist, kann er mit diesem Selbstverständnis nur sehr schwer seine Aufgabe erfolgreich ausfüllen. 41

- Es **fehlen** ihm die **Detailkenntnisse** über die relevanten Geschäftsprozesse, um deren Compliance ohne die Unterstützung und Mitwirkung der Geschäftsprozessverantwortlichen beurteilen zu können.
- Indirekt vermittelt er den Geschäftsprozessverantwortlichen im Unternehmen das Gefühl, dass sie nur noch zB für den Vertrieb, der Compliance Officer hingegen für die Compliance zuständig ist. Damit **entbindet** er sie de facto **von ihrer Verantwortung** für die Legalität des eigenen Geschäftsprozesses.
- Dies führt regelmäßig zu der Situation, dass Compliance-relevante Sachverhalte, sei es eine geplante, unangemessen hohe Bewirtung, ebensolche Präsente für Kunden oder eine unübliche und damit für den Geschäftspartner viel zu günstige Vertragsklausel, dem Compliance Officer mit der Bitte vorgelegt wird, darüber zu entscheiden, ob diese Vorgehensweise „compliant" ist. Ließe sich der Compliance Officer darauf ein, hat er zumindest in zweierlei Hinsicht **seiner Aufgabenwahrnehmung geschadet:**
  - Er wird zu einem **Engpass** für die gesamte Organisation, da er mit seiner 20-prozentigen Arbeitskapazität und fehlenden spezifischen operativen Fachkenntnissen zur Beurteilung der Details eines ihm vorgelegten Sachverhalts, die Vielzahl der eingehenden Anfragen kaum zeitnah beantworten kann.
  - Mit jeder Freigabe oder deren Verweigerung **übernimmt** er die **Compliance-Verantwortung** für das Arbeitsergebnis des eigentlich für den Geschäftsprozess Verantwortlichen. Dieser kann sich danach jederzeit darauf zurückziehen, dass nicht er, sondern „die Compliance" entschieden habe. Ärgerlich wird es für den Compliance Officer vor allem dann, wenn ihm absichtlich oder zufällig nur die Hälfte des relevanten Sachverhaltes berichtet worden ist und er dadurch zwar folgerichtig, aber im Ergebnis doch eine falsche Entscheidung getroffen hat, aus der uU ein Compliance-Verstoß resultiert.

Abgesehen von diesen außerordentlich nachteiligen Nebeneffekten wird sehr schnell allen Beteiligten, einschließlich der Geschäftsleitung klar, dass der Compliance Officer offensichtlich keine Zeit für das Wesentliche findet, nämlich den Aufbau des Compliance-Managementsystems voranzutreiben. Damit leidet die Reputation des Compliance Officer ebenso wie die Akzeptanz des Themas Compliance im Unternehmen an sich. 42

Ein weiterer unerwünschter Kollateralschaden betrifft einen sehr viel persönlicheren Aspekt der Tätigkeit des Compliance Officer, nämlich seine **Haftung**. 43

II. Aufgabe und Haftung des Compliance Officer

Es ist bisher noch **nicht abschließend höchstrichterlich geklärt,** ob und in welchem Umfang die Haftung des Compliance Officer über die eines angestellten Mitarbeiters des Unternehmens hinausgeht. Diese Rechtsunsicherheit stellt einen weiteren wichtigen Aspekt dar, den man als neu ernannter Compliance Officer bei der Entscheidung, wie das eigene Selbstverständnis zu definieren ist, in Rechnung stellen sollte.[8] 44

Nach der hier vertretenen Auffassung ist der **Compliance Officer beratend tätig.** Er bereitet Entscheidungen der Geschäftsführung vor und setzt die von ihr bevorzugten Maßnahmen um. Er unterstützt seine Kollegen dabei, die für ihre jeweiligen operativen Geschäftsprozesse verantwortlich sind, die in Bezug auf deren Compliance richtigen Entscheidungen zu treffen. 45

In dieser Anfangsphase besteht naturgemäß bei allen Beteiligten, sei es bei der Geschäftsleitung oder bei den Mitarbeitern des Unternehmens eine gewisse Verunsicherung 46

---

[8] Nähere Ausführungen zur Haftung des Compliance Officer finden sich in → Rn. 782 ff.

in Bezug auf dieses neue und bis dato bestenfalls aus den Zeitungen bekannte Thema Compliance. Eine sehr natürliche Reaktion ist es daher, zunächst die Verantwortung für dieses Thema bei einer anderen Person als der eigenen ansiedeln zu wollen. Wer läge dafür näher als der neu ernannte Compliance Officer?

47 Je stärker der Compliance Officer die **Entscheidungshoheit** an sich zieht, umso stärker wächst damit das Potential, das eigene und damit persönliche Haftungsrisiko zu erhöhen. Vor allem in der Phase des Aufbaus eines Compliance-Managementsystems, aber auch danach, macht es daher sehr viel Sinn, sich zu überlegen, ob man als Compliance Officer wirklich das **Haftungsrisiko** anderer an sich ziehen sollte.

48 Wie auch bei allen anderen Themen der Mitarbeiterführung hilft es dem Compliance Officer in der Zusammenarbeit mit den Kollegen, aber auch mit den Mitgliedern der Geschäftsführung, eine **konsequente Linie** in Bezug auf die Aufgaben und das Rollenverständnis des Compliance Officer zu verfolgen.[9]

49 Die Ernennung eines Compliance Officer ist keine gesetzliche Vorgabe, sondern erfolgt freiwillig. Dies unterscheidet den Compliance Officer von anderen Beauftragten im Unternehmen, wie zB den **Datenschutzbeauftragten,** den **Sicherheitsbeauftragten** oder den **Exportkontrollbeauftragten**. Diese gesetzlich vorgeschriebenen Funktionen gehen der des freiwillig benannten Compliance Officer vor. Daher muss dieser die Aufgaben dieser Unternehmensbeauftragten nicht an sich ziehen. Etwas anderes gilt nur, wenn zB dem Compliance Officer offiziell die Funktion des Datenschutzbeauftragten übertragen worden ist. In diesem Fall hat der Compliance Officer eine Doppelaufgabe, die sich gravierend in ihren Rechten und Pflichten unterscheidet. Entscheidet die Geschäftsleitung, dass die Personalabteilung für die Achtung des arbeitsrechtlichen Diskriminierungsverbots im Unternehmen zuständig ist, reduziert sich der Aufgabenbereich des Compliance Officer und damit der Umfang seiner Haftung weiter.[10]

> **Checkliste 2: Das richtige Selbstverständnis der Aufgabe des Compliance Officer**
> ❏ Was sind nach der Aufnahme der neuen Tätigkeit die ersten Aufgaben des Compliance Officer?
> ❏ Welche Rolle nimmt der Compliance Officer im Unternehmen ein?
> ❏ Besteht ein klares Verständnis darüber, wer für den betriebswirtschaftlichen Erfolg des Geschäftsprozesses verantwortlich ist?
> ❏ Besteht eine klare Vorstellung darüber, wer für die Legalität des einzelnen Geschäftsprozesses verantwortlich ist?

III. Zwischenergebnis

50 Ein klares Selbstverständnis über die eigene Funktion im Unternehmen zu entwickeln macht es dem neu ernannten Compliance Officer erheblich leichter, seine damit zusammenhängenden Aufgaben wahrzunehmen und sich von den Aufgaben, die in das Portfolio anderer gehören, zB den Geschäftsprozessverantwortlichen, abzugrenzen. Nur weil der Titel der neuen Funktion den Terminus „Compliance" beinhaltet, geht damit nicht einher, dass der Compliance Officer die Sorge dafür trägt, dass alle Geschäftsprozesse im Unternehmen nicht nur rechtlich einwandfrei konzipiert, sondern tagtäglich auch so umgesetzt werden. Denn auch wenn der Vertriebsmitarbeiter für den Verkauf der Unternehmensprodukte verantwortlich ist, so ist er es doch auch, der für die Rechtmäßigkeit seines täglichen Tuns verantwortlich ist. Je klarer der Compliance Officer auch gedanklich in Bezug auf seine konkreten Funktionen im Unternehmen ist, desto klarer kann er dies auch ge-

---

[9] Zum Rollenverständnis des Compliance Officer insgesamt → Rn. 777 ff. Zu dessen Haftung ausführlicher → Rn. 782 ff.
[10] *Bürkle* CCZ 2010, 6.

genüber Kollegen vertreten, die der Auffassung sind, dass sie für solche Dinge keine Zeit haben.

Auch gegenüber der Geschäftsführung sollte eine klare Rollenverteilung möglich sein, bei der der Compliance Officer die Mitglieder der Geschäftsleitung darin berät, wie sie ihrer Legalitätspflicht im Rahmen des Aufbaus eines Compliance-Managementsystems gerecht werden. Der Compliance Officer gibt Empfehlungen ab, die Geschäftsleitung entscheidet, der Compliance Officer setzt die Entscheidung weisungsgemäß um. 51

Der Grund für die hier vertretene Aufgabenverteilung zwischen der Geschäftsleitung und dem Compliance Officer liegt auch in der Haftung des Compliance Officer begründet. Je unabhängiger er agiert und entsprechende Entscheidungen ohne das Placet der Geschäftsführung trifft, desto höher ist sein Haftungsrisiko. 52

C. Das große Ziel: Das Compliance-Managementsystem

Unternehmen, die sich erstmalig mit Compliance befassen, also mit einer **strukturierten Vorgehensweise** zur Sicherstellung einer rechtlich einwandfreien Unternehmenstätigkeit, kommen nicht umhin, ein Compliance-Managementsystem aufzubauen. Welchen Umfang dieses haben sollte, hängt davon ab, welchen Compliance-Risiken das Unternehmen ausgesetzt ist. 53

Je größer und je vielfältiger die Gefährdungslagen sind, die zu Compliance-Verstößen führen können, desto umfassender ist das Compliance-Managementsystem zu skalieren. Dies bedeutet, dass das Unternehmen sowohl in der **Breite,** dh in seiner ganzen **Vielfalt,** als auch in der **Tiefe,** dh mit einem **höheren Detaillierungsgrad** durch Compliance-Prozesse abgedeckt werden muss. 54

Folgerichtig kann im Gegensatz dazu bei einem Unternehmen mit einem eher lokal oder regional ausgerichtetem Geschäftsmodell, das nur geringe Compliance-Risiken aufweist, wie zB im Falle des og kleinen IT-Unternehmens, der Umfang eher schlanker gehalten werden. Dennoch sind auch hier alle Komponenten eines Compliance-Managementsystems unverzichtbar. Richtig verstanden, hat eine Geschäftsführung **nicht die Wahl,** *ob* sie sich mit der Implementierung eines Compliance-Managementsystems befasst oder nicht. Vielmehr muss sie sich damit befassen und hat nur im Rahmen ihres pflichtgemäßen Ermessens die Freiheit, **über das „Wie" zu befinden,** also in welchem Umfang die einzelnen Bausteine zu realisieren sind.[11] 55

Die Geschäftsleitung darin zu unterstützen, ihr Ziel zu erreichen, dass das Unternehmen über ein solches maßgeschneidertes Compliance-Managementsystem verfügt, setzt voraus, dass der Compliance Officer zunächst einzelne **Teilziele** definiert, die in der **richtigen Reihenfolge** abgearbeitet werden. Diese Reihenfolge ergibt sich nicht nur aus Praktikabilitätserwägungen. Vielmehr sollte der Compliance Officer immer im Blick behalten, dass für die Mitarbeiter des Unternehmens das Thema Compliance mindestens ebenso neu ist wie für ihn selbst. 56

Da er im weiteren Verlauf des Aufbaus des Compliance-Managementsystems des Unternehmens immer wieder auf deren Mitwirkung und Unterstützung angewiesen ist, bedeutet dies, dass er, mit dem Gesamtziel „Aufbau des Compliance-Managementsystems" im Blick, die **Mitarbeiter** des Unternehmens – und im Zweifel auch die Mitglieder der Geschäftsleitung – im Rahmen seiner Aufgabenwahrnehmung an das für alle neue Thema auch **inhaltlich heranführen** muss. 57

Anderenfalls kann die Situation entstehen, dass die Mitarbeiter des Unternehmens missverstehen, worum es bei Compliance geht und schlimmstenfalls ihre Unterstützung verweigern. So können Mitarbeiter den Eindruck gewinnen, dass sie wie „Kriminelle" be- 58

---
[11] MüKoAktG/*Spindler* AktG § 93 Rn. 115.

handelt werden oder dass man sie ja nur bösgläubig machen will, damit, egal was vorgefallen ist, nur „die da oben" nicht haften. Eine solch ablehnende Haltung kann sich in allen nur denkbaren Facetten manifestieren, die über lange Jahre immer wieder erprobt worden sind, wenn man ein unliebsames Thema erfolgreich von sich abwenden möchte.

59 Im Folgenden wird daher ein kurzer Überblick über das Compliance-Managementsystem und dessen einzelne Module gegeben. Anhand der fiktiven Widget GmbH, einem mittelständischen Unternehmen mit ca. 750 Mitarbeitern, das als Zulieferer der inländischen Automobil- und Maschinenbauindustrie seit vielen Jahren erfolgreich tätig ist, wird beschrieben, warum diese einzelnen Komponenten für die nachhaltige Compliance des Unternehmens wichtig sind. Darauf aufbauend werden in Kapitel § 2 D Wo fange ich jetzt an? (→ Rn. 116) die ersten wichtigen Schritte identifiziert, die es für den neuernannten Compliance Officer zu beschreiben gilt.

I. Kurzbeschreibung der einzelnen Bausteine des Compliance-Managementsystems

60 Das Compliance-Managementsystem der Widget-GmbH setzt sich aus **sechs verschiedenen Modulen** zusammen. Abhängig vom Reifegrad des Compliance-Managementsystems sind die Module in der nachfolgenden Reihenfolge (→ Rn. 157 ff.) zu bearbeiten. Es wird jedoch bereits auf den ersten Blick deutlich, dass die Module Compliance-Kommunikation und -Dokumentation übergreifende Aufgaben beinhalten, die auch innerhalb der anderen Module jeweils wahrzunehmen sind.[12]

Abb. 2: Das Compliance-Managementsystem der Widget-GmbH

---

[12] Ein „Widget" ist ein 1: gadget [praktisches Gerät]; 2: an unnamed article considered for purposes of hypothetical example, Merriam Webster Dictionary.

C. Das große Ziel: Das Compliance-Managementsystem § 2

1. Commitment der Geschäftsleitung und Compliance-Kultur

Das Commitment der Geschäftsleitung ist eine essenzielle Vorbedingung für eine erfolgreiche Tätigkeit des Compliance Officer. **Commitment** ist der US-amerikanische Begriff dafür, dass sich alle Mitglieder der Geschäftsleitung vorbehaltlos zur Einhaltung der maßgeblichen Gesetze und internen Richtlinien verpflichten und damit für die Rechtmäßigkeit der Unternehmenstätigkeit einstehen. Gleichzeitig geht damit einher, dass die Geschäftsführung von ihren Mitarbeitern erwartet, dass sich diese ebenso rechtstreu verhalten. Auch bedeutet dies, dass die Geschäftsführung Compliance-Verstöße nicht toleriert und dass diese unter Einhaltung der Regeln des Arbeitsrechts entsprechend sanktioniert werden. Daher wird dieses Commitment im Englischen auch als **„tone from the top"** bezeichnet. 61

Auch wenn ein Unternehmen nicht über tief gestaffelte Hierarchien verfügt, sondern flache Organisationsstrukturen aufweist, so sind gerade in mittelständischen Unternehmen die **Vorgaben der Geschäftsführung** der entscheidende Wegweiser für das Verhalten ihrer Mitarbeiter. Mit diesem Rückenwind kann der Compliance Officer Fahrt bei der Umsetzung seiner Aufgaben aufnehmen.[13] 62

Die Geschäftsführung hat auch für eine entsprechende **Kultur der Compliance** Sorge zu tragen. Dies bedeutet, dass es für die Mitarbeiter und Führungskräfte eine Selbstverständlichkeit sein muss, dass sie sich an die gesetzlichen Vorgaben und unternehmensinternen Richtlinien halten, dass sie ohne Sanktionen oder Repressionen befürchten zu müssen, Compliance-Risiken oder gar -Verstöße melden können. Dadurch soll erreicht werden, dass alle im Unternehmen Beschäftigten gleichermaßen daran arbeiten, dass man ausschließlich rechtlich einwandfrei tätig ist. 63

Hat es die Geschäftsleitung geschafft, eine solche Compliance-Kultur im Unternehmen zu verankern, ist der Idealzustand aus Compliance-Sicht erreicht, da Compliance-Verstöße, wie zB eine Bestechung oder Preisabsprachen praktisch ausgeschlossen sind, da sie den **verinnerlichten Grundannahmen** der Mitarbeiter widersprechen, dass Compliance eine Selbstverständlichkeit ist.[14] 64

a) Verhaltenskodex

Das Commitment der Geschäftsführung findet seinen dokumentierten Niederschlag im sogenannten Verhaltenskodex.[15] Waren in früheren Zeiten in den Unternehmen sogenannte „Unternehmensleitsätze" verbreitet, in welchen die Geschäftsleitung die Unternehmenswerte und Führungsgrundsätze schriftlich fixierte, um den Mitarbeitern eine gemeinsame Ausrichtung, eine Orientierung zu geben,[16] werden diese durch die zunehmende Bedeutung der Compliance im Unternehmen durch einen umfassenderen Verhaltenskodex ersetzt. 65

In diesem bringt die Geschäftsführung nicht nur ihr oben beschriebenes Commitment zum Ausdruck, sondern erläutert ihre **klare Erwartungshaltung an das Verhalten der Mitarbeiter,** nämlich eine **unumstößliche Gesetzestreue.** Dabei wird auch anhand von Beispielen erklärt, dass ein Mitarbeiter der Widget-GmbH zB in Bezug auf Korruption keinerlei Verhaltensweisen an den Tag legen sollte, die den Eindruck der Bestechlichkeit erwecken könnten. 66

Die Liste der Themen, die auf diese Weise ihren Niederschlag in einem modernen Verhaltenskodex finden, wird immer länger. Es gibt gute Gründe dafür, allerdings wird die 67

---

[13] Zum Commitment s. ausführlicher → Rn. 734 ff.
[14] Mehr zur Compliance-Kultur → Rn. 526 ff. und bei *Kark* Compliance Rn. 1185 ff.
[15] Auch Code of Conduct genannt. Zur Erstellung eines Verhaltenskodexes → Rn. 171 ff.
[16] So noch bei der Daimler-Benz AG im Geschäftsbericht des Jahres 1992 als „Leitbild" nachzulesen, https://www.daimler.com/dokumente/investoren/berichte/geschaeftsberichte/daimler-benz/daimler-ir-geschaeftsbericht-1992.pdf, S. 4 (zuletzt abgerufen am 14.8.2020).

Aufgabe des Compliance Officer dadurch nicht leichter, einen auch für Nichtjuristen leicht lesbaren und gut verständlichen Verhaltenskodex zu formulieren.

68 Der Verhaltenskodex dient gleichzeitig als Dach, als **Obersatz** für die notwendigen **Compliance-Richtlinien,** wie zB zur Korruptionsprävention oder zum Datenschutz. In diesen Richtlinien wird viel ausführlicher als dies im Verhaltenskodex der Fall sein könnte, auf einzelne Themen eingegangen, um den Mitarbeitern aufzuzeigen, wie sie sich in diesen komplizierten Fragen korrekt verhalten.

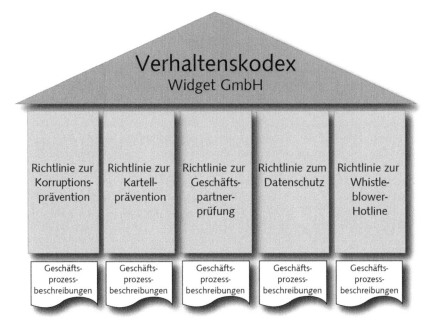

Abb. 3: Der Verhaltenskodex als Dach der nachgelagerten internen Compliance-Vorgaben

69 In einer weiteren und damit nachgelagerten Entwicklungsstufe gilt es, die Vorgaben, die sich aus dem Verhaltenskodex und den Compliance-Richtlinien ergeben, in die **Beschreibungen** der **Geschäftsprozesse** des Unternehmens zu integrieren. Dadurch wird gewährleistet, dass die Einhaltung der in Bezug auf die neuen Compliance-Anforderungen aktualisierten Geschäftsprozessbeschreibungen quasi automatisch einen nicht zu unterschätzenden Beitrag dazu leistet, das Ziel der rechtlich einwandfreien Unternehmenstätigkeit zu erreichen.

b) Compliance-Strategie

70 Auch wenn in einem mittelständischen Unternehmen aufgrund dessen Größe und der dadurch zur Verfügung stehenden Personalkapazitäten regelmäßig keine Abteilung existiert, die sich ausschließlich mit der strategischen Planung befasst, so heißt dies jedoch keineswegs, dass sich das Unternehmen planlos entwickelt.

71 Der Geschäftsführung leitet das Unternehmen sehr wohl vorausschauend und entwickelt dazu auch langfristige Pläne. Die typischen **Funktionalbereiche,** wie zB Personal und Finanzen planen ihrerseits ihre künftigen Aktivitäten auf Basis der langfristigen Unternehmensplanung der Geschäftsleitung.

72 Betrachtet man Compliance als Organisationseinheit, ist diese ebenfalls den Funktionalbereichen zuzuordnen. In Bezug auf die Entwicklung einer **Funktionalstrategie** sollte

nach Erreichen eines gewissen Reifegrads der Compliance-Arbeit auch für diese Funktion eine mittelfristige Planung entwickelt werden.

Konkret bedeutet dies, dass der Compliance Officer aus der Unternehmensstrategie ableitet, wo in den kommenden Jahren seine **Tätigkeitsschwerpunkte** liegen werden. Aus diesen leiten sich dann wiederum **Kapazitätsanforderungen** ab, die sich wiederum in den künftigen **Budgets** niederschlagen.

Plant die Geschäftsleitung zB bis zum Ende des Jahres 2022 eine Produktionsstätte in Dorotokia aufzubauen, einem fiktiven Staat, der sehr stark korruptionsgeneigt ist, so weiß der Compliance Officer, dass er sich in den künftigen Jahren sehr viel stärker mit der Korruptionsprävention befassen muss, als dies bisher am Unternehmenssitz in Deutschland der Fall war. Dazu muss er uU die Priorisierung seiner Aufgaben neu vornehmen, weniger wichtige Themen müssen zurückgestellt werden. Auch sollte er gegebenenfalls Budgetmittel für erforderliche Reisen nach Dorotokia und für die Mandatierung eines Rechtsanwaltes einplanen, der ihn fachlich in Bezug auf Compliance-Themen in Dorotokia unterstützen kann.[17]

2. Compliance-Risikomanagement

Das Modul Compliance-Risikomanagement ist der **Schlüssel zu einer nachhaltigen Compliance** des Unternehmens. Nur wenn der Compliance Officer es schafft, durch einen auf die spezifischen Anforderungen seines Unternehmens abgestimmten Prozess die Compliance-Risiken zu identifizieren, kann er gezielt die knappen Ressourcen des Unternehmens für entsprechend Gegenmaßnahmen einsetzen.[18]

Der Prozess des Compliance-Risikomanagements ähnelt dem des klassischen, aus der Betriebswirtschaft bekannten Risikomanagements. Unterschiede in der Vorgehensweise ergeben sich aus der Art der Risiken, die erfasst und durch entsprechende Gegenmaßnahmen entschärft werden sollen. Handelt es sich auf der einen Seite bei Compliance-Risiken um rechtliche Risiken, so befasst sich auf der anderen Seite das klassische Risikomanagement mit finanzwirtschaftlichen Risiken, wie etwa dem Währungsrisiko im Exportgeschäft, und leistungswirtschaftlichen Risiken, wie zB Produktionsausfallrisiken durch einen Maschinenstillstand oder durch Störungen in der Lieferkette.

a) Die Identifikation der Compliance-Risiken

Diese für den Erfolg des Compliance-Managementsystems entscheidend wichtige Aufgabe birgt eine nicht zu vernachlässigende **Komplexität** in sich. Diese wächst entsprechend mit der Größe des Unternehmens. Kann der Mitarbeiter, der das kleine mittelständische Unternehmen seit vielen Jahren oder vielleicht Jahrzehnten kennt und in dem er nun die Funktion des Compliance Officer bekleidet, noch beurteilen, wo Compliance-Risiken lauern, wird dies mit zunehmender Unternehmensgröße zunehmend schwerer.

In immer stärkerem Maße wird der Compliance Officer auf einen entsprechend gestalteten Compliance-Risikoprozess zurückgreifen müssen, um von seinen Kollegen, den Führungskräften und den Mitgliedern der Geschäftsleitung in Erfahrung zu bringen, welche Compliance-Risiken sie in ihrem jeweiligen Verantwortungsbereich sehen.[19] Dies ist va darin begründet, dass der Compliance Officer bei einer zunehmenden Unternehmensgröße immer weniger beurteilen kann, in welchen Geschäftsprozessen Compliance-Risiken versteckt sein können.[20]

---

[17] Der Name des fiktiven Staates *Dorotokia* ist an den altgriechischen Begriff δωροδοκία (Bestechung) angelehnt.
[18] Mehr zu Compliance-Risikomanagement → Rn. 392 ff. sowie → Rn. 462; zum Einstieg: *Kark* ZRFC 2019, 254 ff. und ausführlich in *Kark*, Compliance-Risikomanagement, 2. Aufl. 2019.
[19] Zum Prozess der Compliance-Risikoidentifikation im Einzelnen *Kark* Compliance Rn. 646 ff. und speziell für KMU *Kark* Compliance Rn. 939 ff.
[20] Zu den Gründen → Rn. 38 ff.

b) Die Analyse, Bewertung und Priorisierung der Compliance-Risiken

79 Nachdem die Compliance-Risiken identifiziert worden sind, beginnt die **Analyse-Tätigkeit** des Compliance Officer. Die Rückmeldungen der Verantwortlichen für die operativen Geschäftsprozesse und der Geschäftsleitung müssen nun in Bezug auf ihre **Plausibilität** und **Vollständigkeit hinterfragt** werden. So sollte es dem Compliance Officer auffallen, dass vielleicht eine Nachfrage seinerseits in den Fachbereichen angezeigt wäre, wenn zB der Südamerika-Vertrieb Bestechungsrisiken gemeldet hat, aber ausgerechnet die Vertriebsmitarbeiter in Dorotokia nur datenschutzrechtliche Themen in der Abfrage aufgeführt haben, obgleich jeder weiß, dass dieser Staat unter einer systemischen Korruption leidet und der Datenschutz nicht das Thema der Abfrage war.[21]

80 Konnte auf diese Weise eine Liste der aktuellen bzw. absehbaren Compliance-Risiken erarbeitet werden, liegt dem Compliance Officer das **Compliance-Risikoprofil** bzw. die Compliance-Risikolandkarte des Unternehmens vor. Die darin enthaltenen Compliance-Risiken sind jedoch zunächst noch ungeordnet und damit quasi auf derselben Ebene angesiedelt, unabhängig davon, welchen Schaden das Unternehmen nehmen könnte, wenn das eine oder ein anderes Risiko in einen Compliance-Verstoß umschlägt.

81 In einem weiteren Schritt werden die bisher unsortierten Compliance-Risiken hinsichtlich ihrer Gefährlichkeit, dh in Bezug auf ihr mögliches Schadenspotential für das Unternehmen **analysiert und priorisiert.** Wie bei anderen Managemententscheidungen gilt auch hier der Grundsatz der **kaufmännischen Vorsicht.** Das bedeutet, dass auch Risiken, deren Eintritt recht unwahrscheinlich ist, für den Einsatz von Gegenmaßnahmen priorisiert werden müssen, sofern der mögliche Schaden für das Unternehmen ein sehr hoher wäre.

82 Die Priorisierung der Compliance-Risiken dient der richtigen **Allokation** der zur Verfügung stehenden **Unternehmensressourcen** für die Gegenmaßnahmen, die erforderlich sind, um Compliance-Risiken abzuwenden. Dies ist insofern unverzichtbar, da weder der Compliance Officer noch das Unternehmen über unbegrenzte Ressourcen verfügen, um gleichzeitig Gegenmaßnahmen für alle identifizierten Compliance-Risiken zu implementieren. Natürlich wäre eine solche Vorgehensweise wünschenswert, aber aufgrund der Ressourcenknappheit müssen die Geschäftsleitung und der Compliance Officer eine differenzierende Vorgehensweise bevorzugen, die die möglichen Schäden berücksichtigt, die dem Unternehmen entstehen können. Es ist leicht nachvollziehbar, dass zB einem Compliance-Risiko aufgrund einer möglichen Bestechung oder aufgrund eines Verstoßes gegen die interne Gleitzeitregelung eine unterschiedlich hohe Aufmerksamkeit zukommen sollte. Zwar kann und sollte auch letzteres nicht toleriert werden, dennoch muss die Vorgehensweise eine andere sein, auch wenn es sich in beiden Fällen zunächst um Compliance-Risiken handelt.

3. Compliance-Programm

83 Konnte das Compliance-Risikoprofil auf diese Weise weiter spezifiziert werden, sind nun entsprechende **Gegenmaßnahmen** zu entwickeln und zu implementieren, die verhindern sollen, dass aus einem Compliance-Risiko ein Gesetzesverstoß wird. Diese werden in dem **Compliance-Programm** zusammengefasst und entsprechend der definierten Priorisierung umgesetzt. Bei den Maßnahmen dieses Compliance-Programms kann es sich handeln um zB:
- **Compliance-Trainings,** durch die Mitarbeiter in spezifischen Compliance-Themen zusätzlich geschult werden, um sie zu sensibilisieren und um ihre Fachkenntnisse zu verbessern.

---

[21] Im Einzelnen zur Analyse und Bewertung der Compliance-Risiken *Kark* Compliance Rn. 706 ff.

C. Das große Ziel: Das Compliance-Managementsystem §2

- die **Optimierung** bestehender **Geschäftsprozesse,** die mit Compliance-Risiken behaftet sind. Die Implementierung von Prozessvorgaben, die eine stärkere Aufgabentrennung bewirkt und/oder die Einführung des Vieraugen-Prinzips sind sehr gut geeignet, um Geschäftsprozesse weniger anfällig für Manipulationen zu machen oder um einfache Fehler zu vermeiden. Allein die Dokumentation bestehender Geschäftsprozesse kann schon für eine Reduzierung der Compliance-Risiken sorgen, da diese allzu oft nur mündlich weitergegeben werden und eine Verschriftlichung dieser gelebten Abläufe schlicht fehlt.
- die **Verbesserung der Organisationsstruktur** kann ebenfalls der Transparenz und damit der Reduzierung von Compliance-Risiken dienen. So werden zB bei Banken die Aufteilung der Wahrnehmung von Aufgaben zwischen unterschiedlichen Abteilungen, die Einführung von sogenannten „Chinese Walls", dafür genutzt, um sicherzustellen, dass unternehmensinterne Informationen des einen Bereichs nicht durch einen anderen Bereich der Bank für zB Insidergeschäfte genutzt werden können.
- Auch können die Optimierung bestehender oder die Entwicklung neuer **Richtlinien** für mehr Klarheit und Verständnis für die Compliance-Anforderungen hilfreich sein. So ist es noch relativ wenig bekannt, dass ein Unternehmen verpflichtet ist zu prüfen, ob zB ein Vertriebsagent, der den Absatz auf dem Markt Dorotokias erhöhen soll, überhaupt eine aus Compliance-Sicht dafür geeignete Person ist. Die Einführung einer Richtlinie zur **Geschäftspartnerprüfung** sorgt in diesem Fall für Klarheit.
- Natürlich kann auch den Mitarbeitern nahegelegt werden, den Compliance Officer verstärkt um Rat zu fragen. Auch durch das Einschalten externer **Berater** kann fehlendem Fachwissen auf Seiten der Mitarbeiter, aber auch beim Compliance Officer selbst, abgeholfen werden.

Darüber hinaus sind der **Kreativität** bei der Entwicklung von effizienten und effektiven Gegenmaßnahmen keine Grenzen gesetzt. Bei allen Maßnahmen muss der Compliance Officer die betriebswirtschaftlichen Auswirkungen im Blick halten, um zu gewährleisten, dass die Geschäftsleitung seinen Vorschlägen für ein Compliance-Programm zustimmt. Dies betrifft sowohl deren Kosten als auch den dafür erforderlichen Umfang der Änderung operativer Geschäftsabläufe, da deren Behinderung soweit wie möglich vermieden werden sollte.[22]

84

4. Compliance-Monitoring

Das Compliance-Monitoring erfüllt zwei wichtige Funktionen, nachdem das Compliance-Programm definiert und von der Geschäftsleitung beschlossen worden ist. Zum einen dient es der Validierung der Resultate des Compliance-Programms. Zum anderen sorgt es für eine regelmäßige Betrachtung des Compliance-Umfelds des Unternehmens.

85

So ist zunächst zu prüfen, ob die von der Geschäftsführung beschlossenen Maßnahmen ordnungsgemäß und vollständig implementiert worden sind. Darüber hinaus müssen die Maßnahmen des Compliance-Programms dahingehend **überprüft** werden, ob diese auch das **gewünschte Ziel,** dh ein konkretes Compliance-Risiko wirksam zu beseitigen, auch **wie erwartet erfüllen.**

86

Die Erfassung, Analyse und Priorisierung der Compliance-Risiken sowie die Entwicklung und Umsetzung der Gegenmaßnahmen des Compliance-Programms sind naturgemäß relativ aufwendig und finden daher regelmäßig nur einmal jährlich statt. Es ist jedoch eine Binsenweisheit, dass sich die Welt immer schneller zu drehen scheint. Mit der zunehmenden **Veränderungsgeschwindigkeit** können auch unabhängig vom Zyklus des Compliance-Risikomanagements **unterjährig** immer wieder **neue Compliance-Risiken** auftauchen. Auch diese müssen entsprechend identifiziert und soweit erforderlich mit entsprechenden Gegenmaßnahmen belegt werden.

87

---

[22] Zum Compliance-Programm im Einzelnen *Kark* Compliance Rn. 770 ff.

88 So kann ein sich plötzlich verschlechterndes wirtschaftliches Umfeld, wie zB der im Rahmen einer Rezession verursachte Rückgang der Nachfrage, dazu führen, dass Wettbewerber eher dazu geneigt sind, Absprachen über Preise zu treffen.

89 Unternehmensinterne Projekte, die zu einer Änderung des Geschäftsmodells des Unternehmens führen, können ebenfalls neue Compliance-Risiken mit sich bringen. So kann zB eine Anpassung der Vertriebsstruktur durch den Aufbau eines weiteren Distributionskanals zu völlig neuen wettbewerbsrechtlichen Herausforderungen führen im Vergleich zum bisherigen B2C-Geschäft.

90 Aber auch eine Änderung der gesetzlichen Vorgaben kann zu einem Compliance-Risiko werden. Auch wenn der Datenschutz nicht zu den originären Aufgaben des Compliance Officer zählt, so stellt die Einführung der neuen EU-Datenschutz-Grundverordnung (DS-GVO) ein schlagendes Beispiel dafür dar, wie für viele mittelständische Unternehmen diese **Gesetzesänderung** zu einem datenschutzrechtlichen Compliance-Risiko wurde, da die erforderlichen Anpassungen in den Geschäftsprozessen und den Datenschutzrichtlinien usw nicht selten erst viel zu spät in Angriff genommen wurden, um rechtzeitig zum Stichtag am 25.5.2018 fertiggestellt zu werden.

91 Daher sollte der Compliance Officer auch **unterjährig** die **sich verändernden Umfeldbedingungen** des Unternehmens beobachten. So kann zB ein Presseartikel über einen Compliance-Verstoß wie etwa die Bestechung eines Zollbeamten durch den Mitarbeiter eines Wettbewerbers Anlass sein, die eigenen Geschäftsprozesse dahingehend zu überprüfen, ob diese wirklich geeignet sind, ein vergleichbares Fehlverhalten im eigenen Unternehmen zu verhindern. Man kann aus diesem gegebenen Anlass eine Erinnerung an die Mitarbeiter versenden, die mit dem Zoll zusammenarbeiten, und nochmals aufzeigen, wie man sich gegenüber Amtsträgern korrekt verhält. Auch kann dieser Fall bei einer Compliance-Schulung als konkretes Beispiel aufgegriffen werden, um dann zu zeigen, wie man es besser machen kann. Darüber hinaus stellt man uU fest, dass die Anti-Korruptionsrichtlinie des Unternehmens nachgebessert werden muss, da die enthaltenen Verhaltensvorgaben vielleicht zu abstrakt formuliert sind.

92 Das Compliance-Monitoring ist somit eine Umsetzung der Philosophie der ewigen Veränderung, des *Kaizen* bzw. des **KVP-Ansatzes.** Der Compliance Officer ist fortwährend darum bemüht, das Compliance-Managementsystem weiter zu optimieren. Dazu gehört, die identifizierten Schwachstellen auszumerzen sowie auf zusätzliche, neue Compliance-Herausforderungen effektiv und effizient zu reagieren. Damit ist die Aufgabe des Compliance Officer durchaus auch in dieser Beziehung angelehnt an die aus der Unternehmensführung allgemein bekannten Vorgehensweisen.

5. Compliance-Dokumentation und -Reporting

93 Sowohl die Dokumentation der Compliance-relevanten Maßnahmen und Entscheidungen als auch das Compliance-Reporting an die in den Compliance-Prozessen definierten Berichtsebenen sind während der laufenden Tätigkeit des Compliance Officer wahrzunehmen.

a) Compliance-Dokumentation

94 Vergleichbar mit anderen betriebswirtschaftlichen Prozessen, ist es eine Selbstverständlichkeit, dass auch der Compliance Officer seine Aktivitäten ordentlich dokumentiert. Insbesondere in der Phase des Beginns der Tätigkeit als Compliance Officer wird dies nicht selten vergessen, da die neuen Aufgaben und unterschiedlichsten Themenstellungen oftmals dazu führen, dass das eher als bürokratisch angesehene Nachhalten einer ordentlichen Dokumentation vernachlässigt wird.

Dennoch ist es nicht ohne Grund, dass in jedem Projekt und in jedem betriebswirt- 95
schaftlichen Geschäftsprozess die Vorgänge dokumentiert werden. Daran sollte sich der
neu ernannte Compliance Officer orientieren, da dies in seinem ureigenen Interesse liegt:
- Es ist an ihm zu belegen, welche Aktivitäten er entfaltet hat, da der Compliance Officer im Rahmen seiner **Zielvereinbarung** regelmäßig konkrete Vorgaben erhält, die er im vereinbarten Zeitraum umzusetzen hat.
- Ähnlich wie bei anderen Verbesserungsprozessen erleichtert eine sachgerechte Dokumentation die **Bewertung der Wirksamkeit** zB der Maßnahmen des Compliance-Programms. Dies gilt in besonderem Maße für die Situation, in der zahlreiche, womöglich ähnlich gelagerte Compliance-Risiken in unterschiedlichen Unternehmensteilen vergleichbare, aber nicht identische Gegenmaßnahmen erforderlich machen. In aller Regel wird es nach zwölf Monaten sehr schwerfallen, eine differenzierte Beurteilung des Erfolgs der einzelnen Maßnahmen durchzuführen, wenn nicht zuvor die Ausgangssituation und die entsprechenden Gegenmaßnahmen angemessen dokumentiert wurden.
- Auch möchte der Compliance Officer zB in der Beratung seiner Kollegen und seiner Geschäftsleitung zunehmend **standardisierte Antworten** geben. Dies wird durch eine entsprechende **Gesprächsdokumentation** erleichtert, auf Basis derer er einen „roten Faden" entwickeln kann für die zB immer wiederkehrende Frage nach der Betragshöhe einer rechtlich zulässigen Bewirtung oder Einladung und die für ein Präsent für einen Kunden. Aus diesem „roten Faden" entwickelt sich ein Standard, wie im Unternehmen zB mit Bewirtungen, Einladungen und Geschenken umzugehen ist, sodass die Zahl der Nachfragen durch Kollegen mit der Zeit immer geringer werden, da ihnen dieser Standard vertraut ist.
- Auch erleichtert eine Dokumentation in einem solchen Fall die Beantwortung nachträglich entstehender Fragen. Kann der Compliance Officer anhand seiner Dokumentation belegen, dass ihm der Mitarbeiter nur einen Teil des für die Beantwortung relevanten Sachverhaltes mitgeteilt hat, so wird die Qualität seines Rats in Bezug auf zB die Angemessenheit einer Bewirtung eben nur nach dem ihm mitgeteilten und nicht nach dem tatsächlichen Sachverhalt zu beurteilen sein.
- Der hier bereits angedeutete **haftungsrechtliche Aspekt** wird besonders wichtig hinsichtlich des Nachweises der Frage, wer zB entschieden hat, durch welche Maßnahmen das Compliance-Managementsystem des Unternehmens aufgebaut werden soll.
- Auch ist es wichtig zu dokumentieren, dass sich die **Geschäftsleitung regelmäßig** über den Stand der Compliance-Aktivitäten usw **informieren,** sich wichtige Entwicklungen berichten und sich Entscheidungsvorlagen erstellen ließ. Nur so können die Mitglieder einer Geschäftsführung beweisen, dass sie diesen wichtigen Teil ihrer Compliance-Verantwortung wahrgenommen haben.
- Gleiches gilt für die **Beweisführung** in zB **arbeitsrechtlichen Verfahren** gegen einen Mitarbeiter, der wegen Compliance-Verstößen sanktioniert worden ist. Nur mit einer entsprechenden Dokumentation, die belegt, dass der Mitarbeiter sehr wohl mehr als ausreichend zu Compliance-Themen geschult worden ist, dass er schriftlich bestätigt hat, die Compliance-Richtlinie gelesen und verstanden zu haben usw kann eine Sanktion wegen Compliance-Verstößen vor Gericht Bestand haben.

Auch wenn das Teilmodul „Dokumentation" erst fast am Ende des hier verwendeten 96
Modells eines Compliance-Managementsystems erscheint, gilt es jedoch, bereits **von Anfang an** alle Compliance-relevanten Aktivitäten des Compliance Officer zu **dokumentieren.** Gleiches gilt für das Reporting über die Compliance-Aktivitäten im Unternehmen.

b) Compliance-Reporting

Wie über andere Bereiche der Unternehmenstätigkeit muss sich die **Geschäftsleitung** in 97
regelmäßigen Abständen auch über die aktuellen Entwicklungen der Compliance-Aktivi-

täten durch den Compliance Officer informieren lassen. In Fällen, die besonders gelagert sind, da sie zB für das Unternehmen eine erhebliche Bedeutung aufweisen oder besonders eilbedürftig sind, wie bei einem festgestellten Compliance-Verstoß, muss der Compliance Officer die Geschäftsführung außerhalb der turnusmäßigen Berichterstattung sofort informieren.

98 Verfügt das Unternehmen über einen **Aufsichtsrat** oder einen **Beirat** so ist es an der Geschäftsleitung zu entscheiden, in welcher Form der Compliance Officer die Mitglieder der Geschäftsführung dabei unterstützen soll, wenn sie diese Gremien über den Stand der Compliance des Unternehmens informieren. Gleiches gilt für die Gesellschafterversammlung im Falle einer GmbH.

99 Auch kann es im Unternehmen weitere Adressaten für Information zum aktuellen Stand der Compliance-Anstrengungen geben. Für den Fall, dass ein **Compliance-Committee** etabliert worden ist, müssen dessen Mitglieder regelmäßig über die aktuelle Entwicklung der Compliance-Arbeiten unterrichtet werden. Auch ein Abteilungsleiter, der verstanden hat, dass es zu seiner originären Verantwortung gehört, dass sein Bereich nicht nur betriebswirtschaftlich erfolgreich, sondern auch rechtlich einwandfrei tätig sein sollte, kann ebenfalls ein nicht abweisbares Interesse daran haben, vom Compliance Officer zu erfahren, wie es um die Compliance-Aktivitäten seiner Abteilungen bestellt ist.

100 Gegebenenfalls, vor allem bei größeren mittelständischen Unternehmen, können auch externe Partner, wie zB die **Wirtschaftsprüfer** des Unternehmens, auf sie zugeschnittene Informationen zur Compliance des Unternehmens sehen wollen. Dies ist va dann der Fall, wenn die Geschäftsleitung den Wirtschaftsprüfer mit der Prüfung des Compliance-Managementsystems gemäß dem Prüfungsstandard **IDW PS 980** beauftragt hat.

101 Zunehmend wichtiger wird das Compliance-Reporting in Richtung der **Kunden** des Unternehmens. Insbesondere börsennotierte Unternehmen fragen immer intensiver im Rahmen sogenannter **Lieferantenaudits** nach der Compliance ihrer Zulieferer, um zu vermeiden, durch deren unrechtmäßiges Verhalten in einen imageschädigenden Compliance-Skandal verwickelt zu werden.

102 Dabei werden die Abfragen immer umfangreicher und umfassen zunehmend nicht nur Fragen der Compliance, sondern auch die weiteren Umfänge der sogenannten **Corporate Social Responsibility** (CSR). So bestehen diese Großunternehmen darauf, auch über die ökologischen Aspekte der Unternehmenstätigkeit ihres Zulieferers informiert zu werden, wie zB den CO_2-Fußabdruck, den das Unternehmen hinterlässt. Auch interessieren sich diese Kunden für die konkreten Arbeitsbedingungen, unter welchen die Mitarbeiter ihres Lieferanten tätig sind.[23]

103 Wie die Compliance-Dokumentation und das Compliance-Reporting ist auch die Compliance-Kommunikation eine der Aktivitäten des Compliance Officer, die er im Rahmen seiner laufenden Tätigkeit von Beginn an wahrnehmen sollte.

6. Compliance-Kommunikation

104 Wie bereits deutlich geworden, sind der Prozess des Compliance-Managements sowie die rechtlichen Vorgaben zB zum Verbot von Bestechungen oder von Preisabsprachen alles andere als selbsterklärend. Nicht selten werden dem Compliance Officer Argumente entgegengehalten, wie zB „Das haben wir schon immer so gemacht!" oder „Unsere Wettbewerber halten sich auch nicht an diese Regeln!"

105 Daraus wird deutlich, dass die Compliance-Kommunikation ein ganz **wesentlicher Bestandteil der Tätigkeit** des Compliance Officer darstellt. Die Qualität, in der die Compliance-Botschaft ins Unternehmen getragen wird, entscheidet letztendlich über die

---

[23] Ausführlich zur zunehmenden Bedeutung der Lieferantenaudits → Rn. 665 ff., sowie zu CSR und dessen Auswirkungen auf die Tätigkeit des Compliance Officer → Rn. 643 ff.

Nachhaltigkeit des Erfolgs des Compliance-Managementsystems. Der Public Relations Grundsatz „Tu Gutes und rede darüber"[24] hat auch hier seine volle Berechtigung.

Idealerweise gelingt es dem Compliance Officer, die Ziele der Compliance-Anstrengungen des Unternehmens den Mitarbeitern nahe zu bringen, sodass diese erkennen, dass Compliance nicht ein Thema von Juristen für Juristen ist, sondern buchstäblichen jeden im Unternehmen angeht, und dass es angesichts für das Unternehmen möglicherweise verheerend wirkender Sanktionen aufgrund eines massiven Compliance-Verstoßes auch um den **Schutz der Arbeitsplätze** aller im Unternehmen geht. 106

Darüber hinaus werden die **Geschäftsprozesse** eines Unternehmens, das Compliance ernst nimmt, verbessert. Mögliche **Fehlerquellen** werden durch die Einführung von Kontrollen **eliminiert,** Geschäftsprozesse werden verschriftlicht und damit stabiler und die Geschäftsleitung erhält mehr **Transparenz.** 107

Auch das Nachfragen der Kunden eines Unternehmens im Rahmen der zunehmend intensiver werdenden **Lieferantenaudits** ist sehr hilfreich, um den Mitarbeitern die Bedeutung des Themas zu erläutern. Kann ein Unternehmen aufgrund mangelnder Compliance-Anstrengungen die Fragen des Kunden nicht zu dessen Zufriedenheit beantworten, kann das Unternehmen auf eine **„schwarze Liste"** gesetzt und von weiteren Auftragsvergaben solange ausgeschlossen werden, bis es sich um die Implementierung eines wirksamen Compliance-Managementsystems nachprüfbar bemüht hat. Spätestens in diesem Augenblick hat das Argument ausgedient, dass man das noch nie gemacht hat, da nun auch dessen Verfechter erkennen müssen, dass eine **gute Compliance ein Wettbewerbsvorteil** ist – oder es zu einem erheblichen Wettbewerbsnachteil werden kann, wenn man weiterhin die Auffassung vertreten möchte, dass man Compliance auch künftig ignorieren sollte. 108

Die Compliance-Kommunikation ist jedoch nicht nur eine Domäne des Compliance Officer. Vielmehr ist dies eines der Felder, auf dem jedes Mitglied der **Geschäftsführung** tätig werden muss. Dies gilt natürlich zunächst für den **Verhaltenskodex** des Unternehmens, der als „tone from the top" unmissverständlich die Erwartung der Geschäftsleitung zum Ausdruck bringt, dass sich das Unternehmen und seine Mitarbeiter an die für sie bestehenden rechtlichen Vorgaben sowie an die internen Richtlinien halten.[25] 109

Darüber hinaus gilt auch hier, wie in allen anderen Bereichen des Unternehmens, dass das Verhalten und die Aussagen der Geschäftsleitung prägend für das Verhalten der Mitarbeiter wirken. So leisten die Mitglieder der Geschäftsführung durch ihr **tägliches Vorleben** eines rechtlich einwandfreien und ethisch richtigen Verhaltens einen ganz wesentlichen Beitrag zum nachhaltigen Erfolg der Compliance-Anstrengungen des Unternehmens. Dadurch werden sie gleichzeitig ihrer Verantwortung gerecht, eine **Kultur der Compliance** im Unternehmen zu gestalten. 110

Damit ist eine erfolgreiche Compliance-Kommunikation von erheblicher Bedeutung für die Nachhaltigkeit des Erfolgs der Compliance des Unternehmens. 111

II. Zwischenergebnis

Das Compliance-Managementsystem des Unternehmens aufzubauen ist eine Aufgabe, die eine gewisse Zeit in Anspruch nimmt. Nicht nur die Mitarbeiter, sondern auch die Mitglieder der Geschäftsführung müssen sich nicht selten zunächst an diese neue Materie gewöhnen. Gleichzeitig sind die **Ressourcen** des neu ernannten Compliance Officer **begrenzt.** Dies gilt zunächst in Bezug auf seine Arbeitszeitkapazität, da er in aller Regel bereits andere Aufgaben wahrzunehmen hat und zusätzlich nun die Aufgabe des Compli- 112

---

[24] Titel des Buches von *Georg-Volkmar Graf Zedtwitz-Arnim,* Tu Gutes und rede darüber: Public Relations für die Wirtschaft, aus dem Jahre 1961.
[25] Zum Verhaltenskodex bereits oben → Rn. 65 sowie ausführlich → Rn. 171 ff.

ance Officer ausfüllen muss. Aber auch die zur Verfügung stehenden Budgets sind regelmäßig eng bemessen.

113 Daher ist es wichtig, gemeinsam mit der Geschäftsleitung eine **Aufgabenbeschreibung zu definieren,** die diese limitierenden Faktoren berücksichtigt. Wie auch in anderen Bereichen im Unternehmen, werden sich die Aufgaben des Compliance Officer mit dem zunehmenden Reifegrad der Compliance im Unternehmen wandeln. In der Anfangsphase sollten allerdings der Compliance Officer und die Geschäftsführung realistischerweise davon ausgehen, dass der Zeitaufwand zunächst über 20 Prozent der Gesamtarbeitszeit des Compliance Officer liegen wird.

114 Für den Aufbau eines Compliance-Managementsystems sollte in der Anfangsphase eine **pragmatische,** auf die spezifischen Anforderungen des Unternehmens zugeschnittene **Vorgehensweise** gewählt werden. Dies hat den Vorteil, dass die Mitarbeiter auf verschiedene Weise von Beginn an mit dem für sie neuen Thema „Compliance" vertraut gemacht und im weiteren Verlauf des Aufbaus des Compliance-Managementsystems immer wieder eingebunden werden.

115 Ob es sich um den Prozess des Compliance-Risikomanagements oder um das Compliance-Monitoring handelt oder ob es Fragen der Organisationslehre sowie Organisationspsychologie oder die Compliance-Kommunikation oder auch „nur" die ordentliche Dokumentation von Geschäftsvorgängen betrifft, ist die Herangehensweise in vielerlei Beziehung durchaus mit den aus der Unternehmensführung bekannten Prinzipien vergleichbar. Dies erleichtert es dem Compliance Officer ein wenig, die ersten Schritte auf dem Neuland „Compliance" zu tun. Dennoch stellt sich die Frage, in welche Richtung er sich bewegen sollte, um möglichst zügig zum Ziel zu gelangen – einem eingeschwungenen Compliance-Managementsystem.

> **Checkliste 3: Das Compliance-Managementsystem**
> ☐ Commitment der Geschäftsführung
>   - Verhaltenskodex
>   - Kultur der Compliance
>   - Compliance-Strategie
> ☐ Compliance-Risikomanagement
>   - Identifikation der Compliance-Risiken
>   - Analyse, Bewertung und Priorisierung der Compliance-Risiken
> ☐ Compliance-Programm
>   - Compliance-Richtlinien
>   - Compliance-Schulungen
>   - Geschäftsprozessoptimierung
>   - Organisatorische Maßnahmen
>   - Beratung
> ☐ Compliance-Monitoring
> ☐ Compliance-Dokumentation und -Reporting
> ☐ Compliance-Kommunikation

D. Wo fange ich an?

116 Regelmäßig hatte der neuernannte Compliance Officer im Laufe seiner bisherigen beruflichen Entwicklung noch keine oder nur sehr wenige Berührungspunkte mit der ihm nun anvertrauten Aufgabe. Auch wenn es einen wachsenden Fundus an Literatur[26] und eine

---

[26] Literaturempfehlungen für den Einstieg → XXII, Empfehlungen für vertiefende Literatur → XXII sowie online zur Verfügung stehende Compliance-relevante Dokumente → XXV ff.

D. Wo fange ich an? § 2

Vielzahl an Lehrgängen zu Compliance gibt, so sieht sich der Compliance Officer zunächst einem nicht gerade kleinen Berg an neuen Herausforderungen gegenüber, für dessen Abarbeitung ihm nur begrenzte Kapazitäten zur Verfügung stehen.

Auch wenn es sich anböte, systematisch und sequenziell die einzelnen oben angesprochenen Komponenten eines Compliance-Managementsystems (→ Rn. 53 ff.) zu realisieren, so muss hervorgehoben werden, dass die gewählte schematische Darstellung die zwar relevanten Module eines Compliance-Managementsystems skizziert, nicht jedoch zwingend die Reihenfolge vorgibt, an die der Compliance Officer gebunden ist, wenn er das Compliance-Managementsystem implementiert.[27] 117

I. Einige Vorüberlegungen

Angesichts begrenzter Ressourcen und in Anerkennung der auch bei seinen Kollegen nicht sonderlich umfangreichen Compliance-Kenntnisse kommt es für den Compliance Officer darauf an, aus den verschiedenen Ansätzen ein Compliance-Managementsystem aufzubauen und die richtigen ersten Einzelmaßnahmen auszuwählen. Diese Konzeption legt er sodann der Geschäftsführung zur Entscheidung vor, um diese in einem weiteren Schritt umzusetzen. Dazu sind einige Überlegungen hilfreich, um die Konzeption auf die spezifischen Anforderungen des Unternehmens auszurichten. 118

1. Pragmatische vs. systematische Vorgehensweise?

Der neue Compliance Officer findet sich nicht immer in der idealen Situation wieder, dass er frei von **äußeren Pressionen** in Ruhe das gewünschte Compliance-Managementsystem konzipieren und implementieren kann. Dies kann mehrere Gründe haben, die unabhängig voneinander vorliegen, im schlimmsten Fall jedoch gemeinsam für einen **erheblichen Druck** sorgen können. Die beiden wichtigsten Vorgaben sollen hier erwähnt werden. Beide Arten von Ereignissen sind in Unternehmen regelmäßig der Auslöser für die Ernennung eines Compliance Officer. 119

Zum einen kann ein wichtiger Kunde im Rahmen eines **Lieferantenaudits** plötzlich interessierte Frage zur Compliance des Unternehmens stellen. Will man als Unternehmen die eigene Wettbewerbsposition nicht verschlechtern oder gar riskieren, von Ausschreibungen ausgeschlossen zu werden, müssen diese Fragen in einem mit dem Kunden vereinbarten Zeitraum beantwortet werden. Dies ist die Aufgabe des neu ernannten Compliance Officer. 120

Zum anderen mag ein **konkreter Compliance-Verstoß** entdeckt worden sein, sodass dringend die Qualität der Geschäftsprozesse nachgebessert werden muss. Gegebenenfalls müssen Richtlinien und Arbeitsanweisungen neu entwickelt werden, um das Risiko künftiger Compliance-Verstöße zu minimieren. Der Druck, möglichst schnell und möglichst gut belegen zu können, dass das Unternehmen bereit ist, intensiv an seiner Compliance zu arbeiten, erhöht sich geradezu exponentiell, wenn die Geschäftsführung im Rahmen einer behördlichen Durchsuchung der Büroräume, zB durch das Kartellamt, darauf aufmerksam gemacht wird, dass mit Wettbewerbern Preise abgesprochen worden sind. 121

Man könnte daher auf den Gedanken verfallen, sich als Compliance Officer ganz pragmatisch darauf zu konzentrieren, die entstandenen Defizite zu beseitigen, sodass der Kunde, die Behörden und damit die Geschäftsleitung zufrieden sind. Unabhängig von den beiden vorgenannten Faktoren sind jedoch weitere Aspekte bei der Planung der ersten Compliance-Maßnahmen zu bedenken, die dem gebotenen Pragmatismus Grenzen setzen sollten. 122

Zunächst müssen selbst die **ersten Compliance-Maßnahmen** so konzipiert werden, dass alle **nachfolgenden,** noch zu entwickelnden und umzusetzenden **Komponenten** des Compliance-Managementsystems **perfekt** zu diesen **passen.** Man kann dies mit ei- 123

---

[27] → Rn. 171 ff.

nem Puzzle vergleichen, dessen einzelne Puzzlestücke bereits von Anfang an so gestaltet und abgelegt werden, dass mit jedem weiteren, später hinzukommenden Puzzleteil das Bild des auf die Unternehmensanforderungen maßgeschneiderten Compliance-Managementsystems vervollständigt wird.

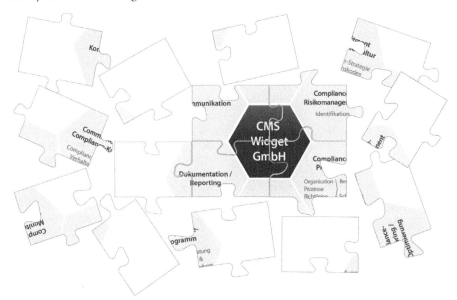

Abb. 4: Das Compliance-Managementsystem als Puzzle verstehen

124 Es kommt zum einen also bereits bei den ersten Schritten des Compliance Officer darauf an, ein **klares Bild des gewünschten Endergebnisses** im Kopf zu haben. Dies gewährleistet, dass der Compliance Officer im weiteren Verlauf des Aufbaus des Compliance-Managementsystems die Puzzlestücke nicht mit einer Schere irgendwie passend machen oder die doch nicht richtig passenden Puzzlestücke kreuz und quer herumschieben muss.

125 Der Compliance Officer muss sich zum anderen darüber bewusst sein, dass er *nicht allein* für die Compliance des Unternehmens verantwortlich zeichnet, sondern es vielmehr seine Aufgabe ist, die Mitglieder der Geschäftsführung und die Mitarbeiter des Unternehmens darin zu unterstützen, ihrer Legalitätspflicht gerecht zu werden.[28] Das bedeutet, dass der Compliance Officer **auf deren Unterstützung und Mitarbeit angewiesen** ist, will er erfolgreich die ihm übertragenen Aufgaben erfüllen.

126 Mit dieser Unterstützung bzw. Mitwirkung kann er jedoch nur rechnen, wenn er die Geschäftsführung und die Mitarbeiter inhaltlich an das neue Thema Compliance behutsam heranführt, sie darüber informiert, dessen Vorteil erläutert und am Ende es vielleicht sogar schafft, Compliance als ein unverzichtbares Element der Unternehmensführung bei seinen Kollegen positiv zu verankern.

127 Dies **setzt eine logische, auf die Informationsbedürfnisse der Mitarbeiter abgestellte Vorgehensweise** voraus. Dies führt wiederum dazu, dass man sich als Compliance Officer von dem Gedanken verabschieden kann, zunächst einen Verhaltenskodex und eine Compliance-Strategie zu formulieren, um dann die Compliance-Risiken zu eruieren, welchen im Rahmen eines Compliance-Programms entgegengewirkt wird.

128 Diese eigentlich systematisch richtige Vorgehensweise ist jedoch erst im Rahmen eines etablierten Compliance-Managementsystems möglich, das sich bereits in einem einge-

---

[28] Zur Legalitätspflicht → Rn. 11.

schwungenen Zustand befindet. Im Rahmen des Aufbaus des Compliance-Managementsystems würde dies jedoch dazu führen, dass sich Mitarbeiter über die Compliance-Risiken in ihrem Verantwortungsbereich äußern müssten, obgleich sie noch gar nicht wissen, was sich hinter diesem Begriff verbirgt, da sie zu diesem Zeitpunkt weder an Compliance-Schulungen teilgenommen noch Compliance-Richtlinien gelesen haben, da diese erst zu einem nachgelagerten Zeitpunkt erstellt werden.

Daher ist ein gewisser **Pragmatismus hilfreich,** wenn man ein Compliance-Managementsystem aufbauen möchte. Gleichzeitig wird jedoch auch deutlich, dass trotz einer pragmatischen Vorgehensweise die **Logik und Systematik des Compliance-Managementsystems zu beachten** ist. Dies ist nicht nur effizient. Vielmehr bringt dies auch den Vorteil mit sich, dass der Compliance Officer keine seiner bereits implementierten Compliance-Maßnahmen nachträglich korrigieren oder gar revidieren muss, nachdem er feststellen musste, dass diese doch etwas wenig durchdacht waren.

Dies ist insbesondere auch deshalb von Bedeutung, da er **unter der Beobachtung der Geschäftsführung** steht, die sicher sein möchte, dass sie zum einen mit seiner Person **die richtige Wahl** getroffen hat und dass zum anderen „ihr" Compliance Officer **auf dem richtigen Weg** ist. Nachträgliche Kurskorrekturen beim Aufbau des Compliance-Managementsystems, die bei einer logischen und systematischen Vorgehensweise vermeidbar gewesen wären, wirken nicht vertrauensfördernd.

Gleiches gilt im Übrigen auch für die am Anfang stehende Zusammenarbeit mit den Kollegen, auf deren Unterstützung der Compliance Officer angewiesen ist. Der Compliance Officer weiß aus eigener Anschauung, dass alle Kollegen in der Regel mehr als ausreichend zu tun haben, sodass keiner auf zusätzliche Aufgaben wartet. Gelingt es dem Compliance Officer, uU auch mit der Unterstützung der Geschäftsführung, die Mitarbeiter davon zu überzeugen, Compliance-bezogene Zusatzaufgaben wahrzunehmen, so ist es sowohl für seine persönliche Reputation als auch für das Thema „Compliance" insgesamt abträglich, wenn seine Kollegen feststellen, dass die geleisteten Arbeiten aufgrund unrichtiger Vorgaben des Compliance Officer in die falsche Richtung gingen. Auch dies gilt es, bei allem Pragmatismus, durch eine logische und systematische Vorgehensweise zu vermeiden. Der Compliance Officer sollte daher die Dinge so einfach wie möglich machen, aber nicht einfacher.[29]

Unabhängig von den beiden eingangs beschriebenen besonderen Situationen (Lieferantenaudit und Compliance-Verstoß) erscheint daher regelmäßig die folgende Vorgehensweise als sachgerecht.

---

[29] In Anlehnung an das *Albert Einstein* zugeschriebene Zitat „Man soll die Dinge so einfach machen wie möglich – aber nicht einfacher."

```
┌─────────────────────────┐
│    Verhaltenskodex      │
└─────────────────────────┘
┌─────────────────────────┐
│  Compliance-Richtlinien │
└─────────────────────────┘
┌─────────────────────────┐
│  Compliance-Schulungen  │
└─────────────────────────┘
┌─────────────────────────┐
│      Compliance-        │
│    Risikoabfragen       │
└─────────────────────────┘
┌─────────────────────────┐
│  Compliance-Programm    │
└─────────────────────────┘
```

Abb. 5: Die ersten Implementierungsschritte zum Compliance-Managementsystem

133   Als Dach der gesamten Compliance-Aktivitäten des Unternehmens ist der Verhaltenskodex mit dem klaren Bekenntnis der Geschäftsführung zur Rechtstreue, dem „tone from the top", zu entwerfen und nach dessen Verabschiedung durch die Geschäftsleitung an die Mitarbeiter zu verteilen. In einem zweiten Schritt sind die auf die Aussagen im Verhaltenskodex abgestimmten Compliance-Richtlinien zu spezifischen Themen zu erstellen und ebenfalls an die Mitarbeiter zu kommunizieren.

134   Nachdem die Mitarbeiter nun schon einiges über die neuen Vorgaben der Geschäftsleitung lesen konnten und dadurch eine gewisse **Sensibilisierung** für das Thema Compliance erreicht worden ist, werden in einem dritten Schritt Compliance-Schulungen durchgeführt. Erst auf einer solchen, **inhaltlich ordentlich vorbereiteten Basis** kann man die Mitarbeiter in einem vierten Schritt bezüglich der Compliance-Risiken in ihrem jeweiligen Verantwortungsbereich befragen.

135   Aus den auf diese Weise zum ersten Mal identifizierten Compliance-Risiken werden entsprechende Gegenmaßnahmen für das Compliance-Programm abgeleitet und implementiert. Danach wird das Compliance-Managementsystem im Rahmen des Compliance-Monitorings auf seine Wirksamkeit überprüft und damit aus der Phase der Implementierung in den Dauerbetrieb überführt. Diese einzelnen Schritte werden im Folgenden (→ Rn. 157 ff.) näher beschrieben, nachdem zuvor erläutert wird, wie sich die beiden oben genannten exemplarischen Sonderfälle auf die hier beschriebene Vorgehensweise auswirken.

Checkliste 4: Wo fange ich an – Vorüberlegungen
- ❏ Den Kenntnisstand und das Informationsbedürfnis der Mitarbeiter beachten.
- ❏ Die richtige Abfolge der ersten Schritte erleichtern den Mitarbeiter das Verständnis.
  - Verhaltenskodex erstellen
  - Darauf aufbauende Compliance-Richtlinien erstellen
  - Compliance-Schulungen durchführen
  - Compliance-Risikoabfrage versenden und rücklaufende Antworten auswerten
  - Compliance-Programm mit Gegenmaßnahmen definieren und umsetzen
- ❏ Akute Herausforderungen erfordern andere Prioritätensetzungen
  - Lieferantenaudits durch Kunden
  - Akuter Compliance-Verstoß

2. Bestehen akute Compliance-Herausforderungen?

Der Druck auf eine Geschäftsführung, sich mit der Implementierung eines adäquaten Compliance-Managementsystems zu befassen, wächst erheblich, wenn zB Kunden mit **Auftragssperren** oder dem **Ausschluss von Ausschreibungsverfahren** für den Fall drohen, dass das Unternehmen nicht in der Lage ist zu belegen, dass es über ein wirksames Compliance-Managementsystem verfügt. Noch schwieriger stellt sich die Situation dar, wenn es zu einem erheblichen **Compliance-Verstoß** im Unternehmen gekommen ist, va wenn dieser durch Behörden, wie zB dem Kartellamt, aufgedeckt worden ist. In beiden Beispielsfällen muss zur Vermeidung weiterer Schäden für das Unternehmen schnell reagiert werden.

a) Kundenanforderungen

Die Anforderungen der Kunden können verschiedener Gestalt sein. So können im Rahmen eines Ausschreibungsverfahrens zur Bewertung des Angebots eines Lieferanten nicht nur Fragen zu den Preisen, zur Produktqualität und Liefertreue gestellt werden. Immer häufiger werden va in der Automobilindustrie, aber auch in anderen Wirtschaftssektoren, **Fragen nach der Compliance des Zulieferers** gestellt. Dies erfolgt mittlerweile auch über **Internetportale**. Diese Automatisierung der Abfragen erleichtert den Kunden nicht nur die Auswertung der Antworten auf ihre Fragen, sondern sehen auch vor, dass Lieferanten die entsprechenden Dokumente zu den Antworten in das Portal hochladen, wie zB den Verhaltenskodex oder Compliance-Richtlinien.

Eine andere Form der Überprüfung des Vorhandenseins eines wirksamen Compliance-Managementsystems stellen **Lieferantenaudits** dar. Großkunden lassen sich im Rahmen eines Vertrages mit ihren Lieferanten und Dienstleistern regelmäßig das Recht einräumen, Audits bei diesen durchzuführen. Diese können in **schriftlicher Form** die wesentlichen Kriterien eines effektiven Compliance-Managementsystems abfragen. Andere Konzerne **entsenden Audit-Teams** in die Zulieferunternehmen und auditieren diese vor Ort.

In beiden Fällen können eine unvollständige Beantwortung der Fragen oder eine fehlende Dokumentation dazu führen, dass ein Unternehmen nicht an einer Ausschreibung teilnehmen kann oder im Falle eines Lieferantenaudits entsprechende Auflagen erhält, die es innerhalb einer Frist erfüllen muss, sofern es an einer **Fortsetzung der Geschäftsbeziehung** interessiert ist. Die Aussicht, einen großen Kunden wegen eines fehlenden Compliance-Managementsystems zu verlieren, führt in aller Regel dazu, dass mit hohem Tempo die bisher vernachlässigten Aktivitäten in Bezug auf Compliance nachgearbeitet werden müssen, auch wenn der Kunde damit nicht den Vorwurf verbunden hat, dass sich das Zulieferunternehmen rechtlich nicht einwandfrei verhält. Es reicht dem Kunden vielmehr völlig aus, dass die erwarteten Compliance-Nachweise nicht geführt werden konnten, um eine Auftragssperre auszusprechen.

140 Realistischerweise wird eine Geschäftsleitung dem Compliance Officer in einem solchen Fall zugestehen, **externe Unterstützung** durch einen **Compliance-Berater** in Anspruch nehmen zu können. Es handelt sich hierbei um eine Abwägung zwischen dem drohenden Verlust einer auf Dauer angelegten Geschäftsbeziehung und den damit verbundenen Aufträgen bzw. Umsätzen, und den Einmalaufwendungen für eine externe Beratung.

141 Durch die zusätzlichen Kapazitäten ist es möglich, den Anforderungen der Kunden zeitnah gerecht zu werden. Allerdings gilt auch hier der oben beschriebene Grundsatz, dass sich alle zu ergreifenden Maßnahmen an der Logik und Systematik des Compliance-Managementsystems zu orientieren haben (→ Rn. 123 ff.). Im Idealfall beschleunigt der durch die Kundenanforderungen ausgelöste Druck den Aufbau eines maßgeschneiderten Compliance-Managementsystems für das Unternehmen.

b) Compliance-Verstoß

142 Zunächst gilt es zu unterscheiden, um was für einen Compliance-Verstoß es sich handelt. Wie bereits erwähnt sollte die Compliance-Organisation **risikoorientiert agieren** (→ Rn. 75 ff.). Ein fahrlässiger Verstoß gegen die interne Reisekostenrichtlinie hat eine andere Qualität als die Bestechung des Einkäufers eines Kunden durch einen Vertriebsmitarbeiter. Ersteres ist unerfreulich und muss abgestellt werden, letzteres stellt einen Verstoß gegen das Strafrecht dar, der ganz erhebliche Konsequenzen für das Unternehmen, die Mitglieder der Geschäftsführung und den Vertriebsmitarbeiter nach sich ziehen kann.

143 In Bezug auf die Vorgehensweise beim Aufbau eines Compliance-Managementsystems ist auf eine ähnlich differenzierte Weise vorzugehen. Ganz bestimmt wird man nicht vom logischen und systematischen Konzept, das der Compliance Officer entwickelt hat, wegen eines, wenn auch unschönen, Verstoßes gegen eine interne Richtlinie abweichen müssen.

144 Ist die Entscheidung, ein Compliance-Managementsystem aufzubauen, durch einen Compliance-Verstoß im Unternehmen ausgelöst worden, so handelt es sich hierbei regelmäßig um einen erheblichen Gesetzesverstoß, wie zB die oben erwähnte Bestechung. Insbesondere wenn **Behörden** den Fall im Rahmen von eigenen Ermittlungen entdeckt haben oder über **Medienberichte** darauf aufmerksam gemacht worden sind und den Fall aufgegriffen haben, ist die Situation für die Geschäftsführung und den Compliance Officer eine sehr gravierende.

145 Bei einem schwerwiegenden Gesetzesverstoß kann eine Abweichung von der oben beschriebenen Vorgehensweise durchaus sinnvoll sein. Einerlei, ob es sich um zB eine Staatsanwaltschaft, den Zoll oder die Steuerfahndung handelt, die Verantwortlichen dieser Behörden schätzen es, wenn möglichst schon während des Ermittlungsverfahren das Unternehmen nicht nur kooperiert und die Ermittlungen unterstützt, sondern sich gleichzeitig darum bemüht, Wiederholungen eines solchen Gesetzesverstoßes künftig zu vermeiden, indem durch eine Verbesserungen der Geschäftsprozesse, Änderungen in der Organisation, Einführung von IT-Applikationen oÄ die Kontrolldichte erhöht wird.

146 Dies kann dazu führen, dass der Compliance Officer – in Absprache mit den Rechtsanwälten des Unternehmens und auf Basis einer entsprechenden Geschäftsleitungsentscheidung – **Maßnahmen vorziehen** muss, um das Compliance-Managementsystem in dem in Frage stehenden Bereich möglichst schnell aufzurüsten. Auch hier ist es natürlich hilfreich, das **Gesamtbild** bei der Implementierung von Eilmaßnahmen **im Blick zu halten**. Ist jedoch ein Deich gebrochen, geht es in erster Linie darum, den Wassereinbruch möglichst schnell einzudämmen.

3. Zeit ist kritisch – das Momentum erhalten

147 Für viele der Mitarbeiter ist Compliance zunächst ein nicht nur neues, sondern uU auch vielleicht ein recht befremdliches Thema. Schließlich hat man sich all die Jahre im Unternehmen nichts zuschulden kommen lassen. Gleichzeitig hat man als Mitarbeiter eines mit-

telständischen Unternehmens hinreichend viel zu tun, sodass kaum jemand auf zusätzliche Aufgaben wartet. So ist es nicht verwunderlich, wenn dieses neue Thema von den Mitarbeitern zwar zur Kenntnis genommen wird, wenn ihnen zB von der Geschäftsführung in einem Newsletter mitgeteilt wurde, dass ein Compliance Officer ernannt worden ist, der ein Compliance-Managementsystem aufbauen wird. Aber durch das Tagesgeschäft, den üblichen Termindruck, zusätzliche Projektarbeit und eine weitere IT-Schulung wird Compliance naturgemäß immer weiter in den Hintergrund gedrängt.

Es ist durchaus als normal anzusehen, dass einige Zeit vergeht, bis die Mitarbeiter erneut eine Information zum Thema Compliance erhalten, zB in Gestalt des neuen Verhaltenskodexes. Schließlich muss dieser erst vom Compliance Officer entworfen und von der Geschäftsleitung abgesegnet werden. Allerdings sollte man sich als Compliance Officer bewusst sein, dass diese **zeitlichen Abstände nicht zu groß** werden sollten. Zu schnell gerät in Vergessenheit, dass ein Compliance Officer benannt und ein Verhaltenskodex an alle Mitarbeiter versendet wurde, wenn wieder ein halbes Jahr oder mehr ins Land geht, bis die erste Compliance-Richtlinie veröffentlicht wird und weitere acht Monate verstreichen, bis die erste Compliance-Schulung stattfindet. Da Compliance in aller Regel kein Thema ist, das die Bewältigung der vielfältigen Aufgaben des Tagesgeschäfts erleichtert, wäre es zu viel verlangt, würde man erwarten, dass die Mitarbeiter acht Monate nach der Verteilung der Anti-Korruptionsrichtlinie noch um deren Inhalte wissen, wenn die erste Compliance-Schulung ansteht. 148

Ziel muss es sein, dass die Mitarbeiter mit dem Thema „Compliance" vertraut werden, es als einen selbstverständlichen Bestandteil ihres Tagesgeschäfts betrachten. Dies gelingt am ehesten durch eine **stete Befassung** mit Compliance, selbst wenn dies nur unterschwellig erfolgt. 149

Anderenfalls wird es den Mitarbeitern zum einen unnötig **erschwert,** den **inhaltlichen Zusammenhang** zwischen den einzelnen Elementen des Compliance-Managementsystem, dem Verhaltenskodex, den Compliance-Richtlinien usw **zu erkennen.** Zum anderen erhöht es den Aufwand für die Implementierung des Compliance-Managementsystems, wenn am Anfang die zeitlichen Abstände zwischen den Einzelmaßnahmen zu groß werden, da immer wieder von vorn erklärt werden muss, warum es zB nun eine wichtige Compliance-Richtlinie zu beachten gilt. 150

Daraus folgt, dass es auch eine der Aufgaben des Compliance Officer ist, das Momentum für Compliance zu erhalten. Dies kann dadurch erreicht werden, dass frühzeitig ein **Zeitplan** erarbeitet wird, der nicht nur die Meilensteine für die Erstellung des Verhaltenskodexes, der Compliance-Richtlinien usw enthält, sondern auch die **Terminierung deren Veröffentlichung** im Unternehmen und der zeitnah folgenden **Compliance-Schulungen** umfasst. 151

Diese wichtige, zur **Compliance-Kommunikation** gehörende Übung erleichtert es den Mitarbeitern den inneren Zusammenhang zwischen der Ernennung eines Compliance Officer, den schriftlich verteilten Compliance-Anforderungen und den dann folgenden verbalen Erläuterungen zu erkennen. 152

4. Zwischenergebnis

Die ersten Schritte beim Aufbau eines Compliance-Managementsystems wollen wohl überlegt sein. Im Hinblick auf die erforderliche Einbindung der Geschäftsleitung und der Mitarbeiter wird eine **pragmatische Vorgehensweise die vorzugswürdige** sein, die die **Logik und Systematik** des zu etablierenden, auf die spezifischen Anforderungen des Unternehmens zugeschnittenen Compliance-Managementsystems im Blick behält, im Vergleich zu einem sequentiellen Abarbeiten der einzelnen Module eines solchen Systems. 153

Wichtig dabei ist, dass der Compliance Officer die **Compliance-Kommunikation** als **Bindeglied** zwischen seinen Aktivitäten und den Mitarbeiter wahrnimmt. So sollten die Mitarbeiter an das auch für sie neue Thema Compliance inhaltlich langsam herangeführt 154 werden. Dabei ist es für den Erfolg der Compliance-Aktivitäten wichtig, dass dabei das **Momentum** erhalten bleibt. Werden die zeitlichen Lücken zwischen den Berührungspunkten der Mitarbeiter mit Compliance zu groß, gerät das Thema leicht wieder in Vergessenheit, da regelmäßig alle Beschäftigten stark durch das operative Tagesgeschäft ausgelastet sind. **Einmal erklärt, sollte Compliance nicht wieder in Vergessenheit geraten.**

155 Anderes gilt bei **akuten Compliance-Herausforderungen.** Diese können durch einen gravierenden Compliance-Verstoß oder durch Kunden, die sich zeigen lassen wollen, ob ihr Zulieferer rechtlich einwandfrei tätig, also „compliant" ist, begründet werden.

156 Bei aller Ergebnisorientierung muss auch hier empfohlen werden, dass das Gesamtbild des fertigen und auf die Unternehmensanforderungen maßgeschneiderten Compliance-Managementsystems fest im Blick zu halten ist – auch wenn dies in solchen Situationen sicher nicht leichtfällt. **Auch schnell zu ergreifende Problemlösungen sollten sich in dieses Gesamtbild nahtlos einfügen können.**

II. Erste Maßnahmen zum Aufbau des Compliance-Managementsystems

157 Das Compliance-Managementsystem im Unternehmen schafft einen Rahmen für das Verhalten der Mitarbeiter und der Mitglieder der Geschäftsführung, indem es zum Teil sehr abstrakt formulierte gesetzliche Vorschriften in praktische Handlungsvorgaben übersetzt.

158 Daher richten sich die ersten Maßnahmen des Compliance Officer darauf, die ihm zur Verfügung stehenden Mittel zu nutzen, um die von der Unternehmensleitung gewünschten und vom Gesetzgeber geforderten Verhaltensregeln den Mitarbeitern auf eine möglichst an der Unternehmenspraxis orientierten Weise zu kommunizieren. Für diesen Zweck stehen dem Compliance Officer zunächst alle in seinem Unternehmen genutzten Kommunikationswege zur Verfügung.[30]

159 Unabhängig von dem Wirtschaftssektor, in dem das Unternehmen tätig ist, ob im Maschinenbau, als Dienstleister oder im Kreditwesen, sind folgende Medien zu Standardinstrumenten der Compliance-Kommunikation geworden:
❑ der Verhaltenskodex,
❑ diesen **detaillierende Compliance-Richtlinien** sowie
❑ die Schulung deren Inhalte in **Compliance-Trainings.**

160 Nachdem die Mitarbeiter und die Geschäftsleitung durch diese Compliance-Maßnahmen für die Ziele von Compliance **sensibilisiert** worden sind, sollte damit der Grundstein gelegt sein, um mit weiteren Maßnahmen das von den Mitarbeitern erwartete Verhalten auch durch **geschäftsprozessabsichernde Maßnahmen** zu verfestigen. Dies kann zB bedeuten, dass wichtige Geschäftsprozesse, die einen nicht unerheblichen Einfluss auf die GuV und Bilanz haben, durch die Implementierung des Vier-Augen-Prinzips oder durch eine Aufgabentrennung zu optimieren sind, um sie **weniger manipulationsanfällig** zu machen. Hier ist also von einer **Geschäftsprozessoptimierung aus Compliance-Sicht** die Rede.

161 Parallel muss der Compliance Officer jedoch auch sein „eigenes Haus" in Ordnung bringen. Das heißt, dass er über eine auf die spezifischen Gegebenheiten des Unternehmens zugeschnittene **Compliance-Organisation** und die dazugehörigen **Compliance-Prozesse** nachdenken muss. Diese definieren den Rahmen, in dem der Compliance Officer seine Aufgabe wahrnimmt und an den er sich halten muss, will er selbst „compliant" sein.

162 Hinsichtlich der **Compliance-Organisation** kann es sinnvoll sein, ein sogenanntes **Compliance-Committee** zu etablieren. Dessen Aufgabe ist es, auf der Ebene unterhalb der Geschäftsführung zB über die Vorgehensweise bei Compliance-Risikoabfragen zu be-

---

[30] Mehr zur Compliance-Kommunikation → Rn. 504 ff.

raten oder die Compliance-Berichterstattung an die Mitglieder der Geschäftsführung abzustimmen.

Ist das Unternehmen sehr dezentral aufgestellt und hat damit uU starke, eher unabhängig agierende Geschäftsbereiche oder verfügt es über wichtige Standorte im In- und Ausland, kann es sehr hilfreich sein, in diesen Geschäftseinheiten sogenannte **lokale Compliance-Manager** (LCM) zu ernennen. Deren Aufgabe ist die eines Bindeglieds zwischen dem in der Zentrale angesiedelten Compliance Officer und dem jeweiligen lokalen Management.

Auch die **Etablierung einer Whistleblower-Hotline** gehört zu den organisatorischen Aufgaben, welchen sich ein neuernannter Compliance Officer bereits in der Frühphase seiner Tätigkeit widmen sollte. Dies gilt insbesondere für Unternehmen, die über mehr als 50 Mitarbeiter verfügen. Aufgrund der **EU-Whistleblower-Richtlinie** sind diese Unternehmen verpflichtet, spätestens bis zum 17.12.2021 ein **Compliance-Hinweisgebersystem** einzurichten.[31] Dieses soll den Beschäftigten sichere Kanäle für das Melden von Hinweisen über Verstöße gegen das EU-Recht eröffnen. Ziel der Richtlinie ist es, einen Mindeststandard an Schutz für Whistleblower innerhalb der Europäischen Union zu gewährleisten.

Die einzuführenden **Compliance-Prozesse,** ergeben sich zum Teil aus den organisatorischen Maßnahmen, die zu implementieren sind. So muss der Compliance Officer für eine zu etablierende **interne oder externe Whistleblower-Hotline** einen Prozess entwickeln, auf Basis dessen diese betrieben wird. Es muss zB im Detail definiert werden, wie mit einem eingehenden Hinweis umzugehen ist.

Gleiches gilt für die Zusammenarbeit der Mitglieder des Compliance-Committees und für das Zusammenspiel zwischen dem Compliance Officer und den **lokalen Compliance-Managern.** Hier gilt es die Berichtswege zu definieren ebenso wie die organisatorische Aufhängung und die konkrete Ausgestaltung der Zusammenarbeit.

Die Adressaten einer internen **Compliance-Berichterstattung** müssen bestimmt und dies schriftlich dokumentiert werden, wie zB welchem Mitglied der Geschäftsführung der Compliance Officer organisatorisch zugeordnet ist und wie eine Berichterstattung an die Geschäftsleitung insgesamt zu erfolgen hat.

Ein weiterer typischer und für den nachhaltigen Erfolg eines jeden Compliance-Managementsystems absolut entscheidender Compliance-Prozess ist das **Compliance-Risikomanagement.** Hierbei werden Compliance-Risiken erfasst und mit entsprechenden Gegenmaßnahmen belegt. Der Reifegrad dieses Compliance-Risikomanagement wandelt sich mit der Zeit. Ist es zu Beginn der Befassung mit dem Thema Compliance im Unternehmen noch ein eher rudimentärer Prozess, kann dieser, nachdem Compliance im Unternehmen etabliert ist, zunehmend perfektioniert und in andere, bereits bestehende Geschäftsprozesse integriert werden.[32]

In den folgenden Abschnitten werden die vorgenannten Compliance-Maßnahmen und die Compliance-Organisationsfragen sowie die damit zusammenhängenden Themen der Compliance-Prozesse im Einzelnen erläutert. Es handelt sich hierbei um Vorschläge, die auf die Widget GmbH ausgerichtet sind und daher uU einer Anpassung bedürfen, wenn sie in einem anderen Unternehmen implementiert werden.

Dabei wird, soweit sinnvoll und möglich, in der Darstellung statt einer Trennung in Compliance-Maßnahmen, -Organisation und -Prozesse, eine zusammenhängende Erläuterung bevorzugt, in der zB die Ziele und die unterschiedlichen Ausgestaltungsmöglichkeiten eines Compliance-Hinweisgebersystems erläutert werden, um dann auf die damit verbundenen und vom Compliance Officer zu verantwortenden Geschäftsprozesse einzugehen.

---

[31] Richtlinie (EU) 2019/1937 des Europäischen Parlaments und des Rates vom 23. Oktober 2019 zum Schutz von Personen, die Verstöße gegen das Unionsrecht melden (ABl. L 305 S. 17).
[32] Zum Compliance-Risikomanagement im Rahmen eines eingeschwungenen Compliance-Managementsystems → Rn. 462 ff. und ausführlich in *Kark*, Compliance-Risikomanagement, 2. Aufl. 2019.

1. Die Ausgangsbasis: Der Verhaltenskodex

171 Wie bereits erwähnt, handelt es sich bei dem Verhaltenskodex um eine Weiterentwicklung des Leitbilds oder der Führungsprinzipien eines Unternehmens, die im Geschäftsbericht veröffentlicht oder unternehmensintern an die Mitarbeiter verteilt worden sind.[33] **Ziel des Verhaltenskodexes** ist es den Mitarbeitern, aber auch den Geschäftspartnern, ob es Kunden oder Lieferanten sind, zu erläutern, wofür das Unternehmen, seine Geschäftsleitung und seine Mitarbeiter stehen.

a) Die Inhalte des Verhaltenskodexes

172 Ein moderner Verhaltenskodex sollte auf eine gut und **leicht lesbare** Weise **eingängig** vermitteln, dass das Unternehmen und seine Geschäftsführung der **Rechtstreue** und einer **ethisch einwandfreien Unternehmensführung** verpflichtet sind. Daher werden auch Rechtsverstöße, sei es gegen bestehende Gesetze oder auch „nur" gegen interne Unternehmensrichtlinien, wie eben auch gegen den Verhaltenskodex selbst oder andere Compliance-Richtlinien, ausnahmslos geahndet.

173 Ist man als Compliance Officer nun mit der Aufgabe betraut einen Entwurf eines Verhaltenskodexes zu formulieren, gilt es eine Reihe von Aspekten zu beachten.

174 Zunächst muss man das Rad nicht neu erfinden. Für die Formulierung der Führungsprinzipien eines Unternehmens haben sich die Mitglieder der Geschäftsführung und uU auch die Mitglieder der ersten Führungsebene unterhalb der Geschäftsleitung in der Regel bereits schon früher mit diesem Thema auseinandergesetzt, um es möglichst klar formuliert den Mitarbeitern und Führungskräften als Orientierung an die Hand zu geben. Dies gilt in besonderem Maße für vom Eigentümer geführte Unternehmen.

175 In dieser Unterlage finden sich viele wichtige Themen, wie zB die **Werte des Unternehmens,** welche **Vision** die Geschäftsleitung verfolgt und vielfach auch Hinweise, wie das Unternehmen mit Themen umgeht, die heute aktueller denn je sind, wie zB der **Umweltschutz** oder die **Diskriminierung** von Menschen. Sofern die Geschäftsleitung die Auffassung vertritt, dass diese Führungsgrundsätze oder das Leitbild nicht mehr zeitgemäß sind und daher für den Verhaltenskodex überarbeitet werden sollten, können daher viele wichtige Themen in den neuen Verhaltenskodex übernommen und gegebenenfalls inhaltlich und/oder sprachlich angepasst werden.

176 Die Zahl der unterschiedlichen Themenstellungen ist jedoch in den letzten Jahren erheblich gestiegen. Dies liegt vor allem an den großen börsennotierten Konzernen sowohl in Deutschland als auch im Ausland, die den Vertrag **„United Nations Global Compact"** unterzeichnet haben. Zum Ende des Jahres 2020 haben dieses Vertragswerk weltweit 16.593 Unternehmen (und Institutionen) unterschrieben, davon in Deutschland allein 647 Firmen.[34]

177 Es handelt sich hierbei um ein Angebot an Unternehmen auf den Abschluss eines Vertrages, mit dem sich das Unternehmen freiwillig verpflichtet, die **Zehn Prinzipien** des **UN Global Compact** im Rahmen seiner Geschäftsaktivitäten einzuhalten. Die Vereinten Nationen verfolgen mit diesem Vertragswerk das Ziel, eine globale Bewegung von nachhaltigen Unternehmen und Interessengruppen zu mobilisieren, um die Welt zu schaffen, die wir wollen.[35] Um dies zu verwirklichen, unterstützt der UN Global Compact Unternehmen dabei:

---

[33] → Rn. 65 ff.
[34] United Nations Global Compact, See who's involved, https://www.unglobalcompact.org/what-is-gc/participants/search?utf8=%E2%9C%93&search%5Bkeywords%5D=&search%5Bcountries%5D%5B%5D=45&search%5Bper_page%5D=10&search%5Bsort_field%5D=&search%5Bsort_direction%5D=asc (zuletzt abgerufen am 18.2.2021).
[35] https://www.unglobalcompact.org/what-is-gc/mission (zuletzt abgerufen am 14.8.2020), Übersetzung und Hervorhebungen vom Verfasser.

D. Wo fange ich an? §2

- verantwortungsbewusst zu wirtschaften, indem sie ihre Strategien und Tätigkeiten an den *Zehn Prinzipien* zu Menschenrechten, Arbeit, Umwelt und Korruptionsbekämpfung ausrichten; und
- strategische Maßnahmen zu ergreifen, um breitere gesellschaftliche Ziele wie die UN-Ziele für nachhaltige Entwicklung voranzubringen, wobei der Schwerpunkt auf Zusammenarbeit und Innovation liegt."[36]

Diese *Zehn Prinzipien* lassen sich in vier Gruppen zusammenfassen 178
- „Menschenrechte 179
  - Unternehmen sollen den Schutz der internationalen **Menschenrechte** unterstützen und achten.
  - Unternehmen sollen sicherstellen, dass sie sich **nicht an Menschenrechtsverletzungen mitschuldig** machen.
- Arbeitsbedingungen 180
  - Unternehmen sollen die **Vereinigungsfreiheit** und die wirksame Anerkennung des Rechts auf Kollektivverhandlungen wahren.
  - Unternehmen sollen für die Beseitigung aller Formen von **Zwangsarbeit** eintreten.
  - Unternehmen sollen für die Abschaffung von **Kinderarbeit** eintreten.
  - Unternehmen sollen für die Beseitigung von **Diskriminierung** bei Anstellung und Erwerbstätigkeit eintreten.
- Umweltschutz 181
  - Unternehmen sollen im Umgang mit Umweltproblemen dem **Vorsorgeprinzip** folgen.
  - Unternehmen sollen Initiativen ergreifen, um größeres **Umweltbewusstsein zu fördern.**
  - Unternehmen sollen die Entwicklung und Verbreitung **umweltfreundlicher Technologien** beschleunigen.
- Korruptionsprävention 182
  - Unternehmen sollen gegen alle Arten der Korruption eintreten, einschließlich **Erpressung** und **Bestechung.**"[37]

Diese *Zehn Prinzipien* werden durch **weitere Themenfelder** flankiert, die in einem 183 Verhaltenskodex inhaltlich nicht fehlen sollten. Dazu gehört zB das **Verbot, Preise mit Wettbewerbern abzusprechen,** der **Datenschutz,** die Verpflichtung, nur **sichere Produkte** zu verkaufen, der **Arbeitsschutz,** der Schutz des **geistigen Eigentums** des Unternehmens und dessen **Betriebsvermögens** sowie eine **Nachhaltigkeitsrichtlinie für die eigenen Zulieferer** uvm.

Es ist durchaus verständlich, dass man als Compliance Officer eines mittelständischen 184 Unternehmens in Deutschland zunächst innerlich zucken mag, wenn man seiner Geschäftsleitung vorschlagen soll, dass sie sich doch bitte gegen Kinder- oder Zwangsarbeit aussprechen soll. Auch mag es wenig Sinn machen, sich in einem solchen Dokument gegen die Diskriminierung am Arbeitsplatz zu wenden. Sind schließlich Kinder- oder Zwangsarbeit in Deutschland nicht ebenso gesetzlich verboten, wie auch im Allgemeinen Gleichbehandlungsgesetz (AGG) klare Regelungen gegen Diskriminierung enthalten sind, die selbstverständlich ebenso eingehalten werden sollten? Sind dies nicht eher Themen für sogenannte Entwicklungsländer?

Dass diese Themen dort eher virulent als in Deutschland sind, mag durchaus der Fall 185 sein. Am Beispiel der Korruption wird jedoch deutlich, dass dies ein Problem ist, das uns in Deutschland leider auch nicht fremd ist. Und dennoch bliebe es dabei, dass Kinder-

---

[36] https://www.unglobalcompact.org/what-is-gc/mission (zuletzt abgerufen am 14.8.2020), Übersetzung und Hervorhebungen vom Verfasser.
[37] https://www.globalcompact.de/de/ueber-uns/dgcn-ungc.php?navid=1243194933573 (zuletzt abgerufen am 14.8.2020), Hervorhebungen vom Verfasser.

oder Zwangsarbeit auf unsere Unternehmenswelt in Deutschland nicht so recht passen und daher in einem neuen Verhaltenskodex eher überflüssig sind.

186 Auch wenn dies vielleicht richtig sein mag, ist es jedoch aus mehreren Gründen zu überdenken, ob man als Compliance Officer wirklich auf deren Erwähnung im Verhaltenskodex verzichten sollte:
- ❏ Zum einen wird uU noch im Jahr 2020 das sogenannte **„Lieferketten-Gesetz"** verabschiedet. Danach müssen deutsche Unternehmen mit zunächst mehr als 3.000 Arbeitnehmern, ab 2024 ab 1.000 Arbeitnehmern zeigen, „wie sie Menschenrechte und soziale Mindeststandards in ihren Wertschöpfungsketten sicherstellen."[38]
- ❏ Darüber hinaus ließ die **EU-Kommission** in einer **Studie über die Anforderungen an die Sorgfaltspflicht in der Lieferkette** Optionen für eine EU-Gesetzgebung untersuchen, mit der Unternehmen zu einer Prüfung ihrer globalen Lieferketten mit Blick auf Menschenrechte und Umweltauswirkungen verpflichtet werden sollen.[39]
- ❏ Des Weiteren bewirkt der Beitritt zum UN Global Compact nicht nur eine freiwillige **Selbstbindung** der diesen unterzeichnenden Unternehmen. Vielmehr führt dies dazu, dass diese Unternehmen die Vorgaben des UN Global Compact für eine **soziale, ökologische und ökonomische Nachhaltigkeit** an die Zulieferunternehmen **herunter kaskadieren**. Daher verlangen die großen Konzerne nunmehr nicht nur, dass ihre sogenannten Tier-1-Zulieferer diese Vorgaben einhalten. Vielmehr wird darüber hinaus von diesen Tier-1-Zulieferern erwartet, dass diese wiederum ihre Lieferanten, also die Tier-2-Ebene, dazu verpflichten, ihrerseits diese Vorgaben umzusetzen. Diese Verpflichtung trifft im nächsten Schritt folgerichtig die Tier-2-Zulieferer und dessen Lieferanten.

---

[38] *Bundesministerium für Arbeit und Soziales,* „Jetzt greift der Koalitionsvertrag für ein Lieferketten-Gesetz. Ziel ist ein Abschluss noch in dieser Legislaturperiode", 14.7.2020, https://www.bmas.de/DE/Service/Presse/Pressemitteilungen/2020/bundesminister-heil-mueller-koalitionsvertrag-fuer-lieferketten-gesetz.html (zuletzt abgerufen am 18.2.2021) sowie Referentenentwurf BMAS Gesetz über die unternehmerischen Sorgfaltspflichten in Lieferketten, Bearbeitungsstand: 28.2.2021, https://www.bmas.de/SharedDocs/Downloads/DE/Gesetze/Referentenentwuerfe/ref-sorgfaltspflichtengesetz.pdf;jsessionid=01960AD193F294C4FA1CD1B4BFEB2B54.delivery2-replication?__blob=publicationFile&v=2, zuletzt abgerufen am 27.5.2021.

[39] *EU Commission,* Study on directors' duties and sustainable corporate governance, Final Report, July 2020, https://op.europa.eu/de/publication-detail/-/publication/e47928a2-d20b-11ea-adf7-01aa75ed71a1/language-en (zuletzt abgerufen am 14.8.2020).

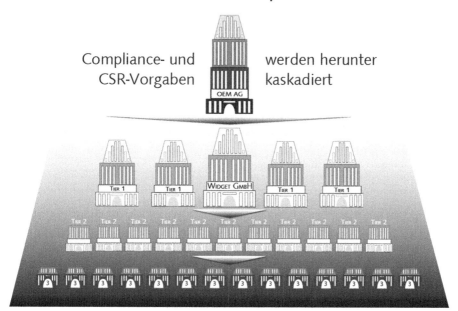

Abb. 6: Der UN Global Compact: Compliance-Anforderungen werden herunter kaskadiert

Indem also zahlreiche große Konzerne dem UN Global Compact beigetreten sind und sie wiederum von ihrer Lieferkette die Einhaltung dieser Standards erwarten, wird deren Einführung auch für ein mittelständisches Unternehmen **de facto zur Pflicht,** sofern man nicht auf solche Kunden verzichten möchte. Da diese Kaskade der Compliance-Anforderungen immer weiter reicht, ist es daher nur eine Frage der Zeit, bis auch ein Tier-3- oder Tier-4-Zulieferer mit dahingehenden Forderungen seiner Kunden konfrontiert wird.

Dies gilt im Übrigen nicht nur für die Kundenbeziehungen eines Unternehmens. Vielmehr können auch **Eigen- und Fremdkapitalgeber** ein veritables Interesse daran haben, dass sie als Investor bzw. Darlehensgeber nicht plötzlich vor der Situation stehen, dass ihr Investment nicht mehr werthaltig ist, da das Unternehmen wegen einer mangelhaften Compliance keine Kundenaufträge mehr erhält.

Ein Blick auf die Liste der Unternehmen, die den UN Global Compact unterschrieben haben, schafft hierzu die erforderliche Klarheit. Finden sich auf dieser Liste Kunden oder Investoren des mittelständischen Unternehmens, wurde oder wird die Geschäftsleitung früher oder später ultimativ aufgefordert, sich diesem Standard anzuschließen.

Unabhängig von den vorgenannten Argumenten sollte es das Ziel eines Compliance Officer sein, **einen möglichst modernen Verhaltenskodex** zu konzipieren. Wenn heute bereits absehbare Gesetzesvorhaben und heutige oder künftige Kunden die Einhaltung gewisser Standards in einem Verhaltenskodex fordern, sollte man sich an diesen orientieren.

So ist es sehr vorausschauend, wenn ein mittelständisches Unternehmen Kunden beliefert, die in einer Lieferkette wiederum als Tier-2- oder Tier-1-Lieferant eines Endkunden tätig sind, der den UN Global Compact unterschrieben hat, dessen Vorgaben in den neuen Verhaltenskodex zu integrieren, **auch wenn noch keine konkreten Anforderungen** des eigenen Kunden bekannt sind. Dies gilt umso mehr, wenn der Compliance Officer im

Verhaltenskodex des Kunden sieht, dass dieser bereits die Inhalte des UN Global Compact integriert hat.

192 Im **B2C-Geschäft** sollten ähnliche Erwägungen stattfinden. Auch wenn Kunden immer noch sehr stark preisorientierte Kaufentscheidungen treffen, so kann man als Unternehmen die eigene Wettbewerbsposition nur verbessern, wenn man sich den Vorgaben für eine gute Compliance und für eine ökologische und soziale Nachhaltigkeit nicht verschließt und entsprechende Textpassagen in den Verhaltenskodex aufnimmt, auch wenn kein Großkunde dies einfordert.

193 Im Hinblick auf die Strukturierung der sehr unterschiedlichen Themenstellungen, die in den Verhaltenskodex Eingang finden sollten, bietet es sich an, diese in **Themenkomplexe zu bündeln.** Dies erleichtert die Lesbarkeit dieses wichtigen Dokumentes. Vorgaben, ob und wenn ja, wie diese sehr unterschiedlichen Themen zu bündeln sind, bestehen allerdings nicht, sodass der Compliance Officer völlig frei ist, vorzuschlagen, Themen seiner Wahl an prominenterer Stelle des Verhaltenskodexes zu platzieren.

194 So können zB nach dem Vorwort der Geschäftsleitung, dem „tone from the top", einige Anmerkungen zum Geltungsbereich des Verhaltenskodexes gemacht werden. In Bezug auf die einzelnen Themenstellungen, kann man eine ganze Reihe wichtiger Aussagen zur sozialen Nachhaltigkeit in einem Abschnitt über die **„Nachhaltige Unternehmenstätigkeit"** bündeln.

195 Im Anschluss bietet es sich an, zB Aussagen zu den Themen in Zusammenhang mit der Beziehung zu den Kunden und Wettbewerbern des Unternehmens zu machen, in welchen va auf das Verbot von Bestechung und Preisabsprachen eingegangen werden sollte.

196 In weiteren Abschnitten folgen Aussagen zur Ordnungsmäßigkeit der Bilanzierung und zur Einhaltung der Steuergesetze sowie Vorgaben zum Schutz von Unternehmenswerten. Zum Ende hin finden sich Vorgaben zum Umwelt- und Arbeitsschutz, über die Aufgaben des Compliance Officer und die Informationsangebote des Unternehmens, an wen Fragen zum Verhaltenskodex und zu weiteren Compliance-Themen gestellt werden können.

197 Im Einzelnen sollte der Verhaltenskodex daher folgende Inhalte abdecken:

198 **aa) Vorwort der Geschäftsführung.** Die Mitglieder der Geschäftsleitung unterstreichen hier die Rechtstreue des unternehmerischen Handels und dass sich das Unternehmen in besonderem Maße der Einhaltung der gesetzlichen Vorgaben und internen Richtlinien verpflichtet und dass seitens der Geschäftsführung ein Verstoß gegen diese nicht toleriert wird.

199 **bb) Geltungsbereich.** Dies ist va in Unternehmen mit mehreren Tochtergesellschaften wichtig, die im Rahmen der Mitbestimmung uU eine unterschiedliche Vorgehensweise sinnvoll erscheinen lassen. Grundsätzlich sollte jedoch **ein Verhaltenskodex für die gesamte Unternehmensgruppe** gelten, was auch die Beteiligungsgesellschaften umfasst, an welchen das Unternehmen oder eines seiner Tochtergesellschaften die Mehrheit der Anteile besitzt.

200 Bisweilen wird vorgeschlagen, im Ausland weniger strenge Versionen eines Verhaltenskodexes zu implementieren. Hiervon kann nur dringend abgeraten werden. Es sprechen eine ganze Reihe von Gründen dagegen:

201 Der Verhaltenskodex soll idealerweise die Grundlage eines rechtlich einwandfreien Verhaltens in der gesamten Unternehmensgruppe **im In- und Ausland** bilden. Stattdessen führt der o.g. Vorschlag dazu, dass **unterschiedliche Vorgaben** in den verschiedenen Verhaltenskodizes gemacht werden. So könnte zB der Verhaltenskodex in Deutschland regeln, dass Bestechungen den Mitarbeiter der Widget GmbH in Deutschland streng untersagt sind, wohingegen in Dorotokia zu lesen ist, dass den Mitarbeiter der Widget Ltd. Bestechungen in Dorotokia nur bei hochrangigen Beamten verboten sind. Damit hat man gleich **mehrere Probleme kreiert,** von welchen nur drei genannt werden sollen:

D. Wo fange ich an? § 2

- ❑ Je nachdem wie der Sachverhalt gelagert ist, kann das deutsche Strafrecht und dessen Verbot der Bestechung auch im Ausland und damit in Dorotokia gelten. 202
- ❑ Man hat mit unterschiedlichen Regelungen die Grundlage für endlose und rechtlich uU sehr komplexe Diskussionen geschaffen, zB bei welcher konkreten Sachverhaltsgestaltung eine Bestechung in Dorotokia vielleicht ausnahmsweise doch auch für einen Mitarbeiter der deutschen Muttergesellschaft statthaft sein könnte.
- ❑ Man stiftet bei den Mitarbeitern, va wenn ein Personalaustausch zwischen den Landesgesellschaften stattfindet, ein heilloses Durcheinander in Bezug auf erlaubte und verbotene Verhaltensweisen.

Daher ist es in einem Unternehmen, das Regeln unterschiedlicher Rechtsordnungen beachten muss, am sinnvollsten, wenn die zum jeweiligen Thema **restriktivsten Vorgaben** dieser Länder zum Standard für alle Unternehmensteile gemacht werden, selbst wenn zB in Dorotokia Bestechungen weniger strengen Regeln unterworfen sein sollten. Dies wird in den allermeisten Fällen deutsches und EU-Recht sein. Unterhalb dieses Standards tätig zu sein, birgt erhebliche Compliance-Risiken. 203

In Bezug auf den betroffenen Personenkreis sollte der Verhaltenskodex eine einheitliche geltende Vorgabe für **alle im Unternehmen Beschäftigten** darstellen, in welcher Funktion auch immer diese für das Unternehmen tätig sein mögen. Daher sollte er für die Mitglieder der Geschäftsführung ebenso gelten wie für die Führungskräfte, Mitarbeiter, Zeitarbeitnehmer, Freiberufler, Praktikanten und Berater des Unternehmens. 204

cc) Einzelne Themenkomplexe. Die Vielzahl der im Verhaltenskodex zu regelnden Themen stellt dessen Verfasser vor die nicht banale Aufgabe, ein inhaltlich vollständiges und korrektes, aber dennoch nicht zu umfangreiches Dokument zu erstellen, das auch noch für Nichtjuristen gut lesbar sein soll. Hilfreich ist dabei, wenn dem Leser anhand praktischer Fallbeispiele aus seinem Arbeitsumfeld erläutert wird, was sich zB hinter dem recht abstrakten Begriff des „Amtsträgers" verbirgt. 205

Im Folgenden werden die unterschiedlichen Themenstellungen in der hier gebotenen Kürze angesprochen. 206

(1) Nachhaltige Unternehmenstätigkeit. In diesem Abschnitt kann die Verpflichtung des Unternehmens zur ökonomischen, ökologischen und sozialen Nachhaltigkeit sowohl in der Beziehung zu den Mitarbeitern als auch gegenüber externen Geschäftspartnern sowie weiteren Stakeholdern Ausdruck verliehen werden. Dazu kann kurz erläutert werden, was dies zB bedeutet in Bezug auf 207
- ❑ die langfristig **wirtschaftlich erfolgreiche Tätigkeit,** die eine Einhaltung der für das Unternehmen geltenden Rechtsnormen ebenso beinhaltet, wie auch
- ❑ den **sparsamen Umgang mit Ressourcen** bzw. die Reduzierung der Emissionen sowie
- ❑ die **Gestaltung der Arbeitsbeziehungen** (Diskriminierungsverbot, Arbeitsschutz usw) sowie der Kundenbeziehungen (Qualität der Produkte bzw. Dienstleistungen).

Im Folgenden können dann einzelne Aspekte hervorgehoben werden.

(2) Unternehmenskultur. Das sowohl für Mitarbeiter als auch aus der Sicht von Behörden zunehmend wichtigere Thema der Unternehmens- und Compliance-Kultur kann hier beschrieben werden, um den Mitarbeitern zu verdeutlichen, dass von jedem Einzelnen erwartet wird, dass er einen positiven Beitrag zur Gestaltung einer erfolgreichen Unternehmenskultur leistet. 208

Als Stichworte mögen hierzu dienen: 209
- ❑ Keine Diskriminierung, Benachteiligung, Belästigung oder Bevorzugung gegenüber einer Person aufgrund ihrer individuellen Merkmale wie Geschlecht, Hautfarbe, Religion, Abstammung, Nationalität, Rasse, sexuelle Orientierung, Alter, Familienstand oder anderer rechtlich geschützter Merkmale.

- ❏ Offene und ergebnisorientierte Diskussions- und Fehlerkultur.
- ❏ Kompetente, motivierte und verantwortungsvoll handelnde Mitarbeiter.
- ❏ Führungskräfte nehmen ihre Vorbildfunktion wahr.
- ❏ Umfasst auch unternehmensfremde Personen, wie zB Bewerber oder Mitarbeiter von Kunden und Zulieferern.
- ❏ Klima der Wertschätzung, Fairness und Offenheit.

210 **(3) Weitere Geschäftsprinzipien des Unternehmens.** Die Vielfalt der va aus dem **UN Global Compact** stammenden Themenstellungen können an dieser Stelle zusammenfassend beschrieben werden:
- ❏ Achtung und Schutz des hohen Standards des Lebens- und Arbeitsumfeldes.
- ❏ Einhaltung der Menschenrechte.
- ❏ Verbot der Zwangsarbeit, der Kinderarbeit und des Menschenhandels.
- ❏ Verhindern von Belästigungen und Zwang.
- ❏ Arbeitszeit und Arbeitslohn.
- ❏ Vereinigungsfreiheit und Recht auf Kollektivverhandlungen.

211 **(4) Beziehungen zu Kunden und Wettbewerbern des Unternehmens.** Dieser Abschnitt beschreibt das von den Mitarbeitern gewünschte Verhalten, um die für das Unternehmen größten Compliance-Risiken zu vermeiden. Hierbei handelt es sich um die Einhaltung der gesetzlichen Vorgaben, die den Schutz des freien Wettbewerbs bezwecken.

212 **(a) Korruptionsvermeidung.** Jede Form der Bestechung, sei es eine unrechtmäßige Vorteilsgewährung oder -annahme, stellt ein ganz **erhebliches Compliance-Risiko** für das Unternehmen dar. Deshalb muss eindeutig klargestellt werden, dass jede Form der Bestechung im Verhältnis zu anderen Unternehmen zu unterlassen ist. Um dies näher zu illustrieren, kann auf die **Ziele des Verbotes der Bestechung** eingegangen werden. Es ist dabei herauszustellen, dass solche Handlungen im Widerspruch zu den Intentionen des Gesetzgebers und den Unternehmenswerten stehen. Darüber hinaus sollte auf die **möglichen Sanktionen und anderweitige negative Folgen für das Unternehmen** eingegangen werden (Geld- oder Haftstrafen sowie zivilrechtliche Schadenersatzansprüche gegen die beteiligten Personen sowie Gewinnabführung und Geldbuße gegen das Unternehmen und eine Schädigung der Kundenbeziehungen).

213 Die gilt auch für die Beziehungen zu **Amtsträgern,** wie zB Beamte. Dazu ist zunächst der schwierig zu fassende Begriff des Amtsträgers möglichst einfach zu erläutern und zu erklären, warum das Gewähren von Vorteilen gegenüber dieser Personengruppe besonders strengen Regelungen unterliegt.

214 Auch gehört in diesem Themenkomplex das Verhalten in Bezug auf **Spenden,** einschließlich Parteispenden, und **Sponsoring.** Entscheidungen hierüber sollten ausschließlich den Mitgliedern der Geschäftsführung vorbehalten bleiben und müssen genau definierten und in einer separaten Richtlinie festgelegten Regeln folgen.

215 **(b) Einhaltung des Wettbewerbsrechts.** Verhaltensweisen, die den freien und fairen Wettbewerb behindern, wie **Absprachen** über Preise oder Produktionskapazitäten und die Aufteilung von Kundengruppen stellen ein weiteres, für ein Unternehmen sehr gefährliches Compliance-Risiko dar.

216 Auch an dieser Stelle kann den Mitarbeitern das Ziel dieser kartellrechtlichen Vorschrift erläutert werden, im Rahmen dessen auch die ganz **erheblichen Sanktionen** Erwähnung finden müssen, wie zB eine Geldbuße gegen das Unternehmen in Höhe von bis zu 10 % des weltweiten Konzernumsatzes eines Jahres sowie mögliche **Schadensersatzklagen** der übervorteilten Kunden des Kartells.

217 Auch sollte die **Kronzeugenregelung** Erwähnung finden, um aufzuzeigen, wie schnell eine Preisabsprache durch einen Mitkartellanten aufgedeckt werden kann, ohne dass die-

D. Wo fange ich an? § 2

sem eine Geldbuße drohen muss, wenn er rechtzeitig einen entsprechenden Antrag nach der sogenannten Bonusregelung stellt.

(c) Vermeidung von Interessenkonflikten. Warum Interessenkonflikte zu Entscheidungen zu Lasten des eigenen Unternehmens führen können, kann ebenfalls im Rahmen dieses Abschnitts erläutert werden, um klarzustellen, welches Verhalten von den Mitarbeitern erwartet wird. 218

(5) Beziehungen zu den Lieferanten des Unternehmens. Regelmäßig erwarten OEMs von ihren Lieferanten, dass diese eine Nachhaltigkeitsrichtlinie für ihre Lieferanten implementiert haben. Hierbei handelt es sich um eine Zusammenfassung der Vorgaben des Verhaltenskodex des Unternehmens, die über die Einkaufsbedingungen zum Vertragsbestandteil für Lieferungen an das Unternehmen wird. 219

(6) Einhaltung der exportkontroll-, zoll- und steuerrechtlichen Vorschriften. Dieser Abschnitt stellt klar, dass für ein exportorientiertes Unternehmen nicht nur die Einhaltung der deutschen Außenwirtschaftsvorschriften maßgeblich sind, sondern auch die Vorgaben der Europäischen Union sowie die der Vereinigten Staaten von Amerika sowie anderer Staaten, in welchen das Unternehmen geschäftlich tätig ist. Gleiches gilt für das jeweils anzuwendende Zoll- und Steuerrecht. 220

(7) Schutz von Unternehmenswerten. Dieser Abschnitt beschreibt das Verhalten, das von den Mitarbeitern beim Umgang mit dem Unternehmenseigentum im weitesten Sinne erwartet wird. 221

(a) Das Eigentum des Unternehmens. Es wird hier auf die Pflicht hingewiesen, sorgsam und sachgemäß mit den Gegenständen des Betriebsvermögens umzugehen ist, und dass diese vor Verlust, Diebstahl, Beschädigung oder Missbrauch zu schützen sind. 222

(b) Geistiges Eigentum und Geschäftsgeheimnisse. Gleiches gilt für den Schutz des geistigen Eigentums des Unternehmens und anderen vertraulichen Informationen. Diese stellen einen wichtigen Wert des Unternehmens dar, deren Missbrauch oder Verrat zB einen erheblichen Wettbewerbsnachteil oder einen Vertrauensschaden in einer Kundenbeziehung mit sich bringen können. 223

(c) Datenschutz. Der Datenschutz, der in der DS-GVO neu geregelt worden ist, darf als für Unternehmen sehr wichtiges Thema nicht fehlen, auch wenn es in die Domäne des gesetzlich dafür bestimmten Datenschutzbeauftragten des Unternehmens fällt. 224

Dennoch muss im Verhaltenskodex auf die erhebliche Bedeutung des sachgemäßen Umgangs mit und des Schutzes von personenbezogenen Daten eingegangen werden. Auch sollte ein Hinweis auf die separate Datenschutzerklärung des Unternehmens nicht fehlen.

(d) Schutz der IT-Infrastruktur. Aufgrund der immer stärkeren Durchdringung der Unternehmenstätigkeit durch die Informationstechnologie werden gleichzeitig die Unternehmen immer anfälliger für externe Angriffe auf ihre IT-Infrastruktur. Dazu gehören inzwischen nicht nur der schlichte Diebstahl von Geschäftsgeheimnissen aus den Bereichen Forschung und Entwicklung. Auch können zB dem Unternehmen ganz erheblich Schäden aufgrund unsachgemäßer Handlungen, wie zB das Öffnen von Dateianhängen bei Phishing-E-Mails entstehen. So kann die gesamte IT-Infrastruktur des Unternehmens mit sogenannter „Ransomware" infiziert werden. Dabei handelt es sich um Programme, die sich, als sogenannte Trojaner eingeschleust, im ganzen Unternehmen bis zum letzten PC verbreiten und diese zunächst unbrauchbar machen oder vertrauliche Daten stehlen. Erst 225 gegen Zahlung eines Lösegeldes wird die IT-Infrastruktur wieder freigegeben oder auf die Veröffentlichung der gestohlenen vertraulichen Daten im Internet verzichtet. Daher sind auch im Verhaltenskodex Hinweise zu geben, wie gefährlich ein Einbruch in die IT-Infrastruktur des Unternehmens sein kann, ob es sich um den Diebstahl geistigen Eigentums, Sabotage oder Erpressungshandlungen durch das Einschleusen von Ransomware handelt.[40]

226 **(8) Umwelt- und Arbeitsschutz.** Hier ist die Bedeutung des Umweltschutzes für das Unternehmen, das Schonen der Ressourcen sowie die Minimierung der Emissionen hervorzuheben und dass jeder Mitarbeiter aufgerufen ist, hierzu seinen Beitrag zu leisten. Je nach Unternehmenstätigkeit ist hier auch die Vermeidung der Nutzung von Konfliktrohstoffen zu nennen. In Deutschland weniger problematisch ist das Hervorheben des Arbeitsschutzes im Verhaltenskodex, da die Einhaltung der einschlägigen Bestimmungen eine Selbstverständlichkeit ist und Unternehmen regelmäßig von den Berufsgenossenschaften kontrolliert werden. Daher ist im Verhaltenskodex auf die verschiedenen Arbeitsschutzvorgaben zu verweisen sowie die Wichtigkeit deren Beachtung zu unterstreichen.

227 **(9) Umsetzung des Verhaltenskodexes.** Am Ende des Verhaltenskodex sollten Erläuterungen stehen, die verdeutlichen, dass jeder einzelne Mitarbeiter dazu aufgerufen ist, seinen Beitrag für die Einhaltung der gesetzlichen Bestimmungen sowie der internen Richtlinien und damit der vorgenannten Ziele zu leisten. Auch ist hier das Aufgabenspektrum des Compliance Officer zu beschreiben, da dieser einer der wichtigsten Ansprechpartner für zu klärende Fragen der Mitarbeiter ist. Sofern bereits eine Whistleblower-Hotline eingerichtet ist, sollte diese ebenfalls erwähnt werden, einschließlich eines Hinweises auf eine für diese geltende separate Richtlinie.

228 **(10) Konsequenzen von Rechtsverstößen.** Die Unternehmensleitung sollte an dieser Stelle keinen Zweifel daran lassen, dass Rechtsverstöße nicht toleriert und im Rahmen der geltenden arbeitsrechtlichen Vorgaben sanktioniert werden. Auch sollte ein Hinweis gegeben werden, dass bei einem Gesetzesverstoß dem Täter uU auch strafrechtliche Konsequenzen und zivilrechtliche Schadensersatzansprüche drohen können.

229 **(11) Kontaktinformationen.** Am Ende des Verhaltenskodexes sollte der Leser erfahren, an wen er sich bei Fragen wenden kann. Dies ist zunächst sein jeweiliger Vorgesetzter sowie der Compliance Officer und die Mitglieder der Geschäftsführung, aber auch, sofern dies so vorgesehen ist, ein externer Ombudsmann, der für das Unternehmen die Whistleblower-Hotline administriert.[41] Sowohl die Kontaktdaten des Compliance Officer als auch die der internen und/oder externen Whistleblower-Hotline sollten hier aufgeführt werden.

230 **dd) Mitbestimmung.** Auch wenn die einzelnen Themen hier nur kurz angerissen werden konnten, so wurde deutlich, dass es sich ausschließlich um eine Darstellung bereits bestehender gesetzlicher und in jedem Arbeitsvertrag vereinbarter Pflichten handelt. Es wird zB auf eine Anzeigepflicht eines (möglichen) Compliance-Verstoßes verzichtet. Damit ist der Verhaltenskodex **grundsätzlich nicht mitbestimmungspflichtig.**[42]

---

[40] Letzteres führt dazu, dass uU die gesamte IT-Infrastruktur ausgetauscht werden muss (Hard- und Software), was katastrophale Konsequenzen für die laufende Betriebstätigkeit und ganz erhebliche Beschaffungskosten verursacht.
[41] Mehr dazu → Rn. 337 ff.
[42] *Mengel* Compliance Kap. 2 Rn. 3 ff.

> **Checkliste 5: Erste Maßnahmen zum Aufbau des Compliance-Managementsystems – Der Verhaltenskodex**
> ❏ Der Verhaltenskodex umfasst inhaltlich die Zehn Prinzipien des UN Global Compact
>   - Vorwort der Geschäftsleitung
>   - Geltungsbereich
>   - Nachhaltige Unternehmenstätigkeit
>   - Unternehmenskultur
>   - Weitere Geschäftsprinzipien des Unternehmens
>   - Beziehungen zu Kunden und Wettbewerbern
>   - Korruptionsprävention
>   - Einhaltung des Wettbewerbsrechts
>   - Vermeidung von Interessenkonflikten
>   - Beziehungen zu Lieferanten
>   - Einhaltung der exportkontroll-, zoll- und steuerrechtlichen Vorschriften
>   - Schutz der Unternehmenswerte
>   - Das Eigentum des Unternehmens
>   - Geistiges Eigentum und Geschäftsgeheimnisse
>   - Datenschutz
>   - Schutz der IT-Infrastruktur
>   - Umwelt- und Arbeitsschutz
>   - Umsetzung des Verhaltenskodexes
>   - Konsequenzen von Rechtsverstößen
>   - Kontaktinformationen
> ❏ Der Verhaltenskodex ist uU mitbestimmungspflichtig.

b) Formale Aspekte des Verhaltenskodexes

Der Verhaltenskodex ist in allererster Linie ein Dokument, das *allen* Mitarbeitern erläutern soll, welches Verhalten die Geschäftsleitung von ihnen konkret erwartet. Damit wird zum einen deutlich, dass er die oben genannten Inhalte in einer Weise beschreiben muss, die **für jeden verständlich** sind. Keinesfalls darf es ein Dokument von Juristen für Juristen werden. 231

Es handelt sich bei dem Verhaltenskodex allerdings auch um eine interne Richtlinie des Unternehmens. Ein Verstoß gegen diese interne Richtlinie kann und sollte entsprechende Sanktionen nach sich ziehen. Dies setzt jedoch voraus, dass der Verhaltenskodex an alle Mitarbeiter verteilt wurde und dass das Unternehmen nachweisen kann, dass diese ihn erhalten haben. Daher ist nicht nur dessen gute inhaltliche Gestaltung wichtig, sondern es ist auch auf dessen **ordnungsgemäße Verteilung** ein Augenmerk zu legen. 232

aa) Text und Layout. Der Verhaltenskodex sollte gut lesbar und mit möglichst **vielen Beispielen,** die auf das Unternehmen abgestimmt sind, unterlegt sein. So können die Mitarbeiter viel besser den Bezug zwischen dem Verhaltenskodex und ihrer täglichen Arbeit herstellen. Dennoch muss der Text auch einer **rechtlichen Prüfung standhalten** können. Die Kunst besteht also darin, inhaltlich wichtige Themen auf eine leicht lesbare und korrekte Art zu verfassen. 233

Auch sollte das Layout möglichst ansprechend gestaltet werden, sodass die Mitarbeiter nicht mit mehreren Seiten Fließtext konfrontiert werden, die für sich genommen für viele schon völlig abschreckend wirken. Im Hinblick auf das Formulieren des Verhaltenskodexes und dessen Layout kann man sich daher an Werbebroschüren orientieren: Kluge Formulierungen, anschaulich dargeboten. 234

Diese Anforderungen können auch dazu führen, dass uU daran gedacht werden sollte, den Verhaltenskodex in die am häufigsten im Unternehmen gesprochenen **Fremdspra-** 235 chen zu übersetzen. Darüber hinaus mag es auch notwendig sein, eine **Kurzfassung** für Mitarbeiter zur Verfügung zu stellen, von welchen man recht sicher weiß, dass sie nicht ein umfangreicheres Dokument lesen wollen oder können.

236 **bb) Verteilung des Verhaltenskodexes im Unternehmen.** Schon bevor der Verhaltenskodex von der Geschäftsleitung zur Veröffentlichung freigegeben worden ist, sollte der Compliance Officer geklärt haben, wie dieser verteilt werden soll. Keinesfalls reicht es, wie in früheren Jahrzehnten üblich, diesen am „Schwarzen Brett" auszuhängen. Idealerweise erhält jeder Mitarbeiter den Verhaltenskodex, ob physisch oder als Datei und **bestätigt schriftlich** dessen **Erhalt** und dass er diesen **gelesen** und **verstanden** hat.

237 Selbst im Zeitalter des E-Mails und der weltweiten Datenvernetzung ist dies durchaus mehr als eine banale Herausforderung. Betrachtet man zunächst die elektronische Verteilung des Verhaltenskodex, so sollte es das Ziel des Compliance Officer sein, mit möglichst geringem Aufwand, dh also möglichst automatisiert, zumindest eine elektronische Empfangs- und Lesebestätigung zu erhalten. Hier stößt die IT bereits an ihre Grenzen, da in den gängigen E-Mailprogrammen der Empfänger der Rücksendung einer Empfangsbestätigung zustimmen muss. Gleichzeitig heißt dies jedoch nicht, dass er die Datei mit dem Verhaltenskodex geöffnet hat.

238 Bittet man die IT-Abteilung um eine pragmatische Lösung, wird man feststellen, dass diese nicht so einfach darstellbar ist, da die benutzte Software zumeist nicht auf eine automatisierte Kommunikation ausgerichtet ist, sondern regelmäßig das Handeln des Nutzers voraussetzt. Auch hat man all jene Mitarbeiter noch nicht erreicht, die keinen Bildschirmarbeitsplatz und damit über keine E-Mailadresse im Unternehmen verfügen.

239 Dieses Problem lässt sich lösen, indem man den Mitarbeitern den Verhaltenskodex zB **mit der Gehaltsabrechnung** zusammen mit einem vorbereiteten Rückantwortschreiben nach Hause schickt, mit dem der Mitarbeiter bestätigt, dass er den Verhaltenskodex gelesen und verstanden hat. Dieses ist an den Compliance Officer zu senden.

240 Der administrative Aufwand ist zwar ungleich höher, aber diese Vorgehensweise erfüllt die genannten Voraussetzungen. Auf dieser Basis könnte der Verhaltenskodex auch eine arbeitsrechtliche Wirkung entfalten, sofern eine weitere Komponente, die Compliance-Schulung, hinzutritt. Sollte dies für das Unternehmen keine relevante Entscheidungsgröße sein, kann der Prozess der Verteilung schlanker gestaltet werden, wobei immer das Risiko besteht, dass US-amerikanische, aber auch große OEMs sich für die Details der Kommunikation des Verhaltenskodexes und der Compliance-Richtlinien im Rahmen eines Lieferantenaudits interessieren.

241 Darüber hinaus sollte der Verhaltenskodex auf der Unternehmenswebseite im unternehmenseigenen Intranet sowie im Internet veröffentlicht werden, damit auch Geschäftspartner Einblick in diesen nehmen können. Sinnvollerweise sollte man als Compliance Officer daher über die Gestaltung einer **„Compliance-Intranet- und Internetpräsenz"** nachdenken. Da der Verhaltenskodex nicht das einzige Compliance-relevante Dokument bleiben wird, kann auf der Intranet-Seite des Unternehmens eine Webseite kreiert werden, auf der die Mitarbeiter alle für sie relevanten Compliance-Informationen finden. Der Verhaltenskodex ist das erste Dokument, dem Compliance-Richtlinien usw folgen werden.

c) Marketing des Verhaltenskodexes

242 Wie bereits oben angesprochen, ist Compliance nicht ein Thema, auf das die Mitarbeiter des Unternehmens schon händeringend gewartet haben. Es ist ein Thema, das erklärungsbedürftig ist und leider nicht sofort für zusätzlichen Umsatz sorgt oder zu mehr Aufträgen führt. Vielmehr verursacht Compliance zunächst einmal mehr Aufwand.

243 Daher muss dieses Thema tatsächlich durch entsprechende Kommunikationsmittel bei den Mitarbeitern immer wieder in Erinnerung gerufen werden. Ziel ist es, dass Compliance positiv belegt wird, zB als **Wettbewerbsvorteil**. Deshalb kann es sinnvoll sein, zB

D. Wo fange ich an? § 2

durch ansprechende **Plakataushänge** auf den gerade verteilten Verhaltenskodex aufmerksam zu machen, gerade so, als würde man ein neues Produkt des Unternehmens vermarkten wollen.

d) Compliance-Schulungen und der Verhaltenskodex

Sowohl der Verhaltenskodex als auch die diesen detaillierenden Compliance-Richtlinien müssen im Rahmen von Compliance-Schulungen den Mitarbeitern erklärt werden.[43] Da Compliance-Trainings Zeit und damit Geld kosten, sollten diese so effizient wie möglich durchgeführt werden. Daher bietet es sich an, die ersten Compliance-Schulungen abzuhalten, nachdem der Verhaltenskodex und die wichtigsten Compliance-Richtlinien an die Mitarbeiter verteilt worden sind, um dann deren Inhalte gesamthaft zu erläutern und va den Mitarbeitern die Gelegenheit zu geben, Fragen zu den einzelnen Themen zu stellen. 244

Auch hier gilt es, das **Momentum zu erhalten.** Die Verteilung des Verhaltenskodexes sollte zügig von der Versendung der Compliance-Richtlinien gefolgt werden, damit den Mitarbeitern deutlich wird, dass der Verhaltenskodex und die Compliance-Richtlinien **Teil eines in sich geschlossenen Compliance-Systems** darstellen. Dies sollte bereits bei der eigenen Zeitplanung berücksichtigt werden, ebenso wie die Terminierung der Compliance-Schulungen, die per se schon eine gewisse Vorlaufphase benötigen.[44] Allerdings sollte man sich als Compliance Officer überlegen, ob man wirklich den Verhaltenskodex zusammen mit allen Compliance-Richtlinien gleichzeitig verteilen will. Dies mag dazu führen, dass sich selbst wohlwollende Mitarbeiter von dem Berg mehrerer Dutzend Textseiten überfordert fühlen. Kleinere Portionen verdauen sich leichter. 245

> **Checkliste 6: Erstellung, Verteilung und Schulung des Verhaltenskodexes**
> ☐ Klare und prägnante Formulierungen
> ☐ Juristisch korrekt, aber dennoch einfach zu lesen
> ☐ Bilder und Illustrationen erleichtern die Lesbarkeit
> ☐ Übersetzung in die im Unternehmen dominanten Fremdsprachen
> ☐ Verteilung an alle Mitarbeiter, gegebenenfalls auch postalisch
> ☐ Werbemaßnahmen, Plakataushänge mit den wichtigsten Botschaften
> ☐ Erläuterung der Inhalte in Compliance-Schulungen

2. Compliance-Richtlinien

Die Compliance-Richtlinien erläutern deutlich detaillierter wie die Mitarbeiter mit Sachverhalten umgehen sollten, die für das Unternehmen, aber auch für die Mitarbeiter selbst zu erheblichen Compliance-Problemen führen können. Wie bereits dargestellt, erwarten der Gesetzgeber und die Gerichte, dass die Unternehmensleitung beim Aufbau eines Compliance-Managementsystems **risikoorientiert vorgeht.** Dies gilt auch für das Erstellen der Compliance-Richtlinien. 246

Daher sollte man sich zunächst mit Compliance-Richtlinien befassen, die dazu dienen, die größten Compliance-Risiken vom Unternehmen abzuwenden. Anders als bei den klassischen Unternehmensrisiken wie zB einer Betriebsstörung durch Unwetter oder Erdbeben, gibt es keine Statistiken, die die Höhe der Eintrittswahrscheinlichkeit einer Straftat wie zB einer Bestechung im Unternehmen des Compliance Officer widerspiegeln. Daher bleibt als **Entscheidungskriterium** zunächst nur der **möglicherweise eintretende Schaden** für das Unternehmen im Falle eines Compliance-Verstoßes. 247

Sowohl Bestechungen als auch Verstöße gegen das Kartellrecht durch zB Preisabsprachen mit Wettbewerbern, können so erhebliche negative Konsequenzen für das Unter- 248

---
[43] HML Corporate Compliance/*Mengel* § 39 Rn. 4.
[44] Zu Compliance-Schulungen mehr im Abschnitt → Rn. 288 ff.

nehmen nach sich ziehen, dass dieses in seinem Bestand gefährdet wird. Daher sollte sich der Compliance Officer zunächst um die Erstellung einer **Anti-Korruptionsrichtlinie** und einer **Richtlinie zur Kartellprävention** bemühen.

249 Selbstverständlich ist auch eine **Datenschutzrichtlinie** zwingend erforderlich, die jedoch in die Domäne des **Datenschutzbeauftragten** des Unternehmens fällt und damit nicht Sache des Compliance Officer ist.

250 Darüber hinaus wird es auch aus Sicht der Kunden zunehmend wichtiger, potenzielle Geschäftspartner, va Vertriebs- oder Zollagenten, die im Namen des Unternehmens tätig werden, zu überprüfen, um sicherzustellen, dass diese integer sind und das Vertrauen des Unternehmens verdienen. Abhängig vom Geschäftsmodell des Unternehmens, kann dies auch im Rahmen der Akquisition von Neukunden bedeutsam sein, da die Geschäftsleitung verpflichtet ist, sicherzustellen, nicht zB in Geldwäsche-Aktivitäten verstrickt zu werden. Dies macht uU eine **Richtlinie zur Geschäftspartnerprüfung** erforderlich.

251 Vergleichsweise einfach stellt sich die Formulierung einer **Nachhaltigkeitsrichtlinie für Zulieferer** dar. Sie gibt in einer Kurzfassung die Inhalte des Verhaltenskodexes des Unternehmens wieder.

252 Eine Regelung über den Genehmigungsprozess von Zusagen über **Sponsoringleistungen** und **Spendenzahlungen** ist ebenso sinnvoll wie eine Richtlinie zur **Vergabe von Beraterverträgen,** sofern nicht bereits die Richtlinie zur Geschäftspartnerprüfung den gesamten Geschäftsprozess bis zur Unterschriftsleistung seitens des Unternehmens abdeckt.

253 Eine **Richtlinie über die Nutzung der Whistleblower-Hotline** ist ebenfalls erforderlich, damit Mitarbeiter wissen, wie der Prozess im Rahmen dieses Hinweisgeber-Systems abläuft. Ein solches Hinweisgebersystem muss von Unternehmen mit mehr als 50 Beschäftigten ab dem 17.12.2021 eingeführt werden.[45]

254 Je nachdem in welcher Branche das Unternehmen tätig ist, können weitere, spezielle Compliance-Richtlinien erforderlich werden, wie zB eine **Richtlinie zur Exportkontrolle.**

255 Einerlei um welche Compliance-Richtlinie es sich inhaltlich handelt, sollten mehrere Aspekte bei der Erstellung dieser Dokumente beachtet werden.

256 ❑ Zunächst ist es selbstverständlich, dass die Inhalte der Richtlinie **korrekt die gesetzlichen Vorgaben widerspiegeln.**
❑ Es steht der Unternehmensleitung frei, über die gesetzlichen Vorgaben in Deutschland hinauszugehen. Dies erleichtert die oben erwähnte Vorgehensweise, die **jeweils strengsten rechtlichen Anforderungen** der unterschiedlichen Länder, in welchen das Unternehmen tätig ist, zur Grundlage des Verhaltenskodexes und damit auch der Compliance-Richtlinien zu machen.
❑ Sehen ausländische Bestimmungen schärfere Regelungen vor als die deutschen Gesetze, ist es nicht unwahrscheinlich, dass in diesem Fall einzelne Vorgaben der Mitbestimmungspflicht in Deutschland unterliegen.
❑ Unabhängig von einem Auslandsbezug kann das Definieren **weitergehender Pflichten** für die Mitarbeiter, als sie die deutsche Gesetzeslage widerspiegelt, ebenfalls dazu führen, dass diese Umfänge der **Mitbestimmungspflicht** des Betriebsrates unterfallen.
❑ Die Inhalte sollten sich an den spezifischen Anforderungen des Unternehmens orientieren. Daher sollte jede **Compliance-Richtlinie maßgeschneidert** sein, damit die Mitarbeiter den Bezug zu ihrer eigenen Tätigkeit im Unternehmen leichter herstellen können. Jedes Unternehmen ist anders.
❑ Das Verwenden von **Beispielen** macht den Text lebendiger und anschaulicher. Sie dienen ebenfalls dem Zweck, den Realitätsbezug zu erhöhen.
❑ Gleiches gilt für die Verwendung von **Illustrationen** und den Einsatz von Fotos zB vom Einsatz der Unternehmensprodukte in Dorotokia, Mitarbeitern im Gespräch usw.

---

[45] Zu der Richtlinie für die Whistleblower-Hotline → Rn. 337 ff.

D. Wo fange ich an? §2

> Je ansprechender das Design einer Compliance-Richtlinie ist, desto eher wird sie gelesen.
> ❑ Auch, wenn die Inhalte auf der Ebene der Compliance-Richtlinie aufgrund ihres höheren Detaillierungsgrad zunehmend juristische Inhalte vermitteln müssen, sollten sich auch diese Dokumente keinesfalls wie juristische Schriftsätze lesen. Vielmehr sollte man sich als Compliance Officer bemühen, diese **komplexen Themen sprachlich auf möglichst einfache Weise,** auch zB durch die Verwendung kurzer Sätze, darzustellen.
> ❑ Der Compliance Officer muss diese Compliance-Richtlinien nicht selbst erstellen. Vielmehr kann er diese, ebenso wie die Formulierung eines Verhaltenskodexes, zB an einen Rechtsanwalt outsourcen.

Es ist allerdings eine nicht zu unterschätzende und damit zeitintensive Aufgabe, in knappen Worten eine komplexe Materie darzustellen, wie schon *Blaise Pascal* feststellte: „Ich habe diesen Brief nur deshalb länger gemacht, weil ich nicht Muße hatte ihn kürzer zu machen."[46] 257

Auch sollte man sich als Compliance Officer darüber bewusst sein, dass immer wieder Argumente vorgetragen werden, die begründen sollen, dass der ganze Aufwand doch wirklich verzichtbar sei. So kann zB ins Feld geführt werden, dass die Budgets für Einladungen, Bewirtungen und Geschenke so knapp bemessen sind, dass eine Bestechung außerhalb des gesetzlich statthaften Rahmens gar nicht möglich ist. Dies unterschätzt jedoch die Kreativität des Menschen im Allgemeinen und die Hartnäckigkeit der Kunden im Besonderen, die etwa darauf bestehen, zB eine Anti-Korruptionsrichtlinie des Unternehmens zu sehen.[47] 258

a) Anti-Korruptionsrichtlinie

Nach einer **Einleitung** durch die Mitglieder der Geschäftsführung sollte zunächst auf die Gefahren, die mit einer Bestechung für das Unternehmen und die Mitarbeiter einhergehen, eingegangen werden, um die Leser auf die große Bedeutung dieses Themas einzustimmen. 259

Da es sich um eine rechtlich komplizierte Materie handelt, sollte den Mitarbeitern zunächst einmal erläutert werden, welche **Ziele der Gesetzgeber** mit dem Verbot der Bestechung verfolgt und dass sich daraus unterschiedliche Verhaltensvorgaben ergeben müssen, je nachdem, ob man zB den Einkäufer eines Kunden oder einen Beamten der Baubehörde zum Mittagessen einladen möchte. Mag dies im ersten Fall statthaft sein, sofern man nicht in einem Luxusrestaurant speist, kann selbst eine Bratwurst auf dem Marktplatz uU schon als eine „Beamtenbestechung" gewertet werden. Dazu gehört auch eine Erläuterung der ganz erheblichen Sanktionen, die an eine Bestechungshandlung geknüpft sind. 260

Daher sollte relativ früh erklärt werden, was man unter einer „Bestechung" versteht, wer ein sogenannter **„Amtsträger"** ist und was alles als **„Vorteil"** angesehen wird. Im Hinblick auf die beruflichen Berührungspunkte mit diesem Thema, ist für die allermeisten Mitarbeiter die Frage am relevantesten, was im Unternehmen in Bezug auf Einladungen, Bewirtungen und Geschenke als statthaft angesehen wird. 261

Aus diesem Grund ist es wichtig, den Mitarbeiter in dieser Compliance-Richtlinie den Unterschied zwischen einer **Bestechung im geschäftlichen Verkehr** und der **Bestechung von Amtsträgern** zu erläutern. Entscheidend ist dabei, wie sich die Geschäftslei- 262

---

[46] *Blaise Pascal,* Pascal's Briefe an einen Freund in der Provinz in der Übersetzung von Karl Adolf Blech, 1841, S. 364 des Zitats von *Blaise Pascal,* „Je n'ai fait celle-ci plus longue que parce que je n'ai pas eu le loisir de la faire plus courte.", in Lettres écrites à un provincial par Blaise Pascal, 16. Brief vom 4.12.1656, S. 336, 366.
[47] Von diesen praktischen Erwägungen abgesehen, sollten die Mitarbeiter durch eine entsprechende Richtlinie und eine Compliance-Schulung erfahren, dass das Anbieten eines unangemessen teuren Geschenkes bereits den Tatbestand einer Bestechung erfüllen kann, auch wenn der Mitarbeiter erst später feststellt, dass seine Kostenstelle doch nicht die erforderlichen Mittel dafür hergibt.

tung dazu stellt, konkrete Betragsgrenzen für Einladungen, Bewirtungen und Geschenke zu definieren, die allerdings im Zweifel bestenfalls als eine Art Richtschnur gelten können, in der Praxis jedoch häufig mehr Probleme schaffen als lösen.

263   Abhängig vom bisherigen Geschäftsgebaren des Unternehmens, sollte auch auf **Spezialthemen** eingegangen werden. So verfügen manche Unternehmen über Logen in Sportarenen, wie zB in Fußballstadien oder über unternehmenseigene Yachten oder gar Flugzeuge. Da die Mitarbeiter in aller Regel von diesen Errungenschaften wissen, sollte auch klar geregelt werden, ob und wenn ja, wie Kunden oder gar Amtsträger bzw. Politiker dazu eingeladen werden dürfen, diese zu nutzen.

264   Darüber hinaus sollte auch auf **Erpressungssituationen** und die sogenannten Facilitation Payments eingegangen werden. Erpressungsversuche von zB Behördenvertretern oder im Rahmen von Auftragsverhandlungen sollten zurückgewiesen werden. Bei **Facilitation Payments** (auch Beschleunigungszahlungen genannt) handelt es sich um Zahlungen in geringer Höhe zB an einen Zöllner an der Grenze zu Dorotokia, der die Einreisedokumente nur abstempelt, nachdem er etwas Geld für sich persönlich erhalten hat. Auch wenn eine solche Zahlung nach deutschem und selbst US-amerikanischen Recht (Foreign Corrupt Practices Act) statthaft ist,[48] erwarten viele OEMs zurecht, dass in der Anti-Korruptionsrichtlinie ihrer Lieferanten ein klares Verbot der Zahlung von Facilitation Payments enthalten ist, da die Grenze zwischen noch erlaubten Beschleunigungszahlungen und einer bereits verbotenen Bestechung eine fließende ist.

265   Ebenfalls sollte in dieser Richtlinie auf die Vorgehensweise in Bezug auf **Sponsoring**-Aktivitäten und **Spenden** seitens des Unternehmens eingegangen werden.

266   Wie auch beim Verhaltenskodex sind am Ende die **Ansprechpartner** und deren **Kontaktdaten** aufzuführen, damit es den Mitarbeitern erleichtert wird, Verständnisfragen an eine kundige Person zu richten oder gegebenenfalls Missstände aufzuzeigen.

b) Die Richtlinie zur Kartellprävention

267   Mindestens ebenso gravierend sind die Konsequenzen für das Unternehmen, die sich aus einer verbotenen Preisabsprache ergeben können. Daher gehört die Formulierung einer Richtlinie zur Kartellprävention in den Pflichtenkatalog des Compliance Officer.

268   Auch sollte eine Einleitung der Geschäftsführung in dieser Compliance-Richtlinie signalisieren, dass dieses Thema von erheblicher Bedeutung für das Unternehmen ist und dass die Geschäftsleitung daher besonderen Wert darauflegt, dass dieses Thema von den Mitarbeitern verstanden und die Verhaltensregeln eingehalten werden.

269   Zunächst sollte kurz erläutert werden, was Kartelle sind und welche Formen diese **wettbewerbswidrigen Absprachen** annehmen könne, wie zB Preis- oder Gebietskartelle. Ebenso sollte erläutert werden, was die Kronzeugenregelung, auch Bonusregelung genannt, beinhaltet. Um die erhebliche Gefahr, die von Kartellen für das Unternehmen ausgeht zu beschreiben, sollten auch die erheblichen **Sanktionen** erläutert werden und ein Hinweis erfolgen, dass es auch immer häufiger zu zivilrechtlichen **Schadensersatzklagen** der Kunden kommt, die durch eine Kartellbildung gezwungen worden sind, die Produkte der am Kartell beteiligten Unternehmen zu überhöhten Preisen abzunehmen.

270   Um näher zu beleuchten, welche Verhaltensweisen sanktioniert werden, muss den Mitarbeitern beschrieben werden, welche Verhaltensweisen konkret zu unterlassen sind, nämlich Vereinbarungen sowie abgestimmte Verhaltensweisen von Unternehmen. Ähnlich wie im Strafrecht handelt es sich hierbei um eine relativ große Grauzone, bei der ein gerade noch erlaubtes Verhalten sehr dicht an ein schon verbotenes grenzt. Daher sind auch in dieser Compliance-Richtlinie **praktische Beispiele** aus dem Unternehmensumfeld zur Illustration des unzulässigen Verhaltens sehr hilfreich.

---

[48] Foreign Corrupt Practices Act of 1977, 15 U.S. Code § 78dd–1 – Prohibited foreign trade practices by issuers, mit der Ausnahme der Facilitation Payments, 15 U.S. Code § 78dd–2 (b) Exception for routine governmental action.

D. Wo fange ich an? § 2

Da es auch bei dieser Richtlinie um eine **konkrete Handlungsanweisung** für ein erwünschtes Verhalten geht, sollten in einem weiteren Abschnitt Verhaltensregeln für Mitarbeiter definiert werden. So kann auf kritische, und damit zu vermeidende Gesprächsthemen verwiesen werden, die in Gegenwart von Vertretern von Wettbewerbsunternehmen nicht adressiert werden sollten. Keinesfalls sollte man sich zB Marktinformationen von einem Wettbewerber verschaffen. 271

Hinweise für kritische Situationen, wie etwa das richtige Verhalten beim Erhalten strategischer Informationen von Wettbewerbern über zB Preise oder Kunden sowie Hinweise zum richtigen Verhalten bei Verbandssitzungen oder auf Messen sollten ebenfalls nicht fehlen. Sollte dennoch ein Mitarbeiter in unerwünschter Weise strategische Informationen von einem Wettbewerber erhalten haben, sollte ihm die Richtlinie Auskunft darüber geben, wie er damit umzugehen hat, wenn er denn den Vorwurf vermeiden möchte, zB sein Verhalten am Markt mit dem Wettbewerber unerlaubt abgestimmt zu haben. 272

In der Richtlinie sollte auch erläutert werden, in welchen sehr engen Grenzen Kooperationen mit anderen Unternehmen dennoch erlaubt sein können. Abschließend sollten Hinweise zu den relevanten **Ansprechpartnern** im Unternehmen – wiederum der jeweils eigene Vorgesetzte, der Compliance Officer und die Geschäftsführung – gegeben und gegebenenfalls um deren **Kontaktdaten** ergänzt werden. 273

c) Die Datenschutz-Richtlinie

Wie bereits erwähnt, ist eine Datenschutzrichtlinie zwingend erforderlich. Allerdings liegt die Formulierung und Umsetzung dieser Richtlinien im Aufgabenbereich des Datenschutzbeauftragten. Daher wird an dieser Stelle auf weitere Ausführungen zu diesem Thema verzichtet. 274

d) Nachhaltigkeitsrichtlinie für Zulieferer

Um die Vorgaben des **UN Global Compact** in die Zulieferkette herunter kaskadieren zu können, verlangen die großen OEMs, dass sich ihre Lieferanten dazu bereit erklären, die Vorgaben des Verhaltenskodexes des OEM ihrerseits zu akzeptieren und dass sie weiterhin dazu bereit sind, die Umsetzung dieser Anforderungen wiederum ihren Zulieferern, den Tier-2-Lieferanten, zur Pflicht zu machen. Um dieses Ziel zu erreichen, wird eine **Kurzfassung des eigenen Verhaltenskodexes** im Rahmen der Einkaufsbedingungen zum Bestandteil des Zuliefervertrages gemacht. 275

Abgesehen vom Zusammenfassen des Verhaltenskodexes ist diese Richtlinie mit einem vergleichsweise geringen Aufwand zu erstellen. Wichtig ist jedoch dabei, unternehmensintern die Frage zu klären, ob sich das Unternehmen ein Auditrecht in der Nachhaltigkeitsrichtlinie für die Zulieferer ausbedingen soll. 276

Nach der hier vertretenen Auffassung sollte man als Unternehmen nicht darauf verzichten. Zum einen verlangen bereits heute OEMs, dass sich ihre Zulieferer vergewissern können, dass sie nur mit Unternehmen zusammenarbeiten, die sich an die Regeln des Verhaltenskodexes des OEM halten. Zum anderen kann man bereits heute absehen, dass das sogenannte „Lieferkettgesetz"[49] vorsehen wird, dass sich ein Kunde darüber informiert, ob die Unternehmen in seiner Lieferkette zB die Menschenrechte und die Mindestanforderungen an den Schutz der Umwelt einhalten. Dies setzt zwingend die Möglichkeit voraus, dass das Unternehmen ein **Auditierungsrecht** hat. 277

---

[49] Auch „Sorgfaltspflichtengesetz" genannt, s. BMAS Gesetz über die unternehmerischen Sorgfaltspflichten in Lieferketten, Bearbeitungsstand: 28.2.2021, https://www.bmas.de/SharedDocs/Downloads/DE/Gesetze/Referentenentwuerfe/ref-sorgfaltspflichtengesetz.pdf;jsessionid=01960AD193F294C4FA1CD1B4BFEB2B54.delivery2-replication?__blob=publicationFile&v=2, zuletzt abgerufen am 27.5.2021.

278 Ob man als Kunde dieses Recht nutzt, ist zunächst eine separat zu beantwortende Frage. Erst wenn diese bejaht wird, kann man die nächste Frage stellen, ob man seine Zulieferer im Rahmen einer schriftlichen Abfrage auditiert oder ob man, ähnlich wie manche OEMs, Audit-Teams in die Zulieferunternehmen zu Prüfungszwecken entsendet.

e) Die Richtlinie für die Geschäftspartnerprüfung

279 Vor allem in der Finanzindustrie ist das Prinzip des **„know your customer"** bereits seit längerem bekannt. Durch Überprüfungen potenzieller Neukunden und mittels laufender Kontrollen der Transaktionen der Bestandskunden, soll verhindert werden, dass die Dienstleistungen einer Bank für illegale Geldwäsche-Aktivitäten missbraucht werden.

280 Dieses Prinzip wird zunehmend auch für das produzierende Gewerbe und Anbieter von Dienstleistungen relevant und gleichzeitig ausgeweitet auf alle Geschäftspartner, dh auf Kunden und Lieferanten, angewendet. Daher ist diese Vorgehensweise auch als **„Third Party Due Diligence"** bekannt. Es handelt sich hierbei um eine logische Erweiterung der Implementierung der „Nachhaltigkeitsrichtlinie für Zulieferer",[50] deren Ziel es ist, dass man nur mit integren Lieferanten zusammenarbeitet. So legen va börsennotierte Unternehmen immer größeren Wert darauf, ausschließlich mit Geschäftspartnern zusammenzuarbeiten, die integer sind. Auf der einen Seite will man verhindern, durch Kunden in zB **Geldwäsche-Aktivitäten** involviert zu werden. Auf der anderen Seite möchte man nicht mit Lieferanten zu tun haben, die zB mit Bestechungen oder durch die Verletzung von Menschenrechten oder von Arbeitsschutzvorschriften Geschäfte machen. Gleiches gilt für Dienstleister, die im Namen des Unternehmens tätig werden, wie zB Vertriebs- oder Zollagenten, aber auch Rechtsanwälte. Der Kreis ist recht weit zu ziehen, sodass es erforderlich ist, zB auch Joint Venture Partner vor einer Zusammenarbeit zu überprüfen.

281 Allen Fällen ist gemein, dass die OEMs vermeiden wollen, ihre **Reputation zu gefährden.** Sie wollen nicht einmal den Anschein erwecken, sehenden Auges mit Geschäftspartnern zusammenzuarbeiten, die sich nicht durch eine rechtlich einwandfreie Unternehmenstätigkeit auszeichnen. Viel zu groß ist heute die Gefahr, dass man als Unternehmen in den Verdacht gerät, zB Bestechungen an einen Vertriebsagenten outgesourct zu haben. Damit würde sich das Unternehmen unnötig dem Risiko aussetzen, in das Visier der Behörden zu geraten und im Rahmen von Ermittlungsverfahren, der Durchsuchung von Büros und Privatwohnungen sowie mit der damit einhergehenden Berichterstattung in den Medien sehr schnell und völlig unnötig ihre Reputation zu gefährden.

282 Daher sollte die Geschäftsleitung in einer Einleitung zur Richtlinie für die Geschäftspartnerprüfung diese Gefahren aufzeigen, um die Mitarbeiter für dieses Thema zu sensibilisieren, sodass diese nachvollziehen können, dass nicht jeder potentielle Neukunde automatisch willkommen ist und nicht jeder neue Zulieferer mit offenen Armen begrüßt wird. Vielmehr müssen sie den hohen ethischen Anforderungen gerecht werden und sich jederzeit an die maßgeblichen rechtlichen Vorschriften sowie die relevanten Richtlinien des Unternehmens halten, wie zB die „Nachhaltigkeitsrichtlinie für Zulieferer".

283 Um dies zu gewährleisten, ist zunächst klarzustellen, dass eine **risikobasierte Prüfung** der Geschäftspartner durchzuführen ist, bevor das Unternehmen mit diesen zusammenarbeitet. Hilfreich ist es, in diesem Kontext zu erläutern, um welche Geschäftspartner, neben den bereits oben genannten, es sich hier handelt und die aufgrund ihres Geschäftsmodells in besonderem Maße für eine Überprüfung in Frage kommen.

284 Eine detailliertere Überprüfung ist angezeigt, wenn eine oder mehrere der nachfolgenden Fragen aus Sicht des Unternehmens zu bejahen sind.

---

[50] → Rn. 275 ff.

D. Wo fange ich an?

Checkliste 7: Gründe für eine Geschäftspartnerprüfung
- Ist der Geschäftspartner in einem Wirtschaftszweig tätig, der anfällig für Bestechungshandlungen ist oder hat er seinen Sitz in einem Land, das als korruptionsbehaftet gilt?
- Soll der Geschäftspartner für das Unternehmen und/oder im Namen des Unternehmens gegenüber Dritten Handlungen durchführen oder unser Unternehmen bei anderen vertreten?
- Wird der Geschäftspartner Kontakte mit Amtsträgern für das Unternehmen wahrnehmen?
- Wird der Geschäftspartner in der Lage sein, Entscheidungsträger anderer Unternehmen oder Institutionen im Sinne des Unternehmens zu beeinflussen?
- Handelt es sich um ein hohes Vertragsvolumen?

Für diesen Fall sollte die Richtlinie den Mitarbeitern Hinweise geben, **welche Warnsignale** einen weniger vertrauenswürdigen Geschäftspartner kennzeichnen. Dazu gehört, dass der potenzielle Geschäftspartner zB für Rechtsverstöße bekannt ist oder über eine fragwürdige Reputation verfügt. Auch kann die Fachkompetenz des potenziellen Partners oder die Kompetenz und Anzahl seiner Mitarbeiter fragwürdig erscheinen oder nur schwer zu validieren sein. Der Eindruck, dass die Erbringung der in Frage stehenden Leistung nur schwer darstellbar ist, mag einen weiteren Hinweis auf die Integrität des Geschäftspartners geben. Sofern dieser die Eigentümer- bzw. Beteiligungsstruktur seiner Unternehmung nicht transparent darstellen kann oder wenn sie für diese Art von Geschäften unüblich ist, sollte dies als weiterer Warnhinweis verstanden werden.

Aus diesen und einer Vielzahl weiterer denkbarer sogenannten **„Red Flags"** wird deutlich, dass man einen gewissen Rechercheaufwand betreiben bzw. ein externes, darauf spezialisiertes Unternehmen damit betrauen sollte, um die Integrität des Geschäftspartners zu überprüfen. Hierbei ist jedoch regelmäßig das Maß das mit dem potenziellen Geschäft verbundene Compliance-Risiko. Ein hohes Risiko, zB im Rahmen einer geplanten Beauftragung eines Vertriebsagenten in Dorotokia, zieht einen deutlich höheren Rechercheaufwand nach sich, als die Beauftragung eines alteingesessenen und renommierten Zollagenten in Bremerhaven.

Erst wenn man auf Basis dieser Richtlinie einen potenziellen Geschäftspartner durchleuchtet hat, sollte man sich an diesen vertraglich binden.

Checkliste 8: Compliance-Richtlinien
- Unterhalb des Verhaltenskodexes spezifizieren Compliance-Richtlinien dessen Inhalte.
- Anti-Korruptionsrichtlinie
- Richtlinie zur Kartellprävention
- Datenschutzrichtlinie
- Nachhaltigkeitsrichtlinie für Zulieferer
- Richtlinie für Geschäftspartnerprüfung
- Weitere Richtlinien können durch spezifische Unternehmensbedingungen erforderlich sein.
- Die Compliance-Richtlinien sollen auch für Nichtjuristen leicht verständlich und gut lesbar sein.

3. Compliance-Schulungen

Nachdem der Verhaltenskodex und die Compliance-Richtlinien von der Geschäftsleitung freigegeben und an die Mitarbeiter kommuniziert worden sind, beginnt die eigentliche Aufklärungsarbeit des Compliance Officer. Die schriftliche Dokumentation der von der

Unternehmensleitung gewünschten Verhaltensweisen der Mitarbeiter ist unverzichtbar. Man sollte sich aber nicht der Illusion hingeben, dass alle oder wenigstens die Mehrzahl der Mitarbeiter diese tatsächlich lesen werden, es sei denn, es gilt für sie die Lösung eines konkreten Problems zu eruieren, wie zB wie hoch der Wert eines Geschenks für einen Kunden sein darf.

289 Mit einer gewissen Berechtigung kann man als Compliance Officer zwar den Standpunkt vertreten, dass es sich um erwachsene Menschen handelt und sie deshalb auch eigenverantwortlich entscheiden können, ob und wie ausführlich sie sich mit Compliance auseinandersetzen wollen. Allerdings muss man langfristig denkend anerkennen, dass man als Compliance Officer spätestens, wenn es um das Management der Compliance-Risiken des Unternehmens geht, dringend auf die Mitarbeit der Kollegen angewiesen ist. Um aber mitarbeiten zu können, müssen sie verstanden haben, warum Compliance so wichtig ist, welche Ziele damit verfolgt werden und wie damit im Tagesgeschäft umzugehen ist.

290 Daher kann man auch vor diesem Hintergrund nur raten, ein erhebliches Augenmerk auf die Entwicklung eines **durchdachten Compliance-Schulungskonzepts** zu legen. Denn unabhängig von den o.g. eher praktischen Erwägungen, sind Compliance-Schulungen ein **integraler Bestandteil eines jeden Compliance-Managementsystems** und daher genauso **unverzichtbar** wie ein Verhaltenskodex. Bei Lieferantenaudits wird seitens der Kunden des Unternehmens nach Compliance-Schulungen gefragt und im Falle eines Compliance-Verstoßes spielt die Frage, ob der Mitarbeiter über die Compliance-Anforderungen eine Schulung erhalten hatte, eine Rolle hinsichtlich der Haftung des Mitarbeiters. Aber auch hinsichtlich der Frage, ob die Geschäftsführung ihrer Compliance-Verantwortung nachgekommen ist, indem sie ihre Mitarbeiter angemessen in Compliance hat unterweisen lassen, ist das Thema der Compliance-Schulung von Bedeutung.

291 Im Rahmen des **Compliance-Schulungskonzepts** sollten ua folgende Fragestellungen beantwortet werden:

> **Checkliste 9: Compliance-Schulungskonzept**
> ❏ Welche Mitarbeitergruppen sind zu schulen?
> ❏ Welche Inhalte sind zu vermitteln?
> ❏ Welchen zeitlichen Umfang sollte eine Compliance-Schulung haben?
> ❏ Sollte es eine Präsenzschulung, eine Online-Schulung (Videokonferenz) oder ein rein webbasiertes Training sein?
> ❏ Wird die Compliance-Schulung durch den Compliance Officer selbst durchgeführt oder outgesourct?
> ❏ Aus welchen Bereichen des Unternehmens benötigt der Compliance Officer Unterstützung zur operativen Umsetzung der Compliance-Schulung?
> ❏ Wie kann der Compliance Officer den Lernerfolg der Compliance-Schulung validieren?

292 Hinsichtlich der Frage **welche Mitarbeitergruppen** zu einer Compliance-Schulung einzuladen sind, sollte man auch hier risikoorientiert vorgehen. Das bedeutet, dass alle diejenigen zu schulen sind, die aufgrund ihres Tätigkeitsprofils Aufgaben erfüllen, im Rahmen derer sie mit hohen Compliance-Risiken konfrontiert werden. Dies sind primär die Mitarbeiter und Führungskräfte des **Vertriebs/Verkaufs** oder des **Außendienstes** mit Kunden- bzw. Behördenkontakten (Risiko der Bestechung und Preisabsprache) sowie die des **Einkaufs** (Bestechlichkeit). Auch sollten unbedingt diejenigen Mitarbeiter geschult werden, die in Bereichen tätig sind, die bei der Entdeckung von Compliance-Risiken oder -Verstößen eine wichtige Rolle spielen. Dies sind die Mitarbeiter und Führungskräfte der **Finanz- und Personalabteilung** sowie die der **Revision** und der **Rechtsabteilung,** sofern es diese im Unternehmen gibt.

D. Wo fange ich an? § 2

Je nach Unternehmensgröße und damit der betroffenen Personenzahl, sollten auch über den oben genannten Teilnehmerkreis hinaus, alle Führungskräfte zu Compliance-Schulungen eingeladen werden. Hierbei sollte die Frage, bis zu welcher Ebene Führungskräfte geschult werden, pragmatisch beantwortet werden. Bei einem kleineren mittelständischen Unternehmen kann man aufgrund der überschaubaren Beschäftigtenzahlen die Mitglieder aller Führungsebenen bis zu den Teamleitern schulen. Bei größeren Unternehmen mag die Grenze vielleicht eher bei den Abteilungsleitern gezogen werden, damit sich in dieser ersten Phase der Aufwand in darstellbaren Grenzen bewegt. 293

Den Kreis der **Führungskräfte** für Compliance im Rahmen von Trainings zu sensibilisieren hat den großen Vorteil, dass diese als **Multiplikatoren** in ihren jeweiligen Abteilungen wirken können, auch wenn diese nicht zB zu den „üblichen Verdächtigen"[51] gehören. 294

Grundsätzlich sind auch die **Mitglieder der Geschäftsleitung** und, sofern dies in das Unternehmensgesamtbild passt, **Betriebsräte** in den relevanten Compliance-Themen zu unterweisen. Die Frage, wann für ein Training der Geschäftsführung der richtige Zeitpunkt ist, muss in Abhängigkeit von vor allem deren Vorstellungen entschieden werden, da eine „Zwangsbeschulung" der Mitglieder der Geschäftsführung nicht empfehlenswert ist. Auch hier gilt, dass der Compliance Officer ein entsprechendes Compliance-Training vorschlägt und dass die Geschäftsleitung darüber entscheidet. Gleiches gilt auch in Bezug auf eine Compliance-Schulung der Betriebsräte. 295

In nachgelagerten Compliance-Schulungen sollten dann möglichst zügig alle Mitarbeiter und Führungskräfte ein Compliance-Training erhalten. 296

In Bezug auf die **inhaltliche Differenzierung** der Compliance-Schulungen ist zwischen einer Basisschulung und Spezialschulungen zu unterscheiden. Während die erste Reihe der Compliance-Schulungen sicherlich alle Führungskräfte und Mitarbeiter zunächst die wichtigsten Compliance-Aspekte als Basiswissen vermitteln muss, können diese in später folgenden **Spezialschulungen** über zB Bestechung oder Wettbewerbsrecht vertieft werden. Sicherlich sind die Compliance-Schulungen für die Mitglieder der Geschäftsführung und die des Betriebsrates spezieller Natur als eine Basisschulung. 297

Eine Basisschulung sollte zumindest folgende Themen abdecken und diese anhand von praktischen Beispielen aus dem eigenen Unternehmensumfeld erläutern: 298

Checkliste 10: Inhalte einer Compliance-Basisschulung
- ☐ Der Begriff „Compliance"
- ☐ Die Ziele von Compliance
- ☐ Das Compliance-Managementsystem
- ☐ Die Haftungsfolgen bei Compliance-Verstößen
  (Strafrecht, Kartellrecht, Ordnungswidrigkeitenrecht, Zivilrecht, Reaktion der Kunden)
- ☐ Die Vorteile einer guten Compliance
- ☐ Bestechung /Bestechlichkeit
  - Bestechung im geschäftlichen Verkehr
  - Bestechung von Amtsträgern
  - Der richtige Umgang mit Amtsträgern
  - Einzuhaltende Wertgrenzen (Sozialadäquanz)
  - Der richtige Umgang mit Einladungen, Bewirtungen und Geschenken
- ☐ Kartellrecht (Verbot wettbewerbsbeschränkender Vereinbarungen in Deutschland und in der EU)
  - Verbot der Vereinbarung, Absprachen in Verbänden oder abgestimmte Verhaltensweisen

---

[51] In Anlehnung an das Zitat des Polizeichefs Renault „Verhaftet die üblichen Verdächtigen!" in dem Spielfilm *Casablanca* (1942). Im Kontext von Compliance könnte man dazu regelmäßig den Einkauf und den Vertrieb zählen, da diese besonderen Gefährdungen ausgesetzt sind.

- Kronzeugenregelung
- Das richtige Verhalten bei Verbandssitzungen
- Das richtige Verhalten bei Messen
❑ Ordnungswidrigkeitenrecht
- Die Aufsichtspflicht und deren Folgen
❑ Umgang mit Lieferantenaudits durch Kunden des Unternehmens
❑ Weitere operative Themen
- Verantwortlichkeiten für die Unternehmens-Compliance
- Das Aufgabenprofil des Compliance Officer
- Integration der Compliance-Anforderungen in das Tagesgeschäft der Mitarbeiter und Führungskräfte
- Das Compliance-Risikomanagement
❑ Weitere unternehmensspezifische Themen
- Erläuterung zB der Auslandsbezüge von Compliance, sofern das Unternehmen international tätig ist (jeweils innerhalb der o. g. Themengebiete)

299 Den **zeitlichen Umfang** einer Compliance-Schulung zu bestimmen, ist nicht nur eine rein praktische, sondern auch eine kommerzielle, uU sogar eine politische Fragestellung. Da das Thema Compliance den Mitarbeitern und Führungskräften völlig neu und sicher reichlich fremd sein wird, wird es für den Compliance Officer schon recht anspruchsvoll, in weniger als drei Zeitstunden zu erklären, worum es bei alledem geht. Mit den üblichen Pausen, dem Zuspätkommen usw ist somit mindestens ein halber Arbeitstag zu veranschlagen.

300 Dabei muss dem Compliance Officer klar sein, dass in diesem Zeitrahmen kaum Raum und Gelegenheit für die Teilnehmer bleibt, das Gehörte zu verarbeiten, mit der eigenen Arbeitssituation abzugleichen und darauf aufbauend Fragen zu stellen oder eine Diskussion anzuregen.

301 Eine sich in zeitlich engen Grenzen haltende Compliance-Schulung freut natürlich die jeweiligen Vorgesetzten, da ihre Mitarbeiter nicht unnötig lange ihrem Arbeitsplatz fernbleiben müssen. Insbesondere in wirtschaftlich schwierigen Zeiten kann der Compliance Officer daher mit einem erheblichen Gegendruck rechnen, zumal sich auch in diesem Fall Zeit in Geld übersetzen lässt.

302 Auf der anderen Seite weiß der Compliance Officer, dass eine gründliche, inhaltlich breite wie auch tiefe Basisschulung das **Wissensfundament** legt, auf der die längerfristige Compliance-Arbeit im Unternehmen gemeinsam mit allen Mitarbeiter und Führungskräften aufbauen soll. Idealerweise sollte daher eine erste Basis-Compliance-Schulung 4 x 90 Minuten umfassen.

303 Dies sollte auch im Sinne der Geschäftsführung sein, da es ihrem ureigenen Interesse ist, dass ihre Mitarbeiter die Bedeutung von Compliance und das damit einhergehende, zum Teil doch sehr anspruchsvolle Verhaltenskonzept verinnerlicht haben. Schlussendlich trägt die Geschäftsleitung die Verantwortung für die Compliance des Unternehmens und damit für seine Mitarbeiter.

304 Die **Kosten** einer Compliance-Schulung, ob eines ganztägigen oder nur halbtägigen Compliance-Trainings, lassen sich reduzieren, indem vermieden wird, dass Mitarbeiter „nur" wegen dieser Schulung anreisen müssen. Vielmehr kann man eine solche Compliance-Schulung am Rande zB einer **Tagung des Vertriebs** einplanen oder andere Anlässe nutzen, zu welchen die Mitarbeiter in die Unternehmenszentrale eingeladen werden. Dies mag eine Geschäftsführung dazu bewegen, auch einer etwas längeren Compliance-Schulung zuzustimmen.

D. Wo fange ich an? § 2

Aus den hier vertretenen Gründen spricht sehr viel für **Präsenzschulungen**.[52] Natürlich sind webbasierte Trainings, sogenannte E-Learnings möglich und werden va von US-amerikanischen Unternehmen präferiert. Allerdings müssen auch diese auf die konkreten Anforderungen des Unternehmens angepasst werden und werden in aller Regel von den Mitarbeitern kritisch gesehen, da sie keine Möglichkeiten haben, mit dem Leiter der Compliance-Schulung zu diskutieren, sei es der Compliance Officer oder ein externer Rechtsanwalt, der die Compliance-Schulung durchführt. Auch können Fragen nicht gestellt werden und werden damit auch nicht beantwortet. Darüber hinaus werden sie regelmäßig als Pflichtübung behandelt, die es möglichst schnell zu erledigen gilt, um sich dann wieder den eigentlich wichtigen Aufgaben des Tagesgeschäfts widmen zu können. 305

Damit wird auch die Problematik dieser Art der Compliance-Schulungen deutlich. Man kann als Unternehmen zwar belegen, dass die Mitarbeiter online-Fragebögen beantwortet haben, was irrigerweise mit einem Lernerfolg gleichgesetzt wird. Wie man aber aus der eigenen Schulzeit vielleicht noch in Erinnerung hat, sagt das erfolgreiche Bestehen einer Multiple-Choice-Klausur nur aus, dass man die Kreuzchen an der richtigen Stelle gesetzt hat, und nichts darüber, ob man etwas inhaltlich verstanden hat. Damit reduziert sich diese Art der Compliance-Schulung uU in den Augen der Mitarbeiter auf eine „Pflichtübung", die abgehakt wird, um der geforderten Form zu entsprechen, was man im amerikanischen Sprachgebrauch sehr zutreffend als eine sogenannte „box-ticking exercise" bezeichnen würde. 306

Eine **online-Compliance-Schulung** ist eine weitere denkbare Alternative. Die Namen der Anbieter der dafür notwendigen Videokonferenztechnologie sind spätestens seit der Corona-Pandemie auch in Deutschland bekannt, da diese mit Beginn des Lockdowns intensiv für Besprechungen genutzt wurden. Anders jedoch als Besprechungen oder eine Schulung zB für ein neu eingeführtes IT-System, dessen Bedienung der Mitarbeiter beherrschen muss, will er seine Arbeit machen, ist eine Compliance-Schulung nicht ein Thema, auf das die Mitarbeiter gewartet haben, das sie als zwingend notwendig erachten. Somit ist die Interessenlage der Teilnehmer nicht zu vergleichen. Auch dauern online-Besprechungen nur selten einen ganzen oder halben Tag. Da das passive Auf-den-PC-Bildschirm-blicken für die Teilnehmer **sehr anstrengend** ist, müssen mehr Pausen eingeplant werden, was wiederum die Dauer der Compliance-Schulung verlängert oder zu einer Kürzung der Inhalte führt. 307

Darüber hinaus ist die **Gefahr der Ablenkung** bei einer als nicht wirklich wichtig erachteten Compliance-Schulung keine geringe. Ähnlich wie bei einem nicht sonderlich interessanten Fernsehprogramm, greift man fast unbewusst zum Mobiltelefon bzw. wechselt mal kurz in das E-Mailprogramm des PCs, um noch „schnell" etwas zu erledigen oder um noch ein dringendes Angebot für einen wichtigen Kunden fertig zu machen. Ist der inhaltliche Anschluss erst einmal verpasst, sinkt das Interesse, sich aktiv mit den Inhalten der Compliance-Schulung zu befassen noch weiter ab. 308

Obgleich an einer solchen Online-Schulung vielfach auch sogenannte „digital natives" teilnehmen, also junge Mitarbeiter, welchen keine Scheu vor der **Informationstechnologie** zugeschrieben wird, scheint es doch gerade diese Technologie zu sein, die eine **Barriere** für die Teilnehmer darstellt, die sie daran hindert, Fragen zu stellen oder eine Diskussion über zB ein aktuelles Compliance-Thema zu initiieren. Auch bleiben Fragen des Schulungsleiters an sein Bildschirmpublikum nicht selten unbeantwortet. Wird dann noch eine zeitlich sehr kurz gehaltene Compliance-Schulung abgehalten, bleibt dem Trainer nicht einmal mehr Zeit, auf eine Antwort zu warten, da er sonst mit den geplanten Schulungsinhalten nicht fertig werden kann. 309

Auch hat der Leiter des Compliance-Trainings praktisch **keinerlei Feedback während der Compliance-Schulung** im Hinblick auf den laufenden Lernerfolg der Veranstaltung. 310

---

[52] Für die Vorzüge der Präsenzschulungen sprechen sich ebenfalls zB aus HML Corporate Compliance/*Klahold*/*Lochen* § 37 Rn. 60 f. sowie HML Corporate Compliance/*Dittrich*/*Matthey* § 26 Rn. 76 ff.

Dies liegt entweder daran, dass die videobildliche Darstellung der Teilnehmer bei rund 20 Personen auf das Format jeweils einer Briefmarke reduziert ist. Oder die Teilnehmer werden zu Beginn der Compliance-Schulung gebeten, die Live-Videoübertragung der eigenen Person auszuschalten, um die Übertragungsbandbreite zu schonen. Dadurch ist für den Compliance-Schulungsleiter entweder nur ein Foto oder der Schattenriss einer beliebigen Person zu sehen. Damit hat er keine Möglichkeit mehr, anhand der Körpersprache oder Mimik der Teilnehmer zu validieren, ob die Inhalte der Schulung verstanden worden sind.

311 Zusammen mit dem fehlenden direkten Feedback sorgt dies dafür, dass eine Compliance-Schulung leicht zu einem Monolog des Trainers degenerieren kann, was dem Zweck dieses für den Erfolg des Compliance-Managementsystems so wichtigen Moduls keineswegs dienlich ist.

312 Gleichzeitig wird es dem Compliance Officer dadurch **unmöglich zu bestätigen,** wer zwar schweigend, aber dennoch an der Compliance-Schulung **teilgenommen** hat. Er kann nur bestätigen, dass sich der Kreis der betreffenden Personen rechtzeitig in die Compliance-Schulung eingeloggt hat und ein Foto oder Schattenriss über die Zeit der Compliance-Schulung zu sehen war.

313 Dies stellt den Compliance Officer zB im Rahmen eines Lieferantenaudits durch einen Kunden, in dem auch Aussagen zu den durchgeführten Compliance-Schulungen gefordert werden, vor ein nicht unerhebliches Problem. Entweder er bestätigt die Teilnahme der zu Compliance-Schulungen eingeladenen Mitarbeiter, was er tatsächlich nicht kann und daher nicht sollte, oder er kann die Bestätigung nicht abgeben.

314 Somit bieten sich online-Trainings primär **für Notfälle** an, wenn keine Präsenz-Schulungen möglich sind, wie zB bei einem Lockdown während der Corona-Pandemie. Da Compliance-Schulungen ein integraler Bestandteil eines jeden Compliance-Managementsystems sind, kann man auf diese nicht verzichten. Auch wenn der Wissenstransfer, der im Rahmen einer Online-Schulung tatsächlich bei den Teilnehmern stattfindet, vielleicht nicht gerade bemerkenswert ist, kann man sich immerhin auf den Standpunkt stellen, Compliance-Trainings durchgeführt zu haben. Diese Sicht auf Compliance-Schulungen bedingt jedoch ein grundsätzlich anderes Verständnis von deren weitergehenden Sinn und würde somit wohl eher in die Kategorie der og „box-ticking exercise" fallen.

315 Ob der Compliance Officer oder zB ein externer Rechtsanwalt die Compliance-Schulung durchführt, ist primär eine Frage der persönlichen Präferenz des Compliance Officer und der ihm zur Verfügung stehenden zeitlichen Kapazität und Budgets.

316 In Bezug auf die **inhaltliche Darstellung** der zu schulenden Compliance-Themen sollte der Compliance Officer eine gute Mischung finden, die einerseits die wichtigsten Themen anhand von möglichst vielen **praktischen Beispielen** aus dem **Unternehmensumfeld** vermittelt und andererseits Raum für **Fragen** der Teilnehmer und gemeinsame **Diskussionen** lässt.

317 Bei einer reinen Frontalveranstaltung, die ausschließlich auf eine maximale Wissensvermittlung abzielt, wird die Aufnahmefähigkeit der Teilnehmer uU bald an ihre Grenzen stoßen. Erfolgversprechender ist eine interaktive Gestaltung, durch die die Teilnehmer zB Fragen des Compliance Officer beantworten oder aus ihrem Tätigkeitsbereich Beispiele einbringen können.

318 Idealerweise werden die Compliance-Schulungen mit der **Unterstützung der Personalabteilung** vorbereitet. Sie weiß, welche Mitarbeiter und Führungskräfte in den einzuladenden Fachabteilungen tätig sind, sie kennt die Namen und Kontaktdaten auch der neu eingestellten Beschäftigten oder weiß, wer jüngst in den Vertrieb gewechselt ist und daher an einer vertiefenden Compliance-Schulung zur Korruptions- und Kartellprävention teilnehmen sollte.

319 Die **Validierung des Lernerfolges** einer Compliance-Schulung ist va eine in den USA aufgestellte Forderung. Natürlich ist diese Forderung nicht von der Hand zu weisen. Allein stellt sich die Frage, wie dies dargestellt werden kann.

D. Wo fange ich an?   § 2

So kann man darüber nachdenken, im Nachgang zu einer Compliance-Schulung einen kleinen Test mit einigen Fragen zu versenden. Jedoch belastet dies nicht nur die Mitarbeiter zusätzlich. Auch muss der Compliance Officer die Rückläufe kontrollieren und die Antworten bewerten, eine Aufgabe, die er normalerweise zeitlich nicht leisten kann.

In der Regel werden sich jedoch die beim Compliance Officer eingehenden Fragen nach einer Compliance-Schulung häufen. Durch das Führen einer kleinen **Statistik** über die Anzahl dieser Nachfragen kann der Compliance Officer belegen, dass die Compliance-Schulung die Mitarbeiter dazu angeregt hat, das Gelernte mit dem eigenen Tätigkeitsgebiet abzugleichen und zu hinterfragen. Zwar mag es für den Compliance Officer zusätzlich Arbeit bedeuten, diese Nachfragen zu beantworten. Dennoch sind sie für den Compliance Officer tatsächlich ein Zeichen des Erfolgs der Compliance-Schulung, da sie zeigen, dass er die Teilnehmer über die Schulung hinaus zum Nachdenken gebracht hat. 320

In Bezug auf die **Dokumentation der Compliance-Schulung** sollte der Compliance Officer die Teilnehmer auf einer Liste durch ihre Unterschrift ihre Anwesenheit bestätigen lassen. Diese Listen sollten sorgfältig aufbewahrt werden, da sie zum einen bei einem Compliance-Verstoß belegen, dass der Mitarbeiter über die Compliance-Anforderungen im Unternehmen ausführlich im Rahmen einer Compliance-Schulung unterrichtet worden ist. Zum anderen wird der Compliance Officer im Rahmen von Lieferantenaudits diese Dokumentation den Vertretern großer Unternehmenskunden zeigen, die sich über die Funktionsweise des Compliance-Managementsystems ihres Zulieferers informieren wollen. 321

Zusammenfassend ist zu unterstreichen, dass die Compliance-Schulungen in ihrer Bedeutung für eine nachhaltige Compliance des Unternehmens eine gar nicht zu unterschätzende Funktion haben. Für deren Konzeption und Umsetzung angemessen viel Zeit zu verwenden, ist eine sehr lohnende Investition. 322

> **Checkliste 11: Organisatorische Aspekte einer Compliance-Schulung**
> ☐ Lernziele definieren
> ☐ Erforderlichen zeitlichen Umfang zur Erreichung der Lernziele festlegen
> ☐ Richtiges Medium für die Schulungsinhalte bestimmen
>   ▪ Präsenzschulung
>   ▪ Online-Schulung
>   ▪ Rein webbasierte Schulung (E-Learning/Fragebogen)
> ☐ Frühzeitige Abstimmung mit der Personalabteilung zwecks Erfassung der Mitarbeiterdaten für Einladungen
> ☐ Validierung des Lernerfolges
>   ▪ Direkt (Test)
>   ▪ Indirekt (zB Anzahl der Nachfragen nach der Compliance-Schulung)
> ☐ Dokumentation der Teilnahme der eingeladenen Mitarbeiter
> ☐ Zusammenfassung der Inhalte für die Teilnehmer (Multiplikatoren), um im Nachgang in Besprechungen mit den Mitarbeitern und Kollegen über das Thema zu diskutieren

4. Aufbau einer Compliance-Organisation und von Compliance-Prozessen

Nachdem der Verhaltenskodex und die wichtigsten Richtlinien erstellt und deren Inhalte in Compliance-Schulungen den Mitarbeitern erläutert worden sind, stehen eine ganze Reihe weiterer Aufgaben an. 323

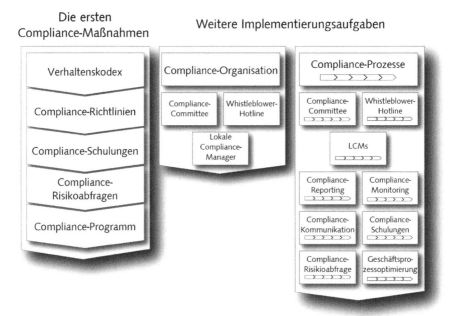

Abb. 7: Die ersten Compliance-Maßnahmen und weitere Implementierungsaufgaben

324 Zwar erfüllen die ersten Compliance-Maßnahmen, zumindest auf dem Papier, die Anforderungen einiger Kunden. Dies sollte jedoch nicht darüber hinwegtäuschen, dass das bisher Erreichte noch kein Compliance-Managementsystem darstellt. Dazu sind, je nach Unternehmensgröße, eine gewisse **Compliance-Organisation** und immer **Compliance-Prozesse** erforderlich. Im Einzelnen gehören zu den weiteren zu implementierenden Aufgaben:

325 Checkliste 12: Aufbau einer Compliance-Organisation und -Prozessen
- ❏ Aufbau einer Compliance-Organisation mit
  - einem Compliance-Committee
  - einer Whistleblower-Hotline
  - lokalen Compliance-Managern
- ❏ Etablierung von Compliance-Prozessen für
  - die Compliance-Organisation
  - das Compliance-Reporting
  - das Compliance-Monitoring
  - die Compliance-Kommunikation
  - die Vorbereitung der Compliance-Schulungen
- ❏ Abfrage der Compliance-Risiken im Unternehmen
- ❏ Optimierung der Geschäftsprozesse des Unternehmens unter Compliance-Gesichtspunkten

326 Die Implementierung dieser weiteren Aufgabenumfänge erfordern unterschiedlich viel Zeit. Gerade während der Aufbauphase eines Compliance-Managementsystems entstehen jedoch immer wieder Phasen, in welchen Freiräume für die Konzeption und Umsetzung der weiteren erforderlichen organisatorischen Maßnahmen und Compliance-Prozesse bleiben. Dies ist zB der Fall, wenn sich Entwürfe der Compliance-Richtlinien in der Abstim-

D. Wo fange ich an? § 2

mung befinden oder die Einladungen zu Compliance-Schulungen verschickt sind, diese aber erst in einigen Wochen stattfinden werden.

Abbildung 7 illustriert, dass die Implementierung der weiteren Compliance-Maßnahmen erheblich mehr Zeit in Anspruch nehmen kann als die ersten wichtigen Compliance-Schritte. Dennoch sind diese weiteren Compliance-Maßnahmen unverzichtbar, wenn das Ziel erreicht werden soll, dass in diesem Fall die Widget GmbH schlussendlich über ein eingeschwungenes Compliance-Managementsystem verfügt. 327

In dem hier vorgeschlagenen Modell sollte **zunächst** über den Aufbau einer **Compliance-Organisation** nachgedacht werden, bevor man Compliance-Prozesse definiert. Dies hat vor allem den ganz praktischen Grund, dass eine Reihe der weiteren Aufgaben für den Compliance Officer leichter zu bewältigen sind, wenn er von einer, wenn auch kleinen, Organisation unterstützt wird. 328

a) Das Compliance-Committee

Auch in kleineren mittelständischen Unternehmen ist ein sogenanntes Compliance-Committee ein für den Compliance Officer hilfreiches Gremium. Unterhalb der Geschäftsleitungsebene **treffen** sich in **regelmäßigen Abständen** – bei einem Notfall, zB bei einem Compliance-Verstoß, auch ad hoc – der Compliance Officer und Vertreter anderer wichtiger Abteilungen, die für die Compliance des Unternehmens bedeutsam sind.[53] 329

Die **Funktion** des Compliance-Committees ist mehrerlei Gestalt. So ist es zunächst ein Gremium, in dem Compliance-Maßnahmen abgestimmt werden können, wie zB Compliance-Schulungen oder Compliance-Risikoabfragen. Auch kann es als sogenanntes „Sounding Board" für den Compliance Officer dienen. So kann er zB Vorhaben zur Verbesserung der Compliance des Unternehmens auf deren Praktikabilität diskutieren, um auf diese Weise auch eine gewisse Außensicht zu erhalten, was das Entwickeln eines „Tunnelblicks" verhindert. Des Weiteren können im Fall eines möglichen oder tatsächlichen Compliance-Verstoßes die Vorschläge für die erforderlichen Reaktionen aufbereitet werden, bevor diese der Geschäftsleitung zur Entscheidung vorgelegt werden. Diese Reaktionen können im Fall von akuten Compliance-Risiken von Abhilfemaßnahmen bis hin zur Entscheidung reichen, Behörden zu informieren und gegebenenfalls erforderliche Sanktionen zu verhängen, nachdem es zu einem Gesetzesverstoß gekommen ist. 330

Natürlich würden sich als weitere **Mitglieder** des Compliance-Committees die Leiter der Rechtsabteilung und der Revision anbieten. Da diese Funktionen jedoch nur in großen Unternehmen vorzufinden sind, kann es in einem Unternehmen, welches über diese Funktionen nicht verfügt, sehr sinnvoll sein, stattdessen jeweils eine Führungskraft zB aus dem **Finanz- und Personalbereich** für das Compliance-Committee zu gewinnen. Nicht ratsam erscheint es, die Leiter des Vertriebs und/oder des Einkaufs in dieses Gremium zu berufen. 331

Anlassbezogen können Vertreter weiterer Unternehmensbereiche oder zB auch der Rechtsanwalt des Unternehmens zu Sitzungen dieses Ausschusses eingeladen werden, wenn deren Expertise für die Lösungen von speziellen Sachfragen hilfreich ist. 332

Da die Einrichtung eines Compliance-Committees gesetzlich nicht vorgeschrieben ist, können dessen Mitglieder relativ frei darüber entscheiden, welche Funktionen das Committee auf welche Weise wahrnehmen soll. Für die inhaltliche Ausgestaltung des Was und Wie sind eher die Gegebenheiten im Unternehmen maßgeblich. Dies gilt insbesondere für die Frage, ob diesem Gremium eine Entscheidungsbefugnis zukommt oder ob diese, wie dies in mittelständischen Unternehmen oftmals der Fall ist, dem Geschäftsführer vorbehalten bleibt. 333

Unabhängig davon, ob das Compliance-Committee primär dazu dient, Vorschläge zur weiteren Vorgehensweise abzustimmen, die der Geschäftsleitung zur Entscheidung vorge- 334

---

[53] Dazu etwas ausführlicher HML Corporate Compliance/*Bürkle* § 36 Rn. 66 ff.

legt werden oder ob dem Compliance-Committee eine gewisse Entscheidungsbefugnis zukommt, sollte es in jedem Fall schriftlich niederlegen, welche Aufgaben es wahrzunehmen hat. Auch sind für jede Sitzung zu **Dokumentationszwecken** eine Tagesordnung sowie ein Ergebnisprotokoll zu erstellen. Wichtig ist in dem Zusammenhang auch, dass das Compliance-Committee einen Vorschlag zur Berichterstattung ihrer Aktivitäten an die Mitglieder der Geschäftsleitung entwickelt.

335 So kann beispielsweise der Compliance Officer als Sprecher des Ausschusses in seinen regelmäßigen Terminen mit dem für Compliance zuständigen **Geschäftsführer** über diese Aktivitäten berichten oder regelmäßig in den Sitzungen der Geschäftsleitung dazu Ausführungen machen. Auch hier sind vielfältige Varianten möglich. Wichtig ist, dass die Geschäftsleitung regelmäßig durch das Compliance-Committee informiert wird.

336 Dies wirkt zwar zunächst unnötig bürokratisch, erleichtert aber der Geschäftsführung und dem Compliance-Committee den Nachweis, eine funktionstüchtige Compliance-Organisation etabliert zu haben, die auch in der Lage ist, bei akuten Problemen effiziente und effektive Lösungen für Compliance-Probleme zu entwickeln und umzusetzen.

> **Checkliste 13: Das Compliance-Committee**
> ❑ Mitglieder bestimmen. Dazu können gehören
>   ▪ Compliance Officer
>   ▪ Leiter Recht und
>   ▪ Leiter Interne Revision oder
>   ▪ Leiter Finanzen und
>   ▪ Leiter Personal.
> ❑ Aufgaben und Sitzungsfrequenz definieren
> ❑ Dokumentation der Besprechungsergebnisse
> ❑ Berichterstattung an die Geschäftsleitung

b) Whistleblower-Hotline

337 Aus den USA schon seit langem bekannt und in den großen börsennotierten Konzernen sowie bei immer mehr mittelständischen Unternehmen im Einsatz, sind **Hinweisgebersysteme,** die einen sicheren Kommunikationskanal darstellen, über den Compliance-Risiken oder gar Rechtsverstöße, die aus dem Unternehmen heraus begangen worden sind, gemeldet werden können.

338 War dies in der Vergangenheit eine zwar sinnvolle, aber freiwillige Ergänzung der Compliance-Organisation und va des Compliance-Risikomanagements, durch die das Unternehmen von bisher unentdeckt gebliebenen Missständen erfahren hat, wird dies in Zukunft für die meisten Unternehmen zu einer gesetzlichen Pflicht. Aufgrund der **EU-Whistleblower-Richtlinie**[54] müssen Unternehmen, die mehr als **50 Mitarbeiter** beschäftigen, sichere Kanäle für das Melden von Hinweisen über Verstöße gegen das EU-Recht etablieren. Ziel der Richtlinie ist es, einen Mindeststandard an Schutz für Hinweisgeber innerhalb der Europäischen Union zu gewährleisten.

339 Die Richtlinie muss bis zum 17.12.2021 durch den deutschen Gesetzgeber umgesetzt werden. Dem Deutschen Bundestag steht es frei, über die Mindeststandards der EU-Whistleblower-Richtlinie hinausgehende Bestimmungen festzulegen, zB dass der og Schutz auch für die Meldung gegen Verstöße gegen deutsche Rechtsvorschriften zu gewähren ist.

---

[54] Richtlinie (EU) 2019/1937 des Europäischen Parlaments und des Rates vom 23. Oktober 2019 zum Schutz von Personen, die Verstöße gegen das Unionsrecht melden (ABl. L 305 S. 17).

D. Wo fange ich an? §2

Unabhängig von der Umsetzung dieser Richtlinie in nationales Recht, schützt sie jene 340
Hinweisgeber, die **Verstöße gegen EU-rechtlichen Vorschriften** melden in Bezug auf
zB
- ❑ das Wettbewerbsrecht
- ❑ den Datenschutz, aber auch
- ❑ Geldwäsche,
- ❑ die Lebensmittel- und
- ❑ Produktsicherheit als auch für die Bereiche
- ❑ öffentliche Gesundheit,
- ❑ Umweltschutz und
- ❑ nukleare Sicherheit sowie den
- ❑ Schutz der finanziellen Interessen der Union.

Auch gilt der Schutz für jene Personen, die in einem gewissen wirtschaftlichen Abhän- 341
gigkeitsverhältnis zu dem Unternehmen stehen und im Falle der Meldung eines Fehlverhaltens befürchten müssen, dass zB das Auftragsverhältnis beendet oder ein Lizenzvertrag gekündigt wird.

Zu diesem Zweck können Unternehmen **interne** Berichtswege aufbauen, einen **exter-** 342
nen sogenannten **Ombudsmann** beauftragen, der die Whistleblower-Hotline für das Unternehmen betreibt oder ein Hybrid-Modell verfolgen, bei dem dem Hinweisgeber sowohl eine interne Meldestelle als auch ein externer Ombudsmann zur Verfügung steht. Bei jeder dieser Alternativen muss gewährleistet sein, dass der Whistleblower keine Repressalien zu befürchten hat, wenn er einen Hinweis über einen Verstoß gegen das EU-Recht meldet.

Mit einer **internen Whistleblower-Hotline** werden Unternehmen regelmäßig dem 343
Wunsch vieler Mitarbeiter gerecht, einen Regelverstoß intern und nicht einer Behörde zu melden. Dabei muss jedoch das Unternehmen sicherstellen, dass die Meldekanäle so sicher konzipiert, eingerichtet und betrieben werden, dass die Vertraulichkeit der Identität des Hinweisgebers und Dritter, die in der Meldung erwähnt werden, gewahrt bleibt und nicht befugten Mitarbeitern der Zugriff darauf verwehrt wird. Dies ist in einem kleineren, eher mittelständisch geprägten Unternehmen eine sehr anspruchsvolle Aufgabe.

Bei einer internen Lösung wird in den meisten Fällen der Compliance Officer der An- 344
sprechpartner der Hinweisgeber sein. Nicht selten handelt es sich jedoch bei den Anrufen nicht um Meldungen tatsächlicher oder vermuteter Rechtsverstöße, sondern um allgemeinere Beschwerden. Dadurch werden die beschränkten zeitlichen Kapazitäten des Compliance Officer unnötig beansprucht.

Deshalb wird der Betrieb einer Whistleblower-Hotline gern an einen **Compliance-** 345
Ombudsmann outgesourct, der das Hinweisgebersystem für das Unternehmen betreibt. Diese Aufgabe wird nicht selten von einem auf Compliance-Themen spezialisierten Rechtsanwalt übernommen, der seinerseits wiederum die Anonymität des Hinweisgebers gewährleistet und sicherstellt, dass unbeteiligte Personen keinerlei Informationen über den Hinweis und die davon betroffenen Personen erhalten.

Der Hinweisgeber kann sich mittels 346
- ❑ eines Anrufs unter der dafür eingerichteten Telefonnummer (Hotline),
- ❑ eines E-Mails an die vom Unternehmen geschaffene E-Mail-Adresse,
- ❑ eines Briefs oder eines Faxes oder
- ❑ im Rahmen eines persönlichen Treffens

an die Whistleblower-Hotline wenden.

Es ist dringend angeraten, den **Prozess des Eingangs** eines Hinweises und dessen wei- 347
tere Bearbeitung Schritt für Schritt zu durchdenken und im Rahmen einer **Whistleblower-Richtlinie** zu **dokumentieren.**

Abb. 8: Modell des Prozesses einer Whistleblower-Hotline

348 Nachdem der Sachverhalt aufgenommen, bei der internen Lösung vom Compliance Officer, bei einer externen Whistleblower-Hotline vom Ombudsmann, und alle wichtigen Aspekte erfasst worden sind, werden die Informationen validiert. In einem weiteren Schritt wird der Sachverhalt einer **juristischen Prüfung** unterzogen.

349 Im Falle einer externen Lösung, wird die Sachverhaltsbeschreibung und das Ergebnis der Analyse, vor allem wenn ein Verdacht besteht, dass ein Compliance-Verstoß bzw. ein Compliance-Risiko vorliegt, dem Compliance Officer sehr kurzfristig übermittelt.

350 Nachdem das Unternehmen den Hinweis **intern untersucht** und über erforderliche **Abhilfemaßnahmen** entschieden hat, werden, gegebenenfalls über den externen Ombudsmann, das Ergebnis der Analyse und die daraus gezogenen Konsequenzen dem Hinweisgeber mitgeteilt. Dies erfolgt innerhalb der engen Fristen, die die EU-Whistleblower-Richtlinie vorgibt und unter Beachtung der **datenschutzrechtlichen Vorgaben** zum Schutz personenbezogener Daten. Dadurch wird erreicht, dass der Hinweisgeber die Sicherheit haben kann, dass sein Hinweis ernst genommen und verfolgt worden ist.

351 Im Rahmen der internen Prüfung des Sachverhalts ist auf Basis des vor der Aufnahme des Betriebs definierten Prozessablaufs auch die Geschäftsführung einzubinden. Abhängig von der Schwere der Verdachtsmomente bzw. bei einem Compliance-Verstoß muss dies gegebenenfalls unverzüglich erfolgen. Wie auch die Whistleblower-Richtlinie insgesamt, müssen auch die Details des **Reportings** an die Geschäftsleitung mit dieser zuvor abgestimmt worden sein.

352 Damit steht dem Compliance Officer und der Unternehmensleitung ein wirksames Instrument zur Verbesserung des Compliance-Risikomanagements zur Verfügung. Die Aufklärung und Beseitigung von bisher unentdeckt gebliebenen Missständen leistet darüber hinaus einen wichtigen Beitrag für die Stärkung der Compliance-Kultur im Unternehmen.

> **Checkliste 14: Das Hinweisgebersystem (Whistleblower-Hotline)**
> ☐ Entscheidung, ob interne Lösung, externer Compliance-Ombudsmann oder eine Hybridlösung umgesetzt werden soll
> ☐ Vorgaben der EU-Richtlinie zum Schutz von Personen, die Verstöße gegen das EU-Recht melden, umsetzen
> ☐ Definition des Prozesses der Bearbeitung eingehender Hinweise
> ☐ Beschreibung der Folgen im Fall eines Compliance-Verstoßes (einschließlich daraus für das Compliance-Managementsystem zu ziehender Lehren)
> ☐ Berichterstattung an Geschäftsleitung
> ☐ Richtlinie zum Compliance-Hinweisgebersystem

c) Lokale Compliance Officer

353 Der Compliance Officer ist organisatorisch regelmäßig direkt bei der Geschäftsleitung des Unternehmens angesiedelt. Damit geht einher, dass er meist am Hauptsitz des Unternehmens beschäftigt ist. Für seine Aufgabenwahrnehmung ist dies ideal, va wenn das Unternehmen eher zentral aufgestellt ist und über nur wenige weitere, kleinere Standorte im Inland verfügt.

D. Wo fange ich an? § 2

354 In der Unternehmenszentrale tätig zu sein erleichtert es dem Compliance Officer jedoch nicht immer seine Aufgaben wahrzunehmen. Va wenn es sich um ein dezentral organisiertes Unternehmen handelt, das über verschiedene wichtige Standorte im In- und Ausland verfügt, schlägt sich die zunehmende Entfernung zwischen den Standorten erschwerend auf die Arbeit des Compliance Officer nieder.

355 So können **Auslandsstandorte** eine gewisse „Eigendynamik" entwickeln, da die Zentrale doch einige tausend Kilometer entfernt in einer ganz anderen Zeitzone liegt, was die tägliche Kommunikation nicht gerade erleichtert. Gleiches gilt für große und damit uU sehr selbstbewusste **Geschäftsbereiche** des Unternehmens, die an entfernteren Standorten tätig sind.

356 Eine größere Nähe zu den operativen Bereichen kann durch die Bestellung lokaler Compliance-Manager (LCM) erreicht werden. Diese fungieren als verlängerter Arm des Compliance Officer an den Auslandsstandorten oder in großen Geschäftsbereichen.

357 Als lokale Compliance-Manager kommen Mitarbeiter in Frage, die einen guten Überblick über die Unternehmensprozesse haben. Prädestiniert hierfür sind oftmals Mitarbeiter aus dem Controlling oder auch zB Mitarbeiter, die aufgrund ihrer Zuständigkeit für die ISO-Zertifizierung des Unternehmens gewohnt sind, stark in **Prozessabläufen** zu denken. Deren zusätzliche fachliche Weiterbildung zum Thema Compliance wird sich jedoch regelmäßig kaum vermeiden lassen.

358 Organisatorisch ist es wichtig, dass die lokalen Compliance-Manager **direkt an den Compliance Officer** in der Zentrale **berichten.** Dies sorgt für eine gewisse Unabhängigkeit der jeweiligen Mitarbeiter von den lokalen Machtverhältnissen innerhalb einer Tochtergesellschaft, wenn es darum geht, Compliance-Themen oder gar -Risiken zu adressieren – auch wenn man sich als Compliance Officer der Grenzen dieses Modells bewusst sein sollte.

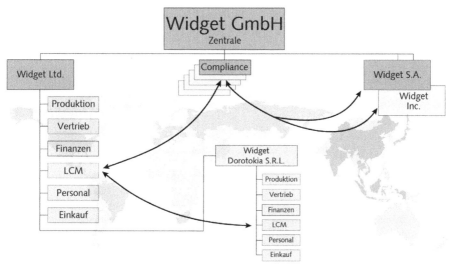

→ Arbeitsbeziehungen im Compliance-Netzwerk

Abb. 9: Das Netzwerk lokaler Compliance Officer der Widget GmbH

359 Wie auch in der Zentrale ist es die Aufgabe der lokalen Compliance-Manager, die Mitarbeiter und Führungskräfte des Geschäftsbereichs bzw. seiner Tochtergesellschaften in allen Compliance-Fragen zu unterstützen. Einer der Schwerpunkte der Tätigkeit des lokalen Compliance-Managers liegt in der Schulung und Information der maßgeblichen Mitarbeiter und Führungskräfte über Compliance-Fragen.

360 Besonders wichtig ist jedoch die Aufgabe, als **Bindeglied** zwischen dem zentral angesiedelten Compliance Officer und der lokalen Organisation zu fungieren. Dadurch erhält der Compliance Officer Zugang zu Informationen, die ihm sonst uU verborgen bleiben würden und die Compliance-Kommunikation in dem dezentral aufgestellten Unternehmen wird durch dessen lokalen Compliance-Manager erleichtert.

361 Wie auch beim Compliance-Committee gilt es auch für das Netzwerk der lokale Compliance-Manager **Prozesse für die Zusammenarbeit** zwischen ihnen und dem zentralen Compliance Officer zu **definieren**. Vor Ort gilt es ebenfalls die Form der Zusammenarbeit zwischen dem lokalen Compliance-Manager und dem lokalen Management zu beschreiben, sodass die Verantwortlichkeiten klar geregelt sind. So kann zB in Dorotokia das lokale Management auf Basis einer entsprechenden Regelung nicht mehr die Auffassung vertreten, dass sie nichts mit der Compliance der Widget Dorotokia S.R.L. zu tun haben, da es ja dafür schließlich einen lokalen Compliance-Manager gibt, der alle Compliance-Themen direkt mit der Zentrale bespricht.[55]

362 Ähnlich wie der Compliance Officer, werden die **lokalen Compliance-Manager** idR einen nicht besonders großen Teil ihrer Arbeitszeit dem Thema Compliance widmen können. Auch müssen sie entsprechend **ausgebildet** werden. Beides muss bei der Planung des operativen Einsatzes der lokalen Compliance-Manager entsprechend berücksichtigt werden.

363 Durch den Aufbau eines solchen lokalen Compliance-Manager-Netzwerkes steht dem Compliance Officer auch bei einer dezentralen Unternehmensorganisation ein wirksames Instrument zur Umsetzung seiner Compliance-Aufgaben zur Verfügung.

> **Checkliste 15: Netzwerk lokaler Compliance-Manager**
> ❏ Für Auslandsstandorte und dezentrale Geschäftsbereiche
> ❏ Ernennung der lokalen Compliance-Manager
> ❏ Ausbildung der lokalen Compliance-Manager
> ❏ Definition der Berichtswege
> ❏ Definition der Arbeitsbeziehungen innerhalb der Compliance-Organisation.

d) Das Reporting an die Geschäftsleitung

364 Die Geschäftsleitung trägt die Gesamtverantwortung für die Compliance des Unternehmens. Daher muss sie sich regelmäßig, und in besonderen Situationen ad hoc, darüber informieren lassen, wie zB der Aufbau des Compliance-Managementsystems voranschreitet, welche Hindernisse bestehen, welche Compliance-Risiken die Abfrage im Unternehmen zu Tage gefördert hat und vieles mehr.

365 Daher sollte der Compliance Officer zunächst das Mitglied der Geschäftsführung, an das er berichtet, sehr **regelmäßig** über seine Aktivitäten informieren. Diese Termine können natürlich auch genutzt werden, um von seinem Vorgesetzten Entscheidungen zur weiteren Vorgehensweise einzuholen. Im weiteren Verlauf der Zusammenarbeit mag die Frequenz der Regelkommunikation etwas sinken, darf jedoch nie versiegen.[56]

366 Die Vorgehensweise in Bezug auf das Reporting an die weiteren Mitglieder der Geschäftsführung hängt stark von den Gepflogenheiten des Unternehmens ab. Es bietet sich an, dass entweder der für Compliance zuständige Geschäftsführer seine Kollegen im Rahmen der **Geschäftsführungssitzung** regelmäßig informiert oder in diesen Sitzungen den Compliance Officer vortragen lässt. Alternativ kann der Compliance Officer jeden Geschäftsführer über allgemeine Themen in Einzelgesprächen informieren sowie über diejenigen Aspekte, die dessen jeweiliges Geschäftsführungsressort betreffen. Allerdings handelt

---

[55] Zu den Berichtslinien des Netzwerkes lokaler Compliance-Manager in einer Matrixorganisation → Rn. 866 ff.
[56] Zur organisatorischen und hierarchischen Stellung des Compliance Officer im Unternehmen → Rn. 855 ff.

D. Wo fange ich an? § 2

es sich bei Compliance um eine der gesamten Geschäftsführung zugeordneten Verantwortung. Daher wird eine Information nur zu den jeweiligen Ressortthemen kaum als ausreichend betrachtet werden können.

Einerlei, welche Reporting-Alternative gewählt wird, sollte dies **schriftlich vereinbart** 367 werden, sodass für alle Beteiligten transparent ist, wie die Informationsflüsse verlaufen. Außerdem erhöht dies den Verpflichtungscharakter des Compliance-Reportings, sodass Situationen eher vermieden werden können, in welchen zB in der Geschäftsleitungssitzung leider schon wieder keine Zeit für Compliance blieb.

Bei **akuten Compliance-Themen** ist nicht der kommende Regelkommunikationster- 368 min abzuwarten. Vielmehr muss der Compliance Officer sofort die Geschäftsleitung informieren, sodass diese über die weiteren Schritte entscheiden kann.

Das Compliance-Reporting an die Gesellschafter oder an den Aufsichtsrat bleibt grund- 369 sätzlich der Geschäftsleitung vorbehalten. Nur wenn diese ihrerseits vorschlägt, dass der Compliance Officer zB dem Aufsichtsratsvorsitzenden oder dem Gesamtgremium über die Compliance-Entwicklung der vergangenen zwölf Monate Bericht erstattet, gilt etwas anderes.[57]

In diesem Fall ist für den Compliance Officer zu beachten, dass die Perspektive eines 370 solchen Aufsichtsgremiums oder der **Eigentümer** der Gesellschaft eine andere ist als die der Geschäftsführung. Tatsächlich, wie der Name schon andeutet, kontrolliert der **Aufsichtsrat** die Aufgabenwahrnehmung der Geschäftsführung. Daher sind weniger die operativen Details Gegenstand der Diskussion zur Compliance des Unternehmens im Aufsichtsrat. Vielmehr wird zB hinterfragt, ob der eingeschlagene Weg zum Aufbau eines Compliance-Managementsystems geeignet ist, das Ziel zu erreichen, nämlich die rechtlich einwandfreie Geschäftstätigkeit sicherzustellen. Auch darf sich der Compliance Officer zB nicht darüber wundern, wenn er über die Compliance-Risiken eines neuen geschäftlichen Engagements in Dorotokia befragt wird und welche Maßnahmen geeigneter Weise ergriffen werden, um in diesem aus Compliance-Sicht risikoreichen Land Gesetzesverstößen präventiv zu vorzubeugen.

Auch hier ist es wichtig, dass die Regeln des Reportings zuvor schriftlich festgelegt 371 worden sind. Dies gilt ganz besonders aus einem sehr speziellen Grund: Sofern ein Mitglied der **Geschäftsführung** in **einen (möglichen) Compliance-Verstoß** involviert ist, sollte der Compliance Officer wissen, an wen er sich wenden muss.

Die Antwort auf diese Frage muss unbedingt vor dem Eintritt eines solchen, für den 372 Compliance Officer extrem heiklen, Falles geklärt und dokumentiert worden sein. In der Regel würde es sich anbieten, dass der Compliance Officer den Vorsitzenden des Aufsichtsrates oder den Vorsitzenden der Gesellschafterversammlung über den Sachverhalt informiert, sodass dieser dann über die nächsten Schritte entscheiden kann.

e) Der Compliance-Monitoringprozess

Im Rahmen des Compliance-Monitorings ist zu validieren, ob die Abhilfemaßnahmen ge- 373 gen die identifizierten Compliance-Risiken die gewünschte Wirkung zeigen oder ob ein Nachbessern erforderlich ist. Darüber hinaus wird über das Compliance-Monitoring das Unternehmensumfeld auf unerwartet auftauchende Compliance-Risiken beobachtet, um rechtzeitig Gegenmaßnahmen einleiten zu können.

Da zum Zeitpunkt der Entwicklung des Compliance-Managementsystems noch kein 374 Compliance-Programm existiert, heißt dies jedoch nicht, dass die Analyse der Rahmenbedingungen völlig unterbleiben kann. Das Unternehmensumfeld ist einer steten Veränderung unterworfen. Daher muss der Compliance Officer diesen Umfang der Aufgabe des Compliance-Monitorings bereits mit der Aufnahme seiner neuen Tätigkeit wahrnehmen.

---

[57] Spindler/Stilz/*Spindler* AktG § 107 Rn. 143.

375 Dazu ist es wichtig, dass der Compliance Officer auf unternehmensinterne Signale achtet und sich aber auch zB Zugang zu aktuellen Informationen über neue Entwicklungen zum Thema Compliance durch externe Medien verschafft.

376 Dazu bietet sich zunächst an, verschiedene **Newsletter** zu abonnieren.[58] Darüber hinaus ist es hilfreich, die Nachrichten in der **Wirtschaftspresse** aus dem Compliance-Blickwinkel zu verfolgen. Dies dient nicht nur der allgemeinen Fort- und Weiterbildung, sondern der Compliance Officer erlangt auf diese Weise zB rechtzeitig Informationen zu für sein Unternehmen relevanten Gesetzesinitiativen, wie dem Entwurf eines Gesetzes zur Stärkung der Integrität in der Wirtschaft[59] oder von der EU-Whistleblower-Richtlinie[60].

377 Darüber hinaus ist die Durchsicht der **fachspezifischen Medien** – Zeitungen, Fachzeitschriften usw – des Wirtschaftssektors, in dem das Unternehmen tätig ist, mindestens ebenso sinnvoll, da in diesen noch spezifischer über das relevante Unternehmensumfeld berichtet wird. So erscheinen uU in den Fachmedien Berichte über **Compliance-Verstöße bei anderen Unternehmen** derselben Branche, die eine Überprüfung der Geschäftsprozesse des eigenen Unternehmens in diesem Bereich vielleicht ratsame erscheinen lassen, bevor sich ein Compliance-Risiko zu einem Compliance-Verstoß entwickelt.

378 In Bezug auf interne Informationen über Compliance-relevante Sachverhalte, kann zunächst der zuständige Geschäftsführer den Compliance Officer über noch in der Planung befindliche Entwicklungen unterrichten. Darüber hinaus stellt, wenn auch eher unstrukturiert, der sogenannte „Flurfunk" eine gute Informationsquelle dar. Gespräche am Rande einer Besprechung, beim Mittagessen oder in der Kaffeeküche können uU Hinweise enthalten, die auch für die Compliance des Unternehmens relevant sind.

f) Der Compliance-Kommunikationsprozess

379 Es wurde bereits hinreichend deutlich, dass Compliance ein recht erklärungsbedürftiges Thema ist. Daher ist die Compliance-Kommunikation ein wichtiger Baustein auf dem Weg zu einem wirksamen Compliance-Managementsystem. Je nach Unternehmensgröße werden die Nachrichten der internen und externen Unternehmenskommunikation von einer eigenen kleinen Abteilung erarbeitet. Oft übernimmt diese Aufgabe die Marketing- bzw. die Werbeabteilung, meistens ist es in mittelständischen Unternehmen die Geschäftsleitung selbst, die die Botschaften an die Mitarbeiter und externe Geschäftspartner formuliert.

380 Unabhängig davon, wer die Federführung bei der Unternehmenskommunikation inne hat, ist es wichtig, dass mit einer gewissen Regelmäßigkeit **„Compliance-Botschaften"** an die Mitarbeiter gesendet werden, um das Momentum für Compliance aufrecht zu erhalten, sodass der Compliance-Gedanke nicht vom Tagesgeschäft unter Wasser gedrückt wird.[61]

381 Dies kann dadurch erreicht werden, dass mit dem jeweils für die Unternehmenskommunikation Verantwortlichen eine **Compliance-Kommunikationsplanung** entwickelt wird. Da der Compliance Officer in Bezug auf die Akzeptanz seiner Tätigkeit dringend auf den Rückenwind seiner Geschäftsleitung angewiesen ist, würde es sich zB anbieten, dass der Vorsitzende der Geschäftsführung im Rahmen eines internen Newsletters oder einer Ansprache im Rahmen einer Betriebsversammlung auf das neue Thema Compliance

---

[58] Eine einfache Internet-Recherche mit den Suchbegriffen „compliance newsletter" fördert eine Reihe von Angeboten zu Tage.
[59] Bundesministerium der Justiz und für Verbraucherschutz, „Gesetzentwurf der Bundesregierung Entwurf eines Gesetzes zur Stärkung der Integrität in der Wirtschaft, Bearbeitungsstand: 16.06.2020, https://www.bmjv.de/SharedDocs/Gesetzgebungsverfahren/Dokumente/RegE_Staerkung_Integritaet_Wirtschaft.pdf?__blob=publicationFile&v=2 (zuletzt abgerufen am 21.8.2020).
[60] Richtlinie (EU) 2019/1937 des Europäischen Parlaments und des Rates vom 23. Oktober 2019 zum Schutz von Personen, die Verstöße gegen das Unionsrecht melden (ABl. L 305 S. 17).
[61] Zur Zeitplanung beim Aufbau eines Compliance-Managementsystems → Rn. 147 ff.

eingeht und dessen Bedeutung für das Unternehmen und seine Mitarbeiter hervorhebt – und bei der Gelegenheit den neuen Compliance Officer vorstellt.

Hier sind der Fantasie keine Grenzen gesetzt. Wichtig ist jedoch, dass für Compliance ein **Compliance-Kommunikationskalender** entsteht, durch den sichergestellt wird, dass der Compliance Officer einplanen kann, bis wann er welche Inhalte an den für die Unternehmenskommunikation Verantwortlichen liefern muss und dass letzterer weiß, dass er auch von sich aus daran denken muss, dass es sich bei Compliance um ein wichtiges Thema handelt und dass es daher regelmäßig direkt oder indirekt kommuniziert werden sollte.

g) Die Vorbereitung der Compliance-Schulungen

Der Vorbereitungsaufwand für Compliance-Schulungen ist kein geringer. Abgesehen von der Zusammenstellung der Schulungsinhalte und der Anfertigung entsprechender Präsentationsunterlagen, verschlingen rein **administrative Prozesse** in diesem Kontext erstaunlich viel Zeit.

Sobald mit der Geschäftsführung abgeklärt ist, wer eine Compliance-Schulung besuchen soll, müssen Einladungen geschrieben und versendet werden. Dies geht natürlich nur, wenn man von der Personalabteilung die E-Mail-Adressen aller Teilnehmer erhalten hat. Diese ändern sich zwar im Laufe der Zeit nur sehr selten, aber es werden neue Mitarbeiter eingestellt und andere verlassen das Unternehmen. Da der Compliance Officer für die Reservierung der entsprechenden Räumlichkeiten die genaue Anzahl der Teilnehmer benötigt, stellt dies schon die erste Herausforderung dar.

Ein Blick in den Kalender zeigt dem Compliance Officer dann auch recht schnell, dass er durchaus weitere **Hürden** auf dem Weg zum Versand der Einladungen überspringen muss. So braucht er nicht ernsthaft daran denken, eine Compliance-Schulung in die Schulferien oder während einer wichtigen Messe zu terminieren. Auch finden zum Ende der zweiten Jahreshälfte regelmäßig Planungsgespräche statt, sodass dies ebenfalls kein guter Zeitpunkt für Compliance-Schulung darstellt. Das Jahresende ist für Compliance-Schulung ein denkbar schlechter Zeitpunkt, da in vielen Bereichen noch bis zum letzten Geschäftstag des Jahres um die Erreichung der vereinbarten Jahresziele gerungen wird. Auch erscheint der Beginn eines neuen Jahres weniger ideal für Compliance-Trainings geeignet zu sein, da der Jahresabschluss gemacht werden muss.

So bleiben **wenige Zeitfenster** übrig, in welchen die entsprechenden Veranstaltungsräume verfügbar sein müssen. Auch muss der Compliance Officer regelmäßig Ausweichtermine anbieten, da Teilnehmer am ursprünglich für sie vorgesehenen Termin leider verhindert sind, da zB ein wichtiges Kundengespräch geplant ist. Je nach Unternehmenskultur kann der Compliance Officer tatsächlich einige ganz erstaunliche Ausreden erhalten, die leider eine Teilnahme unmöglich machen.

Zusagen und Absagen müssen dokumentiert werden, gegebenenfalls Alternativtermine angeboten werden, und all dies bevor eine Folie für die Compliance-Schulungspräsentation erarbeitet werden konnte.

Die Herstellung der **Compliance-Schulungsunterlagen** ist mit einem nicht unerheblichen Zeitaufwand verbunden. In der Regel wird eine PowerPoint-**Präsentation** zu erstellen sein. Der Compliance Officer muss darüber hinaus entscheiden, ob er einfach diese ausgedruckt oder als Datei den Teilnehmern zur Verfügung stellt oder ob er nicht besser eine **Kurzfassung** mit den wichtigsten Inhalten erstellt und verteilt, die die Teilnehmer der Compliance-Schulung dafür verwenden können, zB in Abteilungsbesprechungen oder Workshops das Gehörte mit Kollegen, die nicht an einem Compliance-Training teilnehmen konnten, zu thematisieren. In jedem Fall sollten den Teilnehmern Schulungsunterlagen an die Hand gegeben werden, damit zumindest die Chance besteht, dass sie die Funktion von **Multiplikatoren** im Unternehmen wahrnehmen können.

389 Ist die Teilnehmerzahl einigermaßen stabil, sollte der Compliance Officer im Rahmen der Planung sicherstellen, dass den Teilnehmern auch ein den Usancen des Unternehmens entsprechendes Catering in Form von Speisen und va Getränken zur Verfügung gestellt wird.

390 Um Kosteneffizienz bemüht, ist es sehr hilfreich, wenn man zB die Compliance-Schulung der Vertriebsmitarbeiter, die normalerweise im ganzen Land unterwegs sind, um Kunden zu besuchen, im Rahmen der jährlichen Vertriebstagung einplant. Dies bedingt jedoch wiederum, dass der Compliance Officer so rechtzeitig davon erfährt, dass die Compliance-Schulung noch in die Zeitplanung der Vertriebstagung integriert werden kann.

391 All dies setzt voraus, dass der Compliance Officer rechtzeitig Informationen erhält, sei es von der Personalabteilung oder von den Fachbereichen. Daher wäre es im Rahmen eines vorbereitenden Prozesses ideal, wenn diese Informationen nicht jedes Jahr individuell vom Compliance Officer erhoben werden müssen, sondern die beteiligten Abteilungen schon wissen, welche Informationen er benötigt und ihm diese regelmäßig zur Verfügung stellen.

> **Checkliste 16: Erste Schritte bezüglich der Berichterstattung an die Geschäftsleitung, Compliance-Monitoring und Compliance-Kommunikation sowie Compliance-Schulungen**
> ❏ Abstimmung mit der Geschäftsführung
>   - in welchem Turnus an den für Compliance verantwortlich zeichnenden Geschäftsführer zu berichten ist
>   - in welchem Turnus in der Geschäftsleitungssitzung über Compliance-Themen zu berichten ist
>   - bezüglich des Reportings bei akuten Compliance-Vorkommnissen
>   - bezüglich des Reportings an den Aufsichtsrat bzw. die Gesellschafterversammlung
>   - über die Berichterstattung bei Compliance-Verstößen eines Mitglieds der Geschäftsleitung oder des Compliance Officer
> ❏ Überprüfung der Effektivität der Compliance-Maßnahmen des Compliance-Programms (Monitoring)
> ❏ Kontinuierliche Verfolgung der sich ändernden internen und externen Rahmenbedingungen für die Compliance des Unternehmens
> ❏ Entwicklung eines Compliance-Kommunikationskonzepts zur langfristigen Verbreitung von „Compliance-Botschaften" im Unternehmen
> ❏ Abstimmung des ersten Compliance-Schulungskonzepts (Basisschulungen) mit der Geschäftsführung (Inhalte, Teilnehmerzahl, Teilnehmerzusammensetzung in den einzelnen Schulungen, Termine, Dokumentation)

5. Die erste Abfrage der Compliance-Risiken im Unternehmen

392 Auch wenn noch nicht alle Compliance-Prozesse definiert sind, so muss im Nachgang an die Compliance-Schulungen möglichst zeitnah ein weiterer Schritt in Richtung eines Compliance-Managementsystems gemacht werden. Nachdem die Mitarbeiter den Verhaltenskodex sowie die Compliance-Richtlinien erhalten haben, ihnen im Rahmen der Compliance-Schulung vertiefte Informationen vermittelt worden sind und sie das Gelesene und Gehörte im Rahmen des Compliance-Trainings hinterfragen konnten, kann man als Compliance Officer berechtigterweise davon ausgehen, dass ein **hinreichendes Basiswissen** bei den Mitarbeitern über Compliance verankert worden ist.

393 Diese Grundkenntnisse über die Ziele und die Herangehensweise sowie das Wissen um das von der Geschäftsleitung erwartete Verhalten von jedem Mitarbeiter sind erforderlich, um die Mitarbeiter des Unternehmens über die aus ihrer Sicht bestehenden Compliance-

Risiken zu befragen. Wie bereits erwähnt, ist das Compliance-Risikomanagement der Schlüssel für eine nachhaltige Compliance. Dennoch sollte man auch hier abwägen, ob gleich zu Beginn eine Hundert-Prozent-Lösung angestrebt werden sollte oder man sich als Compliance Officer und den Mitarbeiter des Unternehmens Gelegenheit gibt, sich mit diesem Instrument vertraut zu machen.

Da sehr unterschiedliche Vorgehensweisen bei der Identifikation der Compliance-Risiken denkbar sind, wird hier eine eher probende Herangehensweise empfohlen. Dadurch wird es erleichtert, die für die spezifischen Anforderungen des Unternehmens geeignetste Art der Compliance-Risikoabfrage auszuloten.[62]

a) Optionen zur Identifizierung der Compliance-Risiken

Grundsätzlich gilt es zwischen zwei sehr unterschiedlichen Vorgehensweisen zu unterscheiden:
- der **Compliance Officer** erfasst die Compliance-Risiken im Rahmen von eigenen Abfragen bei den Mitarbeitern des Unternehmens oder
- die Unternehmensleitung mandatiert einen externen Compliance-Experten mit der Durchführung eines **Compliance-Risikoaudits.**

Die Herangehensweise sowie die Vor- und Nachteile beider Alternativen werden im Folgenden erläutert.

aa) Abfrage im Unternehmen. Im jetzigen Stadium der Entwicklung des Compliance-Managementsystems bietet sich eine möglichst effiziente und schlanke Abfragemethodik an, um unnötige Kosten für zB eine eigens programmierte IT-Lösung zu sparen. Es mag sich daher anbieten, die ersten Schritte bei der Identifikation der Compliance-Risiken durch eine einfache schriftliche Abfrage der Compliance-Risiken zu gehen, um auf diese Weise den technischen und prozessualen Aufwand in engen Grenzen zu halten.

---

[62] Ausführlich zum Compliance-Risikomanagement *Kark*, Compliance-Risikomanagement, 2. Aufl. 2019.

Widget GmbH

Abfrage der Compliance-Risiken 2021

Name, Vorname	Bereich	Datum

Datum   Unterschrift

Seite 1 von 2

Widget GmbH

Compliance-Risiko	Gegenmaßnahmen	Bereich / Verantwortliche(r)
01		
02		
03		
04		
05		
06		
07		
08		
09		
10		
...		

Seite 2 von 2

Abb. 10: Formular zur Abfrage von Compliance-Risiken

397   Zu diesem Zweck kann ein Formular verwendet werden, in das die Adressaten die Compliance-Risiken, die sie in ihrem Tätigkeitsumfeld wahrnehmen, eintragen. Auch wenn es nicht der Identifikation der Compliance-Risiken dient, sondern deren Abwendung, ist es sachgerecht sowie zeit- und kosteneffizient, wenn man als Compliance Officer die Adressaten des Fragebogens bittet, sich auch Gedanken über mögliche Gegenmaßnahmen zu machen oder vielleicht schon eingeleitete Abhilfen zu beschreiben.

398   Zusammen mit der Benennung des Verantwortlichen für das identifizierte Compliance-Risiko erhält der Compliance Officer die ausgefüllte Unterlage zurück und kann mit seiner Analysetätigkeit beginnen. Dabei ist es wichtig, dass gegebenenfalls auftretende **Im-**

plausibilitäten im Rahmen von Gesprächen mit den genannten Ansprechpartnern aufgeklärt werden. So mag es etwas befremdlich erscheinen, wenn der Leiter der IT-Abteilung zahlreiche mitarbeiterbezogene Datenschutzrisiken auflistet, die Personalabteilung jedoch eine Leermeldung zurücksendet.

Auch wenn es dem Gedanken des papierlosen Büros widerspricht, sollte der Compliance Officer bewusst entscheiden, ob er nicht darauf Wert legt, dass jede Rückmeldung vom Absender persönlich unterschrieben wird. Die Wirkung, die der **Unterschrift** des verantwortlichen Mitarbeiters oder der Führungskraft unter der beantworteten Compliance-Risikoabfrage als Bestätigung ihrer Vollständigkeit und Richtigkeit zukommt, ist nicht zu unterschätzen. Kann man in einem Gespräch über Compliance-Risiken noch kursorisch über „Kleinigkeiten" hinweggehen oder mal etwas vergessen, so erlangt die Rückmeldung durch eine Unterschrift eine andere, sehr viel höhere Qualität und damit Verbindlichkeit. 399

(1) Wer wird angefragt? Eine uU heikle Frage kann es werden, wer im Unternehmen zu den Compliance-Risiken befragt werden soll. Ohne Zweifel ist es ideal, wenn jeder Mitarbeiter die Gelegenheit bekommt, die Compliance-Risiken zu benennen, die er im Rahmen seiner jeweiligen Tätigkeit wahrnimmt. Alternativ kann man sich als Compliance Officer im ersten Schritt darauf beschränken, die Abfrage an die Mitglieder der **Geschäftsführung** und der **ersten Führungsebene** zu versenden. Will man den Kreis der zu Befragenden noch etwas erweitern, kann man alle Führungskräfte ausgewählter Abteilungen, wie den Einkauf und Vertrieb sowie Finanzen und Personal hinzunehmen, bevor man tatsächlich alle Führungskräfte befragt. 400

Eine sehr weitgefasste Abfrage kann jedoch am Anfang eines solchen Compliance-Risikomanagementprozesses die Organisation und den Compliance Officer etwas überfordern. Zum einen ist das Thema für die meisten nicht nur neu, sondern für ihren Tätigkeitsbereich auch ein tatsächlich etwas fernliegendes. Zum anderen müsste der Compliance Officer, ohne zuvor Erfahrung mit der Identifikation von Compliance-Risiken gesammelt haben zu können, gleich mit einer Vielzahl von Rückmeldungen umgehen, die uU zu einem großen Teil nicht wirklich mit Compliance-Risiken zu tun haben. Dies bindet seine Kapazitäten in einem erheblichen Umfang. 401

So mag es der Compliance Officer als ein sinnvolles **Testszenario** erachten, die Abfrage auf die Mitglieder der Geschäftsführung und deren ersten Führungsebene zu beschränken. Verlief der Test zufriedenstellend, kann der Adressatenkreis **Schritt für Schritt erweitert** werden. 402

Schrittweise Erweiterung der Adressaten der Compliance-Risikoabfrage
- Erste Abfragerunde: Mitglieder der Geschäftsführung und deren ersten Führungsebene
- Zweite Abfragerunde: wie die erste Abfrage sowie zusätzlich **alle Führungskräfte ausgewählter Abteilungen,** wie zB Einkauf und Vertrieb sowie Finanzen und Personal
- Dritte Abfragerunde: wie die zweite Abfragerunde sowie zusätzlich **alle weiteren Führungskräfte**
- Vierte Abfragerunde: wie die dritte Abfrage sowie **alle Mitarbeiter ausgewählter Abteilungen,** wie zB Einkauf und Vertrieb sowie Finanzen und Personal
- Fünfte Abfragerunde: wie die vierte Abfrage sowie zusätzlich **alle weiteren Mitarbeiter**

An diesem Beispiel wird deutlich, dass es sich um einen längeren Prozess handelt. Je nachdem welche Qualität die Rückläufe haben, kann nach deren Aufbereitung durch den Compliance Officer die Geschäftsleitung auch entscheiden, dass eine weitere Ausdehnung des Adressatenkreises über zB das Niveau der dritten Abfragerunde nicht erforderlich ist. Ein solches Ergebnis wäre auch durchaus nicht überraschend, wenn man bedenkt, dass 403 eine gute Führungskraft eine solch wichtige Abfrage, für deren Richtigkeit und Vollständigkeit er mit seiner Unterschrift einsteht, nicht ohne zuvor seine Mitarbeiter befragt zu haben, beantwortet.

404 **(2) Wie ist die Abfrage zu gestalten?** Auch dies ist abhängig von den Usancen des Unternehmens. Grundsätzlich sind jedoch zwei Varianten vorstellbar. Es kann zum einen, wie in Abbildung 10 dargestellt, ein **offener Fragebogen** verwendet werden. Zum anderen können mit dem Fragebogen als Hilfestellung einige leitende Fragen verbunden werden.

405 Bei einem offenen Fragebogen ist der Adressat in der erfreulichen Lage, seinen Überlegungen zu möglicherweise bestehenden Compliance-Risiken freien Lauf zu lassen. Dies kann aber leicht zu einer Überforderung führen, selbst wenn die Compliance-Schulung erst zwei Wochen zurückliegt. Nicht selten erhält dann der Compliance Officer zahlreiche Rückfragen, was man denn nun dort ausfüllen soll. Im schlimmeren Fall erhält er einige Leermeldungen.

406 Bei einer Abfrage, die mit **leitenden Fragen** verbunden wurde, bestehen andere, uU gravierendere Risiken: Wird zB die Frage gestellt, ob der Adressat Einladungen, Bewirtungen und/oder Geschenke erhält und ob sich diese in einem allgemein gesellschaftlich anerkannten Rahmen bewegt haben, kann der Adressat dies vielleicht leicht mit „Nein" beantworten. Allerdings führt diese Art der Abfrage uU dazu, dass der Adressat sich nicht dazu gezwungen sieht, selbst über Compliance-Risiken nachzudenken – schließlich beantwortet er ja die ihm gestellten Fragen.

407 Bei dieser Vorgehensweise sollte sich der Compliance Officer daher recht sicher sein, dass er alle relevanten Fragen stellt, da anderenfalls die Gefahr besteht, dass bei den nicht adressierten Themenstellungen zwar Compliance-Risiken bestehen, diese aber der Adressat in Ermangelung einer konkreten Frage auch nicht benennt.

408 Natürlich kann man eine Auffangfrage stellen, wie zB „Bestehen über die og Fragestellungen hinausgehende Compliance-Risiken?" Allerdings steht zu vermuten, dass die Ausbeute an Compliance-Risiken eine doch eher geringere sein wird. Auch könnte in diesem Szenario die Gefahr bestehen, dass dem Compliance-Officer die Verantwortung zugeschoben wird, nicht alle relevanten Risiken abgefragt zu haben.

409 Aus diesem Grund wäre bei einer ersten Compliance-Risikoabfrage ein offener Fragebogen, wie zB der in Abbildung 10 verwendete, vielleicht zielführender.

410 Ob der Zusatz verwendet werden soll, dass die Richtigkeit und Vollständigkeit der Liste mit der Unterschrift bestätigt wird, oder ob man es bei der Unterschrift belässt, hängt etwas davon ab, wie offensiv der Compliance Officer die Befragung angehen will. Nach der hier vertretenen Auffassung, sollte jedoch keinesfalls auf eine Unterschrift verzichtet werden, um den Grad der Verbindlichkeit zu erhöhen. Dies gilt va für „Leermeldungen", da der Befragte damit die Chance erhält, nochmals zu überlegen, ob er wirklich keine Compliance-Risiken in seinem Verantwortungsbereich sieht.

411 Die Abgabe der Unterlage ist natürlich an eine Frist zu binden und sollte wegen der Unterschrift sowohl in Papierform als auch elektronisch erfolgen, damit die Verarbeitung der eingehenden Informationen erleichtert wird.

412 **(3) Analyse und Bewertung der identifizierten Risiken.** Nach einer ersten Sichtung der Rückläufe wird dem Compliance Officer auffallen, dass bestimmte Themen verdichtet aufscheinen. Auch werden einige Leermeldungen zurückgesendet oder Fragebögen unbeantwortet gelassen. Eher selten werden in einer solchen ersten Abfrage wirklich gravierende Compliance-Risiken auftauchen. All dies ist nicht verwunderlich, da es die erste Erhebung von Compliance-Risiken auf diesem Wege ist und sich alle Beteiligten an diesen neuen Prozess erst einmal gewöhnen müssen.

413 **(a) Der Umgang mit Themenclustern.** Sicherlich werden zahlreiche Rückmeldungen mit dem Risiko von Bestechungen in Zusammenhang mit Bewirtungen, Einladungen und

Geschenken erfolgen. Dies bedeutet jedoch nicht, dass zB der ganze Vertrieb eine kriminelle Vereinigung darstellt. Vielmehr zeigt es nur, dass bei diesem Thema eine erhöhte Unsicherheit besteht, da die betroffenen Mitarbeiter spätestens in der Compliance-Schulung erfahren haben, dass die Regelungen sowohl zum Kartellrecht als auch zum Bestechungsverbot nicht wirklich einfach nachzuvollziehen sind und man sich eher in einer Grauzone bewegt, bei der manches noch erlaubt und bei einer leicht anderen Sachverhaltsgestaltung schon verboten sein kann.

Daher sind solche Rückmeldungen ein **gutes Zeichen** dafür, dass die entsprechenden Compliance-Richtlinien und das nachfolgende Compliance-Training zu einem Nachdenken und Hinterfragen des eigenen Verhaltens geführt haben und dass hier nach weiterer Aufklärung gesucht wird. 414

Das bedeutet, dass der Compliance Officer für die nächsten Compliance-Wiederholungsschulungen dieses Thema nochmals auf die Agenda setzen und bis dahin telefonisch oder schriftlich Hinweise für das richtige Verhalten geben wird. Dies stellt somit eine erste Maßnahme des ersten Compliance-Programms dar.[63] 415

(b) Der Umgang mit Leermeldungen. Leermeldungen stellen ein etwas **größeres Problem** dar. Die Rücksendung eines nichtausgefüllten Fragebogens bedeutet im besten Fall, dass in diesem Bereich wirklich keine Compliance-Risiken bestehen oder, im nicht so guten Fall, dass sich der Adressat nicht der Mühe unterzogen hat, darüber nachzudenken. Im schlimmsten Fall sind Compliance-Risiken vorhanden, der Adressat weiß um sie und entscheidet bewusst, diese nicht zu melden. 416

In jedem Fall sollte der Compliance Officer nachfragen, ob der leere Fragebogen wirklich bedeuten soll, dass keine Compliance-Risiken vorliegen. Dies mag zB in der Buchhaltung gegeben sein, bei der es in der Natur ihrer täglichen Arbeit liegt, sich an die Regeln des Handelsgesetzbuchs und der steuerrechtlichen Vorschriften zu halten. 417

In anderen Bereichen lohnt es sich im Zweifel etwas **intensiver nachzufassen.** So kann in einer Besprechung nach konkreten Compliance-Risiken gefragt werden, die man als Compliance Officer normalerweise in einem solchen Bereich, wie zB dem Einkauf, vermuten würde. Bleibt der Adressat bei seiner Leermeldung, ist dies völlig in Ordnung, da er ja mit seiner Unterschrift bestätigt hat, dass allein er die Verantwortung für die Richtigkeit und Vollständigkeit der Rückmeldung trägt. Da das Ergebnis des Gesprächs dokumentiert wird, kann der Compliance Officer auch in dem Fall, dass sich später tatsächlich ein Compliance-Risiko zu einem Gesetzesverstoß entwickelt, belegen, dass er seine Aufgabe korrekt wahrgenommen hat, da er dem Adressaten Gelegenheit zur Nachbesserung gegeben hat. 418

Um das Gespräch zu substantiieren, kann der Compliance Officer zB vorher **Quervergleiche** mit anderen Rückläufen ziehen. Hat zB der Vertrieb Südamerika ein Korruptionsrisiko gemeldet und der Vertrieb Naher Osten, der in einem vergleichbar korruptionsgeneigten Umfeld tätig ist, eine Leermeldung abgeliefert, so kann der Compliance Officer in einem Gespräch mit Letzterem nachfragen, wie sie es schaffen, in diesem Umfeld ohne Bestechung auszukommen. 419

Sehr problematisch ist die letzte Variante, das **gezielte Verschweigen** bestehender Compliance-Risiken. Sofern kein dahingehender konkreter Verdacht besteht, kann der Compliance Officer die Leermeldung im Gespräch hinterfragen und die Antworten entsprechend dokumentieren. 420

Im Rahmen des **Compliance-Reportings** sollten daher alle Leermeldungen aufgelistet werden und der Geschäftsleitung übermittelt werden. In einer Sitzung der Geschäftsführung kann dann entweder das für Compliance zuständige Mitglied der Geschäftsführung die Ergebnisse der ersten Abfrage erläutern und seine Kollegen auf die 421

---

[63] Compliance-Wiederholungsschulungen gehören zu den Maßnahmen, die im Rahmen eines eingeschwungenen Compliance-Managementsystems erforderlich sind → Rn. 548 ff.

Leermeldungen aus ihren Bereichen ansprechen, oder der Compliance Officer übernimmt diese Aufgabe. Dadurch wird die Geschäftsführung in die Lage versetzt, auch im eigenen Interesse in den betreffenden Abteilungen nachzuhaken.

422 **(c) Der Umgang mit unbeantworteten Anfragen.** Das Nichtbeantworten von Anfragen zu den Compliance-Risiken eines Bereichs ist schlicht **inakzeptabel**. Nicht nur ist es respektlos, sondern es gefährdet den Compliance-Prozess und damit uU das Unternehmen insgesamt. Würde dieses Verhalten toleriert, würde bei der folgenden Abfrage vermutlich nur noch die Hälfte der angefragten Mitarbeiter antworten, da es sich schnell herumspricht, dass das Nichtbeantworten folgenlos bleibt und man sich daher die Arbeit auch sparen kann.

423 Daher sollte den betreffenden Bereichen eine **Nachfrist** von wenigen Tagen eingeräumt werden. Wird diese Nachfrist ebenfalls ignoriert, sollte der Compliance Officer nicht weiter seine knapp bemessene Zeit damit verschwenden, sondern die betreffenden Bereiche der Geschäftsleitung melden, da es sich offensichtlich weniger um ein Compliance-Problem, sondern eher um ein Führungsproblem handelt.

424 Allerdings muss hier einschränkend erwähnt werden, dass in diesem Fall, aber auch ganz grundsätzlich, sparsam mit der dem Compliance Officer von der Geschäftsführung **geliehenen Autorität** umgegangen werden sollte. Idealerweise sorgt das eigene Standing im Unternehmen dafür, dass die Compliance-Risikoabfragen beantwortet werden.

425 **(d) Weitere Analysen.** Die bereits oben angesprochenen Quervergleiche und Plausibilitätsprüfungen sollten in Bezug auf alle Ergebnisse der Compliance-Risikoabfrage durchgeführt werden. Sie können Anlass für Nachfragen bei einzelnen Bereichen geben, da diese uU aus eigenen Überlegungen heraus vielleicht das eine oder andere Compliance-Risiko übersehen haben.

426 **(e) Compliance-Reporting und Compliance-Programm.** Sobald die identifizierten Compliance-Risiken analysiert und das darauf aufbauende Paket der **Gegenmaßnahmen** (Compliance-Programm) definiert worden ist, wird die Geschäftsleitung über das Ergebnis informiert. Sie wird damit ihrer Informations- und Kontrollpflicht gerecht und kann über das vom Compliance Officer vorgeschlagene Compliance-Programm entscheiden.

427 Natürlich steht es der Geschäftsleitung frei, zusätzlich Maßnahmen zu definieren, die dann als Teil des ergänzten Compliance-Programms umzusetzen sind. Gleiches gilt für Streichungen aus dem Maßnahmenpaket. In jedem Fall erhält der Compliance Officer am Ende einer solchen Sitzung den Auftrag, das letztendlich maßgebliche Compliance-Programm abzuarbeiten.

D. Wo fange ich an? § 2

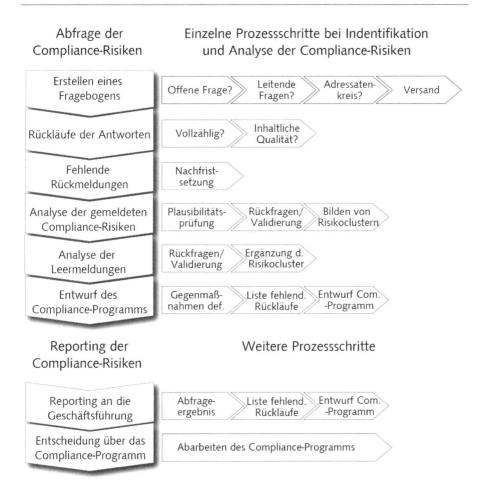

Abb. 11: Die Prozessschritte der ersten Compliance-Risikoabfrage

bb) Externes Compliance-Risikoaudit. Compliance-Risiken treten selten offen zu 428 Tage. Anders als betriebswirtschaftliche Risiken bedarf die Identifizierung von rechtlichen Risiken im Unternehmen sowohl juristischer Kenntnisse als auch Erfahrung mit betriebswirtschaftlichen Geschäftsprozessen entlang der Wertschöpfungskette des Unternehmens.

Ist es der Wunsch der Geschäftsführung, möglichst **rasch einen Überblick** über bestehende Compliance-Risiken zu erhalten, ist es empfehlenswert, zunächst ein externes Compliance-Risikoaudit vornehmen zu lassen. Für eine solche Analyse kann ein mit Compliance-Fragestellungen und mit betriebswirtschaftlichen Abläufen sowie mit organisationspsychologischen Aspekten der Compliance vertrauter externer Compliance-Berater mandatiert werden. 429

Dieser kann entweder im Rahmen von Interviews mit Vertretern der von der Geschäftsleitung vorgeschlagenen Abteilungen oder auf Basis ausführlicher Fragebögen die Compliance-Risiken erfassen. 430

431 Die Geschäftsleitung erhält durch ein Compliance-Risikoaudit schnell wichtige Hinweise auf bestehende Gefährdungslagen. Diese Vorgehensweise hat für das Unternehmen eine **Reihe von Vorteilen:**
- Ein zeitaufwendiger und kostenintensiver Aufbau eigener Personalkapazitäten ist nicht erforderlich.
- Expertenwissen in Bezug auf die rechtlichen Aspekte von Compliance steht dem Unternehmen sofort zur Verfügung.
- Aufgrund der langjährigen Erfahrung mit Geschäftsprozessen entlang der Wertschöpfungskette in Konzern- und mittelständischen Strukturen kann der Compliance-Berater eine gesamthafte Betrachtung der Compliance-Risikosituation gewährleisten.
- Breites Knowhow über operative Geschäftsprozesse und -strukturen ermöglicht eine schnelle effiziente und effektive Identifikation von Compliance-Risiken ohne Reibungsverluste.
- Die Geschäftsleitung erhält eine fundierte Analyse der Compliance-Risiken und einen ausführlichen Auditbericht in Form einer Compliance-Risikolandkarte für ihr Unternehmen.
- Klar identifizierte Compliance-Risiken ermöglichen den effizienten Einsatz von Unternehmensressourcen, um diesen entgegenzuwirken.

432 Mindestens so wichtig ist jedoch zu wissen, wie diesen Compliance-Risiken gegengesteuert werden kann. Daher gehört es zu einem Compliance-Risikoaudit auch, dass nicht nur die bestehenden Risiken aufgezeigt, sondern auch Empfehlungen für die jeweiligen **Gegenmaßnahmen** in dem Bericht ausgesprochen werden.

b) Vor- und Nachteile der internen Compliance-Risikoabfrage vs. eines Compliance-Risikoaudits

433 Abhängig von dem Zeit- und damit Kostenaufwand, den die Unternehmensleitung bereit ist zu investieren, kann ein Compliance-Risikoaudit aus den og Gründen eine sehr hilfreiche Vorgehensweise sein. Da diese Analyse von einem **externen Compliance-Berater** durchgeführt wird, kann eine solche Maßnahme unabhängig von dem Stand der Entwicklung des Compliance-Managementsystems durchgeführt werden. Ob sich das Compliance-Managementsystem erst im Aufbau befindet oder bereits vollständig implementiert worden ist, in jedem Fall sollten die Empfehlungen für Maßnahmen zur Steuerung der identifizierten Compliance-Risiken ideal in die bereits bestehenden Compliance-Aktivitäten des auditierten Unternehmens passen, damit es zu einem **integralen Bestandteil** des Compliance-Managements, sei es als Nukleus eines noch aufzubauenden Compliance-Managementsystems oder als wichtige Ergänzung bereits bestehender Aktivitäten, wirken kann. Um jedoch eine gewisse Eindringtiefe in die Geschäftsprozesslandschaft des Unternehmens zu erhalten sollte der Compliance-Berater über die **notwendige Expertise** verfügen, damit er schnell und damit kosteneffizient seinen Auftrag erfüllen kann. Anderenfalls kann ein Audit sehr schnell erhebliche Kosten verursachen. Ein Mangel an entsprechenden Fachkenntnissen wird darüber hinaus den Mitarbeitern in den Interviews nicht verborgen bleiben, sodass uU eine Verärgerung über die aus Sicht der Mitarbeiter fehlgeleitete Gesprächsführung entstehen kann.

434 Andererseits ist die Vorlaufphase für eine **unternehmensinterne Compliance-Risikoabfrage** recht lang, da zunächst intern ein gewisses Know-how aufgebaut werden muss. Das gilt sowohl für den Compliance Officer selbst als auch für die Mitarbeiter, die zunächst einmal verstehen müssen, was es mit Compliance auf sich hat.

435 Der Vorteil liegt jedoch darin, dass im Unternehmen bereits in diesem frühen Stadium Compliance-Know-how bei allen Beteiligten aufgebaut wird. Die Mitarbeiter erleben, wie das Compliance-Managementsystem entsteht und können es daher leichter als ein Teil der Unternehmenspolitik und nicht so sehr als eine Übung eines externen Beraters verstehen.

> **Checkliste 17: Die erste Compliance-Risikoerhebung**
> ☐ Entscheidung über interne Compliance-Risikoabfrage oder Beauftragung eines Compliance-Risikoaudits durch einen externen Berater
> ☐ Im Fall einer internen Compliance-Risikoabfrage
>   - Definition der Abfragemethodik
>   - Adressatenkreis der Abfrage bestimmen
>   - Analyse und Bewertung der Rückläufe
>   - Umgang mit Problemfällen
>   - Themencluster
>   - Leermeldungen
>   - Unbeantwortete Anfragen
> ☐ Entwicklung von Gegenmaßnahmen für das Compliance-Programm

6. Die Optimierung der Geschäftsprozesse des Unternehmens unter Compliance-Gesichtspunkten.

Nicht selten fehlt es in mittelständischen Unternehmen an **schriftlich niedergelegten Geschäftsprozessbeschreibungen.** Diese mögen aus betriebswirtschaftlicher Sicht uU tatsächlich verzichtbar erscheinen, da die Geschäftsleitung das Unternehmen sehr gut überschauen kann und langjährige Führungskräfte und Mitarbeiter genau wissen, was sie zu tun haben und wie weit ihre Kompetenzen reichen, auch ohne eine schriftliche Dokumentation. 436

Dies stößt jedoch spätestens dann an seine Grenzen, wenn zB eine Fertigungslinie im Ausland aufgebaut wird oder wenn das Unternehmen in einem Umfang wächst, dass auch ein langer Arm der Geschäftsführung nicht mehr ausreicht, um das Unternehmen ausschließlich über tradierte Regeln zu führen. 437

Auch aus Compliance-Sicht sind natürlich möglichst gut dokumentierte Geschäftsprozesse empfehlenswert, da diese es erleichtern, Defizite in Bezug auf deren Anfälligkeit für Manipulationen oder sonstige Schwachstellen, zu identifizieren. Idealerweise werden diese in Form von Flussdiagrammen dargestellt, die gegebenenfalls noch an einigen Stellen zusätzliche Erläuterungen enthalten. 438

Auf der Basis solcher Geschäftsprozessbeschreibungen können Compliance-relevante Ergänzungen bzw. Optimierungen leicht identifiziert werden. Allerdings ist dies eine Aufgabe, die der Compliance Officer keinesfalls allein umsetzen kann. Vielmehr ist es an den operativ für den jeweiligen Geschäftsprozess Verantwortlichen, diese ordentlich zu dokumentieren. Der Compliance Officer kann und sollte auf die Einhaltung eines **einheitlichen Dokumentationsstandards** achten, durch den auch sichergestellt wird, dass zB Schnittstellen zwischen zwei Abteilungen nicht ins Leere laufen, sondern sich im Flussdiagramm der einen wie auch der anderen Abteilung wiederfinden. Darüber hinaus beschränkt sich seine originäre Aufgabe auf die Beratung in Bezug auf die zu beachtenden Compliance-Aspekte der einzelnen Geschäftsprozesse. 439

Damit wird jedoch bereits deutlich, dass dies eine enorm zeitaufwendige Aufgabe ist, die für den Compliance Officer mit einem ganz erheblichen Koordinierungsaufwand verbunden ist. Auch wird die Dokumentation der Geschäftsprozesse uU auf erhebliche Gegenwehr bei jenen Mitarbeitern stoßen, die die Auffassung vertreten, dass man so etwas in der Vergangenheit noch nie benötigt und man deutlich Besseres zu tun hat. 440

Auch im Sinne einer gewissen Ökonomie der Konflikte ist es anzuraten, diese sehr umfangreiche Aufgabe zunächst ein wenig zu verschieben, bis das Compliance-Managementsystem in einem etwas eingeschwungenerem Zustand ist. 441

7. Zwischenergebnis

442 Die ersten Schritte auf dem Weg zu einem Compliance-Managementsystem sind unterschiedlichster Natur. Sie reichen von der Erarbeitung eines Verhaltenskodexes und der dazugehörigen Compliance-Richtlinien bis hin zur Schulung der Mitarbeiter zu den wichtigsten Themen und deren Sensibilisierung für das Thema Compliance insgesamt. Am Ende dieser ersten Phase steht die erstmalige Erfassung der Compliance-Risiken des Unternehmens.

443 Bei jedem dieser Schritte ist immer im Blick zu halten, dass Compliance zu den eher erklärungsbedürftigen Themen zählt. Das bedingt, dass der Compliance Officer trotz aller Kapazitätsengpässe, die er im Rahmen seiner Aufgabenerfüllung wahrnimmt, hinreichend viel Zeit einplanen sollte, um den Sinn und Zweck von Compliance und der von ihm vorgeschlagenen Maßnahmen zu erklären.

444 Gleichzeitig ist es wichtig, dass der Compliance Officer einen engen Schulterschluss mit der Geschäftsleitung pflegt. Der Compliance Officer schlägt vor, die Geschäftsleitung entscheidet und der Compliance Officer setzt weisungsgemäß die Entscheidung um. Dies ist nicht nur in der Einführungsphase eines Compliance-Managementsystems besonders wichtig, sondern auch später. Der Compliance Officer arbeitet mit der ihm **geliehenen Autorität** seiner Geschäftsführung, die einen Vertrauensbonus darstellt, und er bewegt Themen aufgrund seines **persönlichen Standings** im Unternehmen. Durch mit der Geschäftsleitung unabgestimmte Maßnahmen ist beides nur allzu leicht verspielt und der Compliance Officer steht allein und auf verlorenem Posten.

445 Die Zeit ist wie immer ein kritischer Faktor. Werden einzelne og Compliance-Maßnahmen ergriffen und der Zeitraum, bis der nächste Schritt erfolgen kann, ist zu groß, erschwert dies den Mitarbeitern deren inneren Zusammenhang zu erkennen und damit die Entstehung des Compliance-Managementsystems nachzuvollziehen. Natürlich kann man als Compliance Officer mit Recht für sich in Anspruch nehmen, dass Rom auch nicht an einem Tage erbaut worden ist.[64] Jedoch muss er es nicht den Römern gleichtun und das Compliance-Managementsystem mehrfach einreißen, abbrennen, um- oder neu erbauen. Vielmehr gilt es einfach das **Momentum zu erhalten,** sodass die Mitarbeiter wissen, dass hier ein in sich schlüssiges System aufgebaut wird, das dem Unternehmen und jedem Mitarbeiter hilft, die vielfältigen gesetzlichen Anforderungen auch künftig zu erfüllen.

E. Fazit

446 Die Aufgabe des Compliance Officer ist eine außerordentlich vielseitige Tätigkeit. Die erste Herausforderung besteht in der sachgerechten Beschreibung der Aufgabe, die auf der einen Seite das im Rahmen der regelmäßigen kapazitiven Beschränkungen gegebene faktisch Machbare und auf der anderen Seite die Interessen der Geschäftsleitung berücksichtigen müssen, ein kosteneffizientes und effektives Compliance-Managementsystem aufbauen zu müssen.

447 Der Blick des Compliance Officer sollte deshalb zum einen auf dieses Ziel, das Compliance-Managementsystem, gerichtet sein und, ähnlich wie bei einem Puzzlebild, die einzelnen Compliance-Maßnahmen immer im Kontext dieses Zieles sehen. Zum anderen ist es jedoch ebenso wichtig, dass für die Mitarbeiter deutlich wird, und bleibt, dass ein modernes, in sich logisches und funktionierendes System aufgebaut wird, das den Anforderungen des Gesetzgebers und der eigenen Geschäftsleitung gerecht wird. Daher ist es wichtig, dass

---

[64] Sprichwort aus dem 12. Jahrhundert, „Rome ne fut pas faite toute en un jour.", erwähnt in Li Proverbe au vilain: Die Sprichwörter des gemeinen Mannes: Altfranzösische Dichtung nach den bisher bekannten Handschriften, *Adolf Tobler*, 1895, S. 43.

E. Fazit

nicht etwas mal hier und etwas mal da in Sachen Compliance initiiert wird, sondern dass die einzelnen Compliance-Maßnahmen aufeinander aufbauen, sodass auch die Kollegen des Compliance Officer jederzeit logisch nachvollziehen können, dass sich ein integriertes System im Aufbau befindet.

Daraus ergibt sich eine gewisse Reihenfolge in der Vorgehensweise der ersten Schritte in der neuen Funktion des Compliance Officer. Natürlich steht es ihm frei auch andere Wege einzuschlagen, solange diese für die Mitarbeiter des Unternehmens logisch nachvollziehbar sind. Anderenfalls schreitet der Compliance Officer munter voran und die Mitarbeiter bleiben zurück, da sie die Schritte nicht mitvollziehen können. 448

Nach der hier vertretenen Ansicht sollte daher zunächst eine Aufgabenbeschreibung definiert werden, die festlegt, dass der Compliance Officer einen Verhaltenskodex entwirft und die dazugehörigen notwendigen Compliance-Richtlinien entwickelt. Nach deren Freigabe durch die Geschäftsleitung und einer entsprechenden, auf die spezifischen Anforderungen des Unternehmens zugeschnittenen Compliance-Kommunikation sind diese an die Mitarbeiter zu verteilen und danach im Rahmen von Compliance-Schulungen zu erläutern. 449

Wann immer dem Compliance Officer bei der Konzeption und Implementierung dieser ersten Compliance-Maßnahmen Zeit bleibt, kann er den Aufbau einer auf das Unternehmen maßgeschneiderten Compliance-Organisation und entsprechender Compliance-Prozesse vorantreiben. 450

Sind diese einzelnen Projektschritte abgearbeitet, haben die Mitarbeiter so viel Compliance-Wissen erworben, dass sie eigenständig überlegen können, welche Compliance-Risiken in ihrem Aufgabenbereich bestehen. An die erste Abfrage von Compliance-Risiken sollten keine zu hohen Anforderungen gestellt werden. Dennoch trägt diese Abfrage auch dazu bei, dass das Thema „Compliance" in den Köpfen der Mitarbeiter präsent bleibt. 451

Diese ersten Schritte sorgen dafür, dass das Compliance-Managementsystem in einen eingeschwungenen Zustand überführt werden kann. Damit wird zum einen die Geschäftsleitung ihrer Compliance-Verantwortung gerecht. Zum anderen wird Compliance dadurch zu einer Selbstverständlichkeit – und damit auch die rechtlich einwandfreie Unternehmenstätigkeit. 452

§ 3 Der Weg zum eingeschwungenen Compliance-Managementsystem

Nachdem die ersten Schritte getan sind, besteht die nächste Herausforderung für den Compliance Officer darin, die Compliance-Arbeit im Unternehmen zu verstetigen. Können die ersten Schritte mit einem Sprint verglichen werden, so geht es jetzt darum, Ausdauer auf der Langstrecke zu zeigen. 453

Um die Compliance-Anstrengungen des Unternehmens in einen eingeschwungenen Zustand zu überführen, sind eine Reihe von Maßnahmen erforderlich. Einige stellen Fortsetzungen bereits bekannter Compliance-Aktivitäten dar, die aber **verbreitert** und **vertieft** werden sollten. Dazu gehören zB Compliance-Schulungen und Maßnahmen der Compliance-Kommunikation sowie das Compliance-Risikomanagement. 454

Andere Compliance-Maßnahmen sollten gemeinsam mit den zuständigen Abteilungen konzipiert und eingeführt werden, um die Nachhaltigkeit der Compliance des Unternehmens abzusichern. Dazu gehören strategisch relevante Themen wie das **Personal-Recruiting** oder die Standardisierung der Vorgehensweise bei Lieferantenaudits. 455

Zu diesen zukunftsorientierten Compliance-Maßnahmen gehören auch zB die sukzessive Integration der Compliance-Aktivitäten des Unternehmens mit den Maßnahmen zur Verbesserung der sozialen und ökologischen Nachhaltigkeit, die unter dem Begriff **Corporate Social Responsibility** zusammengefasst werden. 456

Zunächst ist jedoch noch das neue Zwischenziel darzustellen, das es gilt, mit den weiteren Compliance-Maßnahmen zu erreichen. Tatsächlich kann man erst nach einer Verstetigung der Compliance-Aktivitäten von einem Compliance-Managementsystem im eingeschwungenen Zustand sprechen. 457

A. Ziel: Die Verstetigung der Compliance des Unternehmens

Dienten die bisherigen, im Kapitel „§ 2 Die ersten Schritte als neuer Compliance Officer" erläuterten Compliance-Aktivitäten als erste wichtige Vorarbeiten für das Compliance-Managementsystem des Unternehmens, so gilt es nun, diese gezielten Einzelmaßnahmen zu verbreitern und zu vertiefen. Darüber hinaus müssen die bereits umgesetzten Compliance-Maßnahmen auf gegebenenfalls notwendige Optimierungen überprüft werden, sodass diese optimal in die weiteren zu implementierenden Compliance-Aktivitäten eingebettet werden können. 458

Dadurch wird eine **feste Verankerung der Compliance** im Unternehmen und seinen Geschäftsprozessen erreicht, was wiederum eine Grundvoraussetzung für eine erfolgreiche Verstetigung der Compliance im Unternehmen ist. 459

Sollte das Compliance-Managementsystem nicht in einen eingeschwungenen Zustand überführt werden können, besteht die Gefahr, dass die mit den ersten Schritten geleisteten Vorarbeiten im Sande verlaufen werden. Das Unternehmen verfügt dann zwar über einen Verhaltenskodex, über Compliance-Richtlinien und sogar über eine gewisse Compliance-Organisation und -Prozesse. Gelebt wird jedoch Compliance nicht. Man hat am Ende mit einem nicht unerheblichen Aufwand eine Fassade errichtet, die im Rahmen eines Lieferantenaudits oder gar eines behördlichen Ermittlungsverfahrens schnell als solche enttarnt wird. 460

B. Instrumente zur Verstetigung der Compliance

461 Wenige Compliance-Maßnahmen verfolgen einen nur ganz spezifischen, singulären Zweck. Anders als zB bei der Compliance-Kommunikation, dreht es sich bei einem der wichtigsten Compliance-Prozesse, dem Compliance-Risikomanagement, nicht nur ausschließlich um die Identifizierung und Analyse der Compliance-Risiken des Unternehmens sowie der Implementierung von Gegenmaßnahmen. Vielmehr ist es als ein wiederkehrender Compliance-Prozess ein wichtiges Instrument, um Compliance in den Köpfen der Mitarbeiter zu verankern, sie gegenwärtig zu halten.

I. Das Compliance-Risikomanagement

462 Wie bereits angesprochen, kann man sich im Rahmen der ersten Schritte auf dem Weg zu einem Compliance-Managementsystem mit einer Abfrage der Compliance-Risiken als Compliance Officer einen sehr guten Überblick über die Gefährdungslage des Unternehmens verschaffen. Gleichzeitig ermöglicht es diese Vorgehensweise zu erkennen, wie erfolgreich die bisherigen Compliance-Maßnahmen zu einem besseren Verständnis dieses Themas bei den Mitarbeitern beigetragen haben.

463 Idealerweise kann die Compliance-Risikoabfrage in einen bestehenden Geschäftsprozess integriert werden. Besteht ein solcher Geschäftsprozess nicht oder nur in einer Form, die eine Erweiterung um eine Compliance-Risikoabfrage nicht zulässt oder die den Gesamtprozess ineffizient werden lässt, sollte dennoch im Sinne einer kontinuierlichen Verbesserung überprüft werden, wie die fragebogenbasierte Abfrage optimiert werden kann.

1. Integration der Compliance-Risikoabfrage in bestehende Geschäftsprozesse

464 Verschiedene parallel ablaufende Geschäftsprozesse bergen regelmäßig den Nachteil in sich, dass sie den nicht ganz unberechtigten Eindruck vermitteln, dass eine Abfrage zB zu den Unternehmensrisiken zweifach erfolgt; zum einen werden die klassischen Unternehmensrisiken abgefragt und zum anderen die Compliance-Risiken. Dies erzeugt einen gewissen Widerwillen, der sich normalerweise gegen den neuen zusätzlichen Abfrageprozess richtet – was in diesem Fall die Compliance-Risikoabfrage wäre.

465 Will man jedoch in einem jährlichen Turnus die Compliance-Risiken im Unternehmen abfragen, so kann man jedoch die Frage stellen, ob ein Fragebogen die langfristig richtige Vorgehensweise ist. Bei der fragebogenbasierten Umfrage handelt es sich, wenn man in Geschäftsprozessen denkt, um einen neuen und damit **zusätzlichen Prozess.** Um dies zu **vermeiden,** kann der Compliance Officer prüfen, welche Geschäftsprozesse unternehmensweite Abfragen umfassen. Idealerweise handelt es sich gleichzeitig um einen Geschäftsprozess, der im Unternehmen als wichtig angesehen wird, da dieser zB die Aufmerksamkeit der Geschäftsleitung genießt. Wird der Abfrageprozess in einem ähnlichen Turnus, zB einmal jährlich durchgeführt, könnte es sich uU anbieten, die Compliance-Risikoabfrage in diesen zu integrieren.

466 Geht man von einem solchen idealen Geschäftsprozess aus, wird man schnell feststellen, dass in einem kleinen oder mittelständischen Unternehmen, aber auch in Großunternehmen derlei nicht viele existieren. Einen solchen Geschäftsprozess stellt die **Planung für das kommende Geschäftsjahr** dar. Die Begriffe, die dafür Verwendung finden, sind unterschiedlich. Man spricht va in etwas größeren Unternehmen von der „Operativen Planung" oder auch schlicht Jahresplanung, für die Jahresgespräche geführt werden.[65]

---

[65] Ein Modell der Integration der Compliance-Risikoabfrage in die Operative Planung des Unternehmens ist im Einzelnen beschrieben in *Kark* Compliance Rn. 819 ff.

Auch wenn es in vielen mittelständischen Unternehmen nur indirekt, vielleicht aber 467
auch noch gar nicht stattfindet, sollte in diesen Gesprächen auch über die klassischen Unternehmensrisiken gesprochen werden. Zum einen macht dies unternehmerisch sehr viel Sinn – und wird daher in der einen oder anderen, zumeist aber nicht systematischen Form durchgeführt. Zum anderen fordert der Gesetzgeber in § 91 Abs. 2 AktG, der über § 43 Abs. 1 GmbHG auch für Gesellschaften mit beschränkter Haftung gilt, dass die Unternehmensleitung geeignete Maßnahmen zu treffen hat, insbesondere ein Überwachungssystem einrichten muss, damit den Fortbestand der Gesellschaft gefährdende Entwicklungen rechtzeitig erkannt und abgewendet werden können. Damit ist ein Risikomanagement für sowohl klassische betriebswirtschaftliche Unternehmensrisiken[66] als auch das Management von Compliance-Risiken gemeint.[67]

Somit kommt der Abfrage der Unternehmensrisiken eine Doppelfunktion aus Compliance-Sicht zu: Zum einen wird die Unternehmensleitung ihrer Legalitätspflicht gerecht, die sich aus § 91 Abs. 2 AktG ergibt. Zum anderen ist die Geschäftsführung auch für die Vermeidung von Compliance-Risiken verantwortlich. Daher könnte es sich anbieten, im Rahmen der Jahresgespräche nicht nur die klassischen Unternehmensrisiken, sondern gleichzeitig die Compliance-Risiken abzufragen. 468

Dies hat über die kosteneffiziente Einsparung eines separaten Geschäftsprozesses hinaus 469
den weiteren wichtigen Vorzug, dass der Prozess der Risikoabfrage, ob klassische Unternehmens- oder Compliance-Risiken, im Rahmen eines **systematischen Prozesses** durchgeführt wird. Dies hat wiederum für die Geschäftsführung den Vorzug, dass sie gegenüber den Gesellschaftern, dem Aufsichtsrat oder gar gegenüber Behörden belegen kann, dass sie ihre Compliance-Pflicht aus § 91 AktG wahrgenommen hat.

Ein weiterer Vorteil dieser Vorgehensweise besteht darin, dass die Rückmeldungen zunächst nicht an den Compliance Officer gehen, sondern im Rahmen der Jahresgespräche, zusammen mit Absatz-, Umsatz-, Kosten- und Ergebnisprognosen an die Geschäftsführung gesendet werden. Dies allein kann schon sicherstellen, dass alle betroffenen Abteilungen die Anfrage beantworten werden. 470

2. Optimierung der fragebogenbasierten Compliance-Risikoabfrage

Sollte sich eine solche Verschmelzung der Compliance-Risikoabfrage mit einem anderen 471
bereits bestehenden Geschäftsprozess nicht anbieten, ist es dennoch wichtig zu überprüfen, welche Lehren aus der ersten fragenbogenbasierten Compliance-Risikoabfrage gezogen werden können.

Dies bezieht sich zum einen auf die Qualität der **Compliance-Risikoabfrage als Ge-** 472
schäftsprozess. Auch hier gilt, dass der Compliance Officer fortwährend bemüht sein sollte, die Compliance-Prozesse stetig zu verbessern. Dies liegt in seinem originären Interesse, da er möglichst effizient mit der ihm zur Verfügung stehenden zeitlichen Kapazität umgehen sollte.

So kann man sich als Compliance Officer selbstkritisch zur Qualität des Abfrageprozes- 473
ses einige Fragen stellen.

---

[66] Die klassischen betriebswirtschaftlichen Unternehmensrisiken werden unterteilt in leistungswirtschaftliche Risiken, wie zB der Ausfall von Zulieferteilen oder ein Betriebsstillstand wegen eines Brandes, und finanzwirtschaftliche Risiken, wie zB Liquiditäts- oder Währungsrisiken.
[67] *Kark* Compliance Rn. 51 ff.

Checkliste 18: Effektivität und Effizienz der Compliance-Risikoabfrage
- War die Vorbereitung der Abfrage effizient?
  - Bestanden technische Probleme?
    (zB fehlende oder falsche E-Mail-Adressen)
  - Funktionierte die Benennung von mehr als zehn Compliance-Risiken IT-technisch einwandfrei?
  - Führten die fehlenden Vorgaben zur Rücksendung des Fragebogens zu einem unerwartet hohen Aufwand bei der Verarbeitung der Antworten?
    (zB wurden schwerer zu verarbeitende PDF-Dateien zurückgesendet, anstelle der erwarteten Word-Dateien)
- War die Frist bis zur Abgabe angemessen oder zu lang bemessen?
  (zB kamen Beschwerden über die geringe zur Verfügung stehende Zeit oder wurde zu viel Zeit eingeräumt, sodass das Ausfüllen vergessen wurde?)
- Entsprach die inhaltliche Qualität der Antworten den Erwartungen?
  (Es wurden zB nur sehr knappe und damit unverständliche Sachverhaltsbeschreibungen geliefert, da der Platz für ausführlichere Darstellungen fehlte, was wiederum Nachfragen erforderlich machte)
- Welcher Adressatenkreis verspricht die besten Rückläufe?
  (Anm.: Es stellte sich bei der Analyse heraus, dass die Abteilungsleiter, die nicht nur allein, sondern gemeinsam mit ihren Mitarbeitern die Anfrage beantworteten, die interessantesten/ fundiertesten Ergebnisse lieferten)
- War die Erstellung einer Gesamtübersicht der gemeldeten Compliance-Risiken für die Geschäftsleitung anschaulich genug?
  (Anm.: Es wäre zB ein Ampelsystem bei der Darstellung unterschiedlich gravierender Compliance-Risiken in der Vorlage an die Geschäftsführung hilfreich gewesen.)

474 Durch diese und weitere mögliche Fragestellungen kann zum einen der Prozess des Compliance-Risikomanagements sowie die Vor- und Nachbereitung zunehmend effizienter gestaltet werden. Dabei kann der Fragenkatalog natürlich auch Themen beinhalten, die es den Adressaten erleichtert, die Compliance-Risikoabfrage zu bearbeiten.

475 Zum anderen sollte sich die Überprüfung im Rahmen eines „kontinuierlichen Verbesserungsprozesses" auch auf die **inhaltlichen Resultate** der Compliance-Risikoabfrage richten.

476 Naturgemäß werden erhebliche Unterschiede in der Qualität der Beantwortung der Abfrage festzustellen sein. Da ein effektives und effizientes Management der Compliance-Risiken von entscheidender Bedeutung für den nachhaltigen Erfolg des gesamten Compliance-Managementsystems ist, sollte sehr genau analysiert werden, welche Ursachen zu einer besonders guten, dh zutreffenden und vollständigen Benennung der Compliance-Risiken einer Abteilung bzw. eines Verantwortungsbereichs eines Mitarbeiters führen und welche Rahmenbedingungen das genaue Gegenteil nach sich ziehen.

477 Wie meist, ist es auch in diesem Fall am zielführendsten, wenn sich der Compliance Officer bei seiner **Analyse an den Besten orientiert.** Hat er erkannt, welche Aspekte vor allem ursächlich für eine inhaltlich so gute Rückmeldung waren, kann er in einem zweiten Schritt Maßnahmen entwickeln, die dafür sorgen, dass weniger gute Rückmeldungen in der folgenden Compliance-Risikoabfrage inhaltlich nachziehen.

B. Instrumente zur Verstetigung der Compliance § 3

So kann der Compliance Officer Antworten auf ua folgende Fragen finden: 478

Checkliste 19: Gründe für inhaltlich besonders relevante Rückläufe bei der Compliance-Risikoabfrage
- ☐ Wurden der Verhaltenskodex und die Compliance-Richtlinien gelesen?
- ☐ Nahm der Befragte an einer Compliance-Schulung teil?
- ☐ Nahm dessen Vorgesetzter an einer Compliance-Schulung teil?
- ☐ Wurden die Inhalte der Compliance-Schulung an die Mitarbeiter weitergegeben? (oder wurde diese nicht weiter von den Führungskräften in Mitarbeiterbesprechungen thematisiert?)
- ☐ Enthielten die Zielvereinbarungen der Abteilung bereits Compliance-Inhalte?
- ☐ Zeigte sich der Befragte bereits während der Compliance-Schulung den Themen gegenüber aufgeschlossen?
- ☐ Hatte der Befragte ausreichend Zeit für die Beantwortung der Abfrage?
- ☐ Wären leitende Fragen hilfreicher als eine offene Compliance-Risikoabfrage?
- ☐ Konnte der Compliance Officer Rückfragen zur Abfrage in einer für den Adressaten hilfreichen Weise beantworten?

Nachdem der Compliance Officer die Erfolgsfaktoren für eine gute Rückmeldung identifizieren konnte, kann er diese wiederum mit den Rahmenbedingungen abgleichen, unter welchen die eher weniger brauchbaren Rückmeldungen entstanden sind. Diese gilt es dann zu optimieren, sofern dies in der Hand des Compliance Officer liegt. 479

Natürlich können versäumte Compliance-Schulungen nachgeholt werden oder in Einzelgesprächen mit für die jeweilige Abteilung wichtigen **Meinungsbildnern** das entsprechende Verständnis für Compliance nachträglich entwickelt und gefördert werden. 480

Allerdings kann er hierbei durchaus an seine Grenzen stoßen, va wenn er auf Gesprächspartner trifft, die zB Compliance als schlicht überflüssig abtun. Er wird sich, wenn dies nicht schon im Rahmen der Compliance-Schulungen erfolgt ist, möglicherweise anhören dürfen, dass die Wettbewerber den Einkäufern der Kunden teure Geschenke machen und er, der Compliance Officer, letztlich mit seinen neuen Regeln nur **Geschäfte verhindert.** 481

In einem solch kritischen Fall mögen die besten Sachargumente nicht greifen und der Compliance Officer darf sich daran erinnern, dass er kein Weisungsrecht gegenüber den Mitarbeitern oder gar Führungskräften anderer Abteilung besitzt. Auch wenn es zunächst frustrierend erscheint, so handelt es sich schlicht um ein **Führungsproblem,** das der Compliance Officer nicht lösen kann, sondern nur der Vorgesetzte des betreffenden Mitarbeiters bzw. der Führungskraft. 482

In diesem Zusammenhang mag eine Optimierungsmaßnahme darin bestehen, anstelle einer offenen Abfrage mehr **leitende Fragen** zu stellen. Diese Vorgehensweise birgt Vor- und Nachteile.[68] Man kann jedoch eine Liste möglicher Compliance-Risiken dem offenen Antwortbogen beifügen, sodass der Adressat der Abfrage diese gleich einer Gedächtnisstütze verwenden kann. Weit darüber hinaus gehen ausführlicher dargestellte Beispielsfälle, die den Adressaten zu einer weiteren Reflexion über die in seinem Verantwortungsbereich liegenden Compliance-Risiken anregen sollen. 483

Zwischen diesen beiden Polen liegt das Stellen konkreter Fragen, hinter welchen Compliance-Risiken verborgen liegen können. 484

---

[68] Dazu bereits → Rn. 396 ff.

> **Checkliste 20: Verwendung konkreter Fragen bei der Identifikation der Compliance-Risiken**
> - Verfügen Sie über Budgetmittel für Einladungen, Bewirtungen und Geschenke, die es Ihnen persönlich ermöglichen, Kunden großzügige Zuwendungen zu gewähren?
> - Werden Sie von (potenziellen) Lieferanten zum Essen oder zu Veranstaltungen eingeladen oder erhalten Sie Geschenke von diesen?
> - Treffen Sie auf der ABC-Messe Wettbewerber?
> - Nehmen Sie an Verbandssitzungen teil?
> - Benutzen Sie WhatsApp für Ihre Kundenkontakte?
>   (Anm.: Damit würden Datenschutzregeln verletzt)
> - Versenden Sie vertriebsseitig Muster unserer Produkte ins Ausland?
>   (Anm.: Es könnte hier ein erhebliches exportkontrollrechtliches Problem liegen, wenn das Versenden genehmigungspflichtig wäre.)

485 Diese Beispiele sollten nicht mit „ja" oder „nein" beantwortet werden, sondern sie sollten vielmehr Hinweise auf die dahinterliegenden Compliance-Risiken geben, wie zB Bestechung, Preisabsprachen durch abgestimmte Verhaltensweisen, Datenschutzverletzung beim Umgang mit Kundendaten sowie möglich Verstöße gegen deutsche, europäische oder US-amerikanische Exportkontrollvorschriften.

486 Gleichzeitig wird jedoch das Hauptproblem dieser leitenden Fragen deutlich: Sie leiten das Denken und fokussieren es damit uU auf Sachverhalte, die als Beispiele genannt worden sind. Außerhalb dieses Fokus liegende Themenstellungen bleiben uU dadurch unbeleuchtet.

487 Es mag sich daher anbieten, **Workshops** mit va den aus Compliance-Sicht kritischen Bereichen zur Erfassung der Compliance-Risiken zu veranstalten. Dies ist für den Compliance Officer zwar sehr zeitaufwendig, dürfte aber die besten Ergebnisse liefern. Sind die Mitarbeiter in diesen Abteilungen erst einmal daran gewöhnt, in diesen Compliance-Risikokategorien ihren Verantwortungsbereich gedanklich zu durchleuchten, werden diese Workshops nach einigen Durchläufen unnötig sein.

3. Zwischenergebnis

488 Die Verstetigung des Compliance-Managementsystems ist eine nicht unerhebliche Herausforderung für den Compliance Officer. Mit der Einführung eines Compliance-Risikomanagements hält der Compliance Officer den Schlüssel für eine präventive und damit nachhaltige Compliance des Unternehmens in der Hand. Durch die vorausschauende Identifikation von möglichen Compliance-Risiken gemeinsam mit den für die operativen Geschäftsprozesse Verantwortlichen, können rechtzeitig Gegenmaßnahmen entwickelt und im Rahmen des Compliance-Programms implementiert werden.

489 Durch diesen Prozess der Abfrage und von Risiken und den der gemeinsamen Definition der Abhilfemaßnahmen werden nicht nur Compliance-Verstöße vermieden. Vielmehr sorgt der Prozess des Compliance-Risikomanagements auch dafür, dass sich die Mitarbeiter regelmäßig mit dem für sie neuen und ungewohnten Thema der Compliance des Unternehmens immer wieder befassen müssen, sodass es nicht vom Tagesgeschäft überlagert wird und dadurch in Vergessenheit gerät.

490 Auch das Compliance-Risikomanagement ist ein iterativer Prozess. Durch zunächst einfache erste Maßnahmen, wie zB eine Risikoabfrage mittels eines offenen Fragebogens, kann der Compliance Officer mit zunehmender Erfahrung mit diesem Prozess sukzessive das Instrumentarium und den Prozess an sich optimieren, sodass ein Compliance-Risikomanagement entsteht, das optimal auf die spezifischen Anforderungen des Unternehmens ausgerichtet ist.

II. Das Compliance-Monitoring

Die Überwachungsaufgabe des Compliance Officer zielt in zwei unterschiedliche Richtungen. Zum einen muss die **Wirksamkeit** des Compliance-Programms überprüft werden. Zum anderen gilt es, aus Compliance-Sicht das **Umfeld** des Unternehmens sowie wichtige Veränderungen im Unternehmen auf Compliance-Risiken zu überprüfen. 491

1. Wirksamkeit des Compliance-Programms

Nachdem bereits aus den Ergebnissen der ersten Compliance-Risikoabfrage ein mehr oder weniger umfangreiches Compliance-Maßnahmenpaket abgeleitet worden ist, gilt es nun, den Erfolg der Implementierung dieses Compliance-Programms zu validieren. 492

Abb. 12: Das Monitoring der Wirksamkeit des Compliance-Programms

Auch wenn es zunächst banal erscheint, sollte zunächst geprüft werden, ob die **Compliance-Maßnahmen tatsächlich umgesetzt** worden sind. In einem zweiten Schritt ist zu überprüfen, ob die Maßnahmen den **gewünschten Erfolg** gebracht, also die identifizierten Compliance-Risiken beseitigt oder zumindest so weit wie möglich minimiert haben. Wenn dies nicht der Fall war, müssen Folgemaßnahmen konzipiert und implementiert werden. Erbrachten die Compliance-Maßnahmen den gewünschten Erfolg, aber auch wenn sie nachgebessert werden mussten, wird darüber die Geschäftsführung im nächsten Bericht informiert. 493

2. Compliance-Analyse des Unternehmens und seines Umfelds

Wie bereits oben angesprochen, ist weder das Unternehmen noch dessen Umfeld statischen Charakters.[69] Das Unternehmen reagiert auf **Veränderungen der Marktgegebenheiten,** der **Gesetzgeber** scheint ein geradezu unerschöpflicher Quell neuer, auch für das Unternehmen geltender Vorschriften zu sein und das **politische Umfeld** ist zunehmend volatiler geworden, sodass plötzlich neue Exportbestimmungen bzw. Embargos zu beachten sind. 494

Da diese dynamischen Veränderungen häufig außerhalb des Compliance-Risikoabfragezykluses erfolgen, kann oftmals nicht abgewartet werden, bis turnusmäßig erneut eine Befassung mit Compliance-Risiken vorgesehen ist. Vielmehr muss nicht selten recht zeit- 495

---

[69] Hierzu auch → Rn. 88 ff.

nah agiert werden, wenn eine grundsätzliche Unternehmensentscheidung getroffen wird, wie zB der Aufbau einer neuen Produktionsstätte in Dorotokia oder die Veränderung der Vertriebsstruktur, wie zB der Aufbau eines B2C-Onlinehandels.

496 Über sein persönliches Netzwerk im Unternehmen hinaus, stehen dem Compliance Officer für diese Aufgabe eine ganze Reihe von unternehmensinternen Informationsquellen zu Verfügung.

Checkliste 21: Interne Informationsquellen für das Compliance-Monitoring (Umfeldbeobachtung) (Auswahl)
- ❏ Das persönliche Netzwerk des Compliance Officer
- ❏ Die für den Compliance Officer relevanten Auszüge der Protokolle der Geschäftsleitungssitzungen
- ❏ Marktberichte des Vertriebs
- ❏ Ergebnisse der Geschäftspartnerprüfung (Third Party Due Diligence)
- ❏ Berichte der Internen Revision (sofern eine solche im Unternehmen besteht)
- ❏ Berichte der Finanzabteilung
- ❏ Informationen durch die interne Whistleblower-Hotline

497 Neben den schon erwähnten Compliance-relevanten Newslettern stehen dem Compliance Officer natürlich auch weitere externe Informationsquellen zu Verfügung, durch die er auf Umfeldveränderungen hingewiesen wird.

Checkliste 22: Externe Informationsquellen für das Compliance-Monitoring (Umfeldbeobachtung) (Auswahl)
- ❏ Compliance-Newsletter
- ❏ Berichte in der Wirtschafts- und branchenbezogenen Fachpresse – auch über Wettbewerber
- ❏ Tagungen
- ❏ Wirtschaftsprüfer können branchenrelevante Hinweise auf Compliance-Risiken im Rahmen ihrer Tätigkeit erkannt haben
- ❏ Hinweise der Anwälte des Unternehmens
- ❏ Protokolle von Verbandssitzungen
- ❏ Informationen durch die externe Whistleblower-Hotline

498 Viele dieser Informationsquellen nutzt der Compliance Officer bereits in Zusammenhang mit seinen weiteren Aufgaben. Es kommt primär darauf an, diese gezielt um weitere Quellen zu erweitern und nunmehr auch unter Compliance-Gesichtspunkten zu nutzen.

499 Gerade das Beispiel der Einführung der DS-GVO zeigte, dass, obgleich den Unternehmen zwei Jahre Vorbereitungszeit seitens der EU eingeräumt und über die Neuregelung viel in der Presse berichtet worden war, nicht wenige Unternehmen am 25.5.2018 doch noch etwas unvorbereitet waren.

500 Auch wenn der Compliance Officer in aller Regel nicht für den Datenschutz des Unternehmens zuständig ist, sollte ihm eine vergleichbare Überraschung nicht passieren, wenn noch in der laufenden 19. Legislaturperiode das Gesetz zur Stärkung der Integrität in der Wirtschaft verabschiedet und zwei Jahre später in Kraft treten wird. Stattdessen gilt es, die anstehenden Änderungen der Gesetzeslage auf die Relevanz für das eigene Unternehmen zu überprüfen und, sofern es mehr als 50 Beschäftigte hat, sich entsprechend darauf vorzubereiten.

3. Prozess des Compliance-Monitorings

Allzu oft fällt die Erfolgskontrolle der implementierten Compliance-Maßnahmen und die laufende Analyse des Compliance-Umfelds des Unternehmens den Erfordernissen des Tagesgeschäfts zum Opfer. Daher empfiehlt es sich, einen Prozess zu entwickeln, wann, in welcher Form und in welcher Frequenz diese Aufgaben wahrgenommen werden. 501

So kann zB zur Erfassung der Umfeldveränderungen ein **kalendarisch festgelegter, wiederkehrender Termin** die nächsten Schritte auslösen, wie zB die gezielte Durchsicht der Fachpresse, Newsletter und anderer interner und externer Informationsquellen. Gleiches gilt für die Validierung der Wirksamkeit der umgesetzten Compliance-Maßnahmen. Naturgemäß ist hier die Überwachungsfrequenz eine geringere, es sei denn, es besteht Anlass zur Befürchtung, dass eine Gegenmaßnahme den gewünschten Erfolg in einem Fall erreichte, in einem anderen Fall aber versagte. Hat eine Compliance-Maßnahme gegriffen, kann natürlich im Weiteren von einer weiteren Kontrolle der Effektivität und Effizienz abgesehen werden. 502

4. Zwischenergebnis

Das Compliance-Monitoring ist integraler Bestandteil des Compliance-Managementsystems, das im Sinne einer kontinuierlichen Verbesserung dafür sorgt, dass zum einen die Effektivität und Effizienz der dem Compliance-Programm zugrundeliegenden Maßnahmenpaket zur Minimierung der Compliance-Risiken überprüft werden, sodass diese gegebenenfalls nachgebessert werden können. Zum anderen ermöglicht dieser Prozess des Compliance-Monitorings, dass unterjährig neu auftretende Compliance-Risiken erkannt und diesen mit entsprechenden Maßnahmen entgegengetreten werden können. 503

III. Compliance-Kommunikation

Compliance ist ein erklärungsbedürftiges Thema. So erschließt sich zB nicht jedem sofort und automatisch, dass eine gute Compliance des Unternehmens einen **Wettbewerbsvorteil** darstellt. Ein Wettbewerbsvorteil ist Compliance jedoch nur, wenn Mitarbeiter und Geschäftspartner davon erfahren. Eine positive und verständliche Vermittlung der Compliance-Anforderungen hilft natürlich auch, das Unternehmen nachhaltig „compliant" zu machen. 504

Da die Compliance-Kommunikation in die Unternehmenskommunikation eingebettet ist, kann man sich als Compliance Officer daran orientieren, wie die Kommunikation im Unternehmen auf die Mitarbeiter wirkt, wenn man eine Konzeption zur Compliance-Kommunikation entwickeln möchte. Hierbei kann unterschieden werden zwischen einer langfristigen Compliance-Kommunikationsstrategie und operativen Compliance-Botschaften aus gegebenem Anlass, wie zB eine Erinnerung an die Regeln des Kartellrechts im Vorfeld einer Messe. 505

1. Langfristige Compliance-Kommunikationsstrategie

Dass Compliance-Kommunikation eine notwendige Bedingung für ein nachhaltig erfolgreiches Compliance-Managementsystem ist, liegt in der Erklärungsbedürftigkeit des Themas Compliance begründet. Daher sollte sich ein Compliance-Kommunikationskonzept an einem Bündel von Botschaften ausrichten, die der Compliance Officer in das Unternehmen und zu dessen Mitarbeitern transportieren möchte. 506

> **Checkliste 23: Langfristige Compliance-Kommunikationsbotschaften (Beispiele)**
> ❑ Es ist der Unternehmensleitung wichtig, dass Gesetze und interne Richtlinien eingehalten werden.
> ❑ Compliance ist nichts Neues, nichts Besonderes, sondern, ähnlich wie der respektvolle Umgang miteinander, eine Selbstverständlichkeit.
> ❑ Compliance geht jeden an: Rechtlich einwandfrei für das Unternehmen tätig zu sein, ist die Aufgabe eines jeden Mitarbeiters.
> ❑ Compliance ist alternativlos.

507 Bei allen Maßnahmen der Compliance-Kommunikation sollten diese oder ähnliche **langfristige Kommunikationsziele** beachtet werden. Dies erleichtert die Ausrichtung auch der aktuellen Compliance-Kommunikationsbotschaften, vergleichbar mit einem **roten Faden**, mit dem einzelne Botschaften und Informationen verknüpft werden. Dies bewirkt eine kohärente Kommunikation, also in sich schlüssige Einzelbotschaften, die aufeinander aufbauen und somit ein Gesamtbild entstehen lassen, das den langfristigen **Compliance-Kommunikationsbotschaften** entspricht.

508 Diese Compliance-Kommunikationsstrategie sollte der Compliance Officer mit der Geschäftsleitung abstimmen und ihre Zustimmung einholen. Zum einen entspricht es der hier vertretenen Aufgabenteilung: Der Compliance Officer konzipiert Compliance-Maßnahmen, die Geschäftsleitung entscheidet, der Compliance Officer implementiert die Compliance-Maßnahmen. Zum anderen ist es für den nachhaltigen Erfolg der Compliance-Kommunikation wichtig, dass sich die Mitglieder der Geschäftsleitung persönlich engagieren und durch entsprechende Botschaften seitens der Unternehmensführung (**„tone from the top"**) die Wirkung der Compliance-Kommunikationsmaßnahmen verstärken. Dazu ist es zweifelsohne für den Compliance Officer hilfreich, wenn er zuvor ihre Zustimmung zum Gesamtkonzept eingeholt hat.

2. Aktuelle Compliance-Kommunikationsbotschaften

509 Die Compliance-Kommunikation ist eines der wichtigsten Instrumente, um das Thema Compliance in den Köpfen der Mitarbeiter des Unternehmens präsent zu halten. Wurde der strategische Rahmen der Kommunikation definiert, können immer neue, einzelne Botschaften die Erreichung dieses Ziels beschleunigen.

510 Diese Botschaften sollten **keine juristischen Belehrungen** darstellen, sondern freundliche Erinnerungen, wie man sich in aus Compliance-Sicht kritischen Situationen richtig verhält. Diese Hinweise sollten mit praktischen Beispielen unterlegt und um die Kontaktdaten des Compliance Officer ergänzt werden, der gern für Rückfragen zur Verfügung steht.

511 Kommunikation erfolgt jedoch **auch auf indirekten Wegen**. So muss man nicht die Mitarbeiter bis zu ihrer kompletten Abstumpfung mit Compliance-Informationen bombardieren. Vielmehr können auch durchaus subtile Botschaften gesendet werden, indem zB in einer Ansprache eines Geschäftsführers bei einer Betriebsversammlung, quasi nebenbei die Verabschiedung des neuen Gesetzes zur Stärkung der Integrität in der Wirtschaft erwähnt wird, für das das Unternehmen aufgrund der erfolgreichen Anstrengungen beim Aufbau eines Compliance-Managementsystems gut gerüstet sein wird.

512 Nicht unterschätzen sollte der Compliance Officer den Einfluss der Art, wie Compliance-Botschaften verbal kommuniziert werden. Stellt ein Mitglied der Geschäftsführung oder des oberen Führungskreises Compliance in einer Weise vor, die keinen Zweifel daran lässt, dass ihm dieses Thema persönlich am Herzen liegt, wird der Geschäftsführer in einer anderen Weise darüber sprechen, als bei einer leidigen Pflichtübung. Auch wenn der Inhalt vollständig wortgleich ist, werden die Mitarbeiter sofort den Unterschied erkennen und, vielleicht auch nur unterbewusst, aber meistens sehr treffsicher, für ihr eigenes Ver-

B. Instrumente zur Verstetigung der Compliance § 3

halten entsprechende Schlussfolgerungen ziehen, indem sie es an der wahrgenommenen Erklärung ausrichten.

So ergeben sich immer wieder wichtige Gelegenheiten, die der Compliance Officer zum Anlass nehmen sollte, über die unternehmensinternen Kommunikationskanäle Botschaft und Informationen zu verteilen. 513

> **Checkliste 24: Mögliche anlassbezogene Compliance-Kommunikationsbotschaften**
> ❑ Vor einer Messe
>   ▪ Eine Erinnerung an die letzte Kartellrechtsschulung (und das Verbot der Abstimmung von Verhaltensweisen mit Wettbewerbern) durch Hinweise auf das richtige Verhalten mit Wettbewerbern
>   ▪ Eine Erinnerung an die Regeln für Einladungen und Bewirtungen (Bestechung)
> ❑ In der Vorweihnachtszeit
>   ▪ Hinweise auf das Geben und Annehmen von Geschenken vor dem Hintergrund der Anti-Korruptionsrichtlinie des Unternehmens
> ❑ Ein Presseinterview eines Mitglieds der Geschäftsführung
>   ▪ Hier kann Compliance direkt oder indirekt thematisiert werden
> ❑ Der Unternehmens-Newsletter/ die Mitarbeiterzeitschrift
>   ▪ Allgemeine Informationen zur Unternehmensentwicklung können auch einen direkten oder indirekten Hinweis auf Compliance-Themen enthalten
> ❑ Ansprachen von Mitgliedern der Geschäftsleitung oder der oberen Führungsebene

Die Aufgabe des Compliance Officer besteht darin, die Gelegenheiten für eine direkte oder indirekte Compliance-Kommunikation zu identifizieren und **Vorschläge für mögliche Formulierungen zu entwickeln.** Dies ist zu Beginn eine zunächst nicht ganz einfache Aufgabe. Mit zunehmender Übung aller Beteiligten wird jedoch in einem eingeschwungeneren Zustand der Compliance Officer angesprochen, ob er noch eine Compliance-Botschaft ergänzen oder ob er sich den Vorschlag zum Thema Compliance im nächsten Unternehmensnewsletter kurz ansehen möchte. 514

3. Nonverbale Compliance-Kommunikation

Tatsächlich noch wichtiger als die og schriftlich oder mündlich kommunizierten Compliance-Botschaften sind die nonverbalen Botschaften, die vor allem von den Führungskräften und den Mitgliedern der Geschäftsführung ausgesendet werden.[70] 515

In aller Regel haben die Mitarbeiter ein sehr feines Gespür dafür entwickelt, welche Themen ihren Vorgesetzten besonders wichtig sind und welche sich am Rande von „einerlei" bewegen. So kann es sich einem Mitarbeiter durch die Mimik des Geschäftsführers, wenn er über Compliance redet, erschließen, ob es sich hierbei um ein reines **Lippenbekenntnis** handelt **oder** es ihm persönlich wichtig ist, dass seine Mitarbeiter das Thema mit derselben **Ernsthaftigkeit** verfolgen wie er. 516

Die mit Abstand wirksamste Form der nonverbalen Kommunikation ist das **Vorleben von Compliance** durch die Führungskräfte und Mitglieder der Geschäftsführung. Auf eine Einladung zu einer einmaligen Veranstaltung zu verzichten oder die Eintrittskarten selbst zu bezahlen, um so doch zu diesem Ereignis gehen zu können, hat eine gar nicht zu unterschätzende Wirkung auf die Mitarbeiter und Führungskräfte im Unternehmen. 517

---

[70] Allerdings ist die landläufig verwendete Regel, dass 93% der Kommunikation non-verbaler und nur zu 7% verbal Natur seien, schlicht falsch. Tatsächlich ist diese Aussage das Ergebnis einer Fehlinterpretation der Studie von *Mehrabian/Ferris,* Inference of attitudes from nonverbal communication in two channels, 31 The Journal of Counselling Psychology 248 (1967), weiterentwickelt in *Mehrabian,* Silent Messages: Implicit Communication of Emotions and Attitudes, 1981, S. 44 ff. Diese kam zum Ergebnis, dass die Deutung einer verbalen Äußerung eines Gefühls stark abhängig von nonverbalen Signalen der Person ist. Dies kann jedoch nicht auf Kommunikation insgesamt verallgemeinert werden.

518 Auch wird es von den Mitarbeitern bemerkt, wenn Compliance in Besprechungen regelmäßig ausgeklammert wird, obgleich man sich zB laufend über neue Marketingaktivitäten unterhält, zu welchen auch die Einladung von wichtigen Kunden zu einem Golfturnier gehört, an dessen Rande eine Besichtigung der neuen Produktionsanlagen stattfinden soll.

519 Für die Mitarbeiter kann es auch kein eindeutigeres Signal geben, als ein **Compliance-Risikoaudit,** dessen Resultate, dh die aufgezeigten Compliance-Defizite sowie die entsprechenden vorgeschlagenen Abhilfemaßnahmen, **keinerlei Konsequenzen** im Unternehmen nach sich ziehen. Gleiches gilt für eine erfolgte Compliance-Risikoabfrage, aus der ein Compliance Programm resultiert, das von der Unternehmensleitung nicht genehmigt und damit nicht umgesetzt wird.

520 Daher sollte der Compliance Officer, soweit es ihm möglich ist, darauf hinweisen, dass positiv über Compliance zu sprechen nicht nur zum **Pflichtenkanon unternehmerischer Äußerungen** gehört, sondern wirklich auch so gemeint sein sollte.

4. Formale Aspekte der Compliance-Kommunikation

521 Der Compliance Officer ist in aller Regel nicht im Umgang mit den internen, geschweige denn externen Kommunikationsmedien oder im Schreiben von Reden geübt. Dennoch stellt dies kein unüberwindliches Hindernis dar, die og Aufgaben umzusetzen.

522 Auch wenn Compliance ein zunächst sehr juristisch anmutendes Thema zu sein scheint, heißt dies jedoch nicht, dass die Compliance-Kommunikationsbotschaften so zu formulieren sind, als wären es juristische Schriftsätze oder Gerichtsurteile. Die Botschaften sind nicht von Juristen für Juristen gedacht. Vielmehr sollte die Information sprachlich so einfach wie möglich gehalten und die intendierten Botschaften klar transportiert werden. Auch wenn juristische Anforderungen bei der Kommunikation der Compliance-Inhalte erfüllt sein müssen, können diese doch **in einer allgemein verständlichen Form** ausgedrückt werden

523 Dabei besteht die Kunst darin, möglichst **prägnant die Themen anzusprechen.** Was nun jedoch „prägnant" ist, entscheidet nicht der Compliance Officer oder die Geschäftsführung. Vielmehr entscheidet darüber der Empfänger der Botschaft, also der Leser des hausinternen Newsletters und der Mitarbeiter, der eine Ansprache des Geschäftsführers in einer Betriebsversammlung hört. Daher ist es sehr hilfreich, sich an der juristischen Grundregel zur Auslegung einer Willenserklärung zu orientieren: Es ist dafür va der **Empfängerhorizont maßgeblich.**[71] So kann man sich als Compliance Officer fragen, welche Formulierung von dem Adressatenkreis der Compliance-Kommunikationsbotschaft am besten verstanden wird, sodass Missverständnisse vermieden werden.

524 Es macht eben einen Unterschied, ob der Compliance Officer gehalten ist, Betriebsräten oder den Mitgliedern der obersten Führungsebene eine Information über Compliance mitzuteilen. Sendet man eine stark juristisch geprägte Erläuterung einer Compliance-Richtlinie desselben Inhalts an diese beiden doch so unterschiedlichen Adressatenkreise, mögen die Führungskräfte die Information lesen und akzeptieren, während die Betriebsräte uU vermuten könnten, dass die Mitarbeiter dadurch nur bösgläubig gemacht werden sollen.

525 Eine weitere Herausforderung stellt dar, die **richtige Frequenz** und den **angemessenen Umfang** der Compliance-Kommunikation zu finden. Ein Zuviel an Kommunikation kann den Eindruck erwecken, dass Compliance zum Kerngeschäft des Unternehmens gemacht werden soll. Durch die dauernde Berieselung mit Compliance-Themen stumpfen die Mitarbeiter ab und überlesen Compliance-Botschaften.

---

[71] Zum Empfängerhorizont ein Überblick in MüKoBGB/*Busche* BGB § 133 Rn. 12 ff.

5. Compliance-Kommunikation und Compliance-Kultur

Compliance-Kommunikation wirkt prägend auf die Compliance-Kultur.[72] Richtigerweise wurde eine Kultur der Compliance zunehmend zunächst von den US-amerikanischen Behörden, mittlerweile aber auch in Deutschland gefordert. Mit der Vorgabe, dass Compliance im Unternehmen gelebt werden muss, soll **verhindert** werden, dass mit Verhaltenskodizes und Compliance-Richtlinien nur **Fassaden** errichtet werden, die in Bezug auf die Führung des Unternehmens folgenlos bleiben. Stattdessen soll eine Unternehmenskultur gefördert werden, die sicherstellt, dass Compliance von den Mitarbeitern als eine Selbstverständlichkeit betrachtet wird. Damit wird wiederum eine rechtlich einwandfreie Unternehmenstätigkeit erreicht – also eine nachhaltige Compliance.

Deshalb leistet eine gute Compliance-Kommunikation einen erheblichen Beitrag zur Gestaltung einer Kultur der Compliance im Unternehmen. Auch vor diesem Hintergrund ist eine Compliance-Kommunikationsstrategie langfristig auszulegen, da sich eine Unternehmens- bzw. Compliance-Kultur nicht nur mittels einiger Botschaften verändert, sondern es sich regelmäßig um einen langfristig angelegten Prozess handelt.

6. Zwischenergebnis

Compliance ist ein Thema, das keineswegs selbsterklärend ist. Um eine nachhaltige Wirkung entfalten zu können, bedarf es einer steten Kommunikation an die Mitarbeiter des Unternehmens. Dies führt zum einen zu einer vertieften Kenntnis von der Bedeutung dieses Themas für das Unternehmen. Zum anderen verhindert es, dass Compliance durch das Tagesgeschäft in Vergessenheit gerät.

Daher sollte der Compliance Officer ein langfristiges Compliance-Kommunikationskonzept entwickeln und mit der Geschäftsführung sowie der Marketing- bzw. Kommunikationsabteilung abstimmen und alle zur Verfügung stehenden Kommunikationskanäle und Medien nutzen, um Compliance zu erklären, um das Thema mit Leben zu füllen.

Dabei ist wichtig, dass sowohl die verbale als auch die nonverbale Kommunikation als Instrumente eingesetzt werden, um das langfristige Ziel, das Gestalten einer nachhaltigen Kultur der Compliance, zu erreichen.

IV. Compliance-Organisation und -Prozesse

Der Aufbau einer auf die Anforderungen der Compliance-Arbeit im Unternehmen zugeschnittenen Compliance-Organisation ist eine Aufgabe, die uU bereits im Rahmen der ersten Schritte der Tätigkeit als neu ernannter Compliance Officer in Angriff genommen worden ist. Regelmäßig wird diese Aufgabe jedoch aufgrund der zahlreichen weiteren Herausforderungen in der frühen Entstehungsphase des Compliance-Managementsystem noch keineswegs abgeschlossen sein.

Folglich gilt es zunächst, die noch weißen Flecken auf der Landkarte der Compliance-Organisation zu füllen. Ganz im Sinne einer kontinuierlichen Verbesserung können hierbei die zwischenzeitlich, zB im Rahmen der Compliance-Schulungen gewonnenen, Erkenntnisse Eingang in die weitere Ausbauplanung der Compliance-Organisation finden.

Mit der Vollendung des Aufbaus der Compliance-Organisation geht die Aufgabe einher, die Einbindung dieser unterschiedlichen Organisationseinheiten in eine integrierte Compliance-Organisation voranzutreiben. Würde der Compliance Officer dies vernachlässigen, würden zB die **lokalen Compliance-Manager** als Satelliten im Orbit um die zentrale Compliance-Funktion schwirren, ohne dass eine geordnete Zusammenarbeit stattfindet.

---

[72] Dazu bereits → Rn. 63 ff. und ausführlicher *Kark* Compliance Rn. 1246 ff.

534 Daher sind durch den Compliance Officer Maßnahmen für eine **Regelkommunikation** zu konzipieren, durch die eine Anbindung der dezentralen Compliance-Manager gewährleistet werden kann. Sicherlich ist es in diesem Kontext hilfreich, wenn sich alle Mitglieder der Compliance-Organisation zumindest **einmal jährlich persönlich treffen,** um einen Erfahrungsaustausch zu ermöglichen und die Ausrichtung der gemeinsamen Arbeit für die nächsten 12 Monate zu diskutieren und festzulegen.

535 Gleiches gilt für das **Compliance-Committee,** das sich in seiner neuen Aufgabe finden muss. Auch wenn es nicht immer etwas außergewöhnlich Bedeutsames zu besprechen gibt, ist es doch wichtig, dass die Treffen des Compliance-Committees nicht mit der Zeit einschlafen.

536 Hat das Unternehmen einen Rechtsanwalt mit der Wahrnehmung der Funktion des externen Ombudsmanns für das **Compliance-Hinweisgebersystem (Whistleblower-Hotline)** mandatiert, sollte der Compliance Officer auch zu diesem regelmäßig persönlichen Kontakt halten. Bei diesen Treffen kann man sich ua über die Trends bei den eingehenden Fallmeldungen austauschen, was insbesondere bei den Hybridmodellen der Hinweisgebersysteme hilfreich ist.

537 Abgesehen vom fachlichen Austausch ist es in jeder der drei vorgenannten Arbeitsbeziehungen immer hilfreich, sich persönlich zu kennen, da dadurch Vertrauen aufgebaut werden kann, was wiederum die Zusammenarbeit erleichtert.

V. Compliance-Schulungen

538 In der ersten Phase der Einführung des Compliance-Managementsystems wurden bereits eine Reihe von Compliance-Schulungen durchgeführt. Diese dienten primär dazu, die Führungskräfte sowie bestimmte Mitarbeitergruppen an das für sie neue Thema Compliance heranzuführen.[73]

1. Entwicklung eines Compliance-Schulungskonzepts

539 Darüber hinaus bedarf es in der zweiten Phase, in der es nun darum geht, Compliance fest im Unternehmen zu verankern, eines Trainingskonzepts, mit dem durch Compliance-Schulungen das Wissen über Compliance in die Breite und Tiefe des Unternehmens ausgeweitet wird. Dies ist natürlich kein Selbstzweck. Vielmehr ist es zwingend geboten, will man eine Verstetigung der Compliance im Unternehmen erreichen und somit über einen längeren Zeitraum hinweg eine Kultur der Compliance implementieren.

540 Darüber hinaus erwarten va angloamerikanische, aber auch deutsche Behörden, dass man als Unternehmen ein nachhaltig wirksames Compliance-Managementsystem etabliert hat. Dazu sind entsprechend gut ausgebildete Mitarbeiter, die in Bezug auf Compliance über das erforderliche Fachwissen verfügen, um rechtlich einwandfreie Entscheidungen zu treffen, eine unabdingbare Voraussetzung.

541 Bei einer Ausweitung der Compliance-Schulungen in die Fläche kann die **Frage** aufkommen, ob man das Ganze nicht doch als **webbasiertes Training** organisieren sollte. Diese Frage mag berechtigt sein, doch an den guten Gründen, aus welchen heraus sich die Unternehmensleitung für **Präsenzschulungen** entschieden hat, hat sich nichts geändert, nur weil jetzt zusätzliche Mitarbeitergruppen zu schulen sind.[74]

542 Im Rahmen der Konzeption muss auch geklärt werden, wie die zu schulenden Teilnehmer, die zB neu eingestellt oder zur Führungskraft ernannt worden sind, in einer Basisschulung zusammengefasst werden. Man kann die Mitarbeiter und ihre jeweilige Führungskraft einer einzelnen Abteilung gebündelt schulen oder die Teilnehmer verschiedener

---

[73] Dazu die Ausführung zu Compliance-Schulungen als Teil der ersten Schritte des Compliance Officer → Rn. 288 ff.
[74] Zu den Gründen für Präsenzschulungen → Rn. 305 ff.

Abteilungen mischen. Beide Vorgehensweisen haben Vor- und Nachteile. Die Entscheidung über die zu verfolgende Variante kann daher zB von den Usancen des Unternehmens bei internen Fortbildungsveranstaltungen abhängig gemacht werden.

> **Checkliste 25: Teilnehmer der Compliance-Basisschulungen**
>
> Compliance-Basisschulungen haben in der Regel zu Beginn dieser zweiten Phase erhalten
> ☐ Führungskräfte (zB ab Abteilungsleitungsebene) und alle Mitarbeiter der Abteilungen
> - Vertrieb
> - Einkauf
> - Finanzen
> - Personal
> - Revision und Recht (soweit vorhanden)
>
> Unter Umständen wurden ebenfalls bereits geschult
> ☐ alle Führungskräfte (zB bis Teamleiterebene)
> ☐ die Mitglieder der Geschäftsführung
> ☐ die Mitglieder des Betriebsrates

Für alle Compliance-Trainings gilt, dass die **Terminierung** der Schulungen möglichst pragmatisch erfolgen sollte. So müssen Schulferien ebenso Eingang in die Terminplanung finden, wie die Möglichkeiten, zB im Rahmen einer Vertriebstagung vor einer Messe eine Auffrischungsschulung über Kartell- und Korruptionsprävention zu integrieren. Dies ist nicht nur kosteneffizient, sondern hat aufgrund des nahen zeitlichen Kontextes einer Messe eine hohe inhaltliche Relevanz. 543

In Abhängigkeit von den spezifischen Gegebenheiten des Unternehmens muss der Compliance Officer im Rahmen der Konzeption des Compliance-Trainingskonzeptes entscheiden, wer an weiteren Compliance-Schulungen teilnehmen sollte und welche Mitarbeitergruppe zusätzliche, vertiefende Spezialschulungen erhalten muss. 544

a) Compliance-Basisschulungen

Zunächst gilt es die Compliance-Basisschulungen, die vielleicht bisher noch nicht alle Führungskräfte besucht haben, durchzuführen. Nach dem Abschluss dieser Compliance-Schulungsphase sollten **alle Führungskräfte, einschließlich der Teamleiter,** diese Basistrainings besucht haben. 545

Idealerweise nehmen tatsächlich auch **alle Mitarbeiter,** einerlei in welchem Bereich sie tätig sind, an einer solchen Basisschulung teil. Zum einen hat dies den Vorteil, dass wirklich alle Beschäftigten über denselben Kenntnisstand verfügen. Dies ist ein Wert an sich. Sind alle Mitarbeiter für das Thema Compliance sensibilisiert, können auch alle an der Verbesserung der Geschäftsprozesse mitwirken. Gegebenenfalls fallen Mitarbeitern dadurch auch Sachverhalte auf, die Compliance-Risiken in sich bergen oder veritable Compliance-Verstöße darstellen, die sie dann über die Whistleblower-Hotline oder direkt bei dem Compliance Officer melden können. 546

Zum anderen erleichtert es das weitere Management der Compliance-Schulungen. Sollte zB ein Mitarbeiter aus der Logistik das Aufgabengebiet wechseln, um künftig Logistikdienstleistung für das Unternehmen einzukaufen, müsste er zunächst eine Basisschulung erhalten, um dann eine weitere Spezialschulung zur Compliance im Einkauf zu erhalten. 547

b) Wiederholungsschulungen

Da jedoch zwischen den Ersttrainings und der Komplettierung dieses Compliance-Schulungsabschnitts mehr als zwölf Monate verstrichen sein können, sollte der Compliance Officer im Rahmen seines Compliance-Trainingskonzepts einen Vorschlag für die Geschäftsführung zu **Wiederholungstrainings** erarbeiten. 548

549 Ausnahmslos jeder Mitarbeiter, der eine Compliance-Basisschulung hat, sollte in regelmäßigen Abständen an einer Auffrischungsschulung teilnehmen. Auch diese gehören zum Standardprogramm eines Compliance-Managementsystems und sind daher unverzichtbar.

550 Die **Frequenz der Wiederholungsschulungen** sowie deren **Dauer** und **Inhalte** sind nicht vorgeschrieben. Zumindest in den ersten Jahren sollte man **jährliche** Wiederholungsschulungen durchführen. Das Thema Compliance ist neu und die Teilnehmer müssen sich daran gewöhnen, was durch Wiederholungsschulungen erleichtert wird. Es ergeben sich zwischen der Basisschulung und der ersten Wiederholungsschulung immer wieder Fragestellungen im Tagesgeschäft, die man gelegentlich einer solchen Auffrischungsschulung klären kann.

551 Ob im weiteren zeitlichen Ablauf die **Frequenz** etwas verlängert werden sollte, hängt von den Einzelumständen ab. Erkennt der Compliance Officer, dass zB die Resonanz auf die Abfragen der Compliance-Risiken sehr gut ist und die Mitarbeiter zeigen, dass sie die Wichtigkeit eines funktionierenden Compliance-Managementsystems und einer rechtlich einwandfreien Unternehmenstätigkeit verstanden haben, mag eine Verlängerung des Wiederholungszyklus auf zwei Jahre ein tragbarer und ressourcenschonender Vorschlag sein, dem eine Geschäftsleitung zustimmen kann. Allerdings bewegt man sich als Geschäftsführung auf der sicheren Seite, wenn man es bei einjährigen Auffrischungsschulungen belässt.

552 Auch wenn es bisweilen nur allzu verständlich ist, dass sich die Mitarbeiter intensiv in ihrem Tagesgeschäft engagieren müssen und daher eine Compliance-Schulung zeitlich nicht wirklich ins Bild passt, so darf nicht der Eindruck entstehen, dass sich der Compliance Officer in Bezug auf die Ausübung seiner Tätigkeit ausschließlich nach den Wünschen der sogenannten „operativen Bereiche" ausrichtet. Compliance kann nicht ein Wunschkonzert sein. Die Geschäftsführung hat gesetzliche Vorgaben ebenso zu erfüllen wie die Führungskräfte und deren Mitarbeiter. Dass dies zu zeitlichen Mehrbelastungen führen kann, ist fraglos bedauerlich, aber jedoch meistens nicht zu ändern.

553 Natürlich wird sich der Compliance Officer im Rahmen des Möglichen darum bemühen, die **Zusatzbelastungen** auf ein notwendiges Minimum zu **beschränken.** Es sollte aber nicht dazu führen, dass andere als die Mitglieder der Geschäftsführung über das Compliance-Schulungskonzept und die weiteren Maßnahmen im Zusammenhang mit dem Aufbau des Compliance-Managementsystems entscheiden, die Vorschläge für das Compliance-Schulungskonzept den Wünschen der operativen Bereiche untergeordnet werden oder dass die Bemühungen des Compliance Officer im Rahmen der Umsetzung des Konzepts unterlaufen werden.

554 Hinsichtlich der **Inhalte** der Wiederholungsschulung gibt es natürlich ebenfalls keine Vorgaben. Hier ist vielmehr das didaktische Talent des Compliance Officers gefragt, wenn es darum geht, Format und Inhalte der Auffrischungsschulungen zu definieren.

555 Es ist sicher hilfreich, wenn die Wiederholungsschulungen eines jeden Jahres nicht mit völlig identischen Inhalten und einem identischen Satz an Vortragsfolien, der noch nicht einmal aktualisiert wurde, durchgeführt werden. Natürlich sind Inhalte der Basisschulung zu wiederholen, damit der gewünschte Auffrischungseffekt erzielt wird. Um jedoch zu vermeiden, dass die Teilnehmer nach der zweiten Wiederholungsschulung das Interesse verlieren und sich womöglich über die Zeitverschwendung ärgern, zumal der eigene Schreibtisch gerade zum Bersten voll ist, sollten sowohl die Inhalte als auch die Formate ergänzt bzw. gewechselt werden.

556 So können für die Teilnehmer relevante **neue gesetzliche Vorgaben** erläutert oder konkrete **Compliance-Verstöße beispielhaft durchgesprochen** werden, die im eigenen Unternehmen oder bei Wettbewerbern bekannt geworden sind.

557 Auch kann man als Compliance Officer das **Format** der Compliance-Schulung immer wieder variieren. Waren zunächst interaktive Frontalveranstaltungen das richtige Medium, um das notwendige Grundwissen zu vermitteln und zu diskutieren, kann in einer der Wiederholungsschulungen ein **Workshop** zu einem konkreten Thema, wie der Vorbereitung einer neuen Fertigung in Dorotokia, das interessantere und damit zielführendere For-

B. Instrumente zur Verstetigung der Compliance   § 3

mat darstellen. Diese Themen gilt es in einem Compliance-Schulungskonzept zusammenzufassen.

Die Anzahl der inzwischen sehr vielfältigen Aufgaben des Compliance Officer ist bis zu 558
diesem Zeitpunkt bereits stark angewachsen. Es ist daher eine Frage der operativen Vernunft, auch die Compliance-Basisschulungen und Wiederholungstrainings in einer Weise zu organisieren, dass diese möglichst leicht administriert werden können, sodass nicht jedes Jahr neue Überlegungen angestellt werden müssen, was die Zusammensetzung der Teilnehmer, die Frequenz der Compliance-Schulungen usw angeht. Schlussendlich sollten nur noch die Schulungsinhalte eine zu bedenkende Variable darstellen.

Dies erleichtert auch die Einbindung anderer Abteilungen. Weiß zB die Personalabtei- 559
lung, dass jedes Jahr ungefähr zur selben Zeit Wiederholungsschulungen durchgeführt werden, kann sie einen Prozess etablieren, durch den der Compliance Officer alle notwendigen Teilnehmerinformation erhält, ohne diese immer wieder abfragen zu müssen.

Checkliste 26: Teilnehmer der Compliance-Wiederholungsschulungen
- ❏ alle Führungskräfte (ab Teamleiterebene) und
- ❏ alle Mitarbeiter der Abteilungen
  - Vertrieb
  - Einkauf
  - Finanzen
  - Personal
  - Revision und Recht (soweit vorhanden)
- ❏ die Mitglieder der Geschäftsführung
- ❏ die Mitglieder des Betriebsrates

Auch erleichtert eine in sich schlüssige Konzeption es der **Geschäftsleitung,** dem 560
Compliance-Schulungsprogramm **zuzustimmen.** Die Einbindung der Mitglieder der Geschäftsführung ist nicht nur aufgrund der unterschiedlichen Aufgabenverteilung zwischen Compliance Officer und Unternehmensführung wichtig. Auch kann es sein, dass sich Führungskräfte bei ihren jeweiligen Geschäftsführern darüber beschweren, dass „nur wegen so einer Compliance-Schulung" wichtige Mitarbeiter von viel wichtigeren Aufgaben abgezogen werden und dadurch zB Kundenanfragen liegen bleiben müssen. Dies ist wiederum ein nicht selten verwendetes „Argument", das dazu führt, dass sich auch die operativen Abläufe in manchen Unternehmen den Kundenwünschen unterzuordnen haben, was uU wiederum zur Missachtung interner Richtlinien führt. Es wäre mehr als nur ein Ungeschick, wenn die Geschäftsleitung auf diesem Wege zum ersten Mal vom Compliance-Schulungskonzept erfährt.

c) Spezielle Compliance-Schulungen

Wie bereits erörtert, ist Compliance ein inhaltlich sehr breit gefächertes Themengebiet. 561
Damit geht einher, dass nicht jeder Mitarbeiter alle Compliance-Themen in ihrer Gänze verinnerlichen muss. Viel wichtiger und gleichzeitiger erheblich kosteneffizienter ist es, dass alle Mitarbeiter über das erforderliche Grundverständnis verfügen, und im Rahmen von Spezialtrainings ausgewählten Mitarbeitern Einzelthemen vertiefend erläutert werden, die mit diesen in Berührung kommen. Der Compliance Officer bietet also **speziellen Mitarbeitergruppen** individuell auf diese ausgerichtete Compliance-Schulungen an. Dabei kann es sich sowohl um vertiefende Compliance-Trainings zu spezifische Einzelthemen handeln oder auch um eine auf den besonderen Teilnehmerkreis ausgerichtete Compliance-Basisschulung.

aa) Vertiefende Compliance-Schulungen. Die Mitarbeiter der Einkaufsabteilung und 562
des Vertriebs bzw. des Außendienstes gehören sicherlich zu den aus Compliance-Sicht ex-

poniertesten Mitarbeitergruppen. Aufgrund ihrer jeweiligen Aufgabenstellung sind sie vertieft über das komplexe Thema **„Bestechung"** zu informieren. Dabei ist die Perspektive eine jeweils unterschiedliche. Der Einkauf kann das Ziel von Bestechungsversuchen durch die Verkäufer anderer Unternehmen werden. Aber auch Entwicklungsingenieure können uU durch die Gewährung unrechtmäßiger Vorteile von einem potenziellen Zulieferer dazu bewegt werden, die Spezifikationen eines neuen Produktes so zu definieren, dass „zufällig" nur die Produkte dieses einen Zulieferers verwendet werden können. Damit wiederum würde dem Einkäufer die Möglichkeit genommen, über eine Ausschreibung günstigere Angebote von Wettbewerbern einzuholen.

563 Der Vertrieb kann in die Versuchung geraten, seine Verkaufsziele durch Bestechungszahlungen zu erreichen. Außendienstmitarbeiter, die zB die Wartungsaufgaben beim Kunden erfüllen, können ebenfalls Ziel von Bestechungen werden, wenn sie „gebeten" werden, noch einige Zusatzleistungen zu erbringen, ohne diese in Rechnung zu stellen.

564 Das **Wettbewerbsrecht** mit seinen sehr komplexen Regeln zur Verhinderung, Einschränkung oder Verfälschung des Wettbewerbs ist ein Thema, das in einer speziellen Compliance-Schulung ebenfalls den Vertriebsmitarbeitern zu vermitteln ist. Hier kommt es ua auch darauf an, welche Vertriebskanäle das Unternehmen verwendet, da es einen Unterschied macht, ob es im B2B- oder im B2C-Geschäft tätig ist, oder ob es darüber hinaus auch noch Produkte über eine Großhandelsstufe vertreibt.

565 In einem **exportorientierten Unternehmen** ist es bedeutsam, dass die Mitarbeiter des Vertriebs und des Versandes ebenso wie die des Außendiensts mit den außenwirtschaftsrechtlichen Themen vertraut gemacht werden. Sind die deutschen und europäischen Vorschriften zur **Exportkontrolle** schon komplex, werden diese uU noch durch die nicht weniger komplizierten US-amerikanischen (Re-)Exportgesetze ergänzt. So muss ein Vertriebsmitarbeiter wissen, welche Länder einem Lieferembargo unterliegen und dass er deshalb nicht auf dem kleinen Dienstweg einige Muster eines Unternehmensproduktes zB in den Iran senden darf. Ebenso wenig sollten Außendienstmitarbeiter Ersatzteile im Gepäck in ein Embargoland mitnehmen. Dies mag zwar eine pragmatische Vorgehensweise sein, bedarf aber uU ebenfalls einer Genehmigung durch die zuständigen Behörden.[75]

566 Die **Reputation** eines Unternehmens ist ein über einen außerordentlich langen Zeitraum aufgebauter Wert, den es zu erhalten gilt. Das Image kann jedoch schnell beschädigt oder gar zerstört werden, wenn der Einkauf oder der Vertrieb entscheiden, mit nicht integren Geschäftspartnern zusammenzuarbeiten. Daher ist es für die Mitarbeiter beider Abteilungen wichtig, die Möglichkeiten einer risikoorientierten, präventiven **Geschäftspartnerprüfung** kennenzulernen und diese zu anzuwenden.

567 Aufgrund ihrer umfassenden Verantwortung für das Unternehmen bedarf die Compliance-Schulung für die Mitglieder der **Geschäftsführung** einer besonderen Vorbereitung. Über das Wissen um die Basisthemen hinaus, wie Korruptionsprävention und die Vermeidung von wettbewerbsbeschränkenden Maßnahmen, sollte die Geschäftsführung in einer speziell auf sie ausgerichteten Compliance-Schulung über die Anforderungen des Gesetzgebers an die **Wahrnehmung der Compliance-Verantwortung** der Geschäftsleitung für die Compliance des Unternehmens informiert werden. Dazu gehören auch die Haftungsfolgen, bis hin zu einer zivilrechtlichen Haftung auf Schadensersatz bei einer entsprechenden Pflichtverletzung.

568 Im Hinblick auf die zeitlichen Restriktionen, der eine Geschäftsleitung in aller Regel unterworfen ist, kann es sehr sinnvoll sein, wenn die allgemeineren Compliance-Schulungsthemen als Teil der speziellen Compliance-Schulung für die Geschäftsführung zusammengefasst werden.

569 Sofern das Unternehmen über einen **Aufsichtsrat** verfügt, ist es hilfreich, diesen über seine Kontroll- und Überwachungsaufgaben in Bezug auf die Compliance des Unternehmens und dessen Geschäftsführung zu informieren. Dies kann aber nur erfolgen, wenn die

---

[75] Dies wäre in Deutschland das Bundesamt für Wirtschaft und Ausfuhrkontrolle.

B. Instrumente zur Verstetigung der Compliance   § 3

Geschäftsleitung diesen Gedanken unterstützt und dem Aufsichtsrat einen entsprechenden Vorschlag unterbreitet, der diesem wiederum zustimmt.

Checkliste 27: Vertiefende Compliance-Schulungen zu spezifischen Themen und deren Zielgruppen

Spezialthemen der Compliance-Schulung	*Teilnehmerkreis*
☐ Korruptionsprävention	☐ Einkauf/Vertrieb/Außendienst/ Entwicklungsingenieure
☐ Prävention von Preisabsprachen	☐ Vertrieb
☐ Exportkontrolle	☐ Vertrieb/Logistik/Außendienst (Service)
☐ Geschäftspartnerprüfung	☐ Einkauf/Vertrieb
☐ Compliance-Aufgaben und Haftung der Geschäftsführung	☐ Mitglieder der Geschäftsführung
☐ Compliance-Überwachungsaufgaben und Haftung des Aufsichtsrats	☐ Mitglieder des Aufsichtsrates (sofern vorhanden)
☐ Alle oben genannten Themen sowie operative Compliance-Prozesse	☐ Lokale Compliance-Manager

bb) Compliance-Basisschulungen für einen speziellen Mitarbeiterkreis. Das Basis- 570
wissen über die für das Unternehmen relevanten Compliance-Themen wird, wie bereits dargestellt, in entsprechenden Compliance-Schulungen den Mitarbeitern und Führungskräften erläutert. Diese haben gemein, dass sie alle **seit einiger Zeit in dem Unternehmen tätig** sind und zT über anderweitige, **langjährige Berufserfahrung** verfügen, sodass sie sich sowohl in dem Unternehmen als auch in ihrem Fachgebiet sehr gut auskennen. Diesen Erfahrungsschatz und das interne Wissen kann der Compliance Officer bei der inhaltlichen Gestaltung seiner Compliance-Schulungen als gegeben unterstellen.

Über diesen Mitarbeiterkreis hinaus gibt es jedoch weitere Beschäftigte im Unterneh- 571
men, die über dieses Wissen nicht verfügen. Dies gilt für neu eingestellte Mitarbeiter ebenso wie für die Mitglieder einer Nachwuchsgruppe (Trainees) und Praktikanten bzw. Werkstudenten und dual Studierende.

Bei **neuen Mitarbeitern** unterscheiden sich die zu verwendenden Trainingsunterlagen 572
grundsätzlich nicht von jenen der Compliance-Basisschulung. Allerdings wäre diese zB bei der Verwendung von unternehmensinternen Beispielen so zu ändern, dass diese auch ohne Kenntnisse interner Zusammenhänge nachvollziehbar sind.

Allerdings gibt es auch gewichtige Gegenargumente gegen eine separate Compliance- 573
Schulung für neue Mitarbeiter. Zum einen kann es aufgrund ihrer geringen Zahl schwierig sein, die Durchführung einer eigenen Compliance-Schulung zu rechtfertigen. Auch kann es aus terminlichen Gründen praktikabler sein, die neuen Mitarbeiter in eine Compliance-Basisschulung zu integrieren. Und schlussendlich mag ein gemeinsames Compliance-Basistraining der besseren Vernetzung der neuen Mitarbeiter im Unternehmen dienen.

Bei den Mitgliedern einer **Nachwuchsgruppe** des Unternehmens, sofern das Unter- 574
nehmen ein Trainee-Programm unterhält, handelt es sich um Hochschulabsolventen, die in der Regel sehr hohen Einstellungsanforderungen gerecht geworden sind und die sich unter normalen Umständen zu Führungskräften weiterentwickeln werden. Sie verfügen bei all ihrer Qualifikation aufgrund ihres jungen Alters jedoch über relativ wenig Berufserfahrung und sind gleichzeitig hoch motiviert. Dies sollte sowohl inhaltlich als auch in Bezug auf die Diktion der Inhalte des Präsentationsmaterials berücksichtigt werden.

Ebenso sollten das Alter und die fehlende Berufserfahrung bei **Praktikanten, Auszu-** 575
bildenden, dualen Studenten und Werkstudenten berücksichtigt werden. Nur weil diese Gruppe von jungen Beschäftigten über befristete Arbeitsverträge verfügen, sollten sie

nicht von Compliance-Schulungen ausgeklammert werden. Allerdings kann diese vom inhaltlichen und damit auch zeitlichen Zuschnitt deutlich kürzer gestaltet werden als eine konventionelle Compliance-Basisschulung.

576 Im Hinblick auf die aufgabenbedingte, sehr spezielle Perspektive, sollten **Betriebsratsmitglieder** uU separat von anderen Mitarbeitern über die Bedeutung und Inhalte von Compliance geschult werden. Hier ist mehr als in jeder anderen Compliance-Schulung auf korrekte und vorsichtige Formulierungen zu achten, damit nicht der Eindruck entsteht, dass zB die Geschäftsleitung mit der Einführung eines Compliance-Managementsystems eine neue Grundlage für verhaltensbedingte Kündigung kreieren möchte. Aufgrund der besonderen Bedeutung des Betriebsrates im Unternehmen ist die Vorgehensweise in Bezug auf die Schulung von Betriebsräten sehr sorgfältig abzuwägen, was eine Aufgabe allein der Geschäftsleitung darstellt.

577 Nicht zuletzt ist daran zu denken, die **Assistenten der Geschäftsleitung** zu den für sie relevanten Compliance-Themen zu schulen. Auch sie haben, ähnlich wie die Mitglieder der Geschäftsführung, nur begrenzt Zeit. Daher ist es sicher hilfreich, wenn sie in einer Compliance-Schulung in komprimierter Form das notwendige Rüstzeug erhalten, um in der Lage zu sein, mögliche Compliance-Risiken für ihre Geschäftsleitung rechtzeitig zu erkennen und diese von ihr wirksam abzuwenden. Sofern der zur Verfügung stehende zeitliche Rahmen es zulässt, spricht überhaupt nichts dagegen, dass die Assistenten der Geschäftsleitung an einer Compliance-Basisschulung teilnehmen.

> **Checkliste 28: Compliance-Basisschulungen für spezielle Teilnehmergruppen**
> ❑ Neu eingestellte Mitarbeiter
> ❑ Trainees (Hochschulabsolventen mit Potential für Führungspositionen)
> ❑ Praktikanten, Auszubildende, Duale Studenten, Werkstudenten
> ❑ Betriebsräte
> ❑ Assistenten der Geschäftsführung

2. Compliance-Schulungen und die Geschäftsleitung

578 Im Kontext der Compliance-Schulungen des Unternehmens kommen der Geschäftsführung zwei wichtige Aufgaben zu.

579 Auf der einen Seite muss sie sich das **Trainingskonzept erläutern lassen,** es abwägen und, gegebenenfalls nach Änderungen, **genehmigen.** Dabei ist es wichtig, dass sich die Mitglieder der Geschäftsleitung darüber im Klaren sind, dass damit nicht nur Sachkosten verursacht werden, sondern die Mitarbeiter Zeit aufwenden müssen, die vielleicht an anderer Stelle fehlt. Dies kann jedoch kein Grund sein, Compliance-Schulungen nicht durchzuführen. Vielmehr sollte ein einmal genehmigtes Trainingskonzept nicht bei der ersten Gelegenheit unterlaufen werden, da sich Führungskräfte darüber beschwert haben, dass Mitarbeiter für eine Compliance-Schulung freigestellt werden müssen und ihre Arbeit dadurch liegen bleibt.

580 Auf der anderen Seite kommt der Geschäftsführung die Aufgabe zu, ihrer Vorbildfunktion gerecht zu werden. Dies kann auf zweierlei Weise geschehen. Zum einen sollte sie frühzeitig an einer auf ihre spezifischen Anforderungen zugeschnittenen Compliance-Schulung **teilnehmen.** Zum anderen kann ein Mitglied der Geschäftsführung zB zu Beginn oder am Ende einer Compliance-Basisschulung diese besuchen, um den Teilnehmern aus Sicht der Geschäftsführung deutlich zu machen, dass diese Schulungen sehr wichtig sind und sie deren Inhalte ernst nehmen und in ihrer täglichen Arbeit beherzigen müssen. Solche Aussagen haben gerade in mittelständischen Unternehmen ein nicht zu unterschätzendes Gewicht, da die Distanz zwischen Geschäftsführung und Mitarbeitern eine deutlich geringere ist, als dies zB in einem börsennotierten Konzern der Fall ist, bei dem der einzelne Mitarbeiter den Vorstand bestenfalls nur aus der Zeitung oder dem Fernsehen kennt.

B. Instrumente zur Verstetigung der Compliance   § 3

Daher ist es sicherlich hilfreich für den Compliance Officer, wenn er die Termine der 581
Compliance-Basisschulungen mit der Geschäftsführung abstimmt, sodass diese Gelegenheit hat, zu deren Beginn oder am Ende einer solchen Veranstaltung hinzuzutreten.

3. Zwischenergebnis

Der Aufbau einer angemessenen Compliance-Organisation ist für den Compliance Officer 582
nicht nur eine Arbeitserleichterung, sondern stellt auch sicher, dass der Informationsfluss von der zentralen Compliance-Funktion in die dezentralen Geschäftsbereiche und Auslandsgesellschaften verbessert wird. Auch erhält er durch ein Netzwerk lokaler Compliance-Manager Zugang zu Informationen, die er sonst nur schwerlich erhalten würde. Diesen Informationsfluss zu verstetigen setzt voraus, dass eine gewisse Regelkommunikation zwischen den Beteiligten etabliert wird. Ebenso sollte die Optimierung der weiteren Compliance-Prozesse angestrebt werden, damit die Arbeitsbeziehungen im Compliance-Committee sowie zu einem externen Compliance-Ombudsmann möglichst reibungslos funktionieren.

Compliance-Schulungen sind ein elementarer Bestandteil eines jeden Compliance-Ma- 583
nagementsystems. Sie sind ein unverzichtbares Instrument zur Vermittlung des erforderlichen Wissens und ein wichtiges Mittel, die Mitarbeiter zu motivieren, Compliance in ihre tägliche Arbeit als eine Selbstverständlichkeit zu integrieren.

Aufgrund der großen Bedeutung der Compliance-Schulungen für die Nachhaltigkeit 584
des Erfolgs des Compliance-Managementsystems sind bei der Entwicklung des Schulungskonzepts Entscheidung in Bezug auf die Art und Dauer der Compliance-Trainings zu treffen und Überlegungen anzustellen, welches Medium das für die Schulung dieser komplexen Materie das geeignetste ist. So sind Basisschulungen als erste Maßnahme wichtig, um ein Fundament zu legen, auf das durch Wiederholungsschulungen und Compliance-Trainings zu speziellen Themen oder für spezielle Mitarbeitergruppen aufgebaut werden kann. Die Inhalte definieren die erforderliche Dauer der Schulungsmaßnahmen und das gewählte Medium, Präsenzschulung, online-Training oder eine rein webbasierte Compliance-Schulung, entscheiden über den Lernerfolg und damit über die Effektivität dieser wichtigen Compliance-Maßnahmen.

VI. Zusammenarbeit mit der Personalabteilung

In kleinen und mittelständischen Unternehmen wird der Leiter der Personalabteilung uU 585
dem Compliance-Committee angehören. Darüber hinaus ist der Personalbereich zumindest in drei weiteren Themenfeldern ein wichtiger Partner des Compliance Officer. Zum einen betrifft dies **Neueinstellungen, Beförderungen** und **Umsetzung** von Mitarbeitern. Zum anderen kann das Personalführungs- und Personalentwicklungsinstrument der **Zielvereinbarung** auch in Bezug auf Compliance eine wichtige Rolle spielen. Darüber hinaus sind uU bei Compliance-Verstößen **Sanktionen,** wie zB eine Abmahnung, auszusprechen, was wiederum in den Aufgabenbereich der Personalabteilung fällt.

1. Personalauswahl

Die Auswahl der richtigen Kandidaten, sei es bei Neueinstellungen, Beförderungen oder 586
bei der Versetzung auf eine Schlüsselposition auf derselben Hierarchieebene, ist eine der wichtigsten Aufgaben der Personalführung und -entwicklung. Dies gilt umso mehr in einer Zeit, die von einem zunehmenden Fachkräftemangel und von einem gleichzeitigen Anstieg der Anforderungen vor allem seitens der Potentialträger im Unternehmen in Bezug auf berufliche und persönliche Entwicklungschancen sowie neuere Anforderungen an eine angemessene Work-Life-Balance usw. gekennzeichnet ist.

587 Dieses Umfeld wird aus Compliance-Sicht noch durch eine weitere Entwicklung zunehmend erschwert. Laut einer Studie von EY, einer Unternehmensberatung und Wirtschaftsprüfungsgesellschaft, gaben bei einer Befragung 73 % der Teilnehmer der Generation Y (25- bis 34-Jährige) in Deutschland an, dass nicht nur unethische Verhaltensweisen gerechtfertigt sein können, wenn sie dazu beitragen, ein Unternehmen über einen Wirtschaftsabschwung zu retten. Darüber hinaus waren auch 25 % der Auffassung, dass das Anbieten von Barzahlungen gerechtfertigt sein kann, wenn es dazu beiträgt, ein Unternehmen über einen Wirtschaftsabschwung zu retten.[76]

588 Weiß man, dass im amerikanischen Sprachgebrauch „unethisches Verhalten" sehr dicht bei Compliance-Verstößen angesiedelt ist und „Barzahlungen" für Bestechungszahlungen stehen, mag man ermessen, dass sich Unternehmen bei der Einstellung neuen Personals künftig erheblichen zusätzlichen Herausforderungen gegenüber sehen.

589 Um Compliance-Risiken präventiv zu begegnen ist daher dem Compliance Officer anzuraten, gemeinsam mit der Personalabteilung Interviewleitfäden für Personalgespräche zu entwickeln, die sich auch mit der **Integrität der Bewerber** befassen, soweit dies möglich ist. Dies mag in Assessment-Centern leichter vorstellbar sein als in Einzelgesprächen, da man in diesem Rahmen entsprechende Fallstudien bearbeiten lassen kann. Dennoch lohnt sich die Mühe, da die Folgen der Einstellung eines neuen Mitarbeiters, der uU sogar eine Führungsposition übernehmen soll, jedoch zu den og 25 % gehört, sehr negative Konsequenzen für das Unternehmen nach sich ziehen kann, auch wenn sich dies nicht sofort in Compliance-Verstößen manifestiert, sondern durch eine entsprechend negative Vorbildfunktion und damit zunächst „nur" in einem Unterlaufen der Bemühungen um eine gesetzes- und richtlinienkonforme Führung der Mitarbeiter.

590 Gleiches gilt für die Beurteilung der Mitarbeiter für eine Beförderung oder Umsetzung auf eine aus Compliance-Sicht kritische Funktion. Auch hier sollten die Personalabteilung und die jeweilige Führungskraft nicht ausschließlich auf die fachliche und soziale Kompetenz des Bewerbers achten, sondern auch seine Sicht auf die Notwendigkeit von Compliance und seine persönliche Integrität berücksichtigen.

2. Zielvereinbarungen

591 In aller Regel werden Mitarbeiter und Führungskräfte über Zielvereinbarungen geführt. Diese beinhalten in den meisten Fällen quantitative Ziele, wie Umsatz, Absatz oder Gewinn, die in dem vereinbarten Zeitraum, zumeist innerhalb des neuen Geschäftsjahres zu erreichen sind.[77] Bisweilen werden auch qualitative Ziele in die Vereinbarung mit aufgenommen, wie zB die Kundenzufriedenheit. Bei Erreichen der Ziele erhält der Mitarbeiter bzw. die Führungskraft einen Bonus, auch variable Vergütung genannt, die, je nach Hierarchiegrad, einen überdurchschnittlich hohen Anteil seines Jahresgehaltes ausmachen kann.

592 Nur selten werden in solche Zielvereinbarungen auch Compliance-Ziele aufgenommen. Eine Ausnahme bilden va die Vorstandsetagen der großen börsennotierten Unternehmen. Zielvereinbarungen sind jedoch ein gängiges Personalführungs- und -entwicklungsinstrument, durch die die Tätigkeit der Führungskräfte und Mitarbeiter auf die Unternehmensziele ausgerichtet werden.

593 Über die rein monetäre Seite der Zielerreichung hinaus, wirkt diese auf noch mindestens zwei weiteren Ebenen. Zum einen fällt eine Führungskraft, die immer wieder die ihr gesetzten Ziele übererfüllt, positiv auf und kann sich damit für eine Beförderung empfehlen. Die Zielübererfüllung ist also ein wichtiger Baustein für die Karriereentwicklung. Zum anderen entsteht dadurch auch ein gewisser Wettbewerb zwischen den Mitarbeitern

---

[76] Der Durchschnitt aller Altersgruppen betrug hingegen 59 % bzw. 17 %, EY EMEIA Fraud Survey, Ergebnisse für Deutschland, April 2017, S. 14, https://acfe.de/wp-content/uploads/0073f20171006_012_Studie_2017_EY_EMEIA-Fraud-Survey-Ergebnisse-fuer-Deutschland.pdf (zuletzt aufgerufen am 28.8.2020).

[77] Zum „Management by Objectivs", *Drucker*, The Practice of Management, 1954, 121 ff.

B. Instrumente zur Verstetigung der Compliance § 3

bzw. Führungskräften, wer zB die meisten Neukunden oder höchsten Auftragseingänge akquirieren konnte.

Diese Dynamik kann auch für Compliance genutzt werden. Dabei wäre es natürlich nicht richtig, wenn man als Compliance Officer der Personalabteilung vorschlägt, dass die Mitarbeiter einen Teil ihres Bonus dafür erhalten, dass sie sich rechtlich einwandfrei verhalten. Sehr wohl kann man jedoch anregen, dass für die Implementierung von Compliance-Maßnahmen ein Tantieme-Bestandteil als erfolgreich erfüllt angesehen wird. 594

Problematisch ist dabei, dass der prozentuale Anteil an der Gesamtzielvereinbarung nicht zu hoch sein darf, will sich die Unternehmensleitung nicht dem Vorwurf aussetzen, dass Compliance zum Unternehmenszweck erhoben worden ist. Vielmehr müssen immer die betriebswirtschaftlichen Kennzahlen die Bemessungsgrundlage der Tantiemehöhe sein. Im Ergebnis werden daher Compliance-Ziele selten mehr als zehn Prozent der Gesamtzielvereinbarung ausmachen können. Dies ist jedoch ein hinreichender Anteil, der dafür sorgt, dass die Compliance-Ziele ernsthaft umgesetzt werden. 595

Erlaubt das im Unternehmen verwendete Modell der variablen Vergütung eine Kompensation der einzelnen Ziele durch die Übererfüllung anderer Bestandteile der Zielvereinbarung, so kann allerdings eine Situation entstehen, in der der Mitarbeiter seine maximale Tantieme erhält, ohne auch nur an die Erfüllung seiner Compliance-Ziele gedacht zu haben. 596

Für diesen Fall bieten sich zwei Alternativen an, mit der man dieses Verhalten so weit wie möglich ausschließen kann. 597

Zielvereinbarung			Grad der Zielerreichung mit Ausgleichsmögl.	Grad der Zielerreichung mit Malus
Absatz	5.000 Einheiten	(30%)	30%	30%
Umsatz	100.000 Euro	(30%)	30%	30%
Kosten-einsparungen	-26.000 Euro	(20%)	20%	20%
Kunden-zufriedenheit	+5%	(10%)	20%	20%
Compliance-Workshops	2	(10%)	0%	-20%
Gesamtzielerreichung mit Ausgleichsmöglichkeit		(100%)	100%	
Gesamtzielerreichung mit Malusregelung		(100%)		80%

Abb. 13: Zielvereinbarung mit Compliance-Element

Diese Maßnahme durchzusetzen bedarf einer ausführlichen **Abstimmung** zwischen dem Compliance Officer und der **Personalabteilung** sowie der **Geschäftsleitung** sowie gegebenenfalls dem **Betriebsrat**. Sie ist aber außerordentlich wirksam, wenn man Compliance-Maßnahmen effizient umsetzen will. 598

> **Checkliste 29: Mögliche kalkulatorische Gestaltung einer Zielvereinbarung einschließlich eines Compliance-Ziels**
>
> ❏ Verfehlte Compliance-Ziele können nicht durch die Übererfüllung anderer Bestandteile der Zielvereinbarung kompensiert werden.
> ❏ Eine Malus-Regelung bestraft den Mitarbeiter, wenn er die Compliance-Ziele nicht erreicht. Kann er sich bei Erfüllung des Compliance-Ziels einen Bonusumfang in Höhe von zB +10 % sichern, verliert er bei Verfehlung des Ziels einen Anteil von 20 % seiner Tantieme.

599 Darüber hinaus hat diese Vorgehensweise den **psychologischen Vorteil**, dass Compliance als normaler Bestandteil der Geschäftstätigkeit verankert wird, der ganz selbstverständlich auch in der Zielvereinbarung neben dem Umsatz, dem Absatz und dem Ergebnis seinen Niederschlag findet.

3. Zusammenarbeit bei Compliance-Schulungen

600 Die Personalabteilung ist die Hüterin der Personaldaten. Sie weiß um die Neueinstellungen, Beförderungen und Versetzungen. Sie kennt die Namen aller Mitarbeiter, die in einer bestimmten Abteilung tätig sind. Und die Personalabteilung verfügt über die Kontaktdaten aller Mitarbeiter im Unternehmen.

601 Im Rahmen der Vorbereitung der Compliance-Schulungen nimmt die Auswahl und Einladung der Teilnehmer eine erhebliche Zeit in Anspruch. Je schlechter die Basisdatenlage ist, umso aufwendiger wird es. So mag man zwar gehört haben, dass in der Einkaufsabteilung zwei neue Mitarbeiter hinzugekommen sind, aber wann diese dort ihre Tätigkeit aufnehmen, ist nicht ganz klar, da sie auch noch nicht in das unternehmensinterne Adressverzeichnis aufgenommen worden sind. Und wer pflegt deren Namen und Kontaktdaten dort ein – die Personalabteilung.

602 Daher ist es ein Gebot der Arbeitseffizienz, die Konzeption der Compliance-Schulungen mit der Personalabteilung zu besprechen und sie zu bitten, entsprechende **Datensätze** für die einzelnen Gruppen der zu **schulenden Mitarbeiter aufzubauen** und zu **pflegen**. Dies ist eine zusätzliche Arbeit, aber es handelt sich beim Aufbau der Datensätze der unterschiedlichen Teilnehmergruppen um einen einmaligen Aufwand. Die Pflege dieser Datensätze vermeidet, dass dieser Aufwand jedes Jahr erneut getrieben werden muss.

603 Ein solcher Datensatz sollte zumindest den Namen, die Abteilung und die Hierarchieebene sowie die E-Mailadresse eines Mitarbeiters enthalten, sodass eine Einladung an ihn versendet werden kann. Weitere Details, sofern überhaupt für den Compliance Officer erforderlich, sollten sich aus dem unternehmensinternen Adressverzeichnis entnehmen lassen. Der Zugang zu darüber hinaus gewünschten Informationen über einen Mitarbeiter mag bereits die Grenzen des Datenschutzes überschreiten.

4. Sanktionen

604 Auch wenn es nicht erfreulich ist, sollte man sich als Compliance Officer auf den Fall vorbereiten, dass ein Compliance-Verstoß erfolgt ist. Jeder Compliance-Verstoß sollte **Sanktionen** nach sich ziehen, die **verhältnismäßig** und **arbeitsrechtlich nicht zu beanstanden** sind. Dazu gehört es, dass ein Prozess entwickelt wird, bei dem die Personalabteilung eine sehr entscheidende Rolle spielt, da diese regelmäßig für die Umsetzung der Sanktionen verantwortlich ist.

605 Zu diesem Zweck ist es hilfreich, sich weit im Vorfeld des ersten zu sanktionierenden Falls darüber Gedanken machen, welche Schritte nach einer Entdeckung und Aufklärung eines Compliance-Verstoßes abzuarbeiten sind. Da für andere arbeitsrechtliche Sanktionen bereits ein Prozess definiert ist, kann man sich an diesen anlehnen.

606 Zu beachten sind für Compliance noch folgende Gesichtspunkte, die gewährleisten sollen, dass über das ganze Unternehmen hinweg mit dem **gleichen Maßstab** Compliance-Verstöße bewertet werden, um auf diese Weise sicherzustellen, dass die Sanktionen verhältnismäßig sind. So sollte ab einer gewissen Schwere des Verstoßes oder bei einer Wiederholung der Sachverhalt im Compliance-Committee besprochen werden. Zusammen mit einer Beschreibung des Sachverhalts kann dieses Gremium, zB auf Basis eines Vorschlags der Personalabteilung, der Geschäftsleitung eine Sanktion empfehlen.

607 Grundsätzlich steht dem Unternehmen das ganze arbeitsrechtlich statthafte Arsenal an Maßnahmen zur Verfügung, das von einem vielleicht nicht so ganz erfreulichen Führungs-

B. Instrumente zur Verstetigung der Compliance § 3

gespräch mit dem Vorgesetzten bis hin zur außerordentlichen Kündigung mit einer dieser folgenden Schadensersatzklage und Anzeige bei der Staatsanwaltschaft reicht.

Dabei ist es wichtig, dass die Sanktion **ohne Ansehen der Hierarchieebene** oder der bisherigen **Leistungen** gewählt wird. Es kann Jahre der Compliance-Arbeit zunichtemachen, wenn Mitarbeiter erfahren, dass eine hohe Führungskraft nicht oder nur sehr leicht für einen Compliance-Verstoß bestraft wird, nachdem ein „einfacher" Mitarbeiter für einen vergleichbaren Regelverstoß seinen Arbeitsplatz verloren hat. 608

Gleiches gilt für den schonenden Umgang mit Leistungsträgern, die man für einen Compliance-Verstoß mit einer für diesen angemessenen Sanktion nicht verprellen möchte. Auch hiermit würde die Unternehmensleitung den Beschäftigten das Signal senden, dass mit zweierlei Maß gemessen wird. Da nicht nur Führungskräfte eine Vorbildfunktion innehaben, sondern auch die Leistungsträger, wird damit darüber hinaus ungewollt indirekt kommuniziert, dass zB eine Spitzenleistung im Vertrieb offensichtlich auch Bestechungszahlungen an die Einkäufer der Kunden beinhalten darf. Der Zweck heiligt eben nicht alle Mittel. 609

Die Geschäftsführung ist natürlich frei, den ihr vom Compliance-Committee übermittelten Vorschlag zu übernehmen oder eine andere Vorgehensweise zu wählen. 610

Wichtig ist, dass die einzelnen Schritte bis zur Entscheidung über die Sanktionierung und deren Umsetzung ordentlich dokumentiert werden. Dies dient nicht nur der eigenen Absicherung der Beteiligten gegenüber möglichen Vorwürfen zB des Schikanierens und des Machtmissbrauchs. Ebenso sorgfältig sollte eine Entscheidung über den Verzicht von Sanktionen dokumentiert werden. Auch fragen Kunden im Rahmen eines Lieferantenaudits zunehmend danach, wie ihre Zulieferer mit Compliance-Verstößen umgehen, wie die einzelnen Schritte des Prozesses einer Sanktionierung ausgestaltet sind. 611

5. Zwischenergebnis

Eine reibungslose Zusammenarbeit mit der Personalabteilung ist für den Compliance Officer in mehrerlei Beziehung hilfreich. Zum einen kann im Rahmen des Einstellungsprozesses neuer Mitarbeiter die Personalabteilung einen wichtigen Beitrag zur Nachhaltigkeit der Compliance des Unternehmens leisten, indem sie nicht nur ein Augenmerk auf die fachliche und soziale Qualifikation der Bewerber legt, sondern auch auf deren persönliche Integrität, also auch ihr Verständnis der Bedeutung der Compliance beleuchtet. 612

Da in den meisten Unternehmen die Führungskräfte und Mitarbeiter über Zielvereinbarungen geführt werden, bietet es sich an, dieses Instrument auch für Compliance-Themen einzusetzen. Dies erhöht auf der einen Seite die Visibilität des Themas Compliance. Auf der anderen Seite incentiviert es die Mitarbeiter, sich aktiv mit der Compliance in ihrem Verantwortungsbereich zu befassen. Darüber hinaus erlangt Compliance damit den Status eines normalen Bestandteiles der Geschäftstätigkeit, da es in den Zielvereinbarungen gleichrangig neben Umsatz, Absatz und Ergebnis steht. 613

Im Fall eines Compliance-Verstoßes sind Sanktionen unverzichtbar. Allerdings müssen diese verhältnismäßig sein und den arbeitsrechtlichen Vorgaben entsprechen. Hier kommt der Personalabteilung eine wichtige beratende Rolle zu. Auch die Umsetzung von Sanktionen, die von der Geschäftsleitung beschlossen worden sind, obliegt wiederum der Personalabteilung. Auch aus dieser Perspektive ist sie ein wichtiger Partner des Compliance Officer. 614

In der Rolle der Personalverwaltung verfügt die Personalabteilung über alle Mitarbeiterinformationen, die zB für die Organisation einer Compliance-Schulung von Bedeutung sind. Dazu gehören die Namen, Abteilung und sonstige Kontaktdaten, die für eine gezielte Einladung der richtigen Mitarbeiter zu Compliance-Trainings erforderlich sind. In einem eingeschwungenen Prozess sind die Personalabteilung und der Compliance Officer so gut aufeinander eingespielt, dass die Personalabteilung diese Informationen regelmäßig dem Compliance Officer zur Verfügung stellt, ohne dass es einer Anfrage bedarf. 615

VII. Compliance der Geschäftsprozesse optimieren

616 In Bezug auf die Geschäftsprozesse des Unternehmens kann man zwischen den oftmals schon langjährig etablierten, vielfältigen operativen Prozessen, auf Basis derer die Wirtschaftsleistung des Unternehmens erbracht wird, und den Compliance-Prozessen unterscheiden. Letztere wurden bereits erörtert (→ Rn. 531 ff).

1. Dokumentation der operativen Geschäftsprozesse

617 Nicht selten sind die operativen Geschäftsprozesse nicht dokumentiert oder Prozessdokumentationen sind über die Jahre gewachsen, von Abteilung zu Abteilung unterschiedlich dargestellt, mal als Fließtext, mal als kurze Liste der wichtigsten Eckpunkte des Prozesses oder als ein Schaubild – wiederum in unterschiedlichster Form.

618 Abgesehen von Prozessen im Finanzbereich, die aufgrund ihrer Aufgabe sich gezwungenermaßen am Handelsgesetzbuch und an den zahlreichen steuerrechtlichen Regelungen (Tax Compliance) orientieren müssen, sofern sie ein positives Testat des Wirtschaftsprüfers erhalten und Ungemach bei der nächsten Außenprüfung durch Mitarbeiter des Finanzamts vermeiden wollen, werden zumeist Compliance-Gesichtspunkte bei den Geschäftsprozessbeschreibungen eine wenn überhaupt, dann untergeordnete Rolle gespielt haben.

619 Daher macht es aus der Sicht des Unternehmensinteresses im Allgemeinen, aber besonders aus Compliance-Sicht außerordentlich viel Sinn, die Geschäftsprozesse auf Basis eines **einheitlichen Standards** im gesamten Unternehmen zu dokumentieren. Bei dieser Gelegenheit werden nicht nur bestehende Geschäftsprozessbeschreibungen standardisiert, sondern es werden gleichzeitig die **Schnittstellen** zwischen den unterschiedlichen, an einem Prozess beteiligten Abteilungen sauber und **überschneidungsfrei** definiert. Und es werden die Geschäftsprozesse bei dieser Gelegenheit auch auf ihre **Compliance** überprüft und gegebenenfalls entsprechend **optimiert**.

620 Geschäftsprozessbeschreibungen in diesem Verständnis haben darüber hinaus weitere, aus Compliance-Sicht wertvolle Vorteile. Bei einem Personalwechsel fällt die Einarbeitung des neuen Mitarbeiters auf Basis der dokumentierten Prozessvorgaben deutlich leichter. Es wird auch das Problem einer nur mündlich weitergegebenen Prozesserläuterungen vermieden, dass, ähnlich wie bei der „Stillen Post", nach dreimaliger mündlicher Weitergabe die Prozessbeschreibung eine andere geworden ist, als sie ursprünglich definiert war.

621 Gerade in Abteilungen mit einer hohen Fluktuation birgt dies die Gefahr, dass immer wieder neue Compliance-Risiken dadurch entstehen, dass bei einer nur mündlichen Weitergabe wichtige prozesssichernde Maßnahmen nicht kommuniziert und dadurch uU Manipulationen ermöglicht werden.

622 Darüber hinaus erleichtern Geschäftsprozessbeschreibungen die Kontrolle, ob sich Mitarbeiter an vorgegebene Geschäftsprozesse halten. Bei nur mündlich weitergegebenen Geschäftsabläufen fällt eine solche Bewertung ungleich schwerer.

623 So kann zB ein Flussdiagramm, das die Darstellung des Prozessablaufs mit den beteiligten Abteilungen und Personen kombiniert, auf sehr einfache und damit leicht verständliche Weise dokumentieren, wie zB ein hier vereinfacht gezeigter Beschaffungsprozess im Unternehmen aussieht.

B. Instrumente zur Verstetigung der Compliance § 3

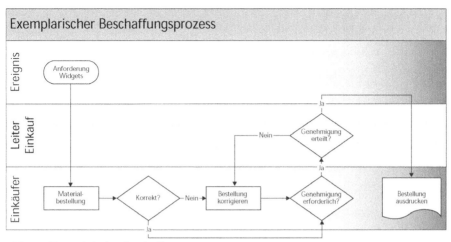

Abb. 14: Exemplarischer Beschaffungsprozess

Dieser kleine Ausschnitt eines Beschaffungsvorgangs ist zB durch den Prozess des Wareneingangs einschließlich der Qualitätskontrolle sowie dem der Bezahlung der Lieferantenrechnung zu ergänzen. Die Schnittstellen zwischen diesen Prozessen müssen, wenn man die **Flussdiagramme** nebeneinanderlegt, **perfekt zueinander passen.** 624

Es ist nicht nur aus Compliance-Sicht ideal, sondern aus betriebswirtschaftlicher Sicht sehr effizient, wenn in der Geschäftsprozessbeschreibung zB in einem Flussdiagramm, wie dem hier verwendeten, zusätzlich Arbeitsanweisungen und Richtlinien hinterlegt sind. So könnte zB für die Wertgrenzen der Genehmigungspflicht durch den Leiter Einkauf **per Mausklick** auf das entsprechende Rauten-Symbol des obigen Prozessflussdiagramm eine entsprechende **Zeichnungsrichtlinie** aufgerufen werden.[78] 625

Auch wenn die Mehrzahl der Geschäftsprozesse eines Unternehmens nicht wirklich mit Compliance-Risiken behaftet ist, ist es aus Compliance-Sicht daher dennoch sehr ratsam, übersichtliche Geschäftsprozessbeschreibungen zu erarbeiten und diese zu pflegen. 626

2. Einführung Compliance-absichernder Geschäftsprozessergänzungen

Eine ganze Reihe von Geschäftsprozessen befassen sich jedoch mit Compliance-risikobehafteten Sachverhalten, wie zB die Teilnahme an einer Messe oder an einer Verbandssitzung der verschiedenen Unternehmensvereinigungen. 627

a) Messebesuche

Sicherlich sind im Rahmen eines **Messeauftritts** des Unternehmens zB die Beauftragung des Messebauers und des Caterers, die Hotelreservierungen sowie der Erwerb von Eintrittskarten aus Compliance-Sicht völlig einwandfrei verlaufen. Allerdings wird in aller Regel kein Gedanke daran verschwendet, ob die an der Messe teilnehmenden Mitarbeiter des Unternehmens aus wettbewerbsrechtlicher Sicht zum Thema Compliance geschult worden sind. 628

Je größer das Unternehmen ist, desto weniger klar ist es, wer denn tatsächlich diese Messe besucht, ohne eine Funktion am Messestand des Unternehmens wahrzunehmen, sondern zB um das Angebot der Wettbewerber anzusehen oder Kunden zu treffen. Nicht 629

---

[78] Der Markt bietet für die Erstellung von Geschäftsprozessen in Form eines Flussdiagramms und dessen Verlinkung mit Richtlinien und Arbeitsanweisungen eine ganze Reihe unterschiedlicher IT-Lösungen an.

selten werden auch Messe-Eintrittskarten an Mitarbeiter als Anerkennung für besonders gute Leistungen zB in einem Projekt seitens ihres Arbeitgebers verschenkt.

630　Hat jedoch der Compliance Officer verstanden, dass die Grenze zu einer kartellrechtlich verbotenen, aufeinander abgestimmten Verhaltensweise, die eine Verhinderung, Einschränkung oder Verfälschung des Wettbewerbs bezweckt oder bewirkt, relativ fließend ist, weiß er damit auch, dass im Prinzip jeder Mitarbeiter, der über strategische Informationen verfügt, wie eine geplante Preiserhöhung, die noch nicht im Markt kommuniziert worden ist, einen Kartellrechtsverstoß begehen kann.

631　Daher ist es aus Compliance-Sicht sehr sinnvoll, zunächst **Transparenz über die Messeteilnehmer** des Unternehmens herzustellen. In einem zweiten Schritt sollte sichergestellt werden, dass jeder Teilnehmer im Vorfeld des Messebesuchs eine **Compliance-Schulung in Kartellrecht** erhalten hat.[79]

632　In dieser Compliance-Schulung sollte den Mitarbeitern erläutert werden, welche **Verhaltensweisen** und Gesprächsthemen mit Wettbewerbern noch erlaubt oder schon kartellrechtlich untersagt sind. Auch sollte den Messeteilnehmern erläutert werden, wie sie sich zu verhalten haben, wenn ihnen von einem Wettbewerber während des Messebesuchs oder abends an der Hotelbar strategisch wichtige Informationen, wie zB eine geplante Preiserhöhung, aufgedrängt werden sollten.

633　Darüber hinaus sollte auch ein Standard etabliert werden, der es ermöglicht, auch nach einem Messebesuch dokumentieren zu können, welcher Mitarbeiter mit Wettbewerbern in Kontakt getreten ist und was die Gesprächsinhalte waren. Dies ist gängige Praxis bei Kundengesprächen und sollte aus kartellrechtlicher Vorsicht auch auf Gespräche mit Wettbewerbern ausgedehnt werden.

b) Teilnahme an Verbandssitzungen

634　Auch Sitzungen von Unternehmensvereinigungen sind wettbewerbsrechtlich mit einem erheblichen Compliance-Risiko verbunden. Nur sehr selten hat man sich in einem Unternehmen der Mühe unterzogen, einen Prozess zu definieren, durch den soweit wie möglich sichergestellt wird, dass aus dem Besuch einer **Verbandssitzung** kein Compliance-Verstoß wird.

635　Daher sollte auch hier wiederum **Transparenz** über die verschiedenen Mitgliedschaften des Unternehmens in den unterschiedlichen Verbänden hergestellt werden. Da der Compliance Officer immer Compliance-risikoorientiert vorgehen sollte, ist es in diesem Zusammenhang wichtig zu klären, in welchem Wettbewerbsverhältnis die Mitgliedsunternehmen des Verbandes zueinanderstehen. So mag aus Compliance-Sicht ein Treffen der Landesvereinigung Baden-Württembergischer Arbeitgeberverbände e.V. deutlich weniger Compliance-Risiken aufweisen, da eine Vielzahl unterschiedlicher Branchen Mitglieder in diesem Verband sind. Ganz anders stellt sich die Compliance-Risikosituation bei der Teilnahme an der Sitzung des Verbandes der Metall- und Elektroindustrie Baden-Württemberg e. V. (Südwestmetall) dar, bei der man sich mit Wettbewerbern trifft.

636　In einem weiteren Schritt sollte schriftlich festgelegt werden, **wer das Unternehmen** in den Sitzungen der jeweiligen Unternehmensvereinigung **vertritt** – und wer dessen **Stellvertreter** ist.

637　Auch sollte sichergestellt werden, dass alle Unternehmensvertreter eine **kartellrechtliche Compliance-Schulung** besucht haben, auf die insbesondere auch auf die oben bereits genannten Aspekte (→ Rn. 630f.) eingegangen worden ist, bevor sie an Verbandssitzungen teilnehmen.

638　Selbst wenn die Geschäftsführungen der Verbände mittlerweile ihrerseits darauf achten, dass sich im Kontext einer Verbandssitzung weder der Verband selbst, noch die Mitgliedsunternehmen eines wettbewerbsrechtlichen Verstoßes schuldig machen, so nimmt dies je-

---

[79] Abgesehen von dem Compliance-Aspekt wird die Geschäftsleitung vermutlich auch etwas erstaunt darüber sein, welche Heerscharen aus dem eigenen Unternehmen tatsächlich auf einer Messe unterwegs sind.

C. Compliance und Corporate Social Responsibility § 3

doch dem teilnehmenden Unternehmen nicht ab, eigenverantwortlich zu prüfen, ob zB die an den Verband **gelieferten Marktinformationen** strategische Daten enthalten, sofern entsprechende Anfragen des Verbands beim Unternehmen eingehen. Selbstverständlich sollte auch eine Prüfung der Tagesordnung der Sitzung des Verbands unter Kartellgesichtspunkten im Unternehmen vorgenommen werden.

Ähnlich wie bei dem Besuch einer Messe, ist auch hier eine Nachbereitung anzuraten. 639
Grundlage hierfür ist ein eigenes Protokoll der Sitzung, mit der das offizielle Verbandsprotokoll auf Richtigkeit und Vollständigkeit abgeglichen werden kann. Sollten wider Erwarten Fehler im Sitzungsprotokoll enthalten sein, sollte um deren Korrektur gebeten werden.

3. Zwischenergebnis

Exzellente Geschäftsprozesse sind die Basis jeder erfolgreichen Unternehmenstätigkeit. Nicht 640
selten sind diese jedoch nicht bzw. nur teilweise oder auch gern uneinheitlich dokumentiert. Oftmals werden sie nur mündlich weitergegeben. Dieses macht die Geschäftsprozesse anfällig für Fehler oder gar Manipulationen, aus welchen dem Unternehmen nicht nur erhebliche wirtschaftliche Schäden, sondern auch Compliance-Probleme erwachsen können.

Daher ist es nicht nur aus Compliance-Sicht sehr sinnvoll, Geschäftsprozesse in einer 641
einheitlichen Form zu dokumentieren. Dabei sollte nicht nur auf die betriebswirtschaftliche Effizienz, sondern auch auf die Compliance der Geschäftsprozesse geachtet und dafür entsprechende Sicherungen implementiert werden, die Fehler und bewusste Manipulationen soweit wie möglich ausschließen.

Auch hier sollte der Compliance Officer risikoorientiert vorgehen und zunächst zB die 642
Geschäftsprozesse rund um den Besuch von Messen und Tagungen sowie von Verbandssitzungen optimieren, da diese ein nicht unerhebliches Compliance-Risiko für das Unternehmen mit sich bringen.

> **Checkliste 30: Geschäftsprozessoptimierung aus Compliance-Sicht**
> ☐ Dokumentation der Geschäftsprozessbeschreibungen auf möglichst einheitliche und übersichtliche Weise
> ☐ Integration von aus Compliance-Sicht geschäftsprozessabsichernden Maßnahmen, wie zB
>   - Vieraugenprinzip
>   - Aufgabentrennung
>   - Automatisierung von Geschäftsprozessen
> ☐ Erstellung neuer, aus Compliance-Sicht erforderlicher Geschäftsprozesse, wie zB
>   - Messebesuche durch Mitarbeiter
>   - Vertretung des Unternehmens bei Verbandssitzungen

C. Compliance und Corporate Social Responsibility

Der Begriff „Corporate Social Responsibility" (CSR) ist ein mittlerweile sehr weitläufiger 643
und ist, ähnlich wie „Compliance", daher nicht ganz einfach zu definieren.[80] Daher soll

---

[80] Zur Vielfalt der möglichen Definitionen *Secka*, Einfluss von Kommunikationsmaßnahmen mit CSR-Bezug auf die Einstellung zur Marke: Entwicklung und Überprüfung eines konzeptionellen Modells, S. 35 ff. Auch hat CSR mit Compliance gemeinsam, dass das Konzept durchaus nicht in den USA geboren wurde. Vielmehr liegen dessen Ursprünge im Römischen Reich; zur geschichtlichen Entwicklung der CSR s *Chaffee* The Origins of Corporate Social Responsibility, 85 University of Cincinnati Law Review 351 f. (2017). In Deutschland ist eines der bekanntesten frühen Beispiele sozialen Engagements die Fuggerei, die in Augsburg gegründete(n) Stiftung(en) der Bankiersfamilie Fugger zur Unterstützung von unverschuldet in Not geratenen Mitbürgern. (Urkunde vom 23. 8. 1521).

hier zunächst auf die Begründung eingegangen werden, warum CSR auch im Kontext von Compliance zunehmend an Bedeutung gewinnt, um dann die Auswirkungen auf die Tätigkeit des Compliance Officer unter der hinzugekommenen Perspektive der CSR zu erörtern. Etwas pragmatisch wird hier die Definition des Begriffs CSR der EU zugrunde gelegt, die CSR als **„die Verantwortung von Unternehmen für ihre Auswirkungen auf die Gesellschaft"** umschreibt.[81]

I. Die gesellschaftliche Verantwortung der Unternehmen

644 Die Frage, ob die Geschäftsführung ausschließlich Verantwortung für die Profitabilität des Unternehmens trägt, ist eine viel diskutierte. So wurde, um die Motivation, die hinter unternehmerischen Entscheidungen steht, zu untersuchen, das „Drei-Dimensionen-Modell" von *Schwartz* und *Carroll* entwickelt. Danach gibt es drei primäre Verantwortungsbereiche unternehmerischen Handelns – die wirtschaftliche, die rechtliche und die ethische Domäne. Darüber hinaus gibt es zwischen diesen wiederum Schnittmengen, in welchen in unterschiedlichem Maße differenziertere Motivationen eine Entscheidung begründen.

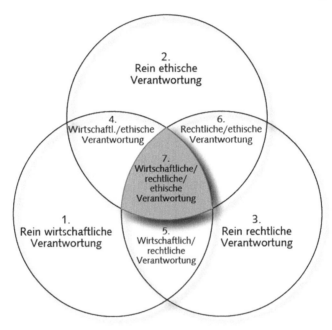

Abb. 15: Die drei Dimensionen der Corporate Social Responsibility nach *Schwartz/Carroll*[82]

645 Die **rein wirtschaftliche Motivation** vernachlässigt alle anderen Betrachtungsebenen. Hierunter fallen zB alle Unternehmensaktivitäten, die auf der einen Seite strafrechtlich oder zivilrechtlich untersagt sind bzw. zivilrechtliche Schadenersatzansprüche auslösen und auf der anderen Seite schlicht unmoralisch und ethisch verwerflich sind. Es dreht sich bei

---

[81] Mitteilung der Kommission an das Europäische Parlament, den Rat, den Europäischen Wirtschafts- und Sozialausschuss und den Ausschuss der Regionen, Eine neue EU-Strategie (2011–14) für die CSR, KOM(2011) 681 v 25.10.2011, S. 7. Näheres dazu → Rn. 654 ff.
[82] *Schwartz/Carroll*, Corporate Social Responsibility: A Three-Domain Approach, 13 Business Ethics Quarterly 509, 2003.

C. Compliance und Corporate Social Responsibility § 3

der Entscheidung ausschließlich um die Maximierung des Unternehmenserfolges oder des Shareholder Values.[83]

In der Dimension von Entscheidung, die auf der **rechtlichen Verantwortung** der Geschäftsführung basieren, lassen sich ein Bündel von Reaktionen beschreiben, die immer wieder von einer Geschäftsführung artikuliert und daher dem Compliance Officer nicht unbekannt sein werden. Das Unternehmen entscheidet weder aus ethischen noch aus wirtschaftlichen Gründen, sondern ausschließlich aufgrund der rechtlichen Vorgaben.[84]

646

Typen rechtlicher Motivationen	Typische Reaktionen des Unternehmens / der Geschäftsführung
Passive Compliance (außerhalb der rechtlichen Dimension)	„Nun, rückblickend betrachtet, haben wir zufällig das Gesetz eingehalten".
Restriktive Compliance	„Wir wollten etwas anderes tun, aber Gesetz hat uns daran gehindert". „Wir haben es getan, um dem Gesetz zu entsprechen".
Opportunistische Compliance	„Nun, das Gesetz erlaubt es uns, es zu tun". „Wir arbeiten in dieser Rechtsordnung aufgrund der weniger strengen Rechtsnormen".
Vermeidung von Zivilklagen	„Wir haben es getan, weil wir sonst verklagt werden könnten". „Die Klagen werden fallen gelassen".
Antizipieren eines Gesetzes	„Das Gesetz wird bald geändert werden". „Wir wollten der Notwendigkeit einer Gesetzgebung zuvorkommen".

Abb. 16: Dimensionen rechtlicher Entscheidungsmotivationen[85]

Eine **rein ethische Entscheidungsgrundlage** lässt folgerichtig jedwede direkten oder indirekten wirtschaftlichen Vorteile oder Compliance-Überlegungen außer Acht. Vielmehr orientieren sie sich an mindestens einem moralischen Prinzip, wie zB an einer Konvention, an der Pflichtenethik (Deontologie) oder an den Konsequenzen, die die Entscheidung nach sich zieht (Utilitarismus). Da die meisten der als ethisch angesehenen Unternehmensaktivitäten am Ende dennoch einen langfristigen, indirekten wirtschaftlichen Vorteil mit sich bringen, fallen nur sehr wenige, rein philanthropische Unternehmensaktivitäten in diese Kategorie.[86]

647

Neben diesen drei genannten reinen Entscheidungsmotivationen bestehen drei weitere **Mischformen** die jeweils zwei Entscheidungsmotivationen miteinander verbinden, wie

648

---

[83] *Schwartz/Carroll*, Corporate Social Responsibility: A Three-Domain Approach, 13 Business Ethics Quarterly 509, 2003, S. 513 ff. mit praktischen Unternehmensbeispielen für jede dieser sieben Kategorien. Zu der Kategorie der rein wirtschaftlichen Motivation würden zB Preisabsprachen zählen.
[84] *Schwartz/Carroll*, Corporate Social Responsibility: A Three-Domain Approach, 13 Business Ethics Quarterly 509, 2003, S. 510 f.
[85] *Schwartz/Carroll*, Corporate Social Responsibility: A Three-Domain Approach, 13 Business Ethics Quarterly 509, 2003, S. 510.
[86] *Schwartz/Carroll*, Corporate Social Responsibility: A Three-Domain Approach, 13 Business Ethics Quarterly 509, 2003, S. 515 f.

zB die sowohl ethische als auch rechtliche Aspekte bei einer Entscheidung berücksichtigen.

649 Auch wenn jedes dieser sechs Entscheidungsmodelle die jeweiligen Parameter optimiert, erfolgt dies immer zu Lasten mindestens eines anderen der drei Verantwortungsbereiche. Allein eine Entscheidung, die sowohl der wirtschaftlichen, legalen und ethischen Verantwortung gerecht wird, kann als ideal bezeichnet werden. Dieses „**moralische Management**", dessen Ziel die Profitabilität des Unternehmens ist, aber nur innerhalb der Grenzen, die die maßgeblichen Gesetze und ethischen Standards vorgeben, ist die Position, in der sich idealerweise eine Unternehmensführung bewegen sollte.[87]

650 Für den Compliance Officer ist die Erkenntnis, dass Compliance und die Einhaltung ethischer Standards zwei Seiten derselben Medaille sind, von erheblicher Bedeutung. Sie sind Teile einer „**Integritätsstrategie**", bei der diese ethischen Standards sowie das integre Verhalten der Mitarbeiter die treibende Kraft in einem Unternehmen sein sollten. Dies liegt in der wohl zutreffenden Annahme begründet, dass sich die allermeisten Mitarbeiter an Regeln halten wollen, ob diese nun aus der Feder des Gesetzgebers stammen oder ob es sich um unternehmensinterne Richtlinien handelt oder ob sie ethisch begründet sind. Daher kommt es primär darauf an, diese positive Motivation durch entsprechende Compliance-Schulungen zu fördern und in die richtige Richtung zu lenken.[88]

651 Kurz gesagt, hat die Unternehmensleitung die Geschäfte profitabel, rechtlich und ethisch einwandfrei zu führen und das Unternehmen sollte ein „good corporate citizen" sein.[89] Dieser Auffassung, dass ein Unternehmen eine soziale Verantwortung habe, wurde entgegengehalten, dass ein Unternehmen nur die (juristische) Fiktion einer Person sei und daher selbst keine Verantwortung tragen könne. Die Mitglieder der Unternehmensleitung hingegen seien nur Angestellte der Eigentümer des Unternehmens. Die einzelnen Mitglieder des Unternehmens seien daher ausschließlich den Interessen der Gesellschafter bzw. Aktionäre verpflichtet, wie jeder andere Mitarbeiter auch. Und dieses Interesse richte sich darauf, so viel Geld wie möglich zu verdienen. Damit beschränke sich die Verantwortung des Managements auf die Profitmaximierung.

652 Jedoch bereits 1970 definierte *Friedman* die Verantwortung des Managements dahingehend einschränkend, dass der Vorstand die Geschäfte so zu führen habe, dass das langfristige Interesse der Eigentümer möglichst viel Geld zu verdienen, nur im Rahmen der grundlegenden Regeln der Gesellschaft, ausgedrückt in ihren Gesetzen und ethischen Sitten, zu erfüllen ist.[90]

653 Der Brückenschlag zwischen der Unternehmensverantwortung bzw. der Motivation für unternehmerische Entscheidungen auf der einen Seite und konkreten Anforderungen an umzusetzende Maßnahmen auf der anderen Seite, gelang mit dem Konzept der „Triple Bottom Line" (später auch Drei-Säulen-Modell genannt). Es fordert ein sozial und ökologisch verantwortliches Verhalten von dem Unternehmen, das in Einklang mit dessen wirtschaftlichen Zielen steht.[91]

---

[87] *Carroll*, In Search of the Moral Manager 30 Business Horizons 7, 1987, S. 10.
[88] *Paine*, Managing for Organizational Integrity. Harvard Business Review 106, March/April 1994, 110 ff.
[89] *Carroll*, The pyramid of corporate social responsibility: Toward the moral management of organizational stakeholders. 34 Business Horizons 39, 1991, S. 48.
[90] Nobelpreisträger *Milton Friedman*, The Social Responsibility of Business is to Increase its Profits, New York Times Magazine, September 13, 1970.
[91] *Elkington*, Cannibals with forks: the triple bottom line of 21st century business, 1998, S. 70 ff.

C. Compliance und Corporate Social Responsibility § 3

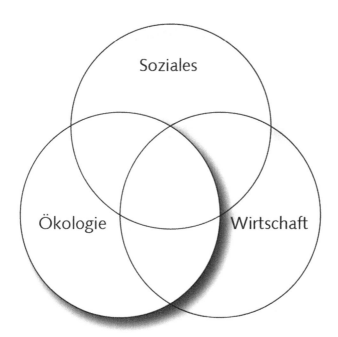

Abb. 17: Das Drei-Säulen-Modell nach *Elkington*

II. CSR in der Europäischen Union

Die **Europäische Union** umschrieb den **Begriff** zunächst als ein Konzept, bei dem Unternehmen soziale und ökologische Belange in ihre Geschäftstätigkeit sowie in ihre Beziehungen mit ihren Stakeholdern auf freiwilliger Basis integrieren. Sozial verantwortlich zu sein bedeutet nicht nur, die gesetzlichen Erwartungen zu erfüllen. Vielmehr sollte über Compliance hinausgehend, „mehr" in Humankapital, die Umwelt und die Beziehungen zu den Stakeholdern investiert werden.[92] CSR bildet die Grundlage für einen integrierten Ansatz, der wirtschaftliche, ökologische und soziale Interessen zum gegenseitigen Nutzen aller Beteiligten verbindet. 654

Mit der neuen EU-Strategie (2011–14) für die Corporate Social Responsibility wurde jedoch eine neue Definition eingeführt, durch die das Element der Freiwilligkeit entfallen ist. Daher wird CSR als **„die Verantwortung von Unternehmen für ihre Auswirkungen auf die Gesellschaft"** definiert. Will ein Unternehmen diese Verantwortung wahrnehmen, muss es die geltenden Rechtsvorschriften einhalten und die zwischen Sozialpartnern bestehenden Tarifverträge achten. Dazu sollten Unternehmen Verfahren etablieren, durch die soziale, ökologische, ethische, Menschenrechts- und Verbraucherbelange in enger Zusammenarbeit mit den Stakeholdern in die Betriebsführung und in ihre Kernstrategie integriert werden.[93] 655

---

[92] *EU Commission,* Doc 01/9 vom 18. Juli 2001, Green Paper Promoting a European framework for Corporate Social Responsibility, 6.
[93] Mitteilung der Kommission an das Europäische Parlament, den Rat, den Europäischen Wirtschafts- und Sozialausschuss und den Ausschuss der Regionen, Eine neue EU-Strategie (2011–14) für die CSR, KOM(2011) 681 v 25.10.2011, S. 7.

656 Durch die Begründung des UN Global Compact wurde eine gewisse Formalisierung der CSR etabliert, die ihren Niederschlag in den zehn Grundprinzipien fand.[94] Diese freiwillige Selbstverpflichtung von Unternehmen führt dazu, dass nun der Unternehmensverantwortung bzw. der Motivation für unternehmerisches Handeln **konkrete Maßnahmen** zugeordnet werden. Diese Verpflichtung wird entlang der Lieferkette herunter kaskadiert und findet ihren Ausdruck nicht nur in entsprechenden, um die zehn Prinzipien der UN Global Compact ergänzten Lieferantenbedingungen, sondern auch seinen Niederschlag in neuen Gesetzesvorhaben, wie zB dem **Lieferkettengesetz**.[95]

657 Auch wurden stark erweiterte **Berichtspflichten** durch eine EU-Richtlinie etabliert, die für Unternehmen mit mehr als 500 Beschäftigten vorschreiben, dass künftig auch nichtfinanzielle Angaben in ihren Lageberichten darzustellen sind. Dies betrifft va Informationen über Arbeitnehmer-, Sozial- und Umweltbelange, die Achtung der Menschenrechte und die Korruptionsbekämpfung.[96] Vor allem mit letzterer Berichtspflicht wird das Aufgabengebiet des Compliance Officer direkt berührt.

III. Compliance und Nachhaltigkeit

Aus den, wenn auch sehr verkürzt dargestellten, Zusammenhängen zwischen Corporate Social Responsibility und Compliance wird deutlich, dass die Einhaltung der maßgeblichen rechtlichen Vorschriften sowie eine ethische Unternehmensführung integrale Bestandteile der Diskussion sind, die sich im Kern um **Nachhaltigkeit** in einem **nicht nur rein ökologischen** Verständnis dreht.

658 Wie bereits zum Compliance-Risikomanagement ausgeführt, kann ein **Compliance-Verstoß** zu Sanktionen, wie etwa Geldbußen und Gewinnabführung, sowie Schadensersatzklagen von Kunden führen, die in ihrem Volumen das Unternehmen **in seinem Bestand gefährden** können.[97]

659 Gleiches gilt auch für die **Integrität der Unternehmensführung.** Unethisches Verhalten seitens der Geschäftsführung oder der Führungskräfte, sei es gegenüber den eigenen Mitarbeitern oder gegenüber Kunden oder Lieferanten wird auf Dauer zunächst zum Verlust der besten Mitarbeiter führen. Darüber hinaus kann, auch ohne einen empirischen Nachweis zu führen, davon ausgegangen werden, dass ein unternehmensethisch einwandfreies Verhalten in aller Regel auch in Einklang mit den maßgeblichen Gesetzen steht. Der Umkehrschluss erscheint ebenfalls zulässig: Unethisches Verhalten führt eher zu Compliance-Verstößen.

660 Somit ist die Frage der **Nachhaltigkeit durch Compliance** ein Aspekt, der Teil des Selbstverständnisses des Compliance Officer und seines Tätigkeitsprofils werden sollte. Wie schon an verschiedener Stelle angemerkt, ist die Rechtslage nicht immer eindeutig. Bewegt man sich als Compliance Officer in einer solchen Grauzone, nachdem zB der Vertrieb eine Frage in Bezug auf Einladungen, Bewirtungen oder Geschenke gestellt hat, fällt die Beantwortung daher nicht unbedingt leicht. Erscheint die rechtliche Seite der Fragestellung nicht zwingend und eindeutig beantwortbar zu sein, mag es daher durchaus sinnvoll sein, bevor man dem Vertriebs- oder Marketingkollegen einen Rat erteilt, kurz zu

---

[94] *Agudelo/Jóhannsdóttir/Davíðsdóttir*, A literature review of the history and evolution of corporate social responsibility, 4 International Journal of Corporate Social Responsibility 9, 2019. Zu den 10 Grundsätzen des UN Global Compact → Rn. 176 ff.
[95] Bundesministerium für wirtschaftliche Zusammenarbeit und Entwicklung (BMZ), https://www.bmz.de/de/themen/lieferketten/index.html (zuletzt aufgerufen am 3.9.2020).
[96] Richtlinie 2014/95/EU des Europäischen Parlaments und des Rates vom 22. Oktober 2014 zur Änderung der Richtlinie 2013/34/EU im Hinblick auf die Angabe nichtfinanzieller und die Diversität betreffender Informationen durch bestimmte große Unternehmen und Gruppen (ABl. L 330 S. 1), sowie das Gesetz zur Stärkung der nichtfinanziellen Berichterstattung der Unternehmen in ihren Lage- und Konzernlageberichten (CSR-Richtlinie-Umsetzungsgesetz) (BGBl 2017 I 802).
[97] Zum Compliance-Risikomanagement → Rn. 462 ff.

überlegen, ob durch die mögliche Antwort die beiden anderen Belange der Corporate Social Responsibility, ethisch und wirtschaftlich richtiges Handeln, tangiert werden.

661 Dabei mag natürlich zunächst die ethische Perspektive zu einer Kehrtwendung in der rechtlichen „Grauzone" führen und man rät als Compliance Officer dem Vertrieb vielleicht doch lieber eine andere Form als extravagante Geschenke oder Einladungen zu sehr speziellen Events zu finden, um das Kundeninteresse zu wecken. Interessanterweise werden jedoch gerade bei Marketingevents nicht selten kaum validierbare Annahmen über den Nutzen des angedachten Golfturniers für Umsatz, Absatz oder gar Gewinn des Unternehmens gemacht. Ohne sich auf die unternehmensethische Ebene begeben zu müssen, können solche Ideen schon mit einer Frage nach dem *konkreten* betriebswirtschaftlichen Nutzen in sich zusammenfallen. Ganz praktisch finden solche Überlegungen nicht selten ihr Ende, wenn bekannt wird, dass die potenziellen Gäste einer solchen Kundenveranstaltung eine Teilnahme aufgrund der Richtlinien ihres eigenen Unternehmens ablehnen müssen.

IV. Zwischenergebnis

662 Compliance und Corporate Social Responsibility wachsen zunehmend unter dem Begriff der Nachhaltigkeit zusammen. Dies zeigt sich in den **zehn Prinzipien des UN Global Compact** und den Fragenkatalogen, die große Unternehmen zur Grundlage ihrer Lieferantenaudits machen.

663 Dies gibt dem Thema Compliance zusätzlichen Auftrieb, da das Verständnis wächst, dass gute unternehmerische Entscheidungen nicht nur wirtschaftlich ertragreich sein, sondern auch der rechtlichen und ethischen Verantwortung des Unternehmens gerecht werden müssen.

Checkliste 31: Corporate Social Responsibility und Compliance
- Sind der UN Global Compact sowie die Anforderungen der EU zu Corporate Social Responsibility bekannt?
- Sind die zehn Prinzipien des UN Global Compact Inhalt des Verhaltenskodexes geworden?
- Compliance-Themen verschmelzen zunehmend mit sozialer und ökologischer Nachhaltigkeit.
- Compliance und ethische Unternehmensführung werden in einem Atemzug genannt.
- Ethische Betrachtung juristisch nicht eindeutig und klar geregelter Themenstellungen (Grauzonen) helfen, die richtige Entscheidung zu treffen.

D. Lieferantenaudits der Kunden

664 Durch die zunehmende Bedeutung der zehn Prinzipien des UN Global Compacts, gekoppelt mit deren Durchleitung in der Lieferkette sowie der daraus folgenden stärkeren Bedeutung von Geschäftspartnerprüfungen, werden immer häufiger Lieferantenaudits seitens der Kunden von mittelständischen Unternehmen durchgeführt.

665 Dazu lassen sich die Kunden umfangreiche Zusagen in den Zulieferverträgen einräumen. Auf deren Basis können dann Lieferantenaudits in Schriftform erfolgen bzw. vor Ort an Standorten des Zulieferers oder sogar Sonderprüfungen durchgeführt werden, die aufgrund eines Compliance-Verstoßes angesetzt werden.

666 Für den Compliance Officer stellen diese Lieferantenaudits ein nicht unerhebliches Potential an **Mehrarbeit** dar, zumal sich deren Inhalte nicht nur auf Compliance-Themen beschränken, sondern vielmehr auch Fragen nach der **ökologischen und sozialen Nachhaltigkeit** umfassen. Dies gilt sowohl für die inhaltliche Beantwortung der originä-

ren Compliance-Fragen als auch für die Koordinierung der darüber hinausgehenden Fragen zur Nachhaltigkeit.

667 Die Bedeutung dieser Lieferantenaudits zur Compliance und der weiteren CSR-Aspekte durch den Lieferanten sollte nicht unterschätzt werden. Kann ein Zulieferer die Fragen im Rahmen eines Audits nicht zur Zufriedenheit der Kunden beantworten, findet er sich uU zunächst auf einer „schwarzen Liste" wieder und wird von künftigen Ausschreibungen bzw. Auftragsvergaben ausgeschlossen, bis er die identifizierten Defizite nachweisbar behoben hat.

668 In einem im Ergebnis vergleichbaren Ansatz wird dem Zulieferer im Rahmen einer **laufenden Geschäftsbeziehung** vom Kunden aufgegeben, dessen Anforderungen in Bezug auf Compliance und Corporate Social Responsibility innerhalb eines Zeitraums von zB zwölf Monaten umzusetzen. Gleichzeitig wird dem Zulieferer angekündigt, dass er für den Fall, dass er die Vorgaben nicht erfüllen kann, mit der Beendigung der Geschäftsbeziehung rechnen darf.

I. Grundsätzliches zum Management der Lieferantenaudits

669 In Lieferantenaudits werden zT in sehr detaillierter Weise Fragen nicht nur zu Compliance-Themen, sondern zur gesamten Bandbreite der zehn Prinzipien des UN Global Compact sowie der ökologischen Nachhaltigkeit des Unternehmens gestellt. Damit führt die Beantwortung der Fragen deutlich über das „Kerngeschäft" des Compliance Officer hinaus.

670 Ist das Unternehmen aufgrund seines Produktangebots für unterschiedliche Kundengruppen tätig, kann dies dazu führen, dass Kunden den unterschiedlichen Produkt- bzw. Geschäftsbereichen ihres Zulieferers Audit-Fragebögen übersenden, mit der Bitte, diesen mit *ihren* jeweiligen Angaben zu befüllen. Dies sind naturgemäß andere als die Daten des Gesamtunternehmens. Dies führt zu bisweilen kaum lösbaren Abgrenzungsproblemen. In Ermangelung von spezifischen Geschäftsbereichsdaten werden nicht selten kurzerhand die verfügbaren Informationen, dh die Daten des ganzen Unternehmens, mitgeteilt. Dadurch stellt sich jedoch der Geschäftsbereich als viel größer dar, als er tatsächlich ist.

671 Prüft nun der Kunde die Inhalte der Rückmeldungen, kann diese Vorgehensweise einen erheblichen Erklärungsbedarf auslösen, wenn unerwartet hohe Zahlen zurückgemeldet werden, die Zweifel an der Seriosität der Antworten aufkommen lassen können. Geradezu peinlich wird es, wenn ein großer Kunde Produkte unterschiedlicher Geschäftsbereiche beschaffen will und daher Informationen von zwei oder mehr Geschäftsbereichen abfragt und identische Zahlen von eigentlich sehr unterschiedlichen Geschäftsbereichen erhält, nämlich jeweils die Gesamtwerte des Unternehmens. Dies kann der Compliance Officer am besten durch eine **Koordinierung der Beantwortung** der Fragebögen der Kunden vermeiden.

672 Dabei hilft etwas, dass die abgefragten Themen regelmäßig fast identisch sind. Daher kann zwar eine zunächst recht aufwendige Beantwortung des umfangreichsten Fragebogens die am Ende doch effizienteste Form der Vorbereitung der Antworten durch die verschiedenen Abteilungen des Unternehmens darstellen. Dieser Antwortenkatalog kann sodann als Grundlage für die Beantwortung aller weiteren eingehenden Fragenkataloge der Kunden bzw. prospektiven Kunden verwendet werden.

673 Wie immer bei Projekten, sollte auch **die Erstellung des Antwortenkataloges** durch einen Mitarbeiter **koordiniert** werden. Dies muss nicht unbedingt der Compliance Officer sein, sondern kann auch ein Mitarbeiter derjenigen Abteilung sein, die den größten Anteil der Antworten zur Befüllung des Fragebogens beiträgt.

674 Darüber hinaus ist zu entscheiden, ob es den einzelnen Produkt- bzw. Geschäftsbereichen überlassen bleiben soll, Kundenanfragen zu beantworten, oder ob die Fragebögen zentral zB durch einen Nachhaltigkeitsbeauftragten beantwortet werden sollten. Einerlei

wie über die genannten Fragen entschieden wird, so muss immer sichergestellt sein, dass die Lieferantenaudits **richtig, vollständig und zeitnah beantwortet** werden. Dies mag lästig sein und ist mit einem nicht zu unterschätzenden Aufwand verbunden, ist aber mittlerweile eine Grundbedingung für die Teilnahme an Ausschreibungen oder für die Fortsetzung der Geschäftsbeziehungen mit dem Kunden. Es wäre daher nicht die richtige Entscheidung, diese Aufgabe zB stetig wechselnden Praktikanten zu überlassen.

II. Schriftliche Lieferantenaudits

Fragebögen zur Einhaltung der Prinzipien des UN Global Compact sowie zusätzlicher Vorgaben werden regelmäßig auf Basis vertraglicher Vereinbarungen mit dem Zulieferer turnusmäßig an diesen versandt. Alternativ kann eine Aufforderung eingehen, über ein Internetportal des Kunden entsprechende Fragen zu beantworten. 675

Im Rahmen eines Beschaffungsvorgangs ist es inzwischen zB in der Automobilindustrie eine geübte Praxis, dass Kunden entsprechende Informationen als Teil des Angebots eines potenziellen Zulieferers erwarten. Die zufriedenstellende Beantwortung der og Fragen wird damit zu einer Voraussetzung für eine erfolgreiche Teilnahme an einer Ausschreibung. 676

Dabei reicht es nicht mehr aus, zB im Rahmen eines Multiple-Choice-Fragebogens die Kreuze an der richtigen Stelle zu setzen. Vielmehr wird regelmäßig verlangt, dass die nachgefragten Dokumente, wie zB der Verhaltenskodex oder Compliance-Richtlinien beigefügt bzw. in dem Internetportal hochgeladen werden. So kann ein Fragebogen *nur* zu Themen der Compliance und Corporate Social Responsibility einen Umfang von rund **50 Fragen** haben, die zu Themenschwerpunkten der Compliance sowie der sozialen und ökologischen Nachhaltigkeit gestellt werden.[98] 677

III. Lieferantenaudits vor Ort

Bereits in der Vergangenheit wurden von Kunden zB in der Produktion eines Zulieferers Audits durchgeführt, um die Fertigungsqualität der zu liefernden Teile zu validieren. Seit einiger Zeit werden diese etablierten Audits bei Lieferanten auch auf die Compliance und spezifische Fragestellungen der Corporate Social Responsibility ausgeweitet. 678

Als eines von vielen Beispielen mag die INGKA Holding B.V., oder kurz IKEA, dienen. In einem 19-seitigen Dokument, dem IWAY Standard, werden Mindestanforderungen an Umweltschutz, Arbeits- & Sozialbedingungen für den Einkauf von Produkten, Materialien und Dienstleistungen definiert, die ein Zulieferer einzuhalten hat.[99] Die Einhaltung der darin enthaltenen Vorgaben werden in Interviews mit den jeweiligen Ansprechpartnern des Zulieferers überprüft. 679

Dabei wird nicht nur das Vorhandensein der Compliance-Richtlinien und die Durchführung von Compliance-Schulungen zB anhand unterschriebener Teilnehmerlisten oder Teilnahmebestätigungen validiert. Vielmehr wird auch die Qualität der Compliance-Prozesse hinterfragt. So sollte ein Lieferant zB in der Lage sein zu belegen, wie im Unternehmen mit einem Compliance-Verstoß umgegangen wird bzw. wurde. 680

---

[98] DRIVE Sustainability, Selbstauskunftsfragebogen zum Thema Soziale Verantwortung der Unternehmen (CSR)/Nachhaltigkeit für Zulieferer in der Automobilbranche, https://www.drivesustainability.org/wp-content/uploads/2020/06/updated_CSR-DriveSustainability_SAQ-FORM2019_A4_V09-11102019_DE.pdf. Dieser Fragebogen wird eingesetzt von: BMW Group, Daimler AG, Ford, Honda, Jaguar Land Rover, Scania CV AB, Toyota Motor Europe, Volkswagen Group, Volvo Cars und Volvo Group (zuletzt abgerufen am 3.12.2020).
[99] IWAY Standard General Section Ed. 5.2, 2016.04.29, https://assets.ikea-schweiz.ch/PDF-links/DE/PDF/ikea-code-of-conduct-the-iway-standard-de.pdf (zuletzt abgerufen am 11.9.2020).

681 Das gleiche gilt für die CSR-Umfänge eines solchen Audits, im Rahmen dessen sich zB ein Auditor des Kunden mit Mitarbeitern des Zulieferers über die **Arbeitsbedingungen** unterhält, um zu prüfen, ob Diskrepanzen zwischen der offiziellen Dokumentation und der tatsächlichen Arbeitssituation der Mitarbeiter bestehen.

682 Diese Lieferantenaudits vor Ort sind naturgemäß sehr zeitaufwendig. Die Interviews beanspruchen für sich allein genommen bereits einen nicht unerheblichen Anteil der begrenzten Zeit des Compliance Officer. Will man sich in diesen Gesprächen nicht blamieren, sind sie gründlich vorzubereiten, was weitere Kapazitäten bindet. Sollte das Ergebnis des Audits nicht positiv ausfallen, sind innerhalb einer vorgegebenen Frist die Defizite zu beheben, sofern man nicht seinen Lieferantenstatus gefährden möchte.

IV. Sonderprüfungen

683 Finden Lieferantenaudits in regelmäßigen Zeitabständen statt, auf die man sich als Compliance Officer im Vorfeld einstellen und sich entsprechend langfristig vorbereiten kann, sieht man sich uU einer zusätzlichen Sonderprüfung ausgesetzt, die außerhalb des üblichen Turnus vom Kunden angesetzt werden. Wurde zB bei einem Lieferanten ein Compliance-Verstoß entdeckt, kann der Kunde entscheiden, alle Lieferanten, die vergleichbare Produkte oder Dienstleistungen herstellen bzw. erbringen, einer Sonderprüfung zu unterziehen.

684 Hat zB eine Spedition Zöllner in einem Hafen Dorotokias bestochen, um die zolltechnische Freigabe von Zulieferteilen eines Kunden zu beschleunigen, sodass diese „just in time" für dessen Produktion angeliefert werden können, so kann der Kunde aus Compliance-Risikoüberlegungen zu dem Entschluss gelangen, dass alle Speditionen weltweit, die die zolltechnische Abfertigung von Lieferungen wahrnehmen, einer Sonderprüfung zu unterziehen sind – denn was in Dorotokia vorgefallen ist, kann auch in anderen Hochrisikoländern übliche Praxis sein, die sich der Kunde uU strafrechtlich zurechnen lassen müsste.[100]

685 In einem solchen thematisch klar umrissenen Audit würde in diesem Fall das Compliance-Managementsystem unter Berücksichtigung der Maßnahmen und Prozesse zur Korruptionsprävention untersucht. Eine solche Sonderprüfung kann sich gern über mehrere Tage erstrecken, in welchen im Rahmen von Interviews vor Ort und Telefonkonferenzen vom Lieferanten bzw. Dienstleister vorzulegende Dokumente geprüft und hinterfragt werden.

686 Auch hier gilt, dass man tunlichst die Fragen vollständig und richtig beantworten sollte, sofern man an einer weiteren Zusammenarbeit mit dem Kunden interessiert ist. Da man nicht dessen Anforderungen im Vorfeld, zB im Rahmen eines jährlichen Lieferantenaudits kennengelernt hat, wird uU ein Delta zwischen den Anforderungen des Kunden und dem Istzustand des Compliance-Managementsystems des Lieferanten deutlich.

687 Idealerweise gelingt es dem Compliance Officer noch während des Compliance-Audits, dieses Delta durch entsprechende Compliance-Maßnahmen zu schließen, sodass diese Defizite gar nicht erst Eingang in den Auditbericht finden. Daher können diese auch nicht den Ausschlag dafür geben, dass die weitere Zusammenarbeit eingestellt wird.

688 Für den Compliance Officer ist eine Sonderprüfung durch einen wichtigen Kunden eine extrem wichtige und arbeitsintensive Zeit. Allerdings mag ein solches Audit plötzlich zu Entscheidungen führen, Compliance-Maßnahmen zu implementieren, vor welchen sich die Unternehmensleitung bisher vielleicht noch etwas geziert hat; die Drohung eines Kunden mit der Beendigung der Geschäftsbeziehung bewirkt bisweilen einen unerwarteten starken Rückenwind für die weitere Optimierung des Compliance-Managementsystems.

---

[100] Ein ähnlich gelagerter Fall betraf DB Schenker und Ford Motor Company, DB Schenker – Sie nannten es „Gebühr", Süddeutsche Zeitung vom 7.10.2016, https://www.sueddeutsche.de/wirtschaft/db-schenker-geschmierte-zoellner-1.3194924 (zuletzt aufgerufen am 11.9.2020).

V. Zwischenergebnis

Vor allem große Unternehmen auditieren ihre Zulieferer nicht mehr allein hinsichtlich 689
deren Lieferqualität. Zunehmend werden auch Compliance und die soziale und ökologische Nachhaltigkeit der Zulieferer überprüft. Dies erfolgt auf der Basis von Fragebögen oder durch Besuchen von Auditteams des Kunden, die sich vor Ort über dieses Thema informieren lassen. Sofern bei einem Zulieferer oder Dienstleister ein erheblicher Compliance-Verstoß entdeckt worden ist, der die Geschäfte eines Kunden tangiert, kann es auch zu Sonderprüfungen bei allen Dienstleistern, die in diesem Segment für den Kunden tätig sind, kommen. Dadurch soll sichergestellt werden, dass nicht ähnlich gelagerte Probleme von anderer Seite die Geschäfte des Kunden beeinträchtigen.

Sehr konkret werden Fragen nach der Compliance des Unternehmens gestellt. Dabei 690
kann es passieren, dass dem Zulieferer eine Frist gesetzt wird, innerhalb der dieser eine Vielzahl von Fragen zu beantworten hat. Schafft er es nicht, zB rechtzeitig einen Verhaltenskodex und entsprechende Compliance-Richtlinien vorweisen zu können, verliert er den Kunden.

Daher wird es zunehmend bedeutsamer, die Beantwortung dieser umfangreichen Fra- 691
genkataloge im Unternehmen zu koordinieren, um sicherzustellen, dass die Kunden zeitnah richtige und vollständige Antworten erhalten. Diese Koordinierungsaufgabe sollte von der Abteilung wahrgenommen werden, die den größten Umfang der zu beantworteten Fragen verantwortet. Dies kann, muss aber nicht automatisch der Compliance Officer sein.

Checkliste 32: Lieferantenaudits zur Compliance des Unternehmens
- ❏ Richtige, vollständige und zeitnahe Beantwortung der Fragen
- ❏ Bei sich häufenden, ähnlichen Anfragen ist das Erstellen eines Antwortkataloges hilfreich, um Doppelarbeiten zu vermeiden.
- ❏ Koordinierung der Antworten, wenn das Audit auch Fragen zur sozialen und ökologischen Nachhaltigkeit enthält
- ❏ Koordinator ist nicht zwingend der Compliance Officer
- ❏ Compliance-Fragen werden ausschließlich vom Compliance Officer beantwortet

E. Fazit

Nachdem sich der Compliance Officer in den ersten Monaten in seiner neuen Funktion 692
darauf fokussierte, den formalen Rahmen eines Compliance-Managementsystems zu erarbeiten, indem er einen Verhaltenskodex erstellte, Compliance-Richtlinien formulierte und diese in Compliance-Schulung erläuterte, kommt es in der folgenden Zeit darauf an, Compliance im Unternehmen zu verstetigen. Dies ist eine nicht unerhebliche Herausforderung für den Compliance Officer. Schließlich wurden ja die ersten wichtigen Maßnahmen umgesetzt, sodass man sogar zB nicht besonders tiefgehende Fragen im Rahmen eines Lieferantenaudits in weiten Teilen beantworten kann, da ja zumindest die Papierform hergestellt worden ist. Dies verleitet uU jedoch dazu, die Verstetigung des Compliance-Managementsystems aus den Augen zu verlieren.

Dabei ist es wichtig, dass sowohl in den Compliance-Schulungen als auch in der 693
Compliance-Kommunikation die Wahrnehmung der Mitarbeiter und Führungskräfte dahingehende zu schärfen, dass sie Compliance als ganz normalen Teil ihrer operativen Verantwortung begreifen und annehmen.

Die für den weiteren Aufbau des Compliance-Managementsystems erforderlichen 694
Schritte, wie zB die Implementierung eines Compliance-Risikomanagements, die Compliance-Schulungen und – Wiederholungsschulungen sowie die Entwicklung und Imple-

mentierung eines Compliance-Kommunikationskonzeptes sorgen dafür, dass Compliance im Bewusstsein der Mitarbeiter einen festen Platz erhält.

695 Dies führt in letzter Konsequenz dazu, dass Compliance von den Mitarbeitern als eine Selbstverständlichkeit betrachtet wird. Damit könnte der Compliance Officer einen ganz erheblichen Erfolg für seine Tätigkeit verbuchen, nämlich die Gestaltung einer Kultur der Compliance.

696 Wurde eine solche Compliance-Kultur ausgebildet, wird Compliance gelebt und die rechtmäßige Unternehmenstätigkeit alternativlos sein. Damit werden künftig auch Lieferantenaudits im Unternehmen keine Befürchtungen auslösen, einen wichtigen Kunden verlieren zu können.

§ 4 Fragen zur steten Eigenprüfung

Die Erarbeitung einer Konzeption eines Compliance-Managementsystems und dessen Implementierung sind komplexe Aufgaben. Nicht nur muss sich der Compliance Officer in der ihm nur begrenzt zur Verfügung stehenden Zeit mit einer Vielzahl sehr praktischer Aufgabenstellungen befassen, wie der Organisation von Compliance-Schulungen. Vielmehr muss er in den gegebenen Grenzen juristische Themenstellungen ebenso berücksichtigen wie Fragen der Organisationspsychologie und der Unternehmenskommunikation bis hin zu den Marketingaspekten seiner Compliance-Aufgaben. 697

Hinzukommen die oft sehr heiklen Themen der Unternehmenspolitik und der Befindlichkeiten einiger (hochrangiger) Kollegen, sodass bisweilen auch ein erhebliches diplomatisches Fingerspitzengefühl erforderlich ist. 698

Bei dieser großen Vielfalt unterschiedlichster Aufgaben sowie Pressionen, welchen der Compliance Officer ausgesetzt ist, ist es umso wichtiger, dass er nicht das Ziel aus den Augen verliert. Dies ist ein gut durchdachtes und auf die spezifischen Anforderungen des Unternehmens zugeschnittenes Compliance-Managementsystem, das effektiv implementiert worden ist, und das sich in der Praxis als wirksam bewährt hat. 699

Die im Folgenden dargestellten Fragen zur Selbstprüfung sollen daher helfen, sicherzustellen, dass man die Orientierung behält und als Compliance Officer dem eigenen roten Faden treu bleibt. Diese Fragen sind in drei Gruppen aufgeteilt, deren Zielrichtung es ist zu validieren, ob der Aufbau des Compliance-Managementsystems logisch ist, ob es von der Geschäftsleitung und den Führungskräften gelebt wird und ob es einen wirksamen Beitrag dazu leistet, Compliance-Verstöße zu vermeiden. Dieser Fragenkatalog basiert ua auf einer Unterlage des US-amerikanischen Justizministerium, der dazu dient, die Evaluierung von Compliance-Managementsystemen durch Staatsanwälte zu standardisieren.[101] Diese Evaluierungskriterien enthalten zahlreiche, auch für deutsche Unternehmen anwendbare Vorgaben zur Bewertung des eigenen Compliance-Managementsystems. 700

---

[101] In Anlehnung an das *U.S. Department of Justice, Criminal Division,* Evaluation of Corporate Compliance Programs (Updated June 2020), https://www.justice.gov/criminal-fraud/page/file/937501/download (zuletzt abgerufen am 11.9.2020).

Abb. 18: Fragen zur Selbstprüfung

701 Diese differenzierte Betrachtung ist sehr sinnvoll, da das beste Konzept eines Compliance-Managementsystems, das vom Compliance Officer vollständig implementiert worden ist, dennoch nur eine Fassade bleibt, mit der man vielleicht ein oberflächliches Lieferantenaudit bestehen kann, wenn in der Unternehmensführung und bei den Führungskräften der Konsens besteht, dass der Geschäftszweck jedes Mittel, einschließlich Gesetzesverstöße, heiligt. Auch erleichtert diese Betrachtung, zu validieren, ob die Konzeption des Compliance-Managementsystems tatsächlich geeignet ist, das angestrebte Ziel der rechtlich einwandfreien Unternehmenstätigkeit zu erreichen.[102]

A. Ist das Compliance-Managementsystem gut konzipiert?

702 Jedes Compliance-Programm sollte in einer Weise konzipiert sein, dass es mit größtmöglicher Wirksamkeit Compliance-Verstöße durch Mitarbeiter verhindert bzw. aufdeckt. Dabei ist der Maßstab dessen, was erreichbar sein sollte, ein objektiver. Um dies näher zu beschreiben kann auf das Ordnungswidrigkeitenrecht verwiesen werden. Danach umfasst eine objektiv zu verstehende „gehörige Aufsicht" nur die erforderlichen und zumutbaren Aufsichtsmaßnahmen, nicht jedoch Maßnahmen, die in ihrem Umfang und damit in kostenmäßiger Hinsicht wirklichkeitsfremd und überspannt sind.[103]

703 Die Auffassung der Geschäftsleitung, dass der Compliance Officer mit geringsten Bordmitteln nebenbei ein Compliance-Managementsystem für ein weltweit tätiges mittelständisches Unternehmen zu unterhalten hat, mag sich aus ihrer Sicht vielleicht bereits an der Grenze des wirtschaftlich Zumutbaren bewegen. Tatsächlich würde man aus einer objektiven Perspektive zu einer ganz anderen Beurteilung kommen. Darüber hinaus muss die Geschäftsführung das Compliance-Managementsystem durchsetzen und sollte keinesfalls

---

[102] Dass dies ein nicht nur theoretisches Thema ist, belegt die EY-Studie → Fn. 587 ff.
[103] KK-OWiG/*Rogall* OWiG § 130 Rn. 17 f., 51 f.

Mitarbeiter stillschweigend dazu ermutigen oder auf sie Druck ausüben, Compliance-Verstöße zu begehen.

Bei der Frage nach der **konzeptionellen Qualität** des Compliance-Managementsystems geht es also nicht nur darum, dass das Commitment der Geschäftsleitung zur Einhaltung der rechtlichen Vorgaben im Rahmen eines Verhaltenskodex postuliert worden ist. Vielmehr beinhaltet dies auch Compliance-Richtlinien und -Prozesse, die eindeutige Zuordnung von Verantwortlichkeiten sowie entsprechende Compliance-Schulungen sowie auch ein Anreiz- und Sanktionssystem. Ein gut konzipiertes Compliance-Managementsystem sollte also voll in die operative Geschäftstätigkeit und im Denken und Handeln der Mitarbeiter integriert sein.

Im Hinblick auf das Management von Compliance-Risiken sollte die Konzeption des Compliance-Managementsystems auch gewährleisten, dass durch entsprechende Analysen aus Fehlern in der Vergangenheit gelernt und entsprechende Optimierungsmaßnahmen umgesetzt werden.

Im Einzelnen ergeben sich daraus folgende weitere Fragestellungen:

Checkliste 33: Ist das Compliance-Managementsystem gut konzipiert?
- ❏ Gewährleistet das Compliance-System eine maximale Effektivität bei der Verhütung und Aufdeckung von Fehlverhalten der Mitarbeiter?
- ❏ Wird das Compliance-Programm von der Unternehmensleitung wirksam umgesetzt?

I. Compliance-Risikomanagement

Der Schlüssel zu einem erfolgreichen präventiven Compliance-Managementsystem ist das Management der Compliance-Risiken des Unternehmens. Daher sollte der Compliance Officer immer wieder hinterfragen, ob die gewählte Konzeption befriedigende Antworten auf folgende Fragen liefert:

Checkliste 34: Ist das Compliance-Risikomanagement gut konzipiert?
- ❏ Ist der Prozess des Compliance-Risikomanagements geeignet, die spezifischen Compliance-Risiken der Branche, in der das Unternehmen tätig ist, aufzudecken, die entstehen zB durch die hohe Wettbewerbsintensität, Geschäfte mit ausländischen Behörden, Zahlungen an ausländische Amtsträger, der Einsatz von zB Vertriebsagenten, Einladungen, Bewirtungen und Geschenke sowie Spenden und Sponsoringaktivitäten?
- ❏ Wird der Prozess auch den besonderen Risiken eines komplexen regulatorischen Umfeldes gerecht?
- ❏ Ist die Identifikation der Compliance-Risiken effektiv und werden daraus entsprechende Maßnahmen im Rahmen des Compliance-Programms abgeleitet?
- ❏ Wird das Compliance-Programm regelmäßig aktualisiert und werden aus festgestellten Compliance-Defiziten entsprechende Optimierungsmaßnahmen abgeleitet und implementiert?
- ❏ Stellt das Unternehmen ausreichende Ressourcen für das Compliance-Risikomanagement zur Verfügung?
- ❏ Compliance-Risikomanagementprozess
  - Welche Methoden wurden für die Identifikation, Analyse und Abwehr von Compliance-Risiken genutzt?
  - Welche Informationen wurden gesammelt?
  - Wie wurden sie in das Compliance-Programm und das Compliance-Managementsystem integriert?

- ❏ Risikoadäquate Ressourcenallokation
  - Werden bei Transaktionen mit hohem Compliance-Risiko detaillierte Prüfungen durchgeführt, wie zB im Fall fragwürdiger Zahlungen an Vertriebsagenten oder unüblich hohe Rabatte an Großhändler sowie großvolumige Aufträge von Behörden in Hochrisikoländern?
- ❏ Aktualisierung und Überarbeitung
  - Werden die Compliance-Risiken im Unternehmen regelmäßig erhoben?
  - Handelt es sich hierbei um einen einmaligen Prozess pro Jahr oder um eine kontinuierliche Erfassung der Compliance-Risiken.
  - Wurden Richtlinien/Geschäftsprozesse auf Basis gewonnener Risikoerkenntnisse aktualisiert?
  - Basieren die Optimierungsmaßnahmen auch auf Erkenntnissen, die durch entdeckte Compliance-Verstöße oder durch erkannte Defizite des Compliance-Managementsystems gewonnen wurden?
- ❏ Lernen aus Erfahrungen
  - Werden in die Compliance-Risikoanalyse und -bewertung des Unternehmens systematisch die Erkenntnisse integriert, die im Rahmen von Compliance-Verstößen im Unternehmen gewonnen oder bei Wettbewerbern, die in der gleichen Branche oder geographischen Region tätig sind, erkannt wurden?

II. Compliance-Richtlinien und -Prozesse

708 Ein gut konzipiertes Compliance-Managementsystem umfasst Compliance-Richtlinien und -Prozesse, die die Compliance-Vorgaben beschreiben und ihnen Wirkung verleihen. Dazu gehören auch Compliance-Risikomanagementprozesse ebenso wie Vorgaben und Prozesse zur Etablierung einer Kultur der Compliance.

> **Checkliste 35: Sind alle erforderlichen Compliance-Richtlinien und -Prozesse vorhanden?**
> - ❏ Wurde ein Verhaltenskodex veröffentlicht, der alle Mitarbeiter auf die Einhaltung der für das Unternehmen maßgeblichen Gesetze verpflichtet?
> - ❏ Vermitteln die Compliance-Richtlinien die notwendigen Inhalte und fördern deren Einhaltung?
> - ❏ Existieren Compliance-Prozesse, die der Erfassung und Minimierung von Compliance-Risiken dienen?
> - ❏ Besteht ein Compliance-Prozess zur Förderung der Compliance-Kultur?

709 Diese Basisthemen gilt es im Rahmen einer weiteren Detaillierung zu hinterfragen, wie zB die Vorgehensweise bei der Ausarbeitung der Compliance-Richtlinien und -Prozesse, um sich nicht nur mit dem Resultat, zB dem Vorliegen einer Compliance-Richtlinie, zufriedenzugeben. Diesem liegt die Erkenntnis zugrunde, dass die Qualität des Entstehungsprozesses entscheidend für die Inhalte des Produktes ist. Ist dieser Prozess nicht adäquat, wird es regelmäßig die Richtlinie auch nicht sein.

> **Checkliste 36: Entwicklung, Vollständigkeit, Zugänglichkeit und Verantwortlichkeiten für die operative Einbindung der Compliance-Richtlinien und -Prozesse sowie besondere Einbindung von Mitarbeitern mit wichtigen Kontrollfunktionen**
>
> Entwicklung der Compliance-Richtlinien und -Prozesse
> - ❏ Besteht ein durchdachter Prozess für die Gestaltung und Implementierung neuer Compliance-Richtlinien und -Prozesse des Unternehmens?
> - ❏ Wer waren die Beteiligten in diesem Prozess?
> - ❏ Wurden die betroffenen Geschäfts- und Funktionalbereiche in die Erstellung eingebunden?
>
> Vollständigkeit der Compliance-Richtlinien und -Prozesse
> - ❏ Auf welche Weise stellt das Unternehmen sicher, dass seine Compliance-Richtlinien und -Prozesse dem aktuellen Stand der Compliance-Risikosituation gerecht werden, einschließlich absehbarer Gesetzesänderungen?
>
> Zugänglichkeit der Compliance-Richtlinien und -Prozesse
> - ❏ Wie wurden die Mitarbeiter und alle anderen relevanten Personen über die Inhalte der Compliance-Richtlinien und -Prozesse informiert?
> - ❏ Erschweren Sprachbarrieren oder andere Hindernisse bei Auslandstochtergesellschaften den Zugang deren Mitarbeiter zu diesen Informationen?
> - ❏ Stellt das Unternehmen diese Unterlagen in einem elektronisch durchsuchbaren Format zu Verfügung?
> - ❏ Wird dokumentiert, wie häufig die jeweiligen Compliance-Richtlinien und -Prozessbeschreibungen aufgerufen werden, um dadurch zB festzustellen, wo besonders hoher Klärungsbedarf besteht?
>
> Verantwortlichkeiten für die operative Einbindung der Compliance-Richtlinien
> - ❏ Wer war für die Integration der Compliance-Richtlinien und -Prozesse in die bestehenden Geschäftsprozesse verantwortlich?
> - ❏ Wurden die Compliance-Richtlinien und -Prozesse in einer für alle Mitarbeiter verständlichen Weise kommuniziert?
> - ❏ Wird ihre Wirksamkeit durch das bestehende System interner Kontrollen verstärkt?
>
> Besondere Einbindung von Mitarbeitern mit wichtigen Kontrollfunktionen
> - ❏ Auf welche Weise wurden Mitarbeiter, die wichtige Kontrollfunktionen im Unternehmen innehaben, wie zB Zeichnungsberechtigte, in die neuen Compliance-Richtlinien und -Prozesse eingewiesen?
> - ❏ Kennen diese Mitarbeiter die Art von Fehlverhalten, auf die sie besonders achten sollten?
> - ❏ Kennen diese sog. „Gatekeeper" die Regeln, auf Basis welcher sie ihre Bedenken eskalieren können?
>   - An wen ist der Sachverhalt zu eskalieren?
>   - Wie verläuft der Eskalationsprozess?

III. Compliance-Schulungen und -Kommunikation

Die Compliance-Schulungen und -Kommunikation sollten auf die spezifischen Bedürfnisse des Unternehmens maßgeschneidert zugeschnitten sein. 710

Checkliste 37: Compliance-Schulungen und -Kommunikation (allgemein)
- Welche Schritte hat das Unternehmen unternommen, um zu gewährleisten, dass die Compliance-Richtlinien und -Prozesse in dessen Geschäftsprozesse integriert worden sind?
- Wurden die Mitglieder des Aufsichtsrates, der Geschäftsführung sowie sonstige relevante Mitarbeiter und Führungskräfte, gegebenenfalls sogar relevante externe Geschäftspartner, regelmäßig zu den aktuellen Compliance-Themen geschult?

711 Hinter diesen zusammenfassenden Fragen steht der richtige Gedanke, dass das Compliance-Managementsystem nur dann effektiv funktionieren kann, wenn es in angemessener Weise den Mitarbeitern vermittelt und von diesen verstanden worden ist. Daran knüpfen sich eine Reihe weiterer Fragestellungen:

Checkliste 38: Risikobasierte Compliance-Schulungen, Form, Inhalte, Lernerfolg der Compliance-Schulungen, Berichterstattung über Fehlverhalten sowie Verfügbarkeit von Erläuterungen zu den Compliance-Richtlinien

Risikobasierte Compliance-Schulungen
- Bietet das Unternehmen für die Herausforderungen, welchen sich Mitarbeiter in Funktionen mit hohen Compliance-Risiken oder in wichtigen Kontrollfunktionen gegenübersehen, zugeschnittene Compliance-Schulungen an?
- Wurden spezielle Compliance-Schulungen in Bereichen durchgeführt, in welchen es zu einem Compliance-Verstoß gekommen ist?
- Wurde eine inhaltliche Differenzierung zwischen den Compliance-Schulungen für Führungskräfte und solchen für Mitarbeiter gemacht?
  - Zusätzliche Schulungen bzw.
  - unterschiedliche Compliance-Schulungen?
- Welche Analysen hat das Unternehmen durchgeführt, um festzustellen, wer geschult werden sollte und zu welchen Themen?

Form, Inhalte und Lernerfolg der Compliance-Schulungen
- Wurden die Compliance-Schulungen in einer Form und in einer Sprache durchgeführt, die für die Teilnehmer verständlich waren?
- Wurden Compliance-Schulungen differenziert nach der Teilnehmerzahl, ihrem Fachwissen bzw. Erfahrungsschatz und nach Themen durchgeführt?
- Nach welchen Kriterien wurde entschieden, dass die Compliance-Schulungen als Präsenztrainings oder als Online-Schulungen durchgeführt werden sollten?
- Wurde das passende Trainingsformat gewählt, um den größtmöglichen Nutzen der Compliance-Schulung für die Teilnehmer zu gewährleisten?
  - Praktische Ratschläge zur Lösung von Compliance-Problemen?
  - Fallstudien, in welchen für verschiedene Szenarien Lösungsvorschläge erarbeitet werden?
  - Wer gewährt im Unternehmen Unterstützung in Compliance-Fällen?
  - Wurden Schulungen fokussiert auf das Identifizieren von Compliance-Risiken, einschließlich deren Berichterstattung an den Compliance Officer, die Interne Revision oder das Risikomanagement im Unternehmen durchgeführt?
- Wurden bei den Inhalten der Schulungen die aus früheren Compliance-Verstößen gewonnenen Erkenntnisse berücksichtigt?
- Ist sichergestellt, dass die Teilnehmer während der Compliance-Schulung Fragen stellen können, einerlei, ob es sich um eine Präsenz- oder Online-Schulung handelt?
- Wie misst das Unternehmen den Lernerfolg der Compliance-Schulung?
  - Wurden die Mitarbeiter einem Test unterzogen?

- Wie geht das Unternehmen mit Mitarbeitern um, die den Test nicht oder nicht vollständig bestehen?
- ☐ Hat das Unternehmen evaluiert, ob sich das Verhalten der Mitarbeiter oder der Geschäftsbetrieb nach ihrer Teilnahme an einer Compliance-Schulung verändert hat?

Berichterstattung über Fehlverhalten
- ☐ Was hat die Geschäftsleitung unternommen, um ihre Position in Bezug auf Rechtsverstöße im Unternehmen den Mitarbeitern zu erläutern?
- ☐ Hat das Unternehmen die Belegschaft darüber informiert, dass nach einem Compliance-Verstoß Sanktionen gegenüber dem Mitarbeiter ausgesprochen worden sind, zB durch eine anonymisierte Beschreibung der Art des Fehlverhaltens, das zu Disziplinarmaßnahmen führte)?

Verfügbarkeit von Erläuterungen zu den Compliance-Richtlinien
- ☐ Welche Ressourcen hat das Unternehmen den Mitarbeitern zur Verfügung gestellt, um weitere Erläuterungen zu den Compliance-Richtlinien zu erhalten?
- ☐ Wie hat das Unternehmen beurteilt, ob seine Mitarbeiter wissen, wann sie Rat suchen müssen und ob sie dazu bereit sind?

IV. Sichere Kommunikationskanäle für Hinweisgeber sowie interne Untersuchungen

Nicht nur die EU fordert in ihrer neuen **Whistleblower-Richtlinie,** dass Beschäftigten des Unternehmens sichere Kommunikationskanäle für die Übermittlung von Hinweisen über tatsächliche oder mögliche Compliance-Verstöße zur Verfügung gestellt werden.[104]

Seit langem erwarten die US-amerikanischen Behörden, dass Unternehmen ein solches Instrument in ihrem Arsenal zur Prävention und Aufdeckung von Compliance-Verstößen unterhalten.

Checkliste 39: Compliance-Hinweisgebersystem (Whistleblower-Hotline) (allgemein)
- ☐ Besteht im Unternehmen ein Whistleblower-Hinweisgebersystem, das gewährleistet, dass vertrauliche Hinweise auch anonym gemeldet werden können?
- ☐ Verfügt das Unternehmen über einen Prozess für Beschwerden, der proaktive Maßnahmen beinhaltet,
  - die eine Arbeitsplatzatmosphäre ohne Angst vor Vergeltungsmaßnahmen fördern,
  - die geeignete Verfahren für die Einreichung von Beschwerden definieren und
  - die Verfahren zum Schutz der Hinweisgeber umfassen?
- ☐ Ist der dem Hinweisgebersystem zugrundeliegende Prozess so gestaltet, dass Beschwerden
  - kompetente Mitarbeiter (zB den Compliance Officer oder den externen Ombudsmann) erreichen,
  - zeitnah und gründlich untersucht werden und
  - angemessene Konsequenzen gezogen und gegebenenfalls auch Disziplinarmaßnahmen verhängt werden?

Für einen eingeschwungenen Zustand des Compliance-Managementsystems ist auch die Wirksamkeit des Hinweisgebersystems von Bedeutung, da dessen Einführung allein zunächst nichts über dessen Qualität aussagt.

---
[104] Zur Whistleblower-Hotline → Rn. 337 ff.

> **Checkliste 40: Wirksamkeit des Hinweisgebersystems**
> - Verfügt das Unternehmen über eine anonyme Whistleblower-Hotline?
> - Wurde dieses Hinweisgebersystem gegenüber den Beschäftigten und anderen Dritten effektiv bekannt gemacht?
> - Wurde das Hinweisgebersystem genutzt?
> - Hat das Unternehmen geprüft, ob die Mitarbeiter die Whistleblower-Hotline kennen und sich bei deren Nutzung wohlfühlen?
> - Wie wurde die Relevanz der eingegangenen Hinweise kategorisiert?
> - Erhielt der Compliance Officer vollen Zugang zu allen für die Untersuchung der Beschwerde erforderlichen Informationen?

715 Auch wenn nach der hier vertretenen Auffassung, die Untersuchung von Hinweisen von Compliance-Verstößen oder sonstiger Compliance-relevanter Beschwerden eher einer internen Revisionsabteilung zuzuordnen ist, kann es jedoch in Unternehmen ohne eine solche Funktion der Compliance Officer sein, der sich mit der Aufklärung der Sachverhalte befassen muss.

> **Checkliste 41: Aufklärung, Reaktion und Ressourcen sowie Nachverfolgung der Untersuchungsergebnisse des Hinweisgebersystems**
>
> Prozess der Aufklärung von Hinweisen
> - Wie bestimmt das Unternehmen, wer eine Untersuchung durchführen soll, und wer trifft diese Entscheidung?
> - Befassen sich qualifizierte Mitarbeiter mit der internen Untersuchung eines eingegangenen Hinweises (zB der Compliance Officer)?
> - Wird der Rahmen für den Umfang der Untersuchung angemessen abgesteckt?
> - Welche Kriterien werden hierfür eingesetzt (zB die Größe des potenziellen Compliance-Risikos)?
> - Wie stellt das Unternehmen sicher, dass die Untersuchung eines Hinweises unabhängig, objektiv und sachgerecht durchgeführt und dokumentiert wird?
>
> Reaktion auf die Ergebnisse der internen Untersuchung
> - Wie stellt das Unternehmen eine zeitnahe Bearbeitung der Hinweise sicher?
> - Verfügt das Unternehmen über einen Prozess, mit dem die Ergebnisse interner Untersuchungen verfolgt werden?
> - Wie stellt das Unternehmen sicher, dass die Schlussfolgerungen aus den Untersuchungsergebnissen bzw. deren Empfehlungen umgesetzt werden?
>
> Ressourcen und Nachverfolgung der Untersuchungsergebnisse
> - Werden ausreichende Ressourcen für die Whistleblower-Hotline sowie die internen Untersuchungen allokiert?
> - Wie hat das Unternehmen Informationen aus seinem Hinweisgebersystem gesammelt, nachverfolgt, analysiert und genutzt?
> - Analysiert das Unternehmen regelmäßig die Hinweise oder Untersuchungsergebnisse auf Muster von Fehlverhalten, um mögliche Compliance-Risiken zu identifizieren?
> - Auditiert das Unternehmen regelmäßig die Qualität des Hinweisgebersystems im Rahmen von Stichproben der Verfolgung eingegangener Hinweise?

V. Geschäftspartnerprüfung

716 Compliance-Risiken können für ein Unternehmen auch aus der Zusammenarbeit mit Geschäftspartnern erwachsen. So können auf der einen Seite zB **Vertriebsvermittler** Auftra-

A. Ist das Compliance-Managementsystem gut konzipiert? § 4

ge durch den Einsatz von Bestechungsgeldern einwerben oder **Zollagenten** mit vergleichbaren Mitteln Zöllner motivieren, wohlwollend die importierten Waren zollfrei zu übergeben. Auf der anderen Seite können **Kunden** zB die Dienstleistungsangebote eines Unternehmens zum Zwecke der Geldwäsche missbrauchen.[105]

Um Compliance-Risiken aus einer Zusammenarbeit va mit Dritten, die im Namen des Unternehmens tätig werden, zu vermeiden, sollte ein Unternehmen eine risikoorientierte Geschäftspartnerprüfung durchführen. Dazu ergeben sich eine Reihe von Fragen, die zur Validierung der Qualität dieser Überprüfung dienlich sind. 717

Checkliste 42: Geschäftspartnerprüfung im Allgemeinen

- In welchem Umfang kann das Unternehmen die Qualifikationen sowie die gesellschaftsrechtlichen Verflechtungen/Eigentumsverhältnisse ihrer Geschäftspartner (Vertreter/Agenten, Berater, Vertriebspartner usw) einschätzen?
- Sind im Unternehmen
  - die Gründe bekannt, die es zwingend notwendig erscheinen lassen, externe Partner in ihre Geschäfte zu involvieren?
  - die Compliance-Risiken bekannt, die damit einhergehen, einschließlich der Reputation der Geschäftspartner und deren Beziehungen zB zu Amtsträgern?
- Entsprechen die Vertragsinhalte mit den Geschäftspartnern des Unternehmens den üblichen (Compliance-)Standards, einschließlich einer Beschreibung der zu erbringenden Leistungen?
- Hat das Unternehmen validiert, dass die Leistung tatsächlich erbracht worden ist?
- Ist die Vergütung für die erbrachte Leistung in dieser Branche und in dieser Region angemessen?
- Erfolgt eine laufende Kontrolle der Tätigkeit des Geschäftspartners durch das Unternehmen, in dem zB
  - regelmäßige Überprüfungen stattfinden,
  - der Geschäftspartner zu Compliance-Themen geschult wird oder
  - durch eine unabhängige jährliche Prüfung die Compliance des Geschäftspartners zertifiziert wird?

Auch hier ergeben sich eine ganze Reihe weiterer Fragestellungen, die zu einer Detaillierung der Prüfungsqualität und damit zu einer langfristigen Verbesserung des Managements va der Lieferantenbeziehungen führen können. 718

Checkliste 43: Geschäftspartnerprüfung: Compliance-risikobasierte Prozesse und deren Operationalisierung, angemessene Kontrollen, das Management von Geschäftspartnern sowie Compliance-Maßnahmen und Konsequenzen

Compliance-risikobasierte Prozesse und deren Operationalisierung
- Entspricht die Qualität des Managements der Compliance-Risiken, die aus der Zusammenarbeit mit Geschäftspartnern entstehen können, den spezifischen Compliance-Risiken, welchen das Unternehmen ausgesetzt ist (zB regionale oder branchenspezifische Risiken)?
- Wie hat das Unternehmen die erforderlichen Prozesse der Geschäftspartnerprüfung in die operativen Einkaufs- und Lieferantenmanagementprozesse integriert?
- Existiert im Unternehmen eine Richtlinie zur Geschäftspartnerprüfung?

Angemessene Kontrollen
- Wie wurde die Geschäftspartnerprüfung in die operativen Einkaufs- und Lieferantenmanagementprozesse des Unternehmens integriert?

---

[105] Zur Geschäftspartnerprüfung → Rn. 279 ff.

- ❏ Wie stellt das Unternehmen sicher, dass der Bestellung von Beratern usw eine angemessene geschäftliche Begründung zugrunde liegt?
- ❏ Was war die geschäftliche Begründung für die Bestellung eines Geschäftspartners, der später an einem Compliance-Verstoß mitwirkte?
- ❏ Wie stellt das Unternehmen sicher, dass die vertraglichen Vereinbarungen mit einem Geschäftspartner Mindestangaben enthalten über
  - die von diesem zu erbringenden Leistungen?
  - eine angemessene Vergütung der Leistung?
- ❏ Auf welche Weise validiert das Unternehmen, dass
  - die vereinbarte Leistung erbracht worden ist?
  - die Vergütung im Kontext der Gesamtumstände (Region, Branche usw) angemessen war?

Das Management von Geschäftspartnern
- ❏ Wie hat das Unternehmen die Vergütungs- und Anreizstrukturen für Geschäftspartner im Hinblick auf Compliance-Risiken erwogen und analysiert?
- ❏ Wie überwacht das Unternehmen seine Geschäftspartner?
- ❏ Verfügt das Unternehmen über Auditierungsrechte zur Analyse der Bücher und Konten Dritter?
- ❏ Wurde dieses Recht vom Unternehmen in der Vergangenheit ausgeübt?
- ❏ Wie werden die Mitarbeiter, die für das Management von Geschäftspartnern verantwortlich sind, über die Compliance-Risiken geschult, die damit einhergehen und wie man diese vermeidet?
- ❏ Welche Anreize bietet das Unternehmen seinen Geschäftspartnern, sich rechtlich und ethisch einwandfrei zu verhalten?
- ❏ Ist die Beziehung zu den Geschäftspartnern Gegenstand der laufenden Compliance-Risikobetrachtungen oder ist dies primär nur beim Onboarding der Fall?

Compliance-Maßnahmen und Konsequenzen
- ❏ Verfolgt das Unternehmen Warnsignale (sog. red flags), die bei der Geschäftspartnerprüfung identifiziert worden sind?
- ❏ Wie wurden diese Warnsignale vom Unternehmen behandelt?
- ❏ Werden Geschäftspartner, die die Überprüfung nicht bestanden haben oder gekündigt wurden auf eine schwarze Liste gesetzt, sodass sie nicht später (erneut) beauftragt werden?
- ❏ Gab es bereits im Rahmen der Geschäftspartnerprüfung Warnsignale bei der Bestellung eines Geschäftspartners, oder nach dessen Beauftragung, der später in einen Compliance-Verstoß involviert war?
- ❏ Wurde ein ähnlicher Geschäftspartner aufgrund von Compliance-Problemen auditiert, suspendiert oder gekündigt?

719   Die Vielzahl der unterschiedlichen Fragestellungen unterstreicht, dass die Zusammenarbeit mit Geschäftspartnern wohl überlegt und begründet sein muss, will man sich als Geschäftsleitung nicht dem Vorwurf aussetzen, unnötige Compliance-Risiken einzugehen. Dies gilt umso mehr, wenn eine Compliance-risikoorientierte Geschäftspartnerprüfung unterblieb oder nur oberflächlich durchgeführt worden ist.

720   Mag der Compliance-Verstoß durch einen Geschäftspartner, wie zB eine Bestechung von Zöllnern durch einen Zollagenten, im Einzelfall dem Unternehmen nicht zugerechnet werden, so kann es dennoch zu Haftungsfolgen kommen, wenn sich herausstellt, dass das Auswahlverfahren und das Management der Geschäftspartner durch Unternehmen unzureichend war und dem Unternehmen dadurch ein vermeidbarer wirtschaftlicher Schaden entstanden ist.

VI. Mergers & Acquisitions (M&A)

Können dem Unternehmen bereits aus der Zusammenarbeit mit Geschäftspartnern Compliance-Risiken erwachsen, so gilt dies in noch viel höherem Maße bei der Akquisition eines anderen Unternehmens oder von Teilen dessen. Nicht selten ist die Motivation, ein fremdes Unternehmen zu erwerben, durch das strategische Ziel getrieben, einen Zugang zu einem neuen Markt oder zu Produkten bzw. Know-how zu erkaufen. Eine andere Begründung für eine solche Transaktion ist der Erwerb von Marktanteilen in dem angestammten Markt des Käufers oder das Ausschalten eines Wettbewerbers.[106]

Für die Compliance des Unternehmens und damit für den Compliance Officer ist es daher von erheblicher Bedeutung, **rechtzeitig** im Rahmen einer **Compliance Due Diligence** zu validieren, dass das Übernahmeziel rechtlich einwandfrei seine Geschäfte geführt hat. Sollte zB die Unternehmensleitung intendieren, den geplanten Markteintritt in Dorotokia durch die Akquisition eines dort seit langen Jahren gut etablierten Unternehmens beschleunigen zu wollen, sollte man sicherstellen, dass dieses Übernahmeziel seine Geschäfte nicht durch die Zahlung von Bestechungsgeldern befördert hat. Nachträglich festgestellte Compliance-Verstöße oder Compliance-Risiken mitigieren zu müssen, verursacht für das übernehmende Unternehmen unnötige Aufwendungen, die eine entsprechend gut organisierte und umgesetzte Compliance Due Diligence helfen kann zu vermeiden.

Mit der Compliance Due Diligence ist die Aufgabe für den Compliance Officer jedoch keineswegs beendet. Vielmehr muss er nach Abschluss des Erwerbsprozesses dafür Sorge tragen, dass die Geschäftsbereiche und -prozesse des übernommenen Unternehmens in das Compliance-Managementsystem des neuen Eigentümers integriert werden. Diese **Integrationsphase** nach einem Unternehmenszusammenschluss ist umso wichtiger, wenn der Compliance Officer nicht riskieren möchte, dass seine bisherigen Anstrengungen, seine Kollegen für Compliance-Risiken zu sensibilisieren und eine Kultur der Compliance zu implementieren, nicht durch die Eingliederung von Mitarbeitern und Geschäftsprozessen, die alles andere als gesetzeskonform sind, untergraben werden sollen.

> **Checkliste 44: Mergers and Acquisitions (M&A) (allgemein)**
> ☐ Verfügt das Unternehmen über ein in die M&A-Prozesse integriertes Programm zur Überprüfung der Compliance des Übernahmeziels (Compliance Due Diligence)?
> ☐ Hat das Unternehmen Sorge dafür getragen, dass das übernommene Unternehmen, seine Mitarbeiter und dessen Geschäftsprozesse in das Compliance-Managementsystem integriert wurden?

Aus dem weiten Themenfeld der Compliance im Rahmen von M&A-Prozessen ergeben sich für den Compliance Officer eine ganze Reihe tiefergehender Fragestellungen, auf die ein stabiles und eingeschwungenes Compliance-Managementsystem Antworten geben sollte.

> **Checkliste 45: Compliance Due Diligence, Integration der Compliance-Funktion in den M&A-Prozess sowie Verknüpfung der Compliance Due Diligence mit der Post Merger Integration**
> Die Compliance Due Diligence im M&A-Prozess
> ☐ Führte das Unternehmen einen vollständigen Compliance Due Diligence Prozess vor der Unternehmensübernahme durch, und wenn nein, warum nicht?
> ☐ Wurden während der Compliance Due Diligence Compliance-Verstöße oder/und Compliance-Risiken festgestellt?

---
[106] FBS Mergers & Acquisitions/*Büchler* S. 90 ff.

- ❏ Wer führte die Compliance-Risikoprüfung durch und wie wurde sie vorgenommen?
- ❏ Verfügt das Unternehmen über einen M&A Due Diligence Prozess?

Integration der Compliance-Funktion in den M&A-Prozess
- ❏ Wie wurde der Compliance Officer in den M&A Prozess und die nachfolgende Integrationsphase eingebunden?

Verknüpfung der Compliance Due Diligence mit der Post Merger Integration
- ❏ Welche Prozesse setzt das Unternehmen ein, um Compliance-Verstöße oder Compliance-Risiken, die während der Compliance Due Diligence identifiziert worden sind, zu verfolgen und diesen abzuhelfen?
- ❏ Wie geht das Unternehmen bei der Implementierung seines Verhaltenskodexes und seiner Compliance-Richtlinien und -Prozesse im übernommenen Unternehmen vor?
- ❏ Wie erfolgen Compliance-Audits im übernommenen Unternehmen?

VII. Zwischenergebnis

725 Im Rahmen der steten Verbesserung des Compliance-Managementsystems ist es sinnvoll, immer wieder selbstkritisch zu hinterfragen, ob das neu konzipierte Compliance-Managementsystem in sich schlüssig und zielorientiert aufgebaut ist. Dazu gehören Fragen in Bezug auf die Tauglichkeit des Compliance-Risikomanagements genauso wie zum Bestehen der notwendigen Compliance-Richtlinien.

726 Auch kann man als Compliance Officer richtigerweise immer wieder die Frage stellen, ob das Konzept der Compliance-Schulung optimal auf die Anforderungen des Unternehmens passt und ob es den sich verändernden Rahmenbedingungen im Unternehmen sowie dessen Umfeld angepasst wird. Ebenso gehören Überlegungen dazu, ob der Prozess, der dem Compliance-Hinweisgebersystem zugrunde liegt, wirklich optimal ist und die internen Untersuchungen zufriedenstellende Ergebnisse zutage förderten.

727 Eine Geschäftspartnerprüfung gehört ebenfalls zu den Themen, die der Anforderung einer kontinuierlichen Verbesserung unterworfen sind. Gleiches gilt für die Compliance Due Diligence im Rahmen von M&A-Prozessen, durch die verhindert werden soll, dass durch einen Beteiligungserwerb oder eine Unternehmensübernahme oder ein Joint Venture von außen Compliance-Risiken im eigenen Unternehmen verbreitet oder die eigenen Geschäftsinteressen durch Compliance-Risiken negativ beeinflusst werden.

B. Ist das Compliance-Managementsystem mit ausreichenden Ressourcen ausgestattet und in der Lage, effektiv zu funktionieren?

728 Ein gut durchdachtes Konzept ist die Grundvoraussetzung für ein erfolgreiches Management der Compliance des Unternehmens. Ist diese Vorbedingung erfüllt, heißt dies jedoch nicht, dass das Compliance-Managementsystem effektiv ist, dh dass es eine wirksame Prävention gegen Compliance-Verstöße und/oder Compliance-Risiken fördert.

729 Dies ist nicht verwunderlich, denn auch in anderen, aus der Betriebswirtschaft bekannten Themenbereichen, nützt das beste Konzept nichts, wenn es zB nicht vollumfänglich implementiert wird oder an Ressourcen mangelt. Dies gilt auch, wenn es darum geht, den angedachten Betrieb des Compliance-Managementsystems aufrechtzuerhalten.

730 So kann das Compliance-Managementsystem zu einem stumpfen Schwert reduziert werden, wenn die Geschäftsleitung dem Compliance Officer nicht hinreichend den Rücken stärkt und dafür sorgt, dass alle Mitarbeiter verstehen, dass es das persönliche Anliegen jedes Mitglieds der Geschäftsführung ist, dass das Unternehmen rechtlich einwandfrei

B. Ist das Compliance-Managementsystem in der Lage, effektiv zu funktionieren? § 4

tätig ist und der Compliance Officer daher in seiner Aufgabenwahrnehmung von allen zu unterstützen ist.

Daher ergeben sich eine Reihe von Fragen, durch die die **tatsächliche Wirksamkeit** des eingeschwungenen Compliance-Managementsystems beleuchtet werden kann.

731

I. Ressourcenausstattung und Befugnisse des Compliance Officer im Allgemeinen

Zunächst gilt es, einige grundsätzliche Themenstellungen zu überprüfen.

732

> **Checkliste 46: Ressourcenausstattung und Befugnisse des Compliance Officer**
> ☐ Handelt es sich bei dem Compliance-Managementsystem nur um eine Fassade oder wird es effektiv umgesetzt, kontinuierlich überprüft und gegebenenfalls überarbeitet?
> ☐ Hat die Unternehmensleitung genügend Personal für das Compliance-Managementsystem zur Verfügung gestellt, um die Ergebnisse der Compliance-Anstrengungen des Unternehmens zu auditieren, zu dokumentieren, zu bewerten und zu nutzen?
> ☐ Wurden die Mitarbeiter des Unternehmens angemessen über das Compliance-Managementsystem informiert?
> ☐ Sind die Mitarbeiter davon überzeugt, dass die Geschäftsführung hinter dem Compliance-Managementsystem steht?
> ☐ Wissen die Mitarbeiter, dass Compliance-Verstöße nicht toleriert werden?
> ☐ Besteht eine Kultur der Compliance?

Aus diesen Eingangsfragen ergeben sich wiederum differenziertere Kriterien, die das Compliance-Managementsystem erfüllen muss, wenn es als wirksam kategorisiert werden soll. Hierbei spielt va die Kultur der Compliance eine zentrale Rolle. Diese Compliance-Kultur wird maßgeblich von den Mitgliedern der Geschäftsführung und deren oberste Führungskräfte geprägt.

733

II. Commitment der Geschäftsleitung und der oberen Führungskräfte

So kann das beste Compliance-Managementsystem nicht die erwünschten Resultate generieren, wenn es nur als eine Fassade fungiert, hinter der tatsächlich unrechtmäßiges Verhalten der Mitarbeiter durch die Unternehmensleitung und obersten Führungskräfte nicht nur nicht unterbunden, sondern uU sogar zur Erreichung überambitionierter Geschäftsziele geduldet oder unterschwellig verlangt wird.

734

> **Checkliste 47: Commitment und Verhalten der Geschäftsleitung und der (oberen) Führungskräfte sowie des Aufsichtsrates bzw. Gesellschafterversammlung**
> Commitment der Geschäftsleitung und der oberen Führungskräfte
> ☐ In welchem Umfang haben sich die Geschäftsführung und die oberen Führungskräfte klar zur Einhaltung der rechtlichen Vorgaben sowie der ethischen Standards des Unternehmens geäußert?
> ☐ Haben die Geschäftsleitung und oberen Führungskräfte dieses auf leicht verständliche, klare und unzweideutige Weise im Unternehmen an alle Mitarbeiter kommuniziert?
> ☐ Leben die Geschäftsleitung und oberen Führungskräfte ihr Bekenntnis zu Compliance und ethisch richtigem Verhalten im Unternehmen ihren Mitarbeiter vor?
> ☐ Hat die mittlere Führungsebene diese Vorgaben ihrerseits unterstützt und die Mitarbeiter zur Einhaltung dieser Standards ermutigt?

Das Verhalten der Geschäftsleitung und der oberen Führungskräfte
- Auf welche Weise haben konkret die Geschäftsführung und oberen Führungskräfte durch Wort und Tat die Einhaltung der gesetzlichen Vorgaben gefördert oder unterlaufen?
- In welchen konkreten Handlungen manifestierte die Geschäftsleitung ihre Führungsrolle im Rahmen der Compliance-Anstrengungen des Unternehmens?
- Wie nahm die Geschäftsführung ihre Führungsrolle bei der Aufklärung von Compliance-Verstößen wahr?
- Auf welche Weise nahmen sie ihre Vorbildfunktion wahr, um den Mitarbeiter das von ihnen erwartete Verhalten zu demonstrieren?
- Haben die Geschäftsführung oder die oberen Führungskräfte höhere Compliance-Risiken in Kauf genommen, um höhere Umsätze oder Auftragseingänge zu ermöglichen?
- Wurden Mitarbeiter von ihren Führungskräften dazu ermutigt, gegen gesetzliche Vorgaben zu verstoßen oder sich unethisch zu verhalten, um ambitionierte Geschäftsziele zu erreichen?
- Wurde der Compliance Officer daran gehindert, seine Pflichten zu erfüllen?

Gemeinsames Commitment der Führungskräfte (einschließlich der Funktionalbereiche Finanzen, Einkauf, Personal und Recht)
- Auf welche Weise haben die Führungskräfte ihren Mitarbeiter gezeigt, dass sie vollumfänglich hinter den Compliance-Anstrengungen des Unternehmens stehen?
- Bestand dieses Commitment auch fort, angesichts konkurrierender Interessen oder Geschäftsziele?

Aufsichtsrat und Gesellschafterversammlung
- Verfügen die Mitglieder des Aufsichtsrates oder die Vertreter der Gesellschafterversammlung über Compliance-Fachwissen?
- Fanden Gespräche zwischen den Vertretern des Aufsichtsrates und/oder der Gesellschafter auf der einen Seite sowie dem Compliance Officer auf der anderen Seite statt?
- Fanden Gespräche zwischen den Wirtschaftsprüfern und dem Compliance Officer statt?
- Welche Informationen nutzen der Aufsichtsrat bzw. die Vertreter der Gesellschafter, um ihre Aufsichtsfunktion auch in Bezug auf die Compliance des Unternehmens wahrzunehmen – insbesondere im Vorfeld von eingetretenen Compliance-Verstößen?

III. Eigenständigkeit und Ressourcen der Compliance-Funktion

735 Ist das Commitment der Geschäftsleitung gesichert, so bleibt jedoch die Ressourcenausstattung der Compliance-Funktion im Unternehmen ein kritischer Punkt. Wie bereits erwähnt, wird Compliance nicht selten als ein nicht wertschöpfender Bereich angesehen.[107] Dies erleichtert nicht gerade die Budgetgespräche, wenn es um die jährliche Neuallokation der **Finanzmittel der Kostenstelle** geht oder gar zusätzliches Personal. Diese Situation verschärft sich, wenn sich zB im Rahmen eines wirtschaftlichen Abschwungs die Unternehmenszahlen ganz anders entwickeln als geplant.

736 Auch kann die Funktion des Compliance Officer regelmäßig am besten effektiv ihre Aufgaben erfüllen, wenn die Person über eine hinreichende **Autorität und Gravitas** in der Organisation verfügt. Damit geht in der Regel auch eine gewisse innere Unabhängigkeit einher, die es erst ermöglicht uU der Geschäftsleitung auch unangenehme Botschaften zu überbringen oder unliebsame Themen anzusprechen bzw. zur Entscheidung vorzule-

---

[107] S. auch → Rn. 966 ff.

gen. Und, wie bereits mehrfach angesprochen, sollte bei den Mitarbeitern des Unternehmens kein Zweifel darüber bestehen, dass die Geschäftsführung hinter dem Compliance Officer steht.

Zur Prüfung der Funktionstüchtigkeit des Compliance-Managementsystems unter den Gesichtspunkten der Person und der Ressourcenallokation, können folgende Fragen dienlich sein. 737

Checkliste 48: Eigenständigkeit und Ressourcen der Compliance-Funktion
- Verfügt der Compliance Officer über ein ausreichendes Dienstalter und bekleidet er eine angemessene Hierarchieebene im Unternehmen?
- Verfügt der Compliance Officer über die notwendige Expertise, Geschäftsvorgänge zu verstehen und auf ihre Compliance-Risiken zu überprüfen?
- Verfügt der Compliance Officer über ausreichende Ressourcen, insbesondere auch über Personalkapazitäten, die es ihm ermöglichen, seine Aufgaben erfolgreich wahrzunehmen?
- Verfügt der Compliance Officer über eine ausreichende Unabhängigkeit, zB durch die Möglichkeit, sich direkt an den Aufsichtsrat oder dessen Prüfungsausschuss zu wenden?

Ob die Eigenständigkeit und Ressourcen der Compliance-Funktion als ausreichend bezeichnet werden können, ist wiederum auf Basis einer Compliance-Risikobetrachtung zu entscheiden. Auch hier gilt, je größer und/oder komplexer das Unternehmen ist, desto höher sind die Anforderungen. 738

Checkliste 49: Organisatorische Einbindung, Seniorität und Gravitas sowie Erfahrung und Qualifizierung des Compliance Officer; Ressourcen sowie Unabhängigkeit der Compliance-Funktion, Zugang zu Unternehmensdaten und -informationen, Outsourcing von Compliance-Funktionen

Organisatorische Einbindung des Compliance Officer
- In welchem Bereich ist die Funktion des Compliance Officer angesiedelt (zB eigenständige Abteilung mit direkter Berichtslinie an die Geschäftsführung, Abteilung innerhalb der Rechtsabteilung, Abteilung innerhalb eines Geschäftsbereichs)?
- An wen berichtet die Compliance-Funktion?
- Wird die Compliance-Funktion von einem ernannten Chief Compliance Officer oder wird sie von einer anderen Führungskraft innerhalb des Unternehmens geleitet, die noch andere Funktionen innerhalb des Unternehmens wahrnimmt?
- Sind der Compliance Officer und seine Mitarbeiter ausschließlich für die Compliance-Abteilung tätig oder haben sie noch andere Aufgaben im Unternehmen?

Seniorität und Gravitas des Compliance Officer
- Wie vergleicht sich die Compliance-Funktion im Verhältnis zu anderen strategischen Funktionen im Unternehmen in Bezug auf Status, Vergütungshöhe, Rang/Titel, Berichtslinie, Ressourcen und Zugang zu wichtigen Entscheidungsträgern?
- Wie hoch ist die Fluktuationsrate bei den Mitarbeitern der Compliance-Funktion und anderen relevanten Kontrollfunktionen des Unternehmens?
- Welche Rolle hat die Compliance bei den strategischen und operativen Entscheidungen des Unternehmens gespielt?
- Wie reagierte das Unternehmen auf Bedenken, die vom Compliance-Officer geäußert worden sind?
- Gab es Geschäfte, die aufgrund von Compliance-Bedenken gestoppt, modifiziert oder weiter geprüft wurden?

Erfahrung und Qualifizierung des Compliance Officer
- ❏ Verfügt das Compliance-Personal über angemessene Erfahrungen und Qualifikationen für seine Aufgaben und Verantwortlichkeiten?
- ❏ Hat sich das Niveau der Erfahrung und Qualifikationen im Laufe der Zeit verändert?
- ❏ Wie investiert das Unternehmen in die Weiterbildung des Compliance-Personals?
- ❏ Wer überprüft die Leistung der Compliance-Funktion und in welcher Weise wird die Überprüfung durchgeführt?

Ressourcen der Compliance-Funktion
- ❏ Verfügt die Compliance-Funktion über ausreichende Personalkapazitäten?
- ❏ Stellt das Unternehmen dafür ausreichende Mittel zur Verfügung (Budget, Räume, Technik usw)?
- ❏ Wurden in der Vergangenheit der Compliance-Funktion Ressourcen verweigert, und wenn ja, mit welcher Begründung?

Zugang zu Unternehmensdaten und -informationen
- ❏ Verfügt die Compliance-Funktion über einen hinreichenden Zugang zu den Unternehmensdaten und -informationen, um zeitnah und effektiv ihre Funktionen wahrzunehmen?
- ❏ Gibt es Hindernisse, die den Zugang zu relevanten Datenquellen einschränken, und wenn ja, was unternimmt das Unternehmen, um diese Hindernisse zu beseitigen?

Unabhängigkeit der Compliance-Funktion
- ❏ Besteht eine direkte Berichtslinie des Compliance Officer zu allen Mitgliedern der Geschäftsführung?
- ❏ Besteht gegebenenfalls eine Berichtslinie zum Aufsichtsrat und/oder Prüfungsausschuss?[108]
- ❏ Sofern eine solche Berichtslinie zum Aufsichtsrat besteht, wie häufig finden solche Sitzungen statt und nehmen Mitglieder der Geschäftsführung daran teil?
- ❏ Wie stellt das Unternehmen die Unabhängigkeit der Compliance-Funktion sicher?

Outsourcing von Compliance-Funktionen
- ❏ Hat das Unternehmen die Compliance-Funktion ganz oder teilweise an Dritte außerhalb des Unternehmens übertragen?
- ❏ Wer ist im Unternehmen für die Verbindung zu dem externen Dritten verantwortlich?
- ❏ Wer kontrolliert im Unternehmen die Aufgabenwahrnehmung durch den externen Dritten?
- ❏ Welchen Zugang hat die externe Firma oder der externe Berater zu Unternehmensinformationen?
- ❏ Ist die Effektivität und Effizienz der ausgelagerten Prozesse als zufriedenstellend beurteilt worden?

IV. Incentivierung und Sanktionen

739 Die Compliance-Anstrengungen eines Unternehmens können ins Leere laufen, wenn Compliance-Verstöße nicht geahndet werden. Fehlen entsprechende Compliance-Prozesse, die dafür sorgen, dass im Rahmen der Verhältnismäßigkeit und damit des arbeitsrechtlich Zulässigen, Fehlverhalten sanktioniert werden, werden die Vorgaben des Verhaltenskodex und der Compliance-Richtlinien nicht mehr ernstgenommen.

---

[108] Dies wäre eine begrüßenswerte Absicherung der Unabhängigkeit des Compliance Officer, die jedoch in Deutschland regelmäßig nicht vorgesehen ist, da der Ansprechpartner des Aufsichtsrats allein der Vorstand ist.

Daher sollten in einem etablierten Compliance-Managementsystem auch entsprechende Compliance-Prozesse verankert sein, die sicherstellen, dass das Unternehmen auf Compliance-Verstöße sowohl immer als auch angemessen reagiert. 740

Gleichermaßen kann das Unternehmen die Compliance-Anstrengungen der Mitarbeiter belohnen und **durch entsprechende Anreize fördern.** So können die Entwicklung oder Verbesserung eines Programms zur Einhaltung der Compliance in einer Abteilung, zB in Form einer Bonuszahlung, einer Belohnung oder sogar einer Beförderung des Mitarbeiters sehr nachhaltig für eine positive Verankerung von Compliance im Bewusstsein der Mitarbeiter sorgen. Besonders effektiv wirkt die Incentivierung im Rahmen von Zielvereinbarungen.[109] 741

Werden sowohl notwendig gewordene Sanktionen als auch Belohnungen im Unternehmen, soweit dies datenschutzrechtlich zulässig ist, bekannt gemacht, hat auch dies eine positive Auswirkung auf die Compliance der Mitarbeiter. 742

Der Ist-Zustand des Compliance-Managementsystems zu diesem Themenkomplex kann anhand der folgenden Fragen überprüft werden. 743

Checkliste 50: Incentivierung und Sanktionen
- Bestehen Compliance-Prozesse, die Incentivierungen und Sanktionen beinhalten?
- Wer ist an dem Entscheidungsprozess über Disziplinarmaßnahmen im Unternehmen beteiligt?
- Handelt es sich immer um den gleichen Prozess, unabhängig vom betroffenen Mitarbeiter, seiner Hierarchieebene oder Funktion im Unternehmen?
- Werden den Mitarbeitern des Unternehmens im Rahmen des datenschutzrechtlich Zulässigen, die Gründe für die Sanktionen eines ihrer Kollegen mitgeteilt?
- Wurden Anreize und Disziplinarmaßnahmen im gesamten Unternehmen fair und durchgängig angewendet?
- Überwacht die Compliance-Funktion die einheitliche Verhängung der Disziplinarmaßnahmen, nachdem Compliance-Verstöße festgestellt worden sind?
- Gibt es ähnlich gelagerte Compliance-Verstöße, die jedoch unterschiedlich geahndet worden sind?
- Hat das Unternehmen die Auswirkungen seiner Anreize und Belohnungen auf die Einhaltung der Vorschriften berücksichtigt?
- Welche Anreize gewährt das Unternehmen für Compliance und ethisches Verhalten?
- Wurden solche Anreize auch gewährt (wurden zB Mitarbeiter wegen Compliance-Anstrengungen befördert oder, im negativen Fall, wurde eine Beförderung verweigert)?
- Wer ist im Unternehmen für die Festlegung der Vergütung, einschließlich Boni, und für die Beförderungsentscheidungen der Mitarbeiter der Compliance-Funktion sowie für die Disziplinarmaßnahmen zuständig?

V. Zwischenergebnis

Wurde das Compliance-Managementsystem gut konzipiert, stellt sich die Frage, ob es auch effektiv umgesetzt worden ist. Letztlich steht dahinter die Frage, ob es sich bei dem Compliance-Managementsystem um eine Fassade handelt, die zwar über alle sichtbaren Attribute eines solchen Systems verfügt, dieses aber in der Realität nicht gelebt wird. 744

Daher ist es sinnvoll zu hinterfragen, ob das Commitment der Geschäftsführung auch langfristig gegeben ist – oder nur in der Startphase des Projekts „Compliance" wahrnehmbar war. Gleiches gilt auch für die Führungskräfte, deren anhaltende Unterstützung für den nachhaltigen Erfolg des Compliance-Managementsystem mindestens ebenso wichtig ist. 745

---

[109] → Rn. 591 ff.

746 Ein wirksames Compliance-Managementsystem setzt auch eine angemessene Ressourcenausstattung voraus. Auch diese ist aufgrund der stetig steigenden Kosten und gleichzeitig wachsenden Anforderungen ein Gradmesser für die Bedeutung, die die Geschäftsleitung dem Thema Compliance beimisst.

747 Ohne Sanktionen im Fall von Compliance-Verstößen bleibt auch ein gut konzipiertes Compliance-Managementsystem letztlich ein zahnloser Tiger. Ein Anreizsystem für eine gute Compliance im Unternehmen erzielt regelmäßig eine motivierende Wirkung bei den Mitarbeitern, Compliance in ihre tägliche Arbeit zu integrieren. Fehlt dieses, wird Compliance nicht gleichrangig zu anderen wichtigen Themen des Unternehmens, wie zB Umsatz- oder Ergebniszielen, behandelt. Auch dies lässt darauf schließen, dass das Konzept des Compliance-Managementsystems nicht nachhaltig gefördert wird. Daher sollte regelmäßig hinterfragt werden, ob diesbezüglich Optimierungen erforderlich sind.

C. Funktioniert das Compliance-Managementsystem des Unternehmens in der Praxis?

748 Der letzte Fragenkatalog zur Validierung der Effektivität des Compliance-Managementsystems betrifft dessen **Tauglichkeit im Falle eines Compliance-Verstoßes.** Die Frage, ob das Konzept des Compliance-Managementsystems und dessen Implementierung im Falle eines Compliance-Verstoßes funktioniert hat, ist außerordentlich schwer zu beantworten. Denn allzu leicht basiert die Antwort auf diese Frage auf dem Kenntnisstand, der *nach* dem Compliance-Verstoß bekannt war (ex post) und nicht demjenigen, der zum Zeitpunkt des Verstoßes vorlag (ex ante).

749 Besonders einfach macht es sich bisher zB die EU-Wettbewerbskommission, die schlicht den Compliance-Verstoß als solchen als ausreichenden Beleg dafür ansieht, dass das Compliance-Managementsystem wohl im Praxistext versagt hat.[110] Tatsächlich nützt diese Sicht dem Compliance Officer nicht viel, wenn er beurteilen möchte, ob sich das Konzept des Compliance-Managementsystem in der Praxis bewährt hat. Denn allein die Tatsache, dass es zu einem Compliance-Verstoß gekommen ist, sagt allein noch nichts über dessen Qualität aus.

750 Tatsächlich werden im angloamerikanischen Rechtskreis, zunehmend aber auch in Deutschland, die Anstrengungen, die ein Unternehmen unternimmt, um ein effektives Compliance-Managementsystem zu implementieren, anerkannt und können zu einer Strafminderung oder sogar Straffreiheit des Unternehmens führen. Dabei gehen die amerikanischen Behörden sogar so weit zu sagen, dass kein Compliance-Managementsystem in der Lage ist, jedweden Rechtsverstoß aus dem Unternehmen heraus zu vermeiden. Daher sind die für ein Compliance-Managementsystem kritischen Faktoren,
- ❏ ob es angemessen auf die maximale Wirksamkeit bei der Verhinderung und Aufdeckung von Fehlverhalten von Mitarbeitern ausgelegt ist und
- ❏ ob die Unternehmensleitung das Programm durchsetzt oder
- ❏ ob es die Mitarbeiter stillschweigend ermutigt oder unter Druck setzt, Fehlverhalten zu begehen, um Geschäftsziele zu erreichen.

So ist zB die Aufdeckung eines Compliance-Verstoßes und das Ergreifen entsprechender Abhilfemaßnahmen ein starker Indikator dafür, dass das Compliance-Managementsystem in der Praxis funktioniert hat.[111]

---

[110] *Gehring/Kasten/Mäger* CCZ 2013, 3.
[111] *Department of Justice,* Principles of Federal Prosecution of Business Organizations, 9–28.800 Corporate Compliance Programs B. Comments, https://www.justice.gov/jm/jm-9-28000-principles-federal-prosecution-business-organizations#9-28.800 (zuletzt abgerufen am 21.8.2020).

C. Funktioniert das Compliance-Managementsystem des Unternehmens in der Praxis? § 4

In Deutschland sieht der Entwurf des Gesetzes zur Stärkung der Integrität in der Wirtschaft ähnliche Regelungen vor, die ein Unternehmen für seine Compliance-Anstrengungen selbst im Fall eines Compliance-Verstoßes belohnen.[112]

Ob das Compliance-Managementsystem im Rahmen einer Betrachtung ex-ante den Praxistest bestehen würde, kann von der Beantwortung folgender Fragen abhängen.

Checkliste 51: Funktioniert das Compliance-Managementsystem des Unternehmens in der Praxis?
- Wurde der Compliance-Verstoß vom Unternehmen aufgedeckt?
- Wie wurde das Unternehmen auf den Compliance-Verstoß aufmerksam?
- Welche Ressourcen stellte das Unternehmen für die Untersuchung eines vermuteten Compliance-Verstoßes zur Verfügung?
- Welcher Art und wie gründlich waren die Abhilfemaßnahmen?
- Wurde das Compliance-Managementsystem kontinuierlich verbessert, um bestehenden und künftigen Compliance-Risiken zu begegnen?
- In welchem Umfang hat das Unternehmen Investitionen in das Compliance-Managementsystem getätigt?
- Hat das Unternehmen eine angemessene und ehrliche Ursachenanalyse durchgeführt, um zu identifizieren, was zu dem Fehlverhalten beigetragen hat und welche Abhilfemaßnahmen erforderlich sind, um künftig ähnliche Vorfälle zu verhindern?
- Wurde das Compliance-Managementsystem getestet, ob es einen ähnlich gelagerten Compliance-Verstoß künftig entdecken und verhindern könnte?

I. Kontinuierliche Verbesserung, regelmäßige Tests und Überprüfungen

Da man Compliance als einen Prozess verstehen kann, der die rechtlich einwandfreie Unternehmenstätigkeit zum Ziel hat, ist es nur folgerichtig, dass dieser, wie auch jeder andere betriebswirtschaftliche Geschäftsprozess, ständigen Veränderungen der Rahmenbedingungen ausgesetzt ist und an diese angepasst werden muss. Daher ist es zwingend notwendig, dass der Compliance Officer stetig an der Optimierung des einmal implementierten Compliance-Managementsystem arbeitet.

Dabei dreht es sich um die Umsetzung der Erkenntnisse, die zB aus dem Compliance-Risikomanagement oder aus dem Compliance-Monitoring gewonnen wurden, die die Notwendigkeit für Verbesserungen und Weiterentwicklungen des Compliance-Managementsystems aufzeigen. Aber auch Änderungen im geschäftlichen Umfeld des Unternehmens, sei es bei Kunden, sei es durch neue gesetzliche Vorgaben oder Branchenstandards, machen laufende Anpassungen erforderlich.

Checkliste 52: Kontinuierliche Verbesserungen, Interne Revision, Wirksamkeit der Kontrollen, stetige Aktualisierungen des Compliance-Managementsystems sowie Compliance-Kultur
Kontinuierliche Verbesserung, regelmäßige Tests und Überprüfungen
- Hat das Unternehmen ernsthafte Anstrengungen unternommen, das Compliance-Managementsystem zu überprüfen und sicherzustellen, dass es nicht veraltet ist?
- Wurden zB Mitarbeiterbefragungen zur Compliance-Kultur und zur Qualität der unternehmensinternen Kontrollsysteme durchgeführt?

---

[112] *Bundesministerium der Justiz und für Verbraucherschutz*, „Gesetzentwurf der Bundesregierung Entwurf eines Gesetzes zur Stärkung der Integrität in der Wirtschaft, Bearbeitungsstand: 16.6.2020, https://www.bmjv.de/SharedDocs/Gesetzgebungsverfahren/Dokumente/RegE_Staerkung_Integritaet_Wirtschaft.pdf?__blob=publicationFile&v=2 (zuletzt abgerufen am 21.8.2020).

Interne Revision
Auch wenn die meisten mittelständischen Unternehmen nicht über eine eigene Revisionsabteilung verfügen, sollen doch im Folgenden einige Fragen aufgeführt werden. Da es sich regelmäßig um eine Prüfung von Geschäftsprozessen handelt, können diese Fragen zur Prüfung der Qualität interner Geschäftsprozessanalysen genutzt werden.
- Wie wird bestimmt, wo und wie oft die Interne Revision eine Prüfung durchführt?
- Steht die Begründung in Einklang mit den Zielen der Compliance-Funktion und dem Revisionsgedanken?
- Wie werden Audits durchgeführt?
- Welche Arten von Audits können Compliance-Verstöße im Unternehmen aufdecken und wurden diese durchgeführt?
- Welche Arten von Compliance-relevanten Prüfungsfeststellungen wurden dokumentiert?
- Wurden die von der Revision vorgeschlagenen Abhilfemaßnahmen vollständig umgesetzt?
- Wurde ein Re-Audit durchgeführt, um die Implementierung der Compliance-Maßnahmen zu überprüfen?
- Wurde die Geschäftsleitung über die Prüfungsfeststellungen, die vorgeschlagenen Abhilfemaßnahmen und deren Umsetzung unterrichtet?
- Wie haben die Mitglieder der Geschäftsführung die Ergebnisse und Verbesserungsmaßnahmen begleitet?
- Wie oft führt die Interne Revision Prüfungen in Hochrisikobereichen, wie zB in Tochtergesellschaften in korruptionsgeneigten Ländern oder in Unternehmensbereichen mit viel Behördengeschäft durch?

Wirksamkeit der Kontrollen
- Wurde das Compliance-Managementsystem auditiert (und gegebenenfalls testiert)?
- Wurden zu dem Zweck auch Compliance-Daten analysiert sowie Gespräche mit Mitarbeitern und Dritten (zB Geschäftspartner) durchgeführt?
- Wurden die Ergebnisse der Überprüfung der Geschäftsleitung berichtet?
- Welche Maßnahmen wurden daraus abgeleitet?

Stetige Aktualisierungen des Compliance-Managementsystems
- Wie häufig aktualisiert das Unternehmen seine Compliance-Risikobewertungen sowie seine Compliance-Richtlinien, Compliance-Prozesse und -Arbeitsanweisungen?
- Hat das Unternehmen eine Abweichungsanalyse durchgeführt, um festzustellen, ob bestimmte Compliance-Risikobereiche in seinen Richtlinien, Prozessen oder Schulungen nicht ausreichend berücksichtigt werden?
- Welche Schritte hat das Unternehmen unternommen, um festzustellen, ob seine Compliance-Richtlinien und -Prozesse für alle Geschäftsbereiche und Tochtergesellschaften sinnvoll sind?
- Überprüft und passt das Unternehmen sein Compliance-Managementsystem auf der Grundlage der Erkenntnisse an, die aus seinen eigenen Compliance-Verstößen und/oder jenen anderer Unternehmen mit ähnlichen Risiken gezogen wurden?

Compliance-Kultur
- Wie oft und wie misst das Unternehmen seine Compliance-Kultur?
- Werden in diesem Zusammenhang alle Mitarbeiter befragt, wie sie das Engagement der Geschäftsleitung und der Führungskräfte für Compliance wahrnehmen?
- Welche Maßnahmen hat das Unternehmen als Reaktion auf die Ergebnisse der Analyse der Compliance-Kultur implementiert?

II. Untersuchung von Compliance-Verstößen

Nach der hier vertretenen Auffassung, gehört die Untersuchung von Compliance-Verstö- 755
ßen durch Mitarbeiter oder durch vom Unternehmen beauftragte Geschäftspartner nicht
zu den Kernaufgaben eines Compliance Officer, sondern sollte vielmehr den darauf spezialisierten Kollegen der Internen Revisionsabteilung vorbehalten bleiben.

Dennoch muss sich der Compliance Officer über den Verlauf und va über die aus der Untersuchung gewonnenen Erkenntnisse unterrichten lassen.

Um jedoch beurteilen zu können, ob alle Aspekte des Regelverstoßes aus Compliance- 756
Sicht richtig untersucht wurden, können einige weiterführende Fragen hilfreich sein, die
die Qualität der internen Untersuchung beleuchten sollen.

> **Checkliste 53: Untersuchung von Compliance-Verstößen (keine Interne Revisionsabteilung vorhanden)**
> - Verfügt das Unternehmen über Mitarbeiter, die fachlich in der Lage sind und budgetär angemessen ausgestattet werden, um Verdachtsfälle von Compliance-Verstößen zu untersuchen (zB im Finanzbereich oder im Qualitätsmanagement)?
> - Verfügt das Unternehmen über adäquate Methoden, die Untersuchung selbst, deren Prüfungsfeststellungen sowie die vorgeschlagenen Compliance-Maßnahmen und die gegebenenfalls erforderlichen disziplinarischen Schritte zu dokumentieren?
> - Wurden die Grenzen der Untersuchung ausreichend groß definiert?
> - Waren die Mitarbeiter, die die Untersuchung durchführten, ausreichend qualifiziert, unabhängig und objektiv?
> - Wurden im Rahmen der Untersuchungen die Grundursachen, Systemschwachstellen und Verantwortungslücken identifiziert?
> - Wurden dabei auch die Verantwortlichkeiten der Führungskräfte und der Mitglieder der Geschäftsführung analysiert?
> - Waren die Reaktionen auf die Prüfungsfeststellungen sachgerecht und verhältnismäßig?

III. Analyse und Behebung der tieferliegenden Ursachen eines Compliance-Verstoßes

Regelmäßig sind Compliance-Verstöße Hinweise auf tieferliegende Schwächen in den 757
Geschäftsprozessen des Unternehmens, die es erleichtern, dass Compliance-Verstöße von
den Kontrollen nicht erfasst werden können, die eigentlich sicherstellen sollten, dass ein
Geschäftsprozess frei von Manipulationen abläuft.

Daher ist es für ein nachhaltig funktionierendes Compliance-Managementsystem zwin- 758
gend erforderlich, den Ursachen des Regelverstoßes auf den Grund zu gehen, um diese
zeitnah durch entsprechende Compliance-Maßnahmen abzustellen.

> **Checkliste 54: Analyse von Compliance-Verstößen**
>
> Analyse der tieferliegenden Ursachen
> - Auf welche Weise erfolgt die Analyse der tieferliegenden Ursachen, die den Compliance-Verstoß begünstigten?
> - Wurden systemische Probleme identifiziert?
> - Wer im Unternehmen war an der Durchführung der Analyse beteiligt?
>
> Bestehende Schwachstellen
> - Welche Kontrollmechanismen der Geschäftsprozesse haben versagt?

- Existierten Richtlinien, Geschäftsprozesse oder Arbeitsanweisungen, die den Compliance-Verstoß hätten verhindern sollen?
- Waren diese richtig implementiert?
- Wurden die für den Geschäftsprozess verantwortlichen Mitarbeiter und Führungskräfte zur Verantwortung gezogen?

Zahlungssysteme
- Wie wurde der Compliance-Verstoß finanziert (zB mittels einer Beschaffungsanweisung, Rückerstattungen an Mitarbeiter, Rabatte, Portokasse)?[113]
- Welche geschäftsprozessabsichernden Maßnahmen hätten die unzulässige Beschaffung bzw. die Auszahlung verhindern oder aufdecken können?
- Sind diese Prozesse verbessert worden?

Lieferantenmanagement
- Waren Lieferanten an dem Compliance-Verstoß beteiligt?
- Wurden die Lieferanten im Rahmen der Geschäftspartnerprüfung auf ihre Compliance untersucht?
- Welche Maßnahmen zur Optimierung der Geschäftspartnerprüfung und des laufenden Lieferantenmanagements sind erforderlich?

Frühere Hinweise
- Lagen bereits Hinweise vor, die es ermöglicht hätten, rechtzeitig das fragliche Fehlverhalten aufzudecken (zB Audit-Berichte, die auf entsprechende Geschäftsprozessdefizite aufmerksam machten oder Anschuldigungen und Beschwerden)?
- Hat das Unternehmen analysiert, warum diese Informationen nicht genutzt wurden, um den in Frage stehenden Geschäftsprozess abzusichern?

Beseitigung der Compliance-Defizite
- Welche spezifischen Anpassungen hat das Unternehmen implementiert, um das Risiko zu minimieren, dass vergleichbare Probleme in Zukunft nochmals auftreten können?
- Welche spezifischen Gegenmaßnahmen wurden insbesondere in Bezug auf die tieferliegenden Ursachen und hinsichtlich der Nutzung bereits im Unternehmen bekannter Hinweise auf gefährdete Geschäftsprozesse eingeführt.

Verantwortlichkeit
- Welche Disziplinarmaßnahmen hat das Unternehmen als Reaktion auf den Compliance-Verstoß ergriffen?
- Wurden die Sanktionen zeitnah ergriffen?
- Wurden Führungskräfte für Compliance-Verstöße, die unter ihrer Aufsicht stattfanden, zur Verantwortung gezogen?
- Hat das Unternehmen Sanktionen gegenüber der Führungskraft für deren Versäumnisse bei der Aufsicht seiner Mitarbeiter in Betracht gezogen?
- Wie werden die verhängten Sanktionen wegen Compliance-Verstößen im Unternehmen dokumentiert?
- Welche Sanktionen hat das Unternehmen gegen Mitarbeiter und Führungskräfte verhängt (zB die Kürzung oder Streichung der Tantieme, wurde eine Abmahnung oder Kündigung ausgesprochen)?

---

[113] „Follow the money" – der Spur des Geldes folgen, ist ein journalistischer Grundsatz, der im Rahmen des Watergate-Skandals von den beiden Journalisten der Washington Post, die diese Affäre publik machten, beherzigt worden sein soll. Diese Aufforderung sollte bei jeder internen Untersuchung befolgt werden.

IV. Zwischenergebnis

Ein theoretisch gut konzipiertes und umgesetztes Compliance-Managementsystem muss jedoch noch nicht funktionieren. Vielmehr können zB Umfeldveränderungen das Erreichen des Ziels einer nachhaltigen Compliance ganz oder teilweise vereiteln oder zumindest erschweren. Daher ist es erforderlich, durch geeignete Fragen zu validieren, ob das Compliance-Managementsystem des Unternehmens in der Praxis funktioniert. 759

In Ermangelung eines konkreten Compliance-Verstoßes mag dies etwas schwerfallen. Dennoch bedeutet das Fehlen eines Ansatzes der kontinuierlichen Verbesserung, dass man sich nicht sicher sein kann, dass das Compliance-Managementsystem, das man vor fünf Jahren erdacht und umgesetzt hat, auch heute noch den Anforderungen gerecht wird. 760

Auch können regelmäßige Überprüfungen und die Analyse der Ursachen für Compliance-Risiken helfen zu validieren, ob das Compliance-Managementsystem sein Ziel erreicht, präventiv Compliance-Verstöße zu minimieren. 761

D. Wie kann ich das Compliance-Management effizienter machen?

Befindet sich das Compliance-Managementsystem erstmal in einem eingeschwungenen Zustand, hat dessen kontinuierliche Verbesserung Vorrang vor effizienzoptimierenden Maßnahmen. Dennoch schließt das eine das andere nicht aus. 762

Zum einen gilt auch das Konzept der Erfahrungskurve für den Compliance Officer und seine Tätigkeit.[114] Wird bei der Produktion unterstellt, dass sich die Stückkosten mit jeder Verdopplung der kumulierten Produktionsmenge um einen bestimmten Prozentsatz senken lassen, so wird auch der Compliance Officer nicht nur mit zunehmender Befassung mit Compliance besser, sondern auch schneller darin, zB Compliance-Schulungen vorzubereiten oder die Antworten zur Abfrage der Compliance-Risiken zu analysieren. 763

Zum anderen können sich durch eine Zusammenarbeit mit der IT-Abteilung des Unternehmens neue Möglichkeiten erschließen, nicht nur effizienter zu werden, sondern auch eine höhere Geschäftsprozesssicherheit zu erreichen. 764

So können **Compliance-Prozesse,** wie zB immer wiederkehrende Abfragen, sei es zu den Compliance-Risiken im Unternehmen oder bei Geschäftspartnerprüfungen in Form **elektronischer Fragebögen** gestaltet werden, sofern sichergestellt ist, dass den Adressaten bewusst ist, dass daraus keine „box-ticking exercise" geworden ist. Durch den Einsatz des entsprechenden IT-Know-how können somit Abfragen und Auswertungen beschleunigt werden. 765

Sowohl für die Effizienz der Geschäftsprozesse insgesamt, aber va für deren Compliance kann die zunehmende Digitalisierung der operativen Geschäftsprozesse eine wichtige Rolle spielen. Papierbasierte Geschäftsprozesse sind sehr viel leichter zu manipulieren oder zu unterlaufen als IT-gestützte Prozesse. 766

So ist ein papierbasierter Prozess, zB der Beschaffung von Büromaterial, aber auch sehr viel höherwertiger Güter, und eine entsprechende Abrechnung des Kaufbelegs über die Kostenstelle, anfällig für Direkteinkäufe ohne Ausschreibung. Fehlt in einem kleineren Dienstleistungsunternehmen zB eine dedizierte Einkaufsfunktion, kann dies durch die Programmierung einer IT-Applikation für die Beschaffungsvorgänge geändert werden. Durch eine solche Lösung fallen keine hohen Kosten für die Einführung eines „Einkaufsmoduls" eines der großen ERP-Systeme an, die wiederum erhebliche Lizenzkosten nach sich ziehen würden. 767

Abgesehen von den betriebswirtschaftlichen Vorzügen, haben sie jedoch aus Compliance-Sicht einen entscheidenden Vorteil: Die Programmierung ist nichts Anderes als die 768

---

[114] Zum Konzept der Erfahrungskurve *Bamberger/Wrona* Strategische Unternehmensführung S. 341 ff.

Digitalisierung des Geschäftsprozesses „Beschaffung". So kann das Unternehmen einen Prozess definieren lassen, der nicht nur die Anforderungen an einen modernen Beschaffungsvorgang erfüllt. Vielmehr kann der Compliance Officer bei der Definition des Prozesses gleichzeitig darauf hinwirken, dass dieser Prozess auch modernen Compliance-Anforderungen gerecht wird.

769 So können betragsabhängige Unterschriftsberechtigungen, die auf elektronischem Wege erteilt werden, ebenso in dem System verankert werden, wie auch durch entsprechend eingescannte Unterlagen die gesamte Dokumentation des Beschaffungsvorgangs integriert werden kann. Dadurch entfallen zahlreiche Möglichkeiten, einen solchen Beschaffungsvorgang zu manipulieren, da es gar nicht zur Beschaffung kommt, sofern der Prozess nicht ordnungsgemäß durch die richtigen Freigaben abgeschlossen wurde.

770 Auch wenn die üblichen Berührungspunkte zwischen der IT-Abteilung und dem Compliance Officer vielleicht etwas kleinerer Natur sind, so lohnt es sich doch, dieses Thema auch aus Compliance-Sicht näher zu betrachten. Der Compliance Officer kann jede Neueinführung eines IT-Systems oder einen entsprechend größeren Release-Wechsel bei bestehenden IT-Applikationen uU nutzen, um darauf zu drängen, dass diese auch aus Compliance-Sicht optimiert werden.

771 Damit verbessert er die Effizienz seiner Aufgabenwahrnehmung erheblich, da ein auch aus Compliance-Gesichtspunkten stabiler IT-basierter Geschäftsprozess einen deutlich geringeren Kotrollaufwand erfordert, was wiederum hilft, die Compliance-Risiken zu reduzieren.

Checkliste 55: Effizienzverbesserung des Compliance-Managementsystems
- ❑ Automatisierung von manuellen, fehler- bzw. manipulationsanfälligen operativen Geschäftsprozessen
- ❑ Compliance-Risiken mittels elektronischer Fragebögen erfassen
- ❑ Einführung neuer Software zur Absicherung von damit gesteuerten Geschäftsprozessen aus Compliance-Sicht nutzen und anpassen.

E. Fazit

772 Im Rahmen der kontinuierlichen Verbesserung des Compliance-Managementsystems ist es sehr sinnvoll, die bereits implementierten organisatorischen Maßnahmen, die neu eingeführten Compliance-Prozesse, sowie den Verhaltenskodex ebenso wie die Compliance-Richtlinien dahingehend zu überprüfen, ob sie aktuell noch den sich wandelnden Anforderungen des Unternehmens an ein modernes und va wirksames Compliance-Managementsystem gerecht werden. Gleiches gilt für die bisher durchgeführten Compliance-Schulungen und das implementierte Compliance-Kommunikationskonzept.

773 Dazu kann man sich an eine gewisse Reihenfolge in der Selbstprüfung des Compliance-Managementsystem halten, die sicherstellt, dass man mit einer angemessenen Gründlichkeit die Effektivität der einzelnen Module des Compliance-Managementsystems analysiert.

774 Die erste Frage in dieser Prüfungskette ist darauf gerichtet zu validieren, ob das Compliance-Managementsystem gut konzipiert worden ist. Erst wenn man sich dessen versichert hat und gegebenenfalls Nachjustierungen des Konzepts vorgenommen hat, sollte man sich der zweiten Frage, ob das Compliance-Managementsystem richtig und vollständig implementiert worden ist, zuwenden und in diesem Zusammenhang auch die Angemessenheit der Ressourcenausstattung des Compliance-Managementsystems prüfen.

775 Erst wenn auch diese Fragen guten Gewissens bejaht werden können, sollte man sich mit der dritten Frage nach der Wirksamkeit des Compliance-Managementsystems befassen. Auch dieser Schritt ist konsequent, da auch ein gut konzipiertes und implementiertes

E. Fazit § 4

Compliance-Managementsystem, das eigentlich wirksam Compliance-Risiken oder -Verstöße minimieren sollte, uU in der Praxis nicht wirklich gut funktioniert.

Diese Prüfungskette zu durchlaufen ist zeitaufwendig. Daher macht es für den Compliance Officer sehr viel Sinn, bei dieser Gelegenheit auch zu prüfen, an welchen Stellen seine Arbeit und damit die Verbesserung der rechtlich einwandfreien Unternehmenstätigkeit effizienter gestaltet werden kann. Hierzu können zB die Möglichkeiten moderner Informationstechnologie genutzt werden, um fehler- und uU manipulationsanfällige manuelle Geschäftsprozesse zu automatisieren. 776

§ 5 Überlegungen zur Übernahme der Aufgabe des Compliance Officer

Nachdem in den vorausgegangenen Kapiteln die ersten operativen Schritte des Compliance Officer und Maßnahmen zur Verstetigung des Compliance-Managementsystems umrissen worden sind, befasst sich dieses Kapitel mit einigen grundsätzlichen Themen, die für die Aufgabenwahrnehmung durch den neu ernannten Compliance Officer von Bedeutung sind.

777

Auch wenn die ersten Schritte schon getan sind, so schließt dies nicht aus, dass zu einem späteren Zeitpunkt die Aufgaben des Compliance Officer klar definiert und schriftlich niedergelegt werden sollten. Dabei spielt die Frage nach der Haftung des Compliance Officer eine wichtige Rolle, denn deren Beantwortung leitet sich aus seiner Aufgabenbeschreibung ab.

778

A. Anforderungen an Form und Inhalte der Aufgabenübernahme

Nicht selten wird die Aufgabe des Compliance Officer einem Mitarbeiter im Rahmen eines Gesprächs mit einem Mitglied der Geschäftsführung übertragen. Und bei dieser formlosen Übertragung bleibt es dann auch häufig.

779

Daher sollte sich der Compliance Officer die Frage beantworten, ob er diesen rechtlich eher undefinierten Zustand nicht durch eine Formalisierung der Zusammenarbeit nachträglich regeln möchte. Die richtige Ausgangsbasis hierfür ist sein Arbeitsvertrag, in dem bereits seine bisherigen Aufgaben beschrieben wurden.

780

Nimmt der Compliance Officer die Übertragung der neuen zusätzlichen Funktion an, sollte im Rahmen einer Ergänzung des Arbeitsvertrags die Aufgabe und Funktion sowie seine Haftung geregelt werden.

781

I. Die Haftung des Compliance Officer

Der Inhalt einer ergänzenden Regelung zum Arbeitsvertrag des Compliance Officer umfasst eine Beschreibung dessen Funktion und die Aufgaben, die er wahrzunehmen hat. Daraus leiten sich wiederum die möglichen Haftungsfolgen ab. Somit sollte sich der Compliance Officer zunächst über sein Haftungsrisiko im Klaren sein, zB im Falle einer Bestechung im Unternehmen.

782

Trotz der Implementierung eines Compliance-Managementsystems blieb dieser unentdeckt. Daraus ist dem Unternehmen ein Millionenschaden entstanden, da in erheblichen Umfang Kosten für Rechtsberater und Wirtschaftsprüfer angefallen sowie die bei dem Geschäft gemachten Gewinne abgeschöpft worden sind. Grundsätzlich kann sich die Haftung des Compliance Officer im Rahmen eines solchen Compliance-Verstoßes im Unternehmen aus ganz unterschiedlichen Richtungen ergeben.

783

Checkliste 56: Quellen der persönlichen Haftung des Compliance Officer
- Das Strafrecht
  (zB in Form der Beihilfe durch Unterlassen zu einer Straftat)
- Das Ordnungswidrigkeitenrecht
  (zB das Unterlassen derjenigen Aufsichtsmaßnahmen, die Zuwiderhandlungen gegen Pflichten, die den Inhaber des Unternehmens betreffen [Compliance], verhindert oder wesentlich erschwert hätten)
- Das Zivilrecht
  (zB Schadensersatzansprüche)

784 Problematisch ist hierbei, dass er zwar als Mitarbeiter, wie jeder andere Angestellte des Unternehmens auch, zunächst den üblichen und für ihn grundsätzlich vorteilhaften arbeitsrechtlichen Haftungsregeln unterworfen ist. Als Compliance Officer nimmt er jedoch eine sehr spezielle Stellung im Unternehmen ein, die der des Datenschutzbeauftragten, Sicherheitsbeauftragter oder Exportkontrollbeauftragten im Unternehmen nicht unähnlich ist. Daraus könnte sich ein erweiterter Haftungsumfang für den Compliance Officer ergeben, was jedoch in der Rechtsprechung noch nicht abschließend geklärt ist. Somit sind die Haftungsfolgen eines Compliance-Verstoßes im Unternehmen zunächst relativ unwägbar, sofern seine Aufgaben nicht klar definiert sind.

785 Bestimmen also die übernommenen Aufgaben den Umfang der Haftung des Compliance Officer, so muss er quasi rückwärts überlegen, in welchem Umfang er haften will, um auf diesem Niveau seine wahrzunehmenden Aufgaben näher zu konkretisieren.

786 Daher werden in den folgenden Abschnitten zunächst die Grundsätze der Compliance-Verantwortung im Unternehmen nochmals kurz zusammengefasst. Aus diesen leiten sich die Aufgaben des Compliance Officer ab. Darauf aufbauend werden die verschiedenen haftungsrechtlichen Aspekte beleuchtet, um zu einer möglichen Eingrenzung der Haftung des Compliance Officer durch eine entsprechende Aufgabenbeschreibung zu kommen.

1. Grundsätzliches zur Verantwortung für die Compliance des Unternehmens

787 Das Landgericht München I hat in seiner **„Siemens/Neubürger"-Entscheidung** bestätigt, dass die Wahrnehmung der Compliance-Verantwortung zum Kernbereich der **Leitungsaufgaben** der Unternehmensführung gehört. Daher hat die Geschäftsführung über alle grundlegenden Entscheidungen bezüglich der Einrichtung einer Compliance-Organisation selbst zu entscheiden. Auch muss sie sich regelmäßig von deren Wirksamkeit überzeugen (Organisations-, System- und Überwachungsverantwortung).[115] So trug in dem og Fall der Konzernvorstand der Siemens AG die Verantwortung dafür, dass das Unternehmen so organisiert und beaufsichtigt wird, dass keine Gesetzesverletzungen, wie in diesem Fall die grenzüberschreitenden Bestechungsgeldzahlungen, stattfinden.[116]

788 Die Geschäftsleitung kann jedoch zumindest teilweise die *Wahrnehmung* seiner Leitungsfunktionen delegieren. Delegiert werden dürfen allerdings nur Aufgaben, nicht jedoch die (Leitungs-)Entscheidungen selbst. Dh, die entscheidungsvorbereitenden Tätigkeiten sowie die der Leitungsentscheidung nachgelagerten Aufgaben der Implementierung können an Personen delegiert werden, die ihrer arbeitsrechtlichen Direktionsbefugnis unterliegen.[117] Zu diesem Personenkreis zählt der Compliance Officer.

789 Darüber hinaus hat die Geschäftsleitung durch eine entsprechende Organisation und ein wirksames Kontroll- und Überwachungssystem sicherzustellen, dass ihre Mitarbeiter die ihnen übertragenen Aufgaben korrekt erfüllen (vertikale Überwachungspflicht).[118]

790 Eine über die Einrichtung eines Frühwarnsystems hinausgehende Pflicht der Geschäftsführung zum Aufbau einer Compliance-Organisation besteht jedoch nicht.[119] Vielmehr hängt es von der Art und Größe des Unternehmens, von seiner Branchenzugehörigkeit und dem Grad der Internationalisierung seiner Geschäftsbeziehungen ebenso ab wie von der Historie vergangener Compliance-Verstöße, ob sich die Geschäftsleitung im Rahmen ihres Leitungsermessens für den Aufbau einer umfassenden Compliance-Organisation entscheiden sollte.

791 Somit liegt die Compliance-Verantwortung eindeutig bei der Geschäftsführung. Der Compliance Officer **unterstützt die Geschäftsleitung** bei der Wahrnehmung dieser Aufgabe. Im Rahmen seiner Aufgaben ist er als Mitarbeiter des Unternehmens immer den

---

[115] Spindler/Stilz/*Fleischer* AktG § 91 Rn. 63 ff.
[116] LG München NZWiSt 2014, 183 mAnm *Rathgeber*.
[117] Spindler/Stilz/*Fleischer* AktG § 76 Rn. 65.
[118] Vgl. auch § 130 OWiG, § 9 Abs. 1 OWiG.
[119] So auch HML Corporate Compliance/*Hauschka* § 1 Rn. 30 ff.

Weisungen der Geschäftsführung **unterworfen.** Dass die Geschäftsführung durch eine entsprechende Delegation die Compliance-Verantwortung an den Compliance Officer überträgt und sich dann darauf zurückzieht, diesen bei der Wahrnehmung dessen Verantwortung zu unterstützen, ist hingegen nicht möglich. Der Compliance Officer hat somit eine **geringere Systemverantwortung.**

Die Geschäftsführung kann somit zwar nicht ihre Verantwortung für die Erfüllung ihrer Legalitätspflicht an den Compliance Officer delegieren. Abhängig vom Umfang der Delegation der damit in Zusammenhang stehenden Aufgaben, kann dies aber sehr wohl zu einer Minderung der Haftung der Geschäftsleitung und einer erhöhten Haftung des Compliance Officer führen, sofern dieser richtig ausgewählt, instruiert und durch die Geschäftsleitung kontrolliert worden ist. 792

Daher kommt der Beschreibung des Tätigkeitsbereichs des Compliance Officer eine erhebliche Bedeutung für die Beantwortung der Frage zu, in welchem Umfang er für die Konsequenzen von Compliance-Verstöße im Unternehmen persönlich haftet.[120] 793

Die Frage der Haftung des Compliance Officer ist jedoch leider noch nicht in der Rechtsprechung abschließend behandelt worden, sodass man sich an den allgemeinen Grundsätzen bei ihrer Beantwortung orientieren muss. Dabei sind die Haftungsfragen sehr differenziert zu betrachten, da man die strafrechtliche von der zivilrechtlichen Haftung auf Schadensersatz ebenso unterscheiden muss, wie die Haftung nach dem Ordnungswidrigkeitengesetz (OWiG). 794

2. Die strafrechtliche Haftung des Compliance Officer – das BSR-Urteil

Die Frage, ob der Compliance Officer strafrechtlich dafür haftet, dass er es versäumt hat, Straftaten, die von Mitarbeitern des Unternehmens begangen worden sind und durch die dem Unternehmen oder Dritten ein Schaden entstanden ist, zu verhindern, ist noch nicht abschließend richterlich geklärt worden. 795

In den nachgelagerten Abschnitten finden sich mögliche Argumente für den Compliance Officer, die im Rahmen eines Gesprächs mit der Geschäftsleitung hilfreich sein können, um sich auf eine für ihn haftungsreduzierenden Regelung zu verständigen. 796

a) Die Garantenpflicht des Compliance Officer

Ein Urteil, das der Bundesgerichtshof (BGH) in einem Strafverfahren gegen den Leiter der Innenrevision und Compliance Officer der Berliner Stadtreinigungsbetriebe AöR gefällt hat, sorgte in diesem Zusammenhang für erhebliche Unruhe.[121] In einem Nebensatz seiner Urteilsbegründung erwähnte der BGH, dass die Aufgabe des Compliance Officer „...die Verhinderung von Rechtsverstößen, insbesondere auch von Straftaten, die aus dem Unternehmen heraus begangen werden und diesem erhebliche Nachteile durch Haftungsrisiken oder Ansehensverlust bringen können..." sei.[122] 797

Abhängig vom Delikt, bei dessen Vollendung der Compliance Officer durch seine Beihilfe durch Unterlassen mitgewirkt hat, können Geld- oder Haftstrafen verhängt werden. 798

Tatsächlich führte der BGH aus, dass sich die Aufgabe, Rechtsverstöße zu verhindern, ableitet „aus dem konkreten Pflichtenkreis, den der Verantwortliche übernommen hat. Dabei ist auf die besonderen Verhältnisse des Unternehmens und den Zweck seiner Beauftragung abzustellen. Entscheidend kommt es auf die Zielrichtung der Beauftragung an, ob sich die Pflichtenstellung des Beauftragten allein darin erschöpft, die unternehmensinternen Prozesse zu optimieren und gegen das Unternehmen gerichtete Pflichtverstöße aufzudecken und zukünftig zu verhindern, oder ob der Beauftragte weitergehende Pflichten 799

---

[120] *Bürkle* CCZ 2010, 5.
[121] BGH BKR 2010, 118 – BSR.
[122] BKR 2009, 422 (424).

dergestalt hat, dass er auch vom Unternehmen ausgehende Rechtsverstöße zu beanstanden und zu unterbinden hat. Unter diesen Gesichtspunkten ist gegebenenfalls die Beschreibung des Dienstpostens zu bewerten." Daher wird den Compliance Officer regelmäßig „strafrechtlich eine Garantenpflicht im Sinne des § 13 Abs. 1 StGB treffen, solche im Zusammenhang mit der Tätigkeit des Unternehmens stehenden Straftaten von Unternehmensangehörigen zu verhindern."[123]

800 Allerdings schränkte der BGH wiederum die Rolle des Angeklagten dahingehend ein, dass es dennoch zweifelhaft erscheint, „dem Leiter der Innenrevision eines [nicht öffentlich-rechtlich organisierten] Unternehmens eine Garantenstellung auch insoweit zuzuweisen, als er im Sinne des § 13 Abs. 1 StGB [als Garant] verpflichtet ist, Straftaten aus dem Unternehmen zu Lasten Dritter zu unterbinden." Diese würde sich vielmehr aus dem Charakter seines Arbeitgebers als Anstalt öffentlichen Rechts ergeben, da bei dieser, anders als bei privaten Unternehmen, die maßgeblich zur Gewinnerzielung tätig werden, der ordnungsgemäße Gesetzesvollzug eigentliches Kernstück der Tätigkeit sei.[124]

801 Der Inhalt und Umfang dieser Garantenpflicht bestimmen sich also maßgeblich aus den tatsächlich übernommenen Pflichten des Compliance Officer. Auch wenn es vielleicht nicht im Haftungsinteresse der Geschäftsleitung ist, spricht aus Sicht des Compliance Officer sehr viel dafür, sich sehr bewusst mit der Frage zu befassen, ob er wirklich als Garant für Straftaten haften möchte, die aus dem Unternehmen heraus begangen worden sind.

802 Handelt es sich um eine sehr begrenzte Übertragung von Aufgaben auf untergeordnete Mitarbeiter, sodass kein eigenständiger Entscheidungsspielraum besteht, wird man eine solche Garantenstellung nur schwerlich bejahen können.[125]

b) Der Umfang der Garantenpflicht

803 Ebenfalls hilfreich ist es, aus einem weiteren Grund zu überdenken, wie umfangreich das Lastenheft des Compliance Officer definiert werden sollte. Denn selbst wenn man nicht der Auffassung folgt, dass der Compliance Officer in jedem Fall als Garant eine strafrechtliche Verantwortung trägt, so bestimmen sich dessen daraus ergebende Pflichten wiederum aus der konkreten Aufgabenbeschreibung des Compliance Officer.

804 Zunächst besteht eine **Informationspflicht.** Der Compliance Officer muss va seiner Geschäftsleitung Bericht erstatten und diese über die Compliance-relevanten Sachverhalte im Unternehmen informieren. Diese strafrechtliche Pflicht besteht nicht gegenüber den Mitgliedern des Aufsichtsrats. Wie zeitnah eine solche Berichterstattung zu erfolgen hat, bestimmt sich im Einzelfall nach der Schwere der Straftat, die begangen worden ist und nach der Höhe des zu erwartenden Schadens.[126]

805 Eine **Abhilfepflicht** trägt der Compliance Officer jedoch **nicht.** Auch hier ist der Maßstab der Arbeitsvertrag des Compliance Officer bzw. dessen Ergänzung im Rahmen der Bestellung zum Compliance Officer. Beschränken sich die Aufgaben des Compliance Officer auf die Berichts- und Informationspflichten und ist seine weitere Tätigkeit beratender, vorschlagender Natur, so hat er keine darüber hinausgehenden Pflichten, das Verhalten seiner Kollegen zu unterbinden. Dies gilt umso mehr, da der Compliance Officer gegenüber den Mitarbeitern anderer Abteilungen keine Weisungsbefugnisse hat und auch seinerseits nur Empfehlungen zu arbeitsrechtlichen Sanktionen aussprechen kann.[127]

---

[123] BKR 2009, 422 (424).
[124] BKR 2009, 422 (424 F:).
[125] Bürkle/Hauschka Compliance-Officer/*Wessing*/*Dann* § 9 Rn. 77 ff.
[126] Bürkle/Hauschka Compliance-Officer/*Wessing*/*Dann* § 9 Rn. 92 ff.
[127] Bürkle/Hauschka Compliance-Officer/*Wessing*/*Dann* § 9 Rn. 97 mwN.

Auch besteht in Deutschland **keine** allgemein geltende **Anzeigepflicht gegenüber** 806
Behörden, da diese nur in spezialgesetzlichen Vorschriften zu finden ist.[128] Abgesehen davon mag eine Anzeigepflicht in den Ausnahmefällen bestehen, wenn ein durch die Geschäftsleitung geduldetes rechtswidriges Verhalten fortbesteht oder andauert, obgleich der Compliance Officer alle innerbetrieblichen Möglichkeiten erfolglos ausgeschöpft hat, um eine Abhilfe herbeizuführen.

Da die Gerichte noch nicht abschließend über die Haftung des Compliance Officer 807
entschieden haben und man sich daher nur auf Basis allgemein geltender Grundsätze des Strafrechts der Beantwortung der Haftungsfrage annähern kann, besteht nach der hier vertretenen Auffassung umso mehr Anlass, diese Unwägbarkeiten durch eine eindeutige Regelung des Aufgabengebietes zu minimieren. Um dieses Anliegen argumentativ zu unterstützen, mögen die folgenden Unterabschnitte dienlich sein.

c) Die Compliance-Verantwortung der Geschäftsführung

Wie bereits erwähnt, trägt die Geschäftsleitung die Verantwortung für die Einhaltung ihrer 808
Legalitätspflicht, indem sie sicherstellt, dass das Unternehmen in einer Weise organisiert und beaufsichtigt wird, dass keine Gesetzesverstöße erfolgen. Ihrer Organisationspflicht werden sie gerecht, indem sie eine Compliance-Organisation einrichten, die auf Schadensprävention und Risikokontrolle angelegt ist (→ Rn. 785 ff.).

Dies impliziert, dass die Geschäftsleitung nicht verpflichtet ist, alle nur vorstellbaren Ge- 809
setzesverstöße sämtlicher Mitarbeiter des Unternehmens zu verhindern. Die Pflichten des Compliance Officer können jedoch nur an die ihm vorgelagerte Verantwortung des Geschäftsleiters anknüpfen. Die Compliance-Verantwortung des Compliance Officer kann daher keine höhere sein als die der Geschäftsführung. Seine Aufgabe beschränkt sich darauf Empfehlungen für die Einführung, Optimierung und Weiterentwicklung des Compliance-Managementsystems zu machen.[129]

Auch können Entscheidungen der Geschäftsführung die Compliance-Verantwortung 810
und damit die Haftung des Compliance Officer weiter einschränken. Bestimmt die Geschäftsleitung die Personalabteilung dazu, für die Einhaltung des arbeitsrechtlichen Diskriminierungsverbots im Unternehmen zu sorgen, reduziert sich der Verantwortungsbereich des Compliance Officer und entlastet ihn in seiner Haftung.[130]

d) Rechtliche und faktische Beschränkungen

Der Geschäftsführer ist nur im Rahmen des ihm Möglichen und Zumutbaren verpflichtet 811
seiner Legalitätspflicht gerecht zu werden ist.[131] Auch hier kann dem Compliance Officer nicht eine über dieses Maß hinausgehende Pflicht auferlegt werden. Daher ist ein kurzer Blick auf die Restriktionen, die der Compliance Officer im Rahmen seiner Aufgabenwahrnehmung beachten muss, hilfreich.

So stehen dem Compliance Officer bei einer Aufklärung von Compliance-Verstößen 812
die einschränkenden Vorgaben des **Datenschutzrechts** sowie die grundgesetzlich geschützten **Persönlichkeitsrechte** seiner Kollegen im Wege. Auch setzen **arbeits- und mitbestimmungsrechtliche** Schranken einer internen Untersuchung enge Grenzen. Darüber hinaus sind die Vorgaben der **Strafprozessordnung** zu beachten, die klare Regeln zur Zulässigkeit bestimmter Vernehmungsmethoden, der Beweisverwertung und schlussendlich des Selbstbelastungsverbots aufstellt.[132]

Vertritt die wegen ihrer Strenge gefürchtete Abteilung Strafrecht des amerikanischen 813
Justizministeriums die Auffassung, dass **kein Compliance-Managementsystem jemals**

---
[128] Bürkle/Hauschka Compliance-Officer/*Wessing/Dann* § 9 Rn. 98.
[129] *Bürkle* CCZ 2010, 6.
[130] *Bürkle* CCZ 2010, 6 f.
[131] BGHSt 37, 106.
[132] *Klengel/Mückenberger* CCZ 2009, 81.

alle kriminellen Aktivitäten der Mitarbeiter eines Unternehmens verhindern kann,[133] so zeigt dies bereits, dass der Nebensatz des BGH im BSR-Urteil vielleicht doch etwas weitreichend formuliert war.

814 Denn tatsächlich hat der Compliance Officer nicht nur eine Vielzahl rechtlicher Beschränkungen zu beachten, sondern stößt im Rahmen seiner Aufgabenwahrnehmung auch an eine Reihe **faktischer Grenzen.**

815 Wie bereits erwähnt, hat der Compliance Officer **kein Weisungsrecht** gegenüber den Mitarbeitern des Unternehmens. Würde er dennoch etwas übermütig dieses Führungsinstrument für sich in Anspruch nehmen wollen, würde er sehr schnell erleben, auf welche unterschiedliche Weise ihm von den oberen Führungskräften und der Geschäftsführung seine Grenzen aufgezeigt werden.

816 Darüber hinaus steht ihm auch nicht das Recht zu, im Falle eines Fehlverhaltens **Disziplinarmaßnahmen** gegen Mitarbeiter zu verhängen. Bei dem Versuch einer solchen Anmaßung würde er von den og Personenkreisen und der Personalabteilung sehr schnell eines Besseren belehrt.

817 Eine weitere natürliche Grenze stellt die ihm gewährte Ressourcenausstattung dar. Dies gilt va in Bezug auf seine **zeitlichen Kapazitäten.** Ist diese auf zB nicht unübliche 20 Prozent seiner Gesamtarbeitszeit beschränkt, da er noch weitere Aufgaben zu erfüllen hat, kann man nicht ernsthaft erwarten, dass er alle nur denkbaren Rechtsverstöße im Unternehmen aufdecken bzw. verhindern kann.

818 Gleiches gilt für die **Budgetmittel,** die ihm auf seiner Kostenstelle für Compliance-Aufgaben eingeräumt werden. Diese werden erfahrungsgemäß nur in den seltensten Fällen so großzügig bemessen sein, dass seine begrenzten zeitlichen Ressourcen durch den Einkauf von Beraterleistungen ausgeglichen werden können.

819 In beiden Fällen kommt es der Geschäftsführung zu, für eine risikoadäquate Ausstattung zu sorgen. Unterlässt sie diese, obgleich sie diesbezügliche Hinweise erhalten hat, fällt dies hinsichtlich der Frage nach der Haftung auf die Geschäftsleitung zurück.

3. Die Haftung aus dem Ordnungswidrigkeitenrecht

820 Das Ordnungswidrigkeitenrecht ist ein weiteres, häufig von Behörden eingesetztes Mittel, um Unternehmen und deren Geschäftsleitung für Compliance-Verstöße zu sanktionieren. Es handelt sich hierbei um die bußgeldrechtliche Verantwortlichkeit der Geschäftsführung (§ 9 OWiG) für Zuwiderhandlungen gegen betriebsbezogene Pflichten, die in dem Betrieb oder Unternehmen begangen worden sind, wenn die Zuwiderhandlung durch eine gehörige Aufsicht verhindert oder zumindest wesentlich erschwert worden wäre (§ 130 OWiG). Ziel dieser Regelung ist es, die Verantwortlichen in einem Unternehmen zu veranlassen, Vorkehrungen gegen die Begehung solcher betriebsbezogenen Zuwiderhandlungen zu treffen.[134]

821 Die Folgen einer Verletzung dieser Pflicht sind für das Unternehmen wie auch für die beteiligten Personen sehr erheblich und keineswegs mit einem Bußgeld wegen einer Geschwindigkeitsübertretung zu vergleichen. Vielmehr kann dem Unternehmen ein Bußgeld in einer Höhe bis zu 10 Mio. EUR und dem Mitglied der Geschäftsführung **ein Bußgeld bis zu einer Millionen Euro** auferlegt werden (§ 30 OWiG). Noch schmerzhafter ist nicht selten die Abschöpfung der wirtschaftlichen Vorteile, die das Unternehmen aus der Ordnungswidrigkeit gezogen hat (§ 17 Abs. 4 OWiG).

822 Für den Compliance Officer, auch Compliance-Beauftragter genannt, wird dies haftungsrechtlich aufgrund seiner spezifischen Funktion im Unternehmen relevant. Auch

---

[133] „[t]he Department recognizes that no compliance program can ever prevent all criminal activity by a corporation's employees." *Department of Justice, Criminal Division,* Principles of Federal Prosecution of Business Organizations, 9-28.800 Corporate Compliance Programs B. Comments, https://www.justice.gov/jm/jm-9-28000-principles-federal-prosecution-business-organizations#9-28.800 (zuletzt abgerufen am 21.8.2020).
[134] KK-OWiG/*Rogall* OWiG § 130 Rn. 1.

A. Anforderungen an Form und Inhalte der Aufgabenübernahme   § 5

wenn die Funktion des Compliance Officer nicht gesetzlich definiert ist, wie dies zB beim Datenschutzbeauftragten der Fall ist, kann die Geschäftsführung gem. § 9 Abs. 2 S. 1 Nr. 2 OWiG den Compliance Officer ausdrücklich damit *beauftragen,* in eigener Verantwortung **Aufsichtsaufgaben** wahrzunehmen.

Eine Haftung des Compliance Officer setzt zunächst voraus, dass er mit dieser Aufsichtsaufgabe wirksam beauftragt worden ist. Dazu muss die Geschäftsführung unzweideutig erklärt haben, dass er künftig die Aufgabe des Compliance Officer wahrzunehmen hat.[135] Des Weiteren muss der Compliance Officer diese ihm übertragene Aufgabe eigenverantwortlich wahrnehmen. Maßgeblich ist hier die faktische Ausgestaltung seines Kompetenzbereichs und nicht etwa sein Rang in der Unternehmenshierarchie.[136]   823

Somit steht und fällt die Haftung des Compliance Officer wiederum mit der Ausgestaltung seiner Aufgabenbeschreibung. Ist er „nur" entscheidungsvorbereitend und -implementierend sowie weisungsgebunden tätig, wird er kaum als Verantwortlicher iSd § 9 Abs. 2 S. 1 Nr. 2 OWiG iVm § 130 OWiG zu betrachten sein.   824

Sofern der Compliance Officer ein Verantwortlicher iSd OWiG ist, müssen weitere Voraussetzungen für seine Haftung erfüllt sein.   825

Checkliste 57: Tatbestandsvoraussetzungen der ordnungswidrigkeitsrechtlichen Haftung gemäß § 130 OWiG
- ❏ Das Unterlassen derjenigen Aufsichtsmaßnahmen, die erforderlich und zumutbar sind, um der Gefahr von Zuwiderhandlungen gegen betriebs- und unternehmensbezogene Pflichten zu begegnen.
- ❏ Die Zuwiderhandlung wäre bei Anwendung der „gehörigen Aufsicht" verhindert oder wesentlich erschwert worden.
- ❏ Der Compliance Officer weiß oder verkennt infolge mangelnder Sorgfalt, dass er die Aufsichts- und Kontrollmaßnahmen unterlässt, die zur Verhinderung von betrieblichen Zuwiderhandlungsgefahren erforderlich sind.

4. Zivilrechtliche Haftung

Neben der sich aus straf- und ordnungswidrigkeitsrechtlichen Vorschriften ableitenden Haftung ergeben sich aus dem Zivilrecht weitere Ansätze für eine mögliche Haftung des Compliance Officer. Die zivilrechtliche Haftung zielt regelmäßig auf den **Ersatz des Schadens,** der dem Unternehmen im Rahmen eines **Compliance-Verstoßes** entstanden ist. Um den Compliance Officer in die Haftung nehmen zu können, müssen vier Voraussetzungen erfüllt sein.   826

Checkliste 58: Voraussetzungen der zivilrechtlichen Haftung auf Schadensersatz
- ❏ Der Compliance Officer
  - verletzt seine arbeitsvertraglichen Pflichten oder
  - begeht eine unerlaubte (deliktische) Handlung.
- ❏ Dem Arbeitgeber entsteht ein Schaden.
- ❏ Zwischen der Pflichtverletzung bzw. der Deliktshandlung und dem Schadenseintritt besteht ein Kausalzusammenhang.
- ❏ Der Compliance Officer hat die Verletzung zu vertreten.

Ähnlich wie im Strafrecht kann auch hier eine Haftung durch ein Unterlassen einer geforderten Handlung ausgelöst werden.[137]

---
[135] Bürkle/Hauschka Compliance-Officer/*Wessing/Dann* § 9 Rn. 120.
[136] KK-OWiG/*Rogall* OWiG § 9 Rn. 89.
[137] Eine Garantenstellung des Compliance Officer gegenüber Dritten, außerhalb des Unternehmens, wird abgelehnt, Bürkle/Hauschka Compliance-Officer/*Fabian/Mengel* § 7 Rn. 17 f.

827 Anders als im Strafrecht genießt der Arbeitnehmer grundsätzlich umfangreiche Haftungsprivilegien, einerlei ob die Haftung aus einer Pflichtverletzung oder einer unerlaubten Handlung resultiert. Daher haftet ein Mitarbeiter für die von ihm verursachten Schäden nur im Fall einer **vorsätzlichen** oder **grob fahrlässigen** Handlung (oder Unterlassens) in voller Höhe.

828 Ihm können jedoch im Fall von **grober Fahrlässigkeit** im Einzelfall Haftungserleichterungen zu Gute kommen. Greifen diese nicht, haftet er für den Schaden voll. Ist sein Verhalten als **normale Fahrlässigkeit** einzustufen, wird der Schaden zwischen Arbeitgeber und Arbeitnehmer aufgeteilt. Bei **leichtester Fahrlässigkeit** haftet der Mitarbeiter nicht für den von ihm verursachten Schaden.[138]

829 Die wirtschaftlichen Folgen eines möglichen Schadensersatzanspruchs können ganz erhebliche Größenordnungen erreichen. Selbst wenn zB Geldbußen, die das Unternehmen im Fall einer Preisabsprache zu zahlen hat, nicht als erstattungsfähiger Schaden eingestuft wurden, so können jedoch allein der Ersatz der im Rahmen eines Kartellverfahrens anfallenden Kosten einer hochspezialisierten Rechtsberatung die wirtschaftliche Existenz eines Compliance Officer vernichten.

830 Daher kommt der Aufgabenbeschreibung des Compliance Officer im Zivil- wie auch im Straf- und Ordnungswidrigkeitenrecht eine ganz erhebliche Bedeutung zu, da sie die relevanten Pflichten des Compliance Officer definiert – und damit seine Stellung als Garant.

831 Aus der Sicht des Compliance Officer ist daher eine eher restriktive Definition der Aufgaben sinnvoll. Dabei sollten die tatsächlichen wahrgenommenen Aufgaben nicht über das Maß des vereinbarten Leistungsumfangs hinausgehen, da nicht nur allein die schriftliche Aufgabenbeschreibung, sondern auch die tatsächlich ausgeübten Funktionen für die Haftungsfrage maßgeblich sind.[139]

832 Im Falle einer Pflichtverletzung des Compliance Officer stellen sich somit verschieden Fragen, die den **Umfang seiner persönlichen Haftung** bestimmen
- Welche Aufgaben hatte er wahrzunehmen?
- Welche daraus resultierenden Pflichten hat der Compliance Officer verletzt?
- Welches Maß an Verschulden des Compliance Officer liegt der Pflichtverletzung zugrunde?
  - Leichte Fahrlässigkeit (keine Haftung)
  - Normale Fahrlässigkeit (Schadensteilung)
  - Grobe Fahrlässigkeit (volle Haftung des Compliance Officer; uU Haftungserleichterungen)
  - Vorsatz (Haftung in voller Höhe)

833 Um die in diesem Zusammenhang bestehenden Unsicherheiten zu vermeiden, wäre aus der Perspektive des Compliance Officer eine ideale Lösung, die Aufgabenbeschreibung durch entscheidungsvorbereitende und -implementierende Pflichten zu definieren und eine Haftungsfreistellung bis auf vorsätzliches Handeln zu vereinbaren.

834 Die **Perspektive des Arbeitgebers** kann natürlich eine gänzlich andere sein. Die Geschäftsleitung kann durch eine entsprechende Delegation der Compliance-Aufgaben ihre Enthaftung in gewissen Grenzen erreichen, der eine spiegelbildliche Erhöhung der Haftung des Compliance Officer gegenüberstehen muss. Daher wird angeregt, dass man es bei einer groben Aufgabenbeschreibung belassen und die im Rahmen deren Wahrnehmung zu treffenden Entscheidungen dem Compliance Officer überlassen sollte. Damit das Haftungsrisiko zB bei einem grob fahrlässigen Verhalten des Compliance Officer nicht zu dessen wirtschaftlicher Existenzzerstörung führt, sollte eine Haftungshöchstgrenze mit dem

---

[138] Bürkle/Hauschka Compliance-Officer/*Fabian/Mengel* § 7 Rn. 11. Diese Haftungserleichterung besteht zB bei leichtester Fahrlässigkeit gegenüber Dritten nicht. Dafür hat der Arbeitnehmer gegenüber seinem Arbeitgeber einen Freistellungsanspruch, Bürkle/Hauschka Compliance-Officer/*Fabian/Mengel* § 7 Rn. 19.
[139] Bürkle/Hauschka Compliance-Officer/*Fabian/Mengel* § 7 Rn. 43.

Compliance Officer vereinbart werden. Solche Haftungshöchstgrenzen können differenziert nach dem Maß des Verschuldens (unterschiedliche Ausprägungen der Fahrlässigkeit) Gegenstand der Vereinbarung sein.[140]

5. Aufnahme in die D&O-Versicherung

In aller Regel sind die Mitglieder der Geschäftsführung im Rahmen einer Haftpflichtversicherung, einer sogenannten Directors & Officers Liability Insurance, gegen Vermögensschaden durch das Unternehmen versichert. Sollte ein weitergehender Haftungsausschluss nicht möglich sein, könnte eine Haftungserleichterung für den Compliance Officer darin bestehen, ebenfalls in die D&O-Versicherung aufgenommen zu werden. Allerdings sehen die Versicherungsverträge regelmäßig einen **nicht geringen Selbstbehalt** vor. 835

6. Volle Verantwortung oder dediziertes Lastenheft?

Die vorausgehenden Abschnitte zeigen, dass allein im Hinblick auf die möglichen strafrechtlichen Aspekte einer Haftung des Compliance Officer wohl überlegt sein will, ob der Verzicht auf eine Aufgabenbeschreibung oder eine sehr weitreichende Regelung seiner Funktion wirklich im Interesse des Compliance Officer sein kann. Allerdings mag es für eine Führungskraft, die es gewohnt ist, Verantwortung zu tragen, auf der einen Seite befremdlich sein zu lesen, dass es wohl überlegt sein will, die wahrzunehmenden Funktionen des Compliance Officer entsprechend zurückhaltend zu beschreiben. 836

Auf der anderen Seite stellt sich die Frage nach der praktischen Bedeutung dieser Unterscheidung in mittelständischen Unternehmen. Ist es in großen Konzernen üblich, dass Entscheidungsvorlagen für Vorstandssitzungen oder für Entscheidungen in einem Vorstandsressort ein ganz erhebliches Aggregationsniveau aufweisen, die sich aufgrund der Vielfalt und Komplexität der Themen auf das Wichtigste beschränken, ist dies in einem mittelständischen Unternehmen durchaus anders. 837

Die **Geschäftsleitung eines mittelständischen Unternehmens** möchte in aller Regel doch schon gern im Detail zB darüber informiert werden, welche Maßnahmen für das neue Compliance-Programm angedacht sind, welche Aus- bzw. Nebenwirkungen diese auf das operative Geschäft des Unternehmens haben und natürlich, wie viel diese Maßnahmen kosten werden. Und regelmäßig beschränkt sich die Geschäftsführung nicht darauf, dass mit einer Vorlage ihre Neugier befriedigt wird. Sie will in aller Regel die Entscheidungen selbst treffen. Dass sich eine mittelständische Geschäftsleitung mit Entscheidungsvorlagen befasst, die ein so hohes Aggregationsniveau aufweisen, wie man dies in einem Großkonzern erwartet, wäre wohl eher etwas ungewöhnliches. Daher kann eine **enge Führung** der Mitarbeiter und Führungskräfte va in einem neuen Sachgebiet wie der Compliance durchaus als **normal** angesehen werden. 838

Für eine umfassendere Übernahme der Verantwortung wird ua angeführt, dass eine minimale Verantwortung eine reduzierte Möglichkeit der Einflussnahme des Compliance Officer mit sich bringt. Dies hängt jedoch stark vom Selbstverständnis und vom Standing des Compliance Officer im Unternehmen ab. Auf vertiefte Sachkenntnisse gestützte Empfehlungen für die Geschäftsführung, für die für das operative Geschäft verantwortlichen Mitarbeiter und Führungskräfte, sind das Fundament der Akzeptanz des Compliance Officer im Unternehmen und entfalten damit eine langfristig nachhaltige Wirkung. 839

Darüber hinaus kann der Compliance Officer zum einen seiner **Geschäftsleitung keine Entscheidung abnehmen.** Er kann ihr gegenüber nur Empfehlungen aussprechen. Zum anderen ist er gegenüber anderen Mitarbeitern und Führungskräften im Unternehmen disziplinarisch nicht weisungsbefugt. Die Verantwortung für operative Geschäfte umfasst gleichzeitig auch deren Legalität. Ähnlich wie bei einer externen Rechtsberatung 840

---

[140] Bürkle/Hauschka Compliance-Officer/*Fabian*/*Mengel* § 7 Rn. 46.

empfiehlt daher der Compliance Officer seinen Kollegen eine aus seiner Sicht sachgerechte Vorgehensweise. Es bleibt aber immer deren Entscheidung, ob sie den Rat annehmen, ihn nochmals an anderer Stelle prüfen lassen, sofern der Rat ihnen nicht plausibel erscheint, oder ob sie ihn komplett ignorieren wollen, um das zu machen, was sie sowieso schon vorhatten zu tun.

841   Plausibel wird dieses Verständnis erst recht, wenn man den umgekehrten Fall kurz skizziert: Die operativen Einheiten müssen einem eher unwissenden Compliance Officer, der auf einer entsprechend hohen Hierarchieebene angesiedelt ist, jeden Compliance-relevanten Vorgang zur Begutachtung und Entscheidung vorlegen. Nach in solchen Fällen zumeist absehbaren ersten schlechten Erfahrungen, werden die operativen Bereiche sehr schnell ein hohes Maß an Kreativität entwickeln, diese Compliance-relevanten Sachverhalte umzudefinieren, um zu vermeiden, noch weitere kontraproduktive Vorgaben zu erhalten.

842   Durch diese Vorgehensweise kann der Compliance Officer darüber hinaus auch sehr schnell zu einem **Engpass** werden, der tatsächlich geschäftsverhindernd wirken kann, da er schlicht nicht über die notwendigen Kapazitäten verfügt, zeitnah alle erforderlichen Entscheidungen zu treffen. Auch dies wird nicht seiner Reputation im Unternehmen zuträglich sein.

7. Zwischenergebnis

843   Zusammenfassend sollte sich der Compliance Officer, gegebenenfalls auch nach der Übernahme seiner neuen Aufgabe, sehr bewusst mit deren Zuschnitt auseinandersetzen. Auch in diesem Bezug sollte Compliance keine Sonderrolle spielen, da es bei jedem Stellenwechsel eine Selbstverständlichkeit ist, dass man sich mit seinen neuen Vorgesetzten über die Aufgabenbeschreibung unterhält und einigt. Dies ist in Bezug auf Compliance vor dem Hintergrund der nicht abschließend geklärten Haftungsthematik umso wichtiger.

II. Inhaltliche Ausgestaltung der Aufgabenbeschreibung

844   Über das erste Aufgabenprofil hinaus (→ Rn. 20 ff.) ist es im eigenen Interesse des Compliance Officer, einen Vorschlag für seine Aufgabenbeschreibung zu entwerfen, den er mit seiner Geschäftsführung besprechen könnte.

845   Die Regelungsinhalte hängen maßgeblich vom Entwicklungsstand des Compliance-Managementsystems, von der Compliance-Organisation sowie vom Compliance-Risikoprofil des Unternehmens ab. Auch spielen die Größe und Komplexität des Unternehmens sowie branchenspezifische Besonderheiten eine große Rolle bei der inhaltlichen Ausgestaltung der Aufgabenbeschreibung. Ebenfalls ist in diesem Kontext von Bedeutung, ob die Ernennung zum Compliance Officer zu einem Zeitpunkt erfolgt, indem sich das Unternehmen inmitten einer internen oder gar behördlichen Untersuchung eines Compliance-Verstoßes befindet.

846   Wichtig ist in jedem Fall, dass der Compliance Officer sich reiflich überlegt, welche Rolle er im Rahmen seiner neuen Aufgabewahrnehmung ausüben will – Berater und Implementierer oder Entscheider und Implementierer. Daher sollte jede Aufgabenbeschreibung eine kurze Zusammenfassung der Rollenverteilung umfassen.

847   Im ersteren Fall sollte festgehalten werden, dass der Compliance Officer Vorschläge zur Gewährleistung des Aufbaus und ordnungsgemäßen Betriebs des Compliance-Managementsystems und dessen Weiterentwicklung macht und diese nach der Entscheidung der Geschäftsführung entsprechend implementiert und dass die Geschäftsleitung den Compliance Officer bei dessen Aufgabenwahrnehmung unterstützt. Im Fall der Aufgabenwahrnehmung mit einem erheblichen Entscheidungsspielraum wäre zu definieren, wie weit die Entscheidungskompetenz des Compliance Officer reicht. In der Realität mag eine Hybridlösung nicht unwahrscheinlich sein.

A. Anforderungen an Form und Inhalte der Aufgabenübernahme § 5

In jedem der oben genannten Alternativen sollte jedoch der Compliance Officer zu seiner eigenen Sicherheit einen **fachlich kompetenten Rat einholen,** um die möglichen Haftungsfolgen der von ihm gewählten Formulierungen seiner Funktionsbeschreibungen nachvollziehen zu können. 848

Auch kann der Compliance Officer mit seiner Geschäftsführung besprechen, ob gegebenenfalls ein mit der Internen Revision vergleichbarer **besonderer Kündigungsschutz** vereinbart werden sollte. Schließlich kann es durchaus sein, dass er Vorschläge machen muss, die der Geschäftsführung nicht gefallen. Kommt dies wiederholt vor, mag es sein, dass der Compliance Officer aus Sicht der Geschäftsleitung aus seiner Funktion oder gleich aus dem Unternehmen entfernt werden sollte. 849

Eine solche Diskussion ist jedoch in aller Regel schwierig zu führen, da die meisten mittelständischen Unternehmen nicht über eine Revisionsabteilung verfügen und somit für eine Vereinbarung mit besonderen Kündigungsschutzvorschriften der Bezugspunkt fehlt. Abgesehen davon sind die allgemeinen Kündigungsschutzvorschriften auch auf den Compliance Officer anwendbar. Wäre, im Übrigen, die Übernahme dieser neuen Funktion derart gefährlich, dass man sie als angehender Compliance Officer nur wahrnehmen würde, wenn man einen besonderen Kündigungsschutz erhält, sollte man sich überlegen, ob dies wirklich die richtige Aufgabe ist. 850

Für jedwede Vereinbarung über das Aufgabenprofil des Compliance Officer mit der Geschäftsführung sollte die **Schriftform** gewählt werden. Auch wenn dies eigentlich eine Selbstverständlichkeit ist, gibt es nicht wenige Fälle, in welchen die Funktion per Zuruf und Kopfnicken übertragen worden ist. Dies spricht uU für eine gelebte Vertrauenskultur im Unternehmen. Da aber auch Mitglieder der Geschäftsführung ausscheiden und durch andere Personen ersetzt werden, sollte man als Compliance Officer doch auf einer ordentlichen Dokumentation des Besprochenen und der schlussendlich wahrzunehmenden Aufgaben achten. 851

III. Erwägungen zur Führungsstruktur

Der Compliance Officer nimmt eine Funktion wahr, deren Einrichtung vom Gesetzgeber, anders als zB bei der des Datenschutzbeauftragten, nicht gefordert wird. Sie basiert auf einer freiwilligen Entscheidung der Geschäftsführung. Der Compliance Officer nimmt daher seine Aufgaben auf Basis der ihm von der Geschäftsleitung geliehenen Autorität wahr. 852

Dazu bedarf es neben der **fachlichen Kompetenz,** die er sich aneignen kann, auch den **sichtbaren Insignien,** die in dem konkreten Unternehmen mit der für diese Aufgabenwahrnehmung erforderlichen **Autorität** verbunden werden. Daher ist es durchaus ein Zeichen von Realismus, wenn die US-amerikanischen Behörden fordern, dass der Compliance Officer nicht nur über eine ausreichende **Seniorität** verfügt, sondern auch eine angemessene **Hierarchieebene** im Unternehmen bekleidet.[141] 853

Für den Erfolg in dieser Funktion sind jedoch auch die **unsichtbaren Insignien** dieser geliehenen Autorität wichtig. Hier sind va die **organisatorische Zuordnung** zur Geschäftsleitungsebene, aber auch die **räumliche Nähe** des Compliance Officer zum Zentrum der Macht zu nennen. Daneben spielen ebenfalls die noch subtileren Merkmale einer gewichtigen Funktion im Unternehmen eine Rolle, wie zB die Einladung zu bestimmten Führungskräfte-Veranstaltungen, der Zugang zu bestimmten Besprechungen usw. 854

1. Erwägungen zur Unternehmenshierarchie

Auch wenn in der Managementliteratur ohne Unterlass die Vorzüge flacher Hierarchieebenen quasi gebetsmühlenartig gepredigt werden, verlangt eine eher pragmatische Sicht 855

---

[141] So das US-amerikanische Justizministerium → Rn. 699.

doch das Anerkenntnis, dass selbst US-amerikanische IT-Unternehmen hierarchisch strukturiert sind – nur, dass die Insignien der Macht vielleicht nicht so leicht abzulesen sind, wie zB an der Größe des Dienstwagens. Jedes Unternehmen verfügt über solche Strukturen, einerlei ob sie durch Funktionstitel, wie „Abteilungsleiter", sichtbar werden oder auf etwas versteckere, aber dennoch allen Mitarbeitern vertraute Weise bestehen.

856 Für die Funktion des Compliance Officer ist es wichtig, dass er eine Position im Rahmen dieses hierarchischen Gefüges bekleidet, die ihn nicht automatisch vor verschlossenen Türen stehen lässt. Vielmehr sollte ihm qua Hierarchie ein gewisses Gewicht in der Unternehmensorganisation zukommen. Anderenfalls besteht va in Diskussionen mit lang gedienten Führungskräften die Gefahr, schlicht nicht ernst genommen zu werden. Dies hängt auch stark von der gelebten Unternehmenskultur ab. So kann ein „kleiner" Mitarbeiter gern längere Zeit auf einen Termin bei einem Abteilungsleiter eines fernen Produktionsbereichs warten, während ein Compliance-Abteilungsleiter vergleichsweise zügig den Termin bekommt, da man ja einen Gleichrangigen nicht unnötig warten lässt.

857 So ist es der Geschäftsleitung überlassen, die Stelle nicht nur mit einem fachlich kundigen und persönlich geeigneten Mitarbeiter zu besetzen. Die Stelle muss sich auch in dem Hierarchiegefüge an der richtigen Stelle im Unternehmen wiederfinden, wenn der Compliance Officer etwas bewirken soll.

2. Erwägungen zur organisatorischen Zuordnung

858 Daher ist auch die organisatorische Zuordnung von erheblicher Bedeutung. Nicht umsonst wird die Forderung gestellt, dass der Compliance Officer einen **direkten Zugang zur Geschäftsführung** haben sollte.[142] Befinden sich auf dem Berichtsweg zur Geschäftsleitung ein oder gar mehrere Vorgesetzte, ist dieser direkte Zugang nicht gegeben. Im schlimmsten Fall bleiben Informationen im Dickicht der zwischengeschalteten Berichtsstellen einfach liegen, ohne dass sie jemals die Geschäftsleitungsebene erreichen.

859 Auch wenn es nicht der Entscheidung des Compliance Officer obliegt, an welches Mitglied der Geschäftsführung er berichten wird, so ist es aus Compliance-Sicht wünschenswert, wenn es zB in einer funktionalen Unternehmensstruktur nicht der Geschäftsführer ist, der zB den Vertrieb verantwortet. Es könnten sich hier uU schnell Interessenkonflikte ergeben, unter die die Aufgabenwahrnehmung des Compliance Officer leiden würde. Aus Compliance-Sicht wäre es ideal, würde er an den Vorsitzenden der Geschäftsführung oder an den kaufmännischen Geschäftsführer berichten.

860 In mittelständischen Unternehmen übernehmen zB der Leiter des Qualitätsmanagements, der Chief Operations Officer oder auch ein Assistent der Geschäftsführung diese Funktion als zusätzliche Aufgabe oder im Rahmen einer neuen Funktion. Auch kann ein Mitarbeiter, der bisher ein anderes Tätigkeitsfeld wahrnahm, zum neuen Compliance Officer avancieren.

861 In allen Fällen bringt die Geschäftsleitung mit der organisatorischen Zuordnung der Compliance-Funktion im Unternehmen gleichzeitig zum Ausdruck, welchen Stellenwert sie dem Thema beimisst. Hier wirken sich, neben den bekannten Vor- und Nachteilen der unterschiedlichen **Organisationsmodelle**,[143] auch die Besonderheiten der Wahrnehmung der unternehmensinternen Organisation bei den Beschäftigten aus. So mögen im Organigramm eines Unternehmens die Geschäftssparten A, B und C alle gleichrangig angeordnet sei, jeder weiß aber, dass zB die Sparte B die mit Abstand profitabelste ist und damit die vergleichsweise mächtigste Organisationseinheit ist. Daher kommt der Zuordnung zum „richtigen" Geschäftsführer und einer direkten Berichtslinie an diesen eine hohe Bedeutung zu.

---

[142] Wiederum das US-amerikanische Justizministerium → Rn. 699.
[143] *Träger* S. 93 ff.

a) Compliance in der Spartenorganisation

In einer Spartenorganisation, einerlei, ob es sich bei den Sparten um Produktbereiche, Kundengruppen oder, wie in dem hier gewählten Beispiel, um Regionen handelt, wird der Compliance Officer regelmäßig den Funktionalbereichen zugeordnet. Aus Compliance-Sicht ist es eine ideale Lösung, wenn der Compliance Officer direkt an den für Compliance zuständigen Geschäftsführer B berichtet, der aufgrund des für das Unternehmen sehr wichtigen Nordamerikageschäftes gleichzeitig ein erhebliches Gewicht in der Geschäftsleitung hat.

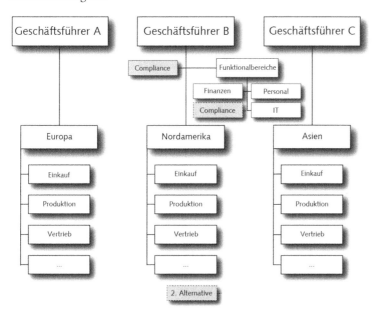

Abb. 19: Compliance in der Spartenorganisation

Die hier als 2. Alternative dargestellte Lösung, bei der der Compliance Officer an eine Führungskraft, die die Funktionalbereiche leitet, berichtet, ist nur die zweitbeste Lösung.

b) Compliance in der Funktionalorganisation

In einer Funktionalorganisation sollte der Compliance Officer ebenso wie die anderen Leitern der Funktionalbereiche, direkt an den Geschäftsführer berichten. Dabei macht es in Bezug auf die Berichtslinie im Ergebnis keinen Unterschied, ob der Compliance Officer auf derselben hierarchischen Ebene angesiedelt ist, wie die anderen Abteilungsleiter.

§ 5   Überlegungen zur Übernahme der Aufgabe des Compliance Officer

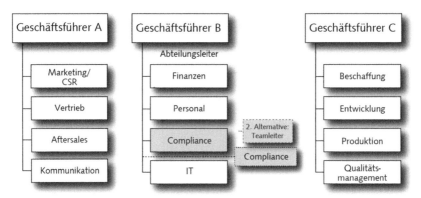

Abb. 20: Compliance in der Funktionalorganisation

865   Auch wenn er, wie in Alternative 2 des Schaubildes, diese Ebene noch nicht bekleidet, ändert dies jedoch nichts an seiner direkten Berichtslinie an Geschäftsführer B.

c) Compliance in der Stab-Linien-Organisation

866   Nicht selten wird die Compliance-Funktion als eine Stabsfunktion einem Geschäftsführer zugeordnet. Auch in diesem Organisationsmodell erhält der Compliance Officer eine direkte Berichtslinie zur Geschäftsleitung.

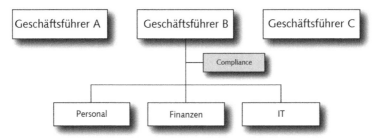

Abb. 21: Compliance in der Stab-Linien-Organisation

867   Allerdings hängt es stark von den Machtstrukturen und der im Unternehmen gelebten Kultur ab, ob die Wertigkeit der Stabsstellen dieselbe ist, wie zB die anderer, direkt an den Geschäftsführer berichtenden Führungskräfte. Dies gilt insbesondere für die Sicht der Führungskräfte von operativ tätigen Geschäftsbereichen, die durch ihren in Umsatz und Gewinn messbaren Beitrag zum Unternehmenserfolg eine durchaus differenzierte Sicht auf die Wertigkeit der Einstufung haben können.

868   Abhängig davon kann somit also eine indirekte und wohlmöglich ungewollte, aber sehr deutliche Aussage damit verbunden sein, ob die Compliance-Stelle „nur" eine Stabsfunktion darstellt, oder ob sie eine gleichrangige Funktion wie die anderen Abteilungen innehat, die direkt an die Geschäftsleitung berichten.

d) Compliance in der Matrix-Organisation

869   In einem dezentral aufgestellten, international tätigen Unternehmen ist Compliance in gewissen Grenzen immer auch eine Matrix-Funktion. Auch wenn der Compliance Officer in der Unternehmenszentrale tätig ist, so ist es für ihn eine sehr sinnvolle Unterstützung,

A. Anforderungen an Form und Inhalte der Aufgabenübernahme   § 5

wenn er sich auf ein unternehmensinternes Netzwerk lokaler Compliance-Manager stützen kann.[144]

Verfügt das Unternehmen über Tochtergesellschaften im Ausland, so sind diese natürlich immer eigenständige juristisch Personen. Damit ist jeder der Beschäftigte dieser Unternehmen an erster Stelle immer ein Mitarbeiter dieser Tochtergesellschaft und berichtet an seinen dortigen fachlichen und disziplinarischen Vorgesetzten. 870

Wird ein Mitarbeiter der Tochtergesellschaft Widget Dorotokia S.R.L. zum lokalen Compliance-Manager ernannt, ist es für eine, durch lokale Interessen der dortigen Geschäftsleitung ungehinderte Wahrnehmung der Compliance-Aufgaben sowie daraus resultierend auch zum Schutz des Mitarbeiters vor möglichen Repressionen wichtig, dass der Mitarbeiter eine direkte Berichtslinie in die Unternehmenszentrale zu dem Compliance Officer erhält. 871

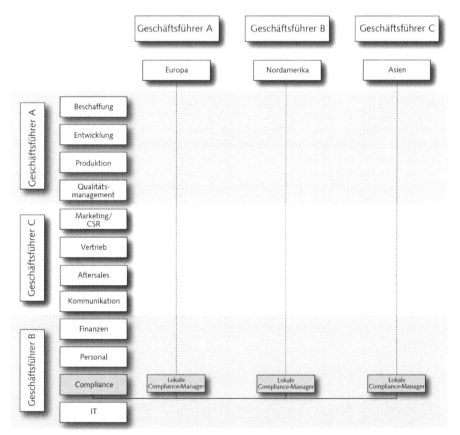

Abb. 22: Compliance und das Compliance-Netzwerk in der Matrix-Organisation

In jedem Fall sollte in einer solcher Struktur die **fachliche Führung** dem Compliance Officer in der Zentrale obliegen, an den der lokale Compliance-Manager in diesem Fall direkt berichtet und der die lokale Geschäftsleitung „nur" informiert. 872

Die **disziplinarische Führung** kann, je nach Unternehmen, unterschiedliche Gestalt annehmen. Sie kann entweder beim lokalen Management verbleiben oder wird ebenfalls durch den Compliance Officer wahrgenommen. In beiden Fällen gehen unausgesprochene Aussagen mit der Wahl der Führungsbeziehungen einher. Wird der lokale Compliance- 873

---

[144] Zum Netzwerk lokaler Compliance-Manager etwas ausführlicher → Rn. 356 ff.

Manager auch disziplinarisch von der Zentrale geführt, was seinem Schutz dienlich wäre, kann er uU als Fremdkörper in der Widget Dorotokia S.R.L. angesehen und damit von Informationen abgeschnitten werden.

e) Räumliche Aspekte

874 Kurze Wege sind eine ideale Voraussetzung für effektive und effiziente Kommunikation und Berichterstattung. Dies gilt auch für die Kommunikationsbeziehung zwischen dem Compliance Officer und dem Geschäftsführer, an den er berichtet. Weist die Zuordnung des Berichtsweges bereits auf eine direkte Zugangsmöglichkeit des Compliance Officer zu seinem Geschäftsführer hin, so kommt der räumlichen Nähe eine sicher praktische, aber auch eine erhebliche Bedeutung in Bezug auf die davon ausgehende Signalwirkung in die Organisation zu.

875 Über die Regelkommunikation hinaus, bei der, je nach Usancen im Unternehmen, wöchentlich oder alle vierzehn Tage die direkten Untergebenen mit ihrem vorgesetzten Mitglied der Geschäftsführung Rücksprache halten können, eröffnen sich dem Compliance Officer durch die räumliche Nähe weitere Möglichkeiten, mit dem Geschäftsführer in Kontakt zu treten. So kann er ihm kurz etwas mitteilen, wenn man sich auf dem gemeinsamen Korridor begegnet oder er seinen Kopf in das Büro seines Geschäftsführers strecken kann.

876 Diese bisweilen auch zufälligen Kommunikationsmöglichkeiten entfallen, wenn der Compliance Officer irgendwo im Gebäude der Unternehmenszentrale sein Büro hat und allein auf „offizielle" Gesprächstermine mit seinem Vorgesetzten angewiesen ist. Die Signalwirkung ist gleichzeitig eine ganz andere, wenn im Unternehmen auch die räumliche Nähe zum **Machtzentrum** eine Rolle spielt. Auch wenn im Zeitalter von E-Mails und vermehrt va dem Homeoffice diese **Außenwirkung** sukzessive an Bedeutung verlieren mag, so ist sie dennoch nicht zu unterschätzen.

877 Auch wenn es sich angesichts der zahleichen Herausforderungen, welchen sich der Compliance Officer va bei der Aufnahme seiner neuen Tätigkeit gegenübersieht, um einen eher nachgeordneter Punkt handeln mag, so sollte der Compliance Officer darauf bestehen in einem **Einzelbüro** tätig zu sein. Dies liegt einfach darin begründet, dass allein schon jedes Telefonat einen hochbrisanten und außerordentlich vertraulichen Inhalt haben kann. Dies gilt umso mehr, wenn der Compliance Officer gleichzeitig für den Betrieb der internen Whistleblower-Hotline zuständig ist.[145] Die zum Teil sehr vertraulichen Unterlagen sollten ebenfalls aus Geheimhaltungs- und Datenschutzgründen keinesfalls, auch nicht einmal zufällig, einem unmittelbaren Schreibtischnachbarn zugänglich sein.

IV. Zwischenergebnis

878 Der Compliance Officer hat in der Regel nur begrenzt Einfluss auf seine organisatorische Anbindung im Unternehmen bzw. an die Geschäftsleitung. Dennoch sollte er sich aus mindestens zwei Gründen über die Vor- und Nachteile der unterschiedlichen Varianten seiner organisatorischen Zuordnung im Klaren sein.

879 Zum einen wird er so bewusster und damit besser mit den Nachteilen einer ihm vorgegebenen Berichtsschiene umgehen können. Zum anderen ist es durchaus auch möglich, dass man ihn bei der Übernahme seiner neuen Aufgabe fragt, welche Vorstellungen er diesbezüglich hat. Im Rahmen des dann Möglichen, sollte er den ihm angebotenen Gestaltungsspielraum nutzen. Dies gilt auch für die Zuweisung eines Einzelbüros in räumlicher Nähe zur Geschäftsleitung.

---

[145] Zum internen Compliance-Hinweisgebersystem → Rn. 343 ff.

Kommunikation besteht aus dem offensichtlich Wahrnehmbaren und einem unterbewussten Anteil. Letztere umfasst allerdings rund 80% des Kommunikationsverhaltens des Menschen,[146] sodass der Compliance Officer auch mit dem Unausgesprochenen, den unterbewusst erfolgenden Kommunikationsanteilen sehr bewusst umgehen sollte.

Checkliste 59: Organisatorische Aspekte
- ❏ Wurde eine Aufgabenbeschreibung für die Funktion des Compliance Officer erarbeitet?
- ❏ Ist sichergestellt, dass der Compliance Officer direkt an ein Mitglied der Geschäftsführung berichtet, einerlei ob es sich um eine
  - Spartenorganisation,
  - Funktionalorganisation,
  - Stab-Linien-Organisation oder
  - Matrixorganisation handelt?
- ❏ Liegt das Büro des Compliance Officer in räumlicher Nähe zu denen der Geschäftsleitung?

B. Zusammenarbeit mit den Funktionalbereichen des Unternehmens

Der Compliance Officer ist immer wieder auf die Zusammenarbeit mit den weiteren Funktionalbereichen des Unternehmens angewiesen. Dazu gehören vor allem die Personal- und Finanzabteilung sowie das Marketing und die IT-Abteilung. Verfügt das mittelständische Unternehmen über eine Rechtsabteilung und eine interne Revisionsabteilung sind die Schnittmengen mit diesen noch größer als zu den beiden vorgenannten Bereichen.

Der Compliance Officer hat in der Regel weder die erforderlichen Ressourcen noch das notwendige Spezialwissen, um völlig autark im Unternehmen zu agieren. Abgesehen davon will er bestimmt nicht gegen die Grundregeln der Aufgabenteilung verstoßen. Daher gilt es, die unterschiedlichen Schnittstellen zu den Nachbarabteilungen zu managen.

Dazu gehören
- ❏ das Vermeiden von
  - Doppelarbeit,
  - Einmischung in bestehende Geschäftsprozesse der Nachbarbereiche (ihr Rad neu erfinden),
- ❏ das Anerkennen
  - des fehlenden Weisungsrechts gegenüber den Nachbarabteilungen,
  - der Expertise der anderen Abteilungen,
  - der bestehenden zeitlichen und inhaltlichen Vorgaben, die diese zu erfüllen haben,
  - des guten Willens der Funktionalbereiche, soweit es ihnen möglich ist, Compliance zu unterstützen.

Je größer das Unternehmen ist und je komplexer dessen Strukturen sind, desto eher besteht die Gefahr, dass die Schnittstellen unnötigerweise zu Reibungsflächen werden. Die dadurch erzeugten Friktionen können die Tätigkeit des Compliance Officer im schlimmsten Fall völlig blockieren.

I. Die Finanzabteilung

Die Finanzabteilung ist der Bereich, der in einem mittelständischen Unternehmen am ehesten mit der Compliance-Philosophie vertraut ist. Ihre Mitarbeiter sind es gewohnt,

---
[146] *Gerrig*, Psychology and life, 20. Aufl. 2013, S. 364.

ihre Tätigkeit an den **Orientierungslinien, die das Handelsgesetzbuch und das Steuerrecht** vorgeben, auszurichten. Diskussionen beschränken sich eher auf aus Compliance-Sicht weniger kritische Themen, wie eine bestehende Aktivierungspflicht oder über die richtige Abschreibungsdauer.

886 Darüber hinaus überprüft einmal jährlich der **Wirtschaftsprüfer,** ob der Jahresabschluss den gesetzlichen Vorschriften sowie den Grundsätzen ordnungsmäßiger Buchführung entspricht, sodass dieser ein den tatsächlichen Verhältnissen entsprechendes Bild der Vermögens-, Finanz- und Ertragslage des Unternehmens vermittelt und dass der Lagebericht die Chancen und Risiken der künftigen Entwicklung des Unternehmens zutreffend darstellt.

887 Auch wird die Arbeit der Finanzabteilung in regelmäßigen Abständen im Rahmen einer **Außenprüfung durch die Finanzbehörden** dahingehend überprüft, ob die Angaben des Unternehmens im Rahmen der abgegebenen Steuererklärungen den steuerrechtlichen Vorgaben entsprechen, um sicherzustellen, dass die Steuergerechtigkeit durch gerechte Vollziehung der Steuergesetze verwirklicht wird. Dazu werden die tatsächlichen und rechtlichen Verhältnisse, die für die Steuerpflicht und für die Bemessung der Steuer maßgeblich sind, zugunsten wie zuungunsten des Steuerpflichtigen geprüft.[147]

888 Allerdings kommt die Finanzabteilung sehr wohl in Kontakt mit deutlich gravierenderen Compliance-Themen, wenn die Überweisung zB von Beratungshonoraren angewiesen werden, bei welchen es sich jedoch tatsächlich um Bestechungszahlungen handelt. Die Finanzabteilung ist daher regelmäßig die **letzte Verteidigungslinie,** bevor Geld das Unternehmen verlässt. Aus diesen Gründen kommt der Finanzabteilung aus Compliance-Sicht eine erhebliche Bedeutung zu.

889 Die Finanzabteilung ist somit der **natürlich Verbündete** des Compliance Officer. Zum einen sollte daher das Zusammenspiel in Bezug auf **präventive Compliance-Maßnahmen,** zB durch die gemeinsame Optimierung derjenigen Geschäftsprozesse des Unternehmens, die sich auf die GuV auswirken, reibungslos verlaufen. Wie bereits erwähnt (→ Rn. 35 ff.), beeinflussen eine Vielzahl von Geschäftsprozessen die Bilanz und die GuV des Unternehmens. Diese in einer effizienten und effektiven Weise Compliance-sicher zu machen, erfordert regelmäßig nicht nur eine erhebliche Erfahrung bei der Gestaltung von Geschäftsprozessen, sondern auch Wissen um die aus Finanzsicht optimalen Lösungen.

890 Zum anderen ist es wichtig, dass die Finanzabteilung und der Compliance Officer eng bei der Überprüfung möglicher **Compliance-Verstöße** kooperieren. So kann die Finanzabteilung diskret Zahlungsvorgänge überprüfen, ohne dass dies gleich eine erhebliche Unruhe im Unternehmen erzeugt, wie dies bei einer offiziellen Untersuchung leicht der Fall sein kann.

891 Eine entsprechend professionelle Zusammenarbeit zwischen dem Compliance Officer und seinen Finanzkollegen erleichtert also das Erreichen dieser Ziele und stärkt beide Funktionen innerhalb der im Unternehmen bestehenden Kräfteverhältnisse.

892 Darüber hinaus ist der Leiter der Finanzabteilung eine ideale Wahl, um im **Compliance-Committee** mitzuwirken, sofern das Unternehmen nicht über eine eigene Rechtsabteilung und eine interne Revisionsabteilung verfügt.

II. Die Personalabteilung

893 Wie bereits erwähnt, bestehen eine Reihe von Schnittstellen zur Personalabteilung des Unternehmens. So ist der Compliance Officer dringend auf ihre Unterstützung bei der Zusammenstellung der Teilnehmerlisten für **Compliance-Schulungen** angewiesen. Auch **Sanktionen,** die für Compliance-Verstöße verhängt werden, kann nur die Personalabteilung implementieren, sei es eine Abmahnung oder gar eine Kündigung. Des Weiteren ist

---

[147] BFH NVwZ 1992, 709.

dieser Bereich auch für die praktische Umsetzung von **Zielvereinbarungen** mit Compliance-Inhalten zuständig.[148]

Darüber hinaus wird perspektivisch die Personalabteilung auch im Rahmen der Optimierung der Geschäftsprozesse immer wichtiger, va wenn es um die **Einstellung neuer Mitarbeiter** oder Maßnahmen der Personalentwicklung geht, wie zB **Beförderungen.** Im Hinblick darauf, dass zunehmend junge Mitarbeiter, aber durchaus auch ältere Kollegen, die Ansicht vertreten, dass im Zweifel der (Unternehmens-)Zweck auch ungesetzliche Mittel heiligt, kommt langfristig den Personalauswahl- und -entwicklungsprozessen eine aus Compliance-Sicht immer größere Bedeutung zu.

Aufgrund seiner wichtigen operativen Funktionen, ist der Leiter der Personalabteilung ebenfalls ein ideales Mitglied für das **Compliance-Committee,** zumal es immer wieder Situationen geben wird, in welchen nach einem Compliance-Verstoß der Geschäftsleitung Vorschläge für Sanktionen zu machen sind, eine Domäne der Personalabteilung.

III. Die Abteilung Kommunikation und Marketing

Durchaus etwas fernliegender mag die Zusammenarbeit mit der Kommunikations- bzw. Marketingabteilung liegen. Dennoch verfügt dieser Bereich über eine fachliche Expertise, die für den Compliance Officer sehr hilfreich ist.

So ist es eine beschwerliche Aufgabe, den Entwurf eines Verhaltenskodexes oder von Compliance-Richtlinien inhaltlich korrekt, aber gleichzeitig nicht zu ausführlich zu formulieren. Diese Texte müssen zudem für alle Mitarbeiter gut lesbar sein, sodass die Inhalte sowohl hinsichtlich ihrer Formulierungen, aber auch in Bezug auf ihr Layout **ansprechend gestaltet** werden müssen. Mitarbeiter müssen diese Unterlagen gern lesen wollen, was bei juristischen Schriftsätzen vielleicht eher weniger der Fall wäre.

Durch das **Texten** und **Layouten** von Werbebroschüren ist die Kommunikations- bzw. Marketingabteilung der ideale Partner, um den Compliance Officer dabei zu unterstützen, leicht verständliche und ansprechend illustrierte Compliance-Dokumente zu erstellen. Regelmäßig verfügt dieser Bereich auch über die notwendige Kompetenz zur Pflege der **Intranet-Seite** der Compliance.

Auch ist dieser Bereich für den Compliance Officer wichtig, wenn es darum geht, eine **Kommunikationsplanung** für Compliance-Themen zu erstellen. Die Kommunikations- bzw. Marketingabteilung wird von den Produktbereichen oder dem Vertrieb praktisch automatisch eingebunden, wenn es um interne Treffen oder Kundenveranstaltungen geht. Presseinterviews werden ebenfalls über diesen Bereich, wenn nicht initiiert, aber auf jeden Fall organisiert.

Gemeinsam kann bei bereits langfristig geplanten Veranstaltungen geprüft werden, ob sich diese anbieten, um zB eine Compliance-Schulung zu integrieren oder um die Ansprache eines Mitglieds der Geschäftsleitung zu nutzen, um vor einer Messe Compliance-Anforderungen zu thematisieren.

So entstehen nicht nur gute Compliance-Dokumente, sondern auch ein Compliance-Kommunikationskonzept, das über das Geschäftsjahr hinweg implementiert werden kann.

IV. Die IT-Abteilung

Die IT-Abteilung scheint der natürliche Ansprechpartner des Datenschutzbeauftragten zu sein. Allerdings ist seine Funktion auch für den Compliance Officer von erheblicher Bedeutung. In mittelständischen Unternehmen werden zahlreiche Prozesse in Papierform abgebildet. Genehmigungen werden über Formulare erbeten, Reisekostenabrechnungen mit Hilfe eines Formulars eingereicht usw. Dies sind in der Regel gewachsene Prozesse, deren

---

[148] Zu Sanktionen → Rn. 604 ff., zu Zielvereinbarungen → Rn. 591 ff.

Automatisierung schlicht noch nicht in Betracht gezogen worden ist, da diese Vorgänge auch ohne IT-Unterstützung gut funktionieren.

903   Allerdings sind manuelle Geschäftsprozesse regelmäßig leichter manipulierbar als automatisierte, IT-gestützte Geschäftsabläufe. So führen fehlende oder gar falsche elektronische Unterschriften dazu, dass der Prozess stehen bleibt, bis der tatsächlich Unterschriftsberechtigte den Vorgang geprüft, abgezeichnet und dieser gegebenenfalls automatisch durch das IT-System weitergeleitet wird.

904   Daher kann der Compliance Officer im Zusammenspiel mit der IT-Abteilung den aus Compliance-Sicht wünschenswerten Grad der **Automatisierung von Geschäftsprozessen** durch die Einführung von zB neuen IT-Applikationen verbessern. Damit ist die IT-Abteilung ein natürlicher Verbündeter des Compliance Officer.

905   Auch ist es für den Compliance Officer hilfreich, wenn er von der IT-Abteilung rechtzeitig erfährt, wenn zu bereits im Einsatz befindlichen IT-Applikationen Updates, Release-Wechsel oder gar Neubeschaffungen anstehen. Frühzeitig informiert, kann er Compliance-Anforderungen definieren, die uU im Rahmen eines Updates oder Release-Wechsels implementiert werden sollten.[149] Hier mag allerdings die Allianz mit dem Compliance Officer etwas in Schwierigkeiten geraten, da solche Veränderungen per se schon sehr komplexer Natur sein können, ohne das zusätzliche Compliance-Anforderungen hinzukommen.

906   Kommt der Zusammenarbeit mit der IT-Abteilung eine wichtige Bedeutung bei der Prävention von Compliance-Verstößen zu, so gilt dies auch bei deren Aufklärung. So ist es die IT-Abteilung, die im Rahmen des datenschutzrechtlich zulässigen Rahmens zB E-Mails oder andere verdächtige Vorgänge im Auftrag der Geschäftsleitung und in Zusammenarbeit mit dem Compliance Officer zur Überprüfung bereitstellt.

V. Rechtsabteilung

907   In aller Regel verfügen mittelständische Unternehmen nur selten über eine eigene Rechtsabteilung bzw. über einen Syndikusanwalt. Stattdessen arbeitet das Unternehmen mit externen Rechtsanwälten zB zu Fragen der Vertragsgestaltung oder des Gesellschaftsrechts zusammen. Oftmals sind diese in größeren Anwaltskanzleien tätig, wo sich uU auch ein Experte zum Straf- oder Kartellrecht findet. Zur Zusammenarbeit mit externen Rechtsanwälten finden sich einige Anmerkungen in → Rn. 928 ff.

908   Grundsätzlich gilt auch im Verhältnis zum Inhouse-Anwalt des Unternehmens, dass der Compliance Officer, auch und va wenn er selbst eine juristische Ausbildung erfahren hat, es tunlichst unterlassen sollte, Kollegen oder gar der Geschäftsleitung einen Rechtsrat zu erteilen. Dies ist die Domäne des Syndikusanwalts. Werden die Aufgaben nicht trennscharf definiert, ist dies eine Quelle wenig effizienter Reibungsverluste, für die keiner der Beteiligten wirklich Zeit hat. Hier sollte im Rahmen eines Abstimmungsgespächs klar definiert werden, in welchen Fällen der Hausjurist gefragt werden muss, und für welche Belange er sich nicht zuständig sieht. Es geht dabei um die Regelung von Verantwortlichkeiten und damit um die Vermeidung von Überschneidungen.

909   Regelmäßig sollte der Syndikusanwalt zB den **Verhaltenskodex** sowie die **Compliance-Richtlinien** vor ihrer Veröffentlichung im Internet bzw. Intranet inhaltlich überprüfen. Auch sollte er allein zuständig dafür sein, die Verträge des Unternehmens auch auf ihre Compliance-Aspekte zu überprüfen. Bei der **Vertragsprüfung** handelt es sich um eine der ureigensten Domänen einer Rechtsabteilung, auch wenn dies vom Vertrieb bisweilen gern einmal ignoriert wird. Der Compliance Officer sollte es diesem jedenfalls nicht gleichtun.

---

[149] Bei einem Update wird zB die Applikation von Version 1.0 auf 1.1 aktualisiert. Der Releasewechsel stellt eine sehr grundsätzlichere Änderung dar, wie zB der Sprung von SAP R/3 auf SAP ECC.

Natürlich muss der hausinterne Anwalt eingebunden werden, wenn der Verdacht auf 910
einen **Compliance-Verstoß** besteht, um eine rechtliche Bewertung der Handlungen vorzunehmen und um die nächsten Schritte abzuwägen. Dies gilt auch, wenn er für arbeitsrechtliche Fragen zuständig ist, da im Fall der Bestätigung eines Compliance-Verstoßes, der Geschäftsleitung auch Sanktionen vorgeschlagen werden müssen, die sich im Rahmen des geltenden Arbeitsrechts zu bewegen haben.

In jedem Fall sollte sich der Compliance Officer an den Syndikusanwalt wenden, sofern 911
er in Bezug auf die Rechtslage unsicher ist.

Sollte sich das Unternehmen für die Etablierung eines Compliance-Committees entscheiden, ist der Syndikusanwalt zusammen mit dem Compliance Officer regelmäßig einer 912
dessen Mitglieder.

VI. Interne Revisionsabteilung

Noch seltener verfügen mittelständische Unternehmen über eine eigene Interne Revision. 913
Sofern eine solche Abteilung existiert, hat sie eine klar umrissene Aufgabe. Sie besteht darin, die Geschäftsprozesse einzelner Abteilungen oder Geschäftsbereiche innerhalb eines bestimmten Zeitraums darauf zu prüfen, ob diese angemessen und wirksam sind und ob die internen Kontrollmechanismen funktionieren. Dies würde im Übrigen auch für die Compliance-Abteilung und die von ihr zu verantwortenden Compliance-Prozesse gelten.

Die so von Compliance klar abgegrenzten Aufgaben der Revision verschwimmen je- 914
doch etwas, wenn es zur Untersuchung möglicher Compliance-Verstöße kommt. Hier wird des Öfteren gefordert, dass der Compliance Officer diese Aufgabe wahrnehmen sollte. Nach der hier vertretenen Ansicht sollte der Compliance Officer die Untersuchung möglicher Compliance-Verstöße natürlich begleiten, um schnellstmöglich von deren Ergebnissen und den Details des Vorfalls Kenntnis zu erlangen. Er sollte jedoch nicht die Untersuchung leiten. Dies gilt insbesondere für den Fall, dass es eine Revisionsabteilung gibt, deren originäre Aufgabe und Kernkompetenz es ist, interne Prüfungen mit dem Ziel durchzuführen, mögliches Fehlverhalten aufzudecken.

Gibt es keine Revisionsabteilung im Unternehmen kann die Geschäftsleitung, je nach 915
dem wo der Schwerpunkt des vermuteten oder tatsächlichen Compliance-Verstoßes liegt, zB die Finanzabteilung anweisen, eine Untersuchung durchzuführen oder uU sogar einen Wirtschaftsprüfer damit beauftragen, eine Sonderprüfung vorzunehmen.

Damit wäre sichergestellt, dass der Compliance Officer nicht seine Beratungsfunktion 916
verlässt und plötzlich eine eher staatsanwaltliche Aufgabe wahrnimmt. Letzteres könnte sich im späteren Verlauf seiner Tätigkeit gegen ihn wenden, da er uU das Vertrauen seiner Kollegen im Rahmen der internen Untersuchung verliert.[150]

Nicht nur die Geschäftsleitung sollte die **Revisionsberichte** erhalten, sondern auch der 917
Compliance Officer. Sie stellen eine wichtige Informationsquelle dar und können nicht nur Hinweise auf einzelne Verfehlungen, sondern auch systemische Probleme im Unternehmen geben. Wurden zB nach einer Prüfung in Dorotokia im Revisionsbericht Feststellungen zu fehlerhaften Geschäftsprozessen im Rahmen der Abrechnung von Bewirtungen, Einladungen und Geschenken getroffen, was wiederum den Verdacht von Bestechungen nahelegen könnte, kann der Compliance Officer eine weitergehende Prüfung dieser Geschäftsprozesse in allen Hochrisikoländern anregen, um systemischen Problemen vorzubeugen bzw. um diese abzustellen.

---

[150] So auch Bürkle/Hauschka Compliance-Officer/*Wessing/Dann* § 9 Rn. 137.

VII. Zwischenergebnis

918 Als Funktionalbereich ist Compliance regelmäßig in der Zentrale angesiedelt. Die Koordination mit den anderen Zentralfunktionen, der Finanzabteilung, der Personalabteilung, dem Marketing- bzw. Kommunikationsbereich und der IT muss sorgfältig abgestimmt werden, um eine möglichst überschneidungsfreie und reibungslose Zusammenarbeit zu gewährleisten.

919 Die Sachkunde der anderen Funktionalbereiche erleichtert ihm die Wahrnehmung seiner Compliance-Aufgaben, sei es in Bezug auf zB Prüfungen von Zahlungsströmen, der Vorbereitung von Compliance-Schulungen oder die Abbildung kritischer Geschäftsprozesse in einer Compliance-sicheren IT-Applikation.

920 Sofern das mittelständische Unternehmen über einen Inhouse-Anwalt und/oder eine eigene Interne Revision verfügt ist es umso wichtiger, dass eine Abstimmung der jeweiligen Tätigkeitsumfänge erfolgt, um zu vermeiden, dass unnötige Doppelarbeit geleistet wird.

921 Die Abteilungsleiter der o.g. Bereiche kommen als Mitglieder eines zu bildenden Compliance-Committee in Frage.

C. Zusammenarbeit mit externen Ansprechpartnern

922 Auch Compliance gehört zu den Aufgaben im Unternehmen, die mit einer gewissen Außenwirkung verbunden sind. Dabei kann es sich auf der einen Seite um Aktivitäten handeln, die vom Unternehmen angestoßen werden, wie zB die Zusammenarbeit mit externen Rechtsanwälten. Auf der anderen Seite erfahren die unternehmensinternen Compliance-Aktivitäten ein zunehmendes Interesse auch von außen. So kann es sein, dass sich der Compliance Officer zB unerwarteten Anfragen von Journalisten gegenübersieht.

923 Grundsätzlich ist die Aufgabe des Compliance Officer eine nach innen, **ins Unternehmen gerichtete Aufgabe.** Daher sollte der Compliance Officer wissen, wie seine erste Reaktion aussehen sollte, wenn er in Kontakt mit externen Ansprechpartnern kommt.

I. Wirtschaftsprüfer

924 Der primäre Ansprechpartner der Wirtschaftsprüfer des Unternehmens ist die Geschäftsleitung sowie die Finanzabteilung. Hierbei handelt es sich um ein eingeschwungenes System, in dem die an der Jahresabschlussprüfung Beteiligten zT schon seit vielen Jahren zusammenarbeiten.

925 Dem Compliance Officer kommt im Rahmen der Prüfung zunächst keine originäre Aufgabe zu. Sollte sich überraschenderweise dennoch ein Wirtschaftsprüfer mit Fragen an ihn wenden, sollte der Compliance Officer diese tunlichst erst nach Abstimmung mit dem Finanzbereich beantworten oder diesen dabei unterstützen, die Fragen des Wirtschaftsprüfers zu beantworten.

926 Zur Jahresabschlussprüfung zählt grundsätzlich nicht die Prüfung der Compliance-Anstrengungen des Unternehmens. Dennoch kann die Geschäftsführung entscheiden, eine Prüfung des Compliance-Managementsystems gemäß dem **Prüfungsstandard IDW PS 980** zu beauftragen. Dies ist jedoch sicherlich zuvor mit dem Compliance Officer besprochen, sodass im Rahmen der Vorbereitungen für diese Sonderprüfung der Compliance Officer von seiner Geschäftsleitung auch entsprechende Verhaltensvorgaben mit auf den Weg bekommt.

927 Im Hinblick auf die Optimierung des Compliance-Risikomanagements kann der Compliance Officer durchaus auch den Spieß umdrehen und die Wirtschaftsprüfer befragen, welche Compliance-Risiken sie im Rahmen ihrer Tätigkeit wahrnehmen. Natürlich darf und

C. Zusammenarbeit mit externen Ansprechpartnern   § 5

wird ein Wirtschaftsprüfer nie über konkrete Unternehmen Auskunft erteilen. Dennoch sehen sie sehr viel und können uU neutral formulierte und dennoch interessante Hinweise auf mögliche Compliance-Risiken geben. Eine solche Vorgehensweise sollte jedoch in jedem Fall zuvor mit der Geschäftsleitung bzw. mit der Finanzabteilung abgesprochen werden. Allerdings darf sich der Compliance Officer nicht wundern, wenn er diesbezüglich eine höflich formulierte, aber endgültige Ablehnung seitens des Wirtschaftsprüfers erfährt.

II. Externe Rechtsanwälte des Unternehmens

Wie bereits erwähnt, mandatieren Unternehmen regelmäßig externe Rechtsanwälte, um zB Verträge rechtlich prüfen zu lassen. Da der Compliance Officer oftmals über keine juristische Vorbildung verfügt, muss auch er die Möglichkeit haben, sich zu rechtlichen Fragen fachkundigen Rat bei einem Rechtsanwalt einzuholen. 928

Dies sollte jedoch bewusst geplant werden, da Anwälte zumeist auf Basis von Stundensätzen ihre Tätigkeit abrechnen. Daher muss sich der Compliance Officer auch über seine budgetären Möglichkeiten der Inanspruchnahme anwaltlichen Rates im Klaren sein. 929

Auch sollte der Compliance Officer einschätzen können, ob der Rechtsanwalt des Unternehmens versiert in Compliance-Fragen ist. Muss er sich zunächst grundsätzlich in die Thematik einlesen, um dann in einem weiteren Schritt die speziellen Fragen des Compliance Officer beantworten zu können, kann es schnell recht teuer werden. 930

In Ermangelung eines Syndikusanwaltes, der die Zusammenarbeit mit externen Rechtsanwälten koordiniert, sollte der Compliance Officer auch darauf achten, dass nur er zu Compliance-Fragen anwaltlichen Rat einholt. Ist dies jedem Mitarbeiter oder jeder Führungskraft gestattet, entsteht nicht nur ein heilloses Durcheinander, indem jeder seine Themen dem Anwalt schildert, am liebsten in der eigenen individuellen Wahrnehmung des Sachverhalts, sondern es treibt die Beratungskosten in die Höhe. 931

Wenn zB der Vertrieb wissen möchte, ob die Einladung der Einkäufer verschiedener Kunden zu einer halbtägigen Werksbesichtigung rechtlich einwandfrei wäre (– ohne dabei das anschließende Freizeitprogramm von 2,5 Tagen auf Kosten des Unternehmens zu erwähnen), so würde der Anwalt im Rahmen seiner Prüfung des Sachverhalts vermutlich zum Ergebnis gelangen, dass nichts gegen die Idee einer Werksbesichtigung spricht, va wenn die Reisekosten von den Gästen übernommen werden. 932

Bittet der Compliance Officer bei einem Fehlen jeglicher Koordination darum, dass der gleiche, aber diesmal vollständigen Sachverhalt geprüft wird, kann man sich unschwer vorstellen, was die Konsequenzen dieser planlosen Befassung eines Rechtsanwaltes sein werden. 933
❑ Der Rechtsanwalt prüft einen (vollständigen) Sachverhalt (erneut).
❑ Es entstehen zusätzliche Kosten.
❑ Das Resultat der rechtlichen Würdigung des Sachverhalts ist ein ganz anderes, da der Anwalt im Ergebnis vor einer solchen Marketingveranstaltung warnt, da sie uU als eine Bestechung im geschäftlichen Verkehr bewertet werden muss (§ 299 StGB).
❑ Dies löst weiteren internen Diskussionsbedarf und uU eine weitere Beratung aus.

Daher ist es für eine stringente Beratung in Compliance-Fragen wichtig, dass alle Fragen an den externen Anwalt nur über den Compliance Officer gestellt werden – eine Vorgehensweise, die man mit dem Anwalt vereinbaren kann. 934

Darüber hinaus sollte der Compliance Officer darauf achten, dass er die Sachverhaltsaufklärung im Unternehmen soweit wie möglich vorantreibt. Dabei sollte er es sich zur guten Gewohnheit werden lassen, sich zu prüfende Sachverhalte in Schriftform geben zu lassen. Dies dient nicht nur der Dokumentation, sondern es hilft auch den Ratsuchenden genau zu beschreiben, um was es geht – im Vergleich zu einem kurzen Telefonat oder einem Gespräch auf dem Weg in die Kaffeeküche. Darüber hinaus dient diese Vorgehensweise der Absicherung des Compliance Officer. Wurde ihm ein unvollständiger Sachverhalt zur Prüfung durch den Rechtsanwalt geliefert, kann das Ergebnis völlig falsch sein. Allzu 935 leicht heißt es dann, dass man als operativer Bereich nichts dafür kann, denn man hat ja nur den Rat des Anwalts bzw. des Compliance Officer befolgt.

936 Des Weiteren liegt es auf der Hand, dass der Compliance Officer nur durch eine straffe Koordinierung der Anfragen auch die Ausgaben in den Grenzen des ihm anvertrauten Budgets halten kann.

937 Mit der Zeit wird der Compliance Officer bemerken, dass die Fragen beginnen werden, sich inhaltlich zu wiederholen. Damit kommt er zunehmend in die Lage, aufgrund seiner gewonnenen Erfahrungen und gewachsenen Fachkenntnisse die eine oder andere Frage auch ohne anwaltliche Unterstützung beantworten zu können. Es bildet sich bei ihm ein „roter Faden" bezüglich der rechtlich einwandfreien Möglichkeiten aus, die zB dem Vertrieb zur Verfügung stehen, und dem was nicht sein darf. In den Grenzbereichen wird er dann weiterhin anwaltlichen Rat einholen.

III. Kunden

938 Wie bereits erwähnt, nimmt die Zahl der Lieferantenaudits stetig zu und Compliance-Inhalte bzw. Themen der Corporate Social Responsibility sind Gegenstand regelmäßiger Abfragen.[151] Bei der Beantwortung der Compliance-relevanten Fragen sollte der Compliance Officer sich zunächst ein Grundgerüst an Daten und Unterlagen (Dateien) aufbauen, damit er den Vertrieb, an den diese Anfragen regelmäßig gerichtet werden, bei deren Beantwortung unterstützen kann – sofern vereinbart wurde, dass die Beantwortung durch den Vertrieb zu koordinieren ist.

939 In seiner Funktion als Compliance Officer ist er also primär als Dienstleister des Vertriebs tätig. Dieser hält den Kontakt zum Kunden, eine direkte Kommunikation zwischen dem Compliance Officer und dem Kunden sollte daher nicht erforderlich sein.

940 Anders sieht dies jedoch aus, wenn der Kunde wegen eines konkreten Themas speziell die Compliance-Anstrengungen des Unternehmens auditieren möchte. Hier dreht sich die Aufgabenverteilung um: der Vertrieb wird zum Dienstleister des Compliance Officer, der dem Kunden direkt Fragen beantwortet, Unterlagen zur Verfügung stellt und gegebenenfalls erforderliche Nachbesserungen im Compliance-Managementsystem implementiert.

941 Auch hier ist die Vorgehensweise zu koordinieren. So sollte der Vertrieb unverzüglich Fragebögen, die ihm zur Kenntnis gelangen, an den Compliance Officer weiterleiten, selbst wenn diese das eigene Unternehmen noch nicht betreffen, weil zB in der konkreten Ausschreibung aufgrund des geringen Auftragsvolumens auf eine ausführliche Beantwortung (noch) verzichtet wird. Auf diese Weise kann sich der Compliance Officer frühzeitig auf möglicherweise komplexere Fragen einstellen als die bisher bekannten, denn oftmals sind die Fristen für die Beantwortung dieser Fragebögen eher in Tagen als in Wochen bemessen.

942 Wie bereits angesprochen, muss nicht der Compliance Officer die Federführung bei der Beantwortung des kompletten Fragebogens wahrnehmen. Es muss jedoch vereinbart werden, wer die Beantwortung koordiniert und dass die Antworten auf Compliance-Fragen ausschließlich vom Compliance Officer gegebenen werden.

IV. Der Umgang mit Behörden

943 Im Rahmen des Aufbaus und Betriebs eines Compliance-Managementsystems sind naturgemäß zahlreiche juristische Aspekte zu beachten, die das Unternehmen in einwandfreier Weise umzusetzen hat. Ob dies wirklich gelungen ist, klärt sich regelmäßig sehr zügig, wenn Behörden im Rahmen einer Betriebsprüfung oder gar im Rahmen eines Ermittlungsverfahrens die Einhaltung der maßgeblichen Vorschriften prüfen.

---

[151] Dazu → Rn. 665 ff.

C. Zusammenarbeit mit externen Ansprechpartnern § 5

So kann sich das Unternehmen Mitarbeitern des Finanzamts, des Zolls oder den Mitarbeitern der Deutschen Rentenversicherung gegenübersehen. Auch können, je nach Branche, Vertreter von Gesundheits- und Veterinärämtern das Unternehmen prüfen wollen. Gleiches gilt für Berufsgenossenschaften oder gar für Mitarbeiter des Kartellamtes, der Staatsanwaltschaft und Polizei, die im Unternehmen vorstellig werden. 944

Hierbei handelt es sich regelmäßig um versierte Spezialisten, die sich in Bezug auf ihre Fachkenntnisse auf hohem Niveau bewegen und sehr genau wissen, wonach sie suchen bzw. fragen müssen, um zu validieren, ob das Unternehmen in dem in Frage stehenden Themengebiet rechtlich einwandfrei tätig war. 945

Als neu ernannter Compliance Officer wächst man gerade in die Thematik hinein und ist dabei, ein Compliance-Managementsystem aufzubauen. Dies ist jedoch zunächst nicht im Fokus der Behörden. Daher kann und sollte der Compliance Officer den jeweiligen fachlich verantwortlichen Experten sowie den anwaltlichen Vertretern oder Steuerberatern des Unternehmens den Vortritt lassen, wenn es um Gespräche mit Behördenvertretern geht. 946

Dies mag sich in Zukunft ändern, wenn im Rahmen des Gesetzes zur Stärkung der Integrität in der Wirtschaft Unternehmen die Möglichkeit eröffnet wird, durch den Nachweis eines effektiven Compliance-Managementsystems eine Milderung der Sanktionen gegen das Unternehmen zu erreichen. 947

Nach der hier vertretenen Auffassung sollte man als Compliance Officer auch im Rahmen eines Ermittlungsverfahrens eher zurückhaltend sein und seine Aufgabe darin sehen, die Anwälte des Unternehmens mit Informationen zu unterstützen, statt eigenständige Gespräche mit der Staatsanwaltschaft zu führen.[152] 948

Im umgekehrten Fall sollte der Compliance Officer nicht davon ausgehen, dass er etwa eine Staatsanwaltschaft um Rat bei der Prävention zB von Wirtschaftsstraftaten fragen sollte. Eine Beratungsfunktion zu übernehmen, gehört nicht zum Aufgabenprofil eines Staatsanwaltes und wird daher zunächst Verwunderung und dann Fragen auslösen, die dazu führen können, dass plötzlich der Compliance Officer seinerseits gebeten wird zu erläutern, was in seinem Unternehmen an Missständen herrscht. 949

V. Medien

Die Medienarbeit wird heute durch die zunehmende Bedeutung der sogenannten Social Media nicht weniger wichtig für Unternehmen. Wenn auch in einem eingeschränkten Umfang gilt dies auch für Compliance-Themen. Spätestens jedoch im Fall eines gravierenden Compliance-Verstoßes ändert sich dies schlagartig, wenn Compliance bzw. das Versagen des Compliance-Managementsystems in den Mittelpunkt des medialen Interesses rücken. Auch für eine solche Situation sollte der Compliance Officer eine entsprechende Vorgehensweise mit seiner Geschäftsführung abgestimmt haben, bevor der Ernstfall eintritt. 950

1. Presse

Die Pressearbeit gehört ebenfalls nicht zum Aufgabenprofil des Compliance Officer. Er mag sich durch das Interesse eines Journalisten geschmeichelt oder gar geehrt fühlen, wenn er im Rahmen eines sehr freundlichen Telefonates zu den Einzelheiten eines möglichen Compliance-Verstoßes befragt wird. Aber es muss ihm auch bewusst sein, dass er nicht kontrolliert, wie das Gesagte von seinem journalistischen Gesprächspartner verstanden und danach interpretiert wird, um dann mit einer griffigen Schlagzeile und einem (online) Zeitungsartikel mit nicht mehr als 1.000 Worten dargestellt zu werden. Pressearbeit folgt ihren eigenen Gesetzmäßigkeiten und mit diesen sollte man vertraut sein. 951

---

[152] Zur Rolle des Compliance Officer im Rahmen strafprozessualer Ermittlungsmaßnahmen Bürkle/Hauschka Compliance-Officer/*Wessing/Dann* § 9 Rn. 147 ff.

952 Der natürliche Gesprächspartner der Presse in einem mittelständischen Unternehmen, das es sich nicht leisten kann, eine dedizierte Abteilung für die Öffentlichkeitsarbeit, wie zB einen Bereich „Presse & Media Services" zu unterhalten, wie dies bei Großkonzernen üblich ist, ist die Geschäftsleitung. Je nach Zuschnitt kann diese Aufgabe auch der Marketingabteilung übertragen werden.

953 An dieser Geschäftsverteilung sollte der Compliance Officer schon aus eigenem Interesse nicht rütteln und Anfragen umgehend und ohne jede weitere Stellungnahme zur Sache an die Geschäftsleitung oder das Marketing weiterleiten.

2. Social Media

954 Für Social Media mag sich der Compliance Officer privat interessieren und zu deren intensiven Nutzern gehören. Auch wenn er sich technisch versiert bei Twitter, Facebook, Snapchat, Instagram & Co. bewegen kann, sollte er jedoch auch von diesen Medien im Rahmen seiner Compliance-Aufgaben großen Abstand halten.

955 Durch die rasante Verbreitungsgeschwindigkeit an eine ganz erhebliche Zahl von Nutzern, kann der Compliance Officer durch eine missverständliche Stellungnahme zu einem Compliance-Thema oder gar zu einem Compliance-Verstoß im Unternehmen eine Welle der Empörung auslösen.[153]

956 Daher sollte der Compliance Officer auch die Befüllung der Social Media zB der Marketingabteilung überlassen, die auch zB die Website des Unternehmens sowie dessen Facebook- oder LinkedIn-Präsenz pflegen. Natürlich ist es im umgekehrten Fall, wenn er von dieser Abteilung um sogenannten „Content" gebeten wird, an ihm, diesen zu liefern, sodass die zuständigen Kollegen diese Inhalte in 280 Zeichen lange Tweets oder in eine Facebook-Botschaften transformieren können.

VI. Compliance-Netzwerke und Kammern

957 Wie bei jeder Berufsgruppe entwickeln sich zügig nach deren Herausbildung **Verbände,** die die Interessen ihrer Mitglieder vertreten. Dies war zB bei Datenschutzbeauftragten der Fall und bei der Tätigkeit der Compliance Officer ist es nicht anders. Auch werden **Vereine** gegründet, die sich ähnlich den Berufsverbänden, als Plattform für einen Erfahrungsaustausch anbieten. Viele versenden **Newsletter** zu Compliance-Themen, die der Compliance Officer online beziehen kann, um sich, über die Presseauswertung hinaus, auf dem Laufenden zu halten.

958 Eine Rechtspflicht diesen Organisationen beizutreten besteht natürlich nicht und so ist jeder Compliance Officer frei zu entscheiden, ob dies für ihn sinnvoll ist.

959 Eine gewisse regionale Koordinierungsfunktion übernehmen die **Industrie- und Handelskammern** sowie die **Handwerkskammern** in ihren jeweiligen Bezirken. Auch wenn die Unterschiede in der Wahrnehmung ihrer Aufgaben in Bezug auf Compliance stark variieren, so haben sie jedoch gemeinsam, dass sie die Förderung der gewerblichen Wirtschaft bzw. des Handwerks und deren Interessenwahrnehmung zum Ziel haben.

960 Regelmäßig ist dies für den Compliance Officer ein etwas fernliegendes Thema. Dies liegt ua daran, dass das Unternehmen regelmäßig gegenüber einer Kammer durch ein Mitglied der Geschäftsführung vertreten wird und in den Sitzungen eher über allgemeinere, standortbezogene Themen diskutiert wird, als über ein spezielles Thema, wie Compliance.

961 Im Rahmen ihrer Aufgabenwahrnehmung bieten Kammern über die ihnen angeschlossenen Weiterbildungsakademien Kurse und Lehrgänge zur Weiterbildung an. Dazu gehören bei einigen Kammern sogar Lehrgänge für Compliance Officer. Daher können auch weitere Compliance-Themen stärker in den Fokus der Kammern gerückt werden, sofern

---

[153] Neudeutsch auch „shitstorm" genannt.

die Mitgliedsunternehmen hier einen entsprechenden Vorstoß machen, durch die die Aufgabenwahrnehmung der Compliance Officer erleichtert wird; sei es durch mehr Informationen, Erfahrungsaustausch oder weitere Angebote der Kammern.[154]

VII. Zwischenergebnis

Der Ansprechpartner für Anfragen externer Stellen, seien es Medien, Behörden oder die Wirtschaftsprüfer des Unternehmens ist grundsätzlich die Geschäftsleitung. Der Compliance Officer sollte sich nur zu Fragestellungen diesen gegenüber äußern, sofern ihm dies von der Geschäftsführung aufgetragen worden ist (oder er rechtlich dazu verpflichtet ist). Die Kommunikationsaufgaben des Compliance Officer sind regelmäßig in das Unternehmen gerichtet. 962

Checkliste 60: Zusammenarbeit mit externen Ansprechpartnern
- ☐ Besteht eine klare Regelung wer im Unternehmen der jeweilige Ansprechpartner ist für Anfragen von
  - Wirtschaftsprüfern
  - Rechtsanwälten
  - Kunden
  - Vertretern von Behörden (Finanzamt, Zoll, Staatsanwaltschaft usw.)
  - Medien (einschließlich Social Media)?
- ☐ Wird der Compliance Officer für den Fall, dass er Anfragen beantworten soll, über die zu kommunizierenden Inhalte von der Geschäftsleitung informiert?

D. Das Compliance-Budget

Einigkeit besteht darüber, dass dem Compliance Officer hinreichend umfangreiche Ressourcen zur Wahrnehmung seiner Aufgaben zur Verfügung stehen müssen. Wie hoch die entsprechenden Budgets sein sollten, hängt primär von der Compliance-Risikosituation des Unternehmens ab. Die Art, Größe und Komplexität des Unternehmens, dessen Branchenzugehörigkeit und der Grad der Internationalisierung seiner Geschäftsbeziehungen bestimmen ebenso die Höhe der zur Verfügung zu stellenden Ressourcen, wie die Historie vergangener Compliance-Verstöße. Daher gibt es **keine Kennzahl** für die richtige Budgethöhe. 963

Idealerweise sollte der Compliance Officer eine **eigene Kostenstelle** für das ihm zur Verfügung gestellte Budget erhalten. Dies sorgt nicht nur für eine höhere **Transparenz** im Vergleich zu Mitteln, die aus verschiedenen anderen Töpfen geschöpft werden können. Vielmehr erleichtert dies auch dem Compliance Officer eine gewisse **Schwerpunktsetzung** im Rahmen seiner Aufgabenwahrnehmung. Verfügt er über eine eigene Kostenstelle, steht es ihm zB frei zu entscheiden, eine Weiterbildungsmaßnahme vom November in den Januar des kommenden Jahres zu verschieben, wenn er lieber die dadurch freiwerdenden Mittel für andere Zwecke nutzen möchte. 964

Auch kann damit nach außen **dokumentiert** werden, in welchem Umfang der Compliance Officer über Budgetmittel verfügt. Dies ist dann von Relevanz, wenn das Unternehmen gegenüber Behörden oder Kunden im Rahmen eines Lieferantenaudits belegen 965

---

[154] Damit würden zB IHKs einen wichtigen Beitrag zur Erfüllung ihrer Aufgabe leisten, „für Wahrung von Anstand und Sitte des ehrbaren Kaufmanns zu wirken", § 2 Satzung der Industrie- und Handelskammer für München und Oberbayern vom 3.4.2006, https://www.ihk-muenchen.de/ihk/documents/Rechts grundlagen/Satzung_Internet.pdf (zuletzt abgerufen am 23.12.2020).

muss, dass die Compliance-Funktion mehr als nur eine Fassade, sondern ein ausreichend mit Ressourcen ausgestatteter Funktionsbereich ist.

966 In einer Kostenstelle einer Abteilung eines Unternehmens sind zahlreiche wichtige Positionen bereits im Rahmen der Budgetplanung eingepflegt worden. So braucht sich der Compliance Officer keine Gedanken darüber machen, ob oder in welcher Höhe sein Gehalt und die Gehaltsnebenkosten, wie zB der Arbeitgebergeberbeiträge zur Sozialversicherung, in sein Budget eingeplant werden müssen. Gleiches gilt für die Kosten eines Dienstwagens, über den er uU verfügt, oder die Telekommunikationskosten und unternehmensinterne Umlagen der Verwaltungskosten sowie die fiktiven Mietkosten seines Büros, sofern solche Positionen in Ansatz gebracht werden. Selbst anstehende Gehaltserhöhungen werden automatisch von der zuständigen Abteilung, in der Regel der Personalbereich, in die Kostenstellenbudgets eingeplant.

967 Tatsächlich **planen** und in den Budgetgesprächen **argumentieren** und **verteidigen** muss der Compliance Officer Ausgaben für Budgetpositionen, die seine konkrete Aufgabenwahrnehmung betreffen.

Checkliste 61: Spezifische Positionen des Compliance-Budgets
- Beratungskosten
  - Rechtsanwaltliche Beratung (juristische Fragen)
  - Compliance-Beratung (zB zur Weiterentwicklung von Compliance-Prozessen)
- Compliance-Schulungen
  - Externer Compliance-Trainer
  - Schulungsräume (falls eine interne Verrechnung durchgeführt wird oder extern Räume gebucht werden müssen)
- Reise- und Bewirtungskosten
- Kosten für Compliance-Veranstaltungen
  (zB jährliches Treffen der lokalen Compliance-Manager)
- Weiterbildungsmaßnahmen
- Fachliteratur
- Übersetzungskosten
- Druckkosten (Verhaltenskodex, Compliance-Richtlinien usw)

968 Hinter diesen unterschiedlichen Budgetpositionen können sich zT recht erhebliche Beträge verstecken. Daher wird sich der Compliance Officer uU den Vorwurf anhören können, dass die Kosten unangemessen hoch sind, da er ja **nicht wertschöpfend tätig** ist.

969 Dies ist jedoch schlicht unrichtig. Dazu lassen sich eine Reihe von **Gegenargumenten** ins Feld führen, die zeigen, dass Compliance direkt und indirekt sehr wohl einen wertschöpfenden Beitrag leistet.

Checkliste 62: Argumente für den Wertschöpfungsbeitrag von Compliance
- Lieferantenaudits
  Allein schon in Bezug auf die zunehmenden Nachfragen zum Compliance-Managementsystem der Lieferanten und Dienstleister sorgt der Compliance Officer durch seine Aufgabenwahrnehmung dafür, dass die Kundenbeziehung erhalten bleibt und nicht wegen fehlender Compliance-Anstrengungen durch den Kunden beendet wird.
- Verbesserung der Geschäftsprozessqualität
  Eines der Ziele von Compliance ist es, Geschäftsprozesse sicherer und stabiler zu machen.
  - Dadurch werden nicht nur geschäftsschädigende Manipulationen verhindert, durch die Straftaten, die aus dem Unternehmen heraus begangen werden, erst ermöglicht werden.

D. Das Compliance-Budget § 5

- Über diesen originären Compliance-Zweck hinaus, werden durch Compliance-getriebene Geschäftsprozessoptimierungen schlicht auch Fehler vermieden, die unbeabsichtigt zB aufgrund fehlender oder nicht durchgängiger Kontrollen gemacht werden und dem Unternehmen ganz erhebliche Schäden zufügen können.
- Mehr Transparenz im Unternehmen ist ein erheblicher Mehrwert an sich. So sorgen zB überschneidungsfrei definierte Aufgabenbeschreibungen für mehr Transparenz und Verantwortlichkeit im Unternehmen.

❑ Besser motivierte Mitarbeiter
Compliance mag zwar zunächst als eine zusätzliche Belastung angesehen werden, da zB Geschäftsprozesse verbessert werden müssen. Grundsätzlich wollen jedoch Mitarbeiter ihre Aufgaben auf eine korrekte Art und Weise erledigen. Dazu gehört auch das rechtlich einwandfreie Vorgehen. Klare Vorgaben und Verantwortlichkeiten erleichtern dies, sodass sich Mitarbeiter an ihrem Arbeitsplatz sicher fühlen können.[155]

❑ Kosteneinsparungen
Vielfach werden Vertriebs- und Marketingmaßnahmen damit begründet, dass zB ein entsprechend attraktives Rahmenprogramm bei einer Informationsveranstaltung – etwa über neue Produkte – zwingend erforderlich ist, um die Kundenbeziehung zu stärken. Dennoch wird selten der Beweis dafür erbracht, dass ein Auftrag wegen eines Golfturniers vergeben worden ist. Compliance kann daher indirekt für einen effizienteren Einsatz von Aufwendungen zur nachweisbar verbesserten Kundenbindungen sorgen und damit wenig hilfreiche Ausgaben reduzieren.

❑ Profitabilität von Unternehmensprojekten
Nur selten werden bei Projektrechnungen die für die Auftragserteilung erforderlichen Bestechungsgelder einkalkuliert. Ganz bestimmt werden auch keine Drohverlustrückstellungen für mögliche Geldbußen und Gewinnabschöpfungen gebildet, was nicht nur den Wirtschaftsprüfer erstaunen würde. Dass solche Kalkulationen nicht aufgestellt werden, ist auch gut so, da es keine günstigen Rechtsverletzungen gibt. Allerdings würden sie dazu führen, dass viele Compliance-Verstöße von vornherein gar nicht erst angedacht würden.[156]

❑ Versicherungsgedanke
Sofern keines der Argumente verfängt, können die wirtschaftlichen Aufwendungen für eine gute Compliance mit der einer gesetzlich geforderten Haftpflichtversicherung verglichen werden. So kann man sich nach einigen Jahren unfallfreien Fahrens zwar darüber ärgern, dass man unnütz Versicherungsprämien bezahlt hat. Tatsächlich kommt den meisten Autofahrern dieser Gedanke nicht in den Sinn, da es zum einen eine gesetzliche Pflicht ist, eine Haftpflichtversicherung abzuschließen. Und zum anderen sind sich die meisten Autofahrer darüber bewusst, dass die finanziellen Folgen eines schuldhaft verursachten, schweren Unfalls die eigene wirtschaftliche Existenz vernichten kann. Eine Analogie zu Compliance und der Gefährdung des Fortbestands des Unternehmens durch einen Compliance-Verstoß liegt hier nicht weit.

---

[155] Dies wird in der Literatur unter dem Begriff der „Psychologischen Sicherheit" diskutiert.
[156] So mag es fraglich sein, ob die Abgasmanipulation bei Dieselfahrzeugen überhaupt ins Auge gefasst worden wäre, wenn man als Entscheidungsträger die horrenden Sanktionen in die Betrachtung mit einbezogen hätte.

E. Fazit

970 Die Haftung des Compliance Officer ist höchstrichterlich noch nicht abschließend entschieden worden. Auch aus diesem Grund empfiehlt es sich, das Gespräch mit der Geschäftsleitung zu suchen, um eine Aufgabenbeschreibung für die Tätigkeit des Compliance Officer festzulegen. Sie ist letztendlich dafür entscheidend, in welchem Umfang der Compliance Officer mit seinem Privatvermögen für Schäden haftet, die dem Unternehmen aus einem Compliance-Verstoß erwachsen.

971 Nach der hier vertretenen Auffassung ist es für den Compliance Officer vorteilhaft, wenn er die Geschäftsleitung zu Compliance-Fragen berät, Entscheidungsvorschläge erarbeitet und die Beschlüsse der Geschäftsleitung hierzu ordnungsgemäß umsetzt. Je mehr Autonomie und Entscheidungsbefugnisse dem Compliance Officer zukommen, desto höher ist sein Haftungsrisiko.

972 Nicht umsonst legen US-amerikanische Behörden Wert darauf, dass der Compliance Officer eine gewisse Gravitas mitbringt, die sich auch in der Dauer seiner Unternehmenszugehörigkeit und in der Hierarchieebene widerspiegelt, die er bekleidet. Auch sollte der Compliance Officer darauf Wert legen, dass er sowohl von der organisatorischen als auch von der räumlichen Anbindung einen direkten Zugang zu seinem Vorgesetzten auf der Geschäftsleitungseben hat.

973 Allein schon in Bezug auf die nur begrenzt zu Verfügung stehenden Kapazitäten, ist es sehr hilfreich für den Compliance Officer, wenn eine enge Zusammenarbeit mit der Finanz- und Personalabteilung sowie der IT des Unternehmens möglich ist. Insbesondere wenn auch noch ein Inhouse-Anwalt und eine Interne Revision im Unternehmen existieren ist eine klar definierte Aufgabenteilung sehr sinnvoll, um Doppelarbeiten und Reibungsverluste zu vermeiden.

974 Die Aufgabenwahrnehmung des Compliance Officer ist primär in das Unternehmen gerichtet. Sollten externe Anfragen eingehen, sei es von Journalisten, Behördenvertretern, Wirtschaftsprüfern oder vielleicht sogar Kunden im Rahmen eines Lieferantenaudits, ist der richtige Ansprechpartner zunächst immer die Geschäftsleitung. Nur wenn diese den Compliance Officer anweist, Gespräche mit diesen zuführen, sollte der Compliance Officer nach einer gründlichen inhaltlichen Abstimmung mit seinem Geschäftsführer Stellung zu den Anfragen beziehen.

Zusammenfassung der Checklisten

§ 2 Die ersten Schritte als neuer Compliance-Officer

Checkliste 1: Das erste Aufgabenprofil des Compliance Officer

Die Aufgaben des Compliance Officer bestehen zunächst in
- der Unterstützung der Geschäftsleitung in der Wahrnehmung ihrer Legalitätspflicht durch
  - die Erarbeitung von Vorschlägen für den Aufbau und Betrieb eines Compliance-Managementsystems, das auf die spezifischen Anforderungen des Unternehmens zugeschnitten ist.
  - die regelmäßige Berichterstattung über die Compliance des Unternehmens an seinen Vorgesetzten in der Geschäftsleitung sowie gegebenenfalls in der Geschäftsleitungssitzung.
  - das Erstellen von Entscheidungsvorlagen zu Compliance-relevanten Themen sowie
  - die Umsetzung der Entscheidungen der Geschäftsleitung in Bezug auf Compliance.
- der Beratung der Geschäftsleitung und der Mitarbeiter in Compliance-Fragen.
- der Durchführung von Compliance-Schulungen für die relevanten Mitarbeitergruppen.

Checkliste 2: Das richtige Selbstverständnis der Aufgabe des Compliance Officer

- Was sind nach der Aufnahme der neuen Tätigkeit die ersten Aufgaben des Compliance Officer?
- Welche Rolle nimmt der Compliance Officer im Unternehmen ein?
- Besteht ein klares Verständnis darüber, wer für den betriebswirtschaftlichen Erfolg des Geschäftsprozesses verantwortlich ist?
- Besteht eine klare Vorstellung darüber, wer für die Legalität des einzelnen Geschäftsprozesses verantwortlich ist?

Checkliste 3: Das Compliance-Managementsystem

- Commitment der Geschäftsführung
  - Verhaltenskodex
  - Kultur der Compliance
  - Compliance-Strategie
- Compliance-Risikomanagement
  - Identifikation der Compliance-Risiken
  - Analyse, Bewertung und Priorisierung der Compliance-Risiken
- Compliance-Programm
  - Compliance-Richtlinien
  - Compliance-Schulungen
  - Geschäftsprozessoptimierung
  - Organisatorische Maßnahmen
  - Beratung
- Compliance-Monitoring
- Compliance-Dokumentation und -Reporting
- Compliance-Kommunikation.

Zusammenfassung der Checklisten

Checkliste 4: Wo fange ich an – Vorüberlegungen

- ❏ Den Kenntnisstand und das Informationsbedürfnis der Mitarbeiter beachten.
- ❏ Die richtige Abfolge der ersten Schritte erleichtern den Mitarbeiter das Verständnis.
  - Verhaltenskodex erstellen
  - Darauf aufbauende Compliance-Richtlinien erstellen
  - Compliance-Schulungen durchführen
  - Compliance-Risikoabfrage versenden und rücklaufende Antworten auswerten
  - Compliance-Programm mit Gegenmaßnahmen definieren und umsetzen
- ❏ Akute Herausforderungen erfordern andere Prioritätensetzungen
  - Lieferantenaudits durch Kunden
  - Akuter Compliance-Verstoß

Checkliste 5: Erste Maßnahmen zum Aufbau des Compliance-Managementsystems – Der Verhaltenskodex

- ❏ Der Verhaltenskodex umfasst inhaltlich die Zehn Prinzipien des UN Global Compact
  - Vorwort der Geschäftsleitung
  - Geltungsbereich
  - Nachhaltige Unternehmenstätigkeit
  - Unternehmenskultur
  - Weitere Geschäftsprinzipien des Unternehmens
  - Beziehungen zu Kunden und Wettbewerbern
    - Korruptionsprävention
    - Einhaltung des Wettbewerbsrechts
    - Vermeidung von Interessenkonflikten
  - Beziehungen zu Lieferanten
  - Einhaltung der exportkontroll-, zoll- und steuerrechtlichen Vorschriften
  - Schutz der Unternehmenswerte
    - Das Eigentum des Unternehmens
    - Geistiges Eigentum und Geschäftsgeheimnisse
    - Datenschutz
    - Schutz der IT-Infrastruktur
  - Umwelt- und Arbeitsschutz
  - Umsetzung des Verhaltenskodexes
  - Konsequenzen von Rechtsverstößen
  - Kontaktinformationen
- ❏ Der Verhaltenskodex ist uU mitbestimmungspflichtig.

Checkliste 6: Erstellung, Verteilung und Schulung des Verhaltenskodexes

- ❏ Klare und prägnante Formulierungen
- ❏ Juristisch korrekt, aber dennoch einfach zu lesen
- ❏ Bilder und Illustrationen erleichtern die Lesbarkeit
- ❏ Übersetzung in die im Unternehmen dominanten Fremdsprachen
- ❏ Verteilung an alle Mitarbeiter, gegebenenfalls auch postalisch
- ❏ Werbemaßnahmen, Plakataushänge mit den wichtigsten Botschaften
- ❏ Erläuterung der Inhalte in Compliance-Schulungen

Zusammenfassung der Checklisten

Checkliste 7: Gründe für eine Geschäftspartnerprüfung

- ❏ Ist der Geschäftspartner in einem Wirtschaftszweig tätig, der anfällig für Bestechungshandlungen ist oder hat er seinen Sitz in einem Land, das als korruptionsbehaftet gilt?
- ❏ Soll der Geschäftspartner für das Unternehmen und/oder im Namen des Unternehmens gegenüber Dritten Handlungen durchführen oder unser Unternehmen bei anderen vertreten?
- ❏ Wird der Geschäftspartner Kontakte mit Amtsträgern für das Unternehmen wahrnehmen?
- ❏ Wird der Geschäftspartner in der Lage sein, Entscheidungsträger anderer Unternehmen oder Institutionen im Sinne des Unternehmens zu beeinflussen?
- ❏ Handelt es sich um ein hohes Vertragsvolumen?

Checkliste 8: Compliance-Richtlinien

- ❏ Unterhalb des Verhaltenskodexes spezifizieren Compliance-Richtlinien dessen Inhalte.
- ❏ Anti-Korruptionsrichtlinie
- ❏ Richtlinie zur Kartellprävention
- ❏ Datenschutzrichtlinie
- ❏ Nachhaltigkeitsrichtlinie für Zulieferer
- ❏ Richtlinie für Geschäftspartnerprüfung
- ❏ Weitere Richtlinien können durch spezifische Unternehmensbedingungen erforderlich sein.
- ❏ Die Compliance-Richtlinien sollen auch für Nichtjuristen leicht verständlich und gut lesbar sein.

Checkliste 9: Compliance-Schulungskonzept

- ❏ Welche Mitarbeitergruppen sind zu schulen?
- ❏ Welche Inhalte sind zu vermitteln?
- ❏ Welchen zeitlichen Umfang sollte eine Compliance-Schulung haben?
- ❏ Sollte es eine Präsenzschulung, eine Online-Schulung (Videokonferenz) oder ein rein webbasiertes Training sein?
- ❏ Wird die Compliance-Schulung durch den Compliance Officer selbst durchgeführt oder outgesourct?
- ❏ Aus welchen Bereichen des Unternehmens benötigt der Compliance Officer Unterstützung zur operativen Umsetzung der Compliance-Schulung?
- ❏ Wie kann der Compliance Officer den Lernerfolg der Compliance-Schulung validieren?

Checkliste 10: Inhalte einer Compliance-Basisschulung

- ❏ Der Begriff „Compliance"
- ❏ Die Ziele von Compliance
- ❏ Das Compliance-Managementsystem
- ❏ Die Haftungsfolgen bei Compliance-Verstößen
  (Strafrecht, Kartellrecht, Ordnungswidrigkeitenrecht, Zivilrecht, Reaktion der Kunden)
- ❏ Die Vorteile einer guten Compliance
- ❏ Bestechung/Bestechlichkeit
  - Bestechung im geschäftlichen Verkehr
  - Bestechung von Amtsträgern

Zusammenfassung der Checklisten

- Der richtige Umgang mit Amtsträgern
- Einzuhaltende Wertgrenzen (Sozialadäquanz)
- Der richtige Umgang mit Einladungen, Bewirtungen und Geschenken
❑ Kartellrecht (Verbot wettbewerbsbeschränkender Vereinbarungen Deutschland und in der EU)
  - Verbot der Vereinbarung, Absprachen in Verbänden oder abgestimmte Verhaltensweisen
  - Kronzeugenregelung
  - Das richtige Verhalten bei Verbandssitzungen
  - Das richtige Verhalten bei Messen
❑ Ordnungswidrigkeitenrecht
  - Die Aufsichtspflicht und deren Folgen
❑ Umgang mit Lieferantenaudits durch Kunden des Unternehmens
❑ Weitere operative Themen
  - Verantwortlichkeiten für die Unternehmens-Compliance
  - Das Aufgabenprofil des Compliance Officer
  - Integration der Compliance-Anforderungen in das Tagesgeschäft der Mitarbeiter und Führungskräfte
  - Das Compliance-Risikomanagement
❑ Weitere unternehmensspezifische Themen
  - Erläuterung zB der Auslandsbezüge von Compliance, sofern das Unternehmen international tätig ist (jeweils innerhalb der o.g. Themengebiete)

Checkliste 11: Organisatorische Aspekte einer Compliance-Schulung

❑ Lernziele definieren
❑ Erforderlichen zeitlichen Umfang zur Erreichung der Lernziele festlegen
❑ Richtiges Medium für die Schulungsinhalte bestimmen
  - Präsenzschulung
  - Online-Schulung
  - Rein webbasierte Schulung (E-Learning/Fragebogen)
❑ Frühzeitige Abstimmung mit der Personalabteilung zwecks Erfassung der Mitarbeiterdaten für Einladungen
❑ Validierung des Lernerfolges
  - Direkt (Test)
  - Indirekt (zB Anzahl der Nachfragen nach der Compliance-Schulung)
❑ Dokumentation der Teilnahme der eingeladenen Mitarbeiter
❑ Zusammenfassung der Inhalte für die Teilnehmer (Multiplikatoren), um im Nachgang in Besprechungen mit den Mitarbeitern und Kollegen über das Thema zu diskutieren

Checkliste 12: Aufbau einer Compliance-Organisation und -Prozessen

❑ Aufbau einer Compliance-Organisation mit
  - einem Compliance-Committee
  - einer Whistleblower-Hotline
  - lokalen Compliance-Managern
❑ Etablierung von Compliance-Prozessen für
  - die Compliance-Organisation
  - das Compliance-Reporting
  - das Compliance-Monitoring
  - die Compliance-Kommunikation

- die Vorbereitung der Compliance-Schulungen
- ❏ Abfrage der Compliance-Risiken im Unternehmen
- ❏ Optimierung der Geschäftsprozesse des Unternehmens unter Compliance-Gesichtspunkten

Checkliste 13: Das Compliance-Committee

- ❏ Mitglieder bestimmen. Dazu können gehören
  - Compliance Officer
  - Leiter Recht und
  - Leiter Interne Revision oder
  - Leiter Finanzen und
  - Leiter Personal
- ❏ Aufgaben und Sitzungsfrequenz definieren
- ❏ Dokumentation der Besprechungsergebnisse
- ❏ Berichterstattung an die Geschäftsleitung

Checkliste 14: Das Hinweisgebersystem (Whistleblower-Hotline)

- ❏ Entscheidung, ob interne Lösung, externer Compliance-Ombudsmann oder eine Hybridlösung umgesetzt werden soll
- ❏ Vorgaben der EU-Richtlinie zum Schutz von Personen, die Verstöße gegen das EU-Recht melden, umsetzen
- ❏ Definition des Prozesses der Bearbeitung eingehender Hinweise
- ❏ Beschreibung der Folgen im Fall eines Compliance-Verstoßes (einschließlich daraus für das Compliance-Managementsystem zu ziehende Lehren)
- ❏ Berichterstattung an Geschäftsleitung
- ❏ Richtlinie zum Compliance-Hinweisgebersystem

Checkliste 15: Netzwerk lokaler Compliance-Manager

- ❏ Für Auslandsstandorte und dezentrale Geschäftsbereiche
- ❏ Ernennung der lokalen Compliance-Manager
- ❏ Ausbildung der lokalen Compliance-Manager
- ❏ Definition der Berichtswege
- ❏ Definition der Arbeitsbeziehungen innerhalb der Compliance-Organisation

Checkliste 16: Erste Schritte bezüglich der Berichterstattung an die Geschäftsleitung, Compliance-Monitoring und Compliance-Kommunikation sowie Compliance-Schulungen

- ❏ Abstimmung mit der Geschäftsführung
  - in welchem Turnus an den für Compliance verantwortlich zeichnenden Geschäftsführer zu berichten ist
  - in welchem Turnus in der Geschäftsleitungssitzung über Compliance-Themen zu berichten ist
  - bezüglich des Reportings bei akuten Compliance-Vorkommnissen
  - bezüglich des Reportings an den Aufsichtsrat bzw. die Gesellschafterversammlung
  - über die Berichterstattung bei Compliance-Verstößen eines Mitglieds der Geschäftsleitung oder des Compliance Officer

Zusammenfassung der Checklisten

- ❑ Überprüfung der Effektivität der Compliance-Maßnahmen des Compliance-Programms (Monitoring)
- ❑ Kontinuierliche Verfolgung der sich ändernden internen und externen Rahmenbedingungen für die Compliance des Unternehmens
- ❑ Entwicklung eines Compliance-Kommunikationskonzepts zur langfristigen Verbreitung von „Compliance-Botschaften" im Unternehmen
- ❑ Abstimmung des ersten Compliance-Schulungskonzepts (Basisschulungen) mit der Geschäftsführung (Inhalte, Teilnehmerzahl, Teilnehmerzusammensetzung in den einzelnen Schulungen, Termine, Dokumentation)

Checkliste 17: Die erste Compliance-Risikoerhebung

- ❑ Entscheidung über interne Compliance-Risikoabfrage oder Beauftragung eines Compliance-Risikoaudits durch einen externen Berater
- ❑ Im Fall einer internen Compliance-Risikoabfrage
  - Definition der Abfragemethodik
  - Adressatenkreis der Abfrage bestimmen
  - Analyse und Bewertung der Rückläufe
  - Umgang mit Problemfällen
    - Themencluster
    - Leermeldungen
    - Unbeantwortete Anfragen
- ❑ Entwicklung von Gegenmaßnahmen für das Compliance-Programm

§ 3 Der Weg zum eingeschwungenen Compliance-Managementsystem

Checkliste 18: Effektivität und Effizienz der Compliance-Risikoabfrage

- ❑ War die Vorbereitung der Abfrage effizient?
  - Bestanden technische Probleme?
  (zB fehlende oder falsche E-Mail-Adressen)
  - Funktionierte die Benennung von mehr als zehn Compliance-Risiken IT-technisch einwandfrei?
  - Führten die fehlenden Vorgaben zur Rücksendung des Fragebogens zu einem unerwartet hohen Aufwand bei der Verarbeitung der Antworten?
  (zB wurden schwerer zu verarbeitende PDF-Dateien zurückgesendet, anstelle der erwarteten Word-Dateien)
- ❑ War die Frist bis zur Abgabe angemessen oder zu lang bemessen?
  (zB kamen Beschwerden über die geringe zur Verfügung stehende Zeit oder wurde zu viel Zeit eingeräumt, sodass das Ausfüllen vergessen wurde?)
- ❑ Entsprach die inhaltliche Qualität der Antworten den Erwartungen?
  (Es wurden zB nur sehr knappe und damit unverständliche Sachverhaltsbeschreibungen geliefert, da der Platz für ausführlichere Darstellungen fehlte, was wiederum Nachfragen erforderlich machte)
- ❑ Welcher Adressatenkreis verspricht die besten Rückläufe?
  (Anm.: Es stellte sich bei der Analyse heraus, dass die Abteilungsleiter, die nicht nur allein, sondern gemeinsam mit ihren Mitarbeitern die Anfrage beantworteten, die interessantesten/ fundiertesten Ergebnisse lieferten)
- ❑ War die Erstellung einer Gesamtübersicht der gemeldeten Compliance-Risiken für die Geschäftsleitung anschaulich genug?

Zusammenfassung der Checklisten

(Anm.: Es wäre zB ein Ampelsystem bei der Darstellung unterschiedlich gravierender Compliance-Risiken in der Vorlage an die Geschäftsführung hilfreich gewesen.)

Checkliste 19: Gründe für inhaltlich besonders relevante Rückläufe bei der Compliance-Risikoabfrage

- Wurden der Verhaltenskodex und die Compliance-Richtlinien gelesen?
- Nahm der Befragte an einer Compliance-Schulung teil?
- Nahm dessen Vorgesetzter an einer Compliance-Schulung teil?
- Wurden die Inhalte der Compliance-Schulung an die Mitarbeiter weitergegeben? (oder wurde diese nicht weiter von den Führungskräften in Mitarbeiterbesprechungen thematisiert?)
- Enthielten die Zielvereinbarungen der Abteilung bereits Compliance-Inhalte?
- Zeigte sich der Befragte bereits während der Compliance-Schulung den Themen gegenüber aufgeschlossen?
- Hatte der Befragte ausreichend Zeit für die Beantwortung der Abfrage?
- Wären leitende Fragen hilfreicher als eine offene Compliance-Risikoabfrage?
- Konnte der Compliance Officer Rückfragen zur Abfrage in einer für den Adressaten hilfreichen Weise beantworten?

Checkliste 20: Verwendung konkreter Fragen bei der Identifikation der Compliance-Risiken

- Verfügen Sie über Budgetmittel für Einladungen, Bewirtungen und Geschenke, die es Ihnen persönlich ermöglichen, Kunden großzügige Zuwendungen zu gewähren?
- Werden Sie von (potenziellen) Lieferanten zum Essen oder zu Veranstaltungen eingeladen oder erhalten Sie Geschenke von diesen?
- Treffen Sie auf der ABC-Messe Wettbewerber?
- Nehmen Sie an Verbandssitzungen teil?
- Benutzen Sie WhatsApp für Ihre Kundenkontakte? (Anm.: Damit würden Datenschutzregeln verletzt)
- Versenden Sie vertriebsseitig Muster unserer Produkte ins Ausland? (Anm.: Es könnte hier ein erhebliches exportkontrollrechtliches Problem liegen, wenn das Versenden genehmigungspflichtig wäre.)

Checkliste 21: Interne Informationsquellen für das Compliance-Monitoring (Umfeldbeobachtung) (Auswahl)

- Das persönliche Netzwerk des Compliance Officer.
- Die für den Compliance Officer relevanten Auszüge der Protokolle der Geschäftsleitungssitzungen
- Marktberichte des Vertriebs
- Ergebnisse der Geschäftspartnerprüfung (Third Party Due Diligence)
- Berichte der Internen Revision (sofern eine solche im Unternehmen besteht)
- Berichte der Finanzabteilung
- Informationen durch die interne Whistleblower-Hotline

Zusammenfassung der Checklisten

Checkliste 22: Externe Informationsquellen für das Compliance-Monitoring (Umfeldbeobachtung) (Auswahl)

- ❏ Compliance-Newsletter
- ❏ Berichte in der Wirtschafts- und branchenbezogenen Fachpresse – auch über Wettbewerber
- ❏ Tagungen
- ❏ Wirtschaftsprüfer können branchenrelevante Hinweise auf Compliance-Risiken im Rahmen ihrer Tätigkeit erkannt haben
- ❏ Hinweise der Anwälte des Unternehmens
- ❏ Protokolle von Verbandssitzungen
- ❏ Informationen durch die externe Whistleblower-Hotline

Checkliste 23: Langfristige Compliance-Kommunikationsbotschaften (Beispiele)

- ❏ Es ist der Unternehmensleitung wichtig, dass Gesetze und interne Richtlinien eingehalten werden
- ❏ Compliance ist nichts Neues, nichts Besonderes, sondern, ähnlich wie der respektvolle Umgang miteinander, eine Selbstverständlichkeit
- ❏ Compliance geht jeden an: Rechtlich einwandfrei für das Unternehmen tätig zu sein, ist die Aufgabe eines jeden Mitarbeiters
- ❏ Compliance ist alternativlos

Checkliste 24: Mögliche anlassbezogene Compliance-Kommunikationsbotschaften

- ❏ Vor einer Messe
  - Eine Erinnerung an die letzte Kartellrechtsschulung (und das Verbot der Abstimmung von Verhaltensweisen mit Wettbewerbern) durch Hinweise auf das richtige Verhalten mit Wettbewerbern
  - Eine Erinnerung an die Regeln für Einladungen und Bewirtungen (Bestechung)
- ❏ In der Vorweihnachtszeit
  - Hinweise auf das Geben und Annehmen von Geschenken vor dem Hintergrund der Anti-Korruptionsrichtlinie des Unternehmens
- ❏ Ein Presseinterview eines Mitglieds der Geschäftsführung
  - Hier kann Compliance direkt oder indirekt thematisiert werden
- ❏ Der Unternehmens-Newsletter/ die Mitarbeiterzeitschrift
  - Allgemeine Informationen zur Unternehmensentwicklung können auch einen direkten oder indirekten Hinweis auf Compliance-Themen enthalten
- ❏ Ansprachen von Mitgliedern der Geschäftsleitung oder der oberen Führungsebene

Checkliste 25: Teilnehmer der Compliance-Basisschulungen

Compliance-Basisschulungen haben in der Regel zu Beginn dieser zweiten Phase erhalten
- ❏ Führungskräfte (zB ab Abteilungsleitungsebene) und alle Mitarbeiter der Abteilungen
  - Vertrieb
  - Einkauf
  - Finanzen
  - Personal
  - Revision und Recht (soweit vorhanden)

Zusammenfassung der Checklisten

Unter Umständen wurden ebenfalls bereits geschult
- ❑ alle Führungskräfte (zB bis Teamleiterebene)
- ❑ die Mitglieder der Geschäftsführung
- ❑ die Mitglieder des Betriebsrates

Checkliste 26: Teilnehmer der Compliance-Wiederholungsschulungen

- ❑ alle Führungskräfte (ab Teamleiterebene) und
- ❑ alle Mitarbeiter der Abteilungen
  - Vertrieb
  - Einkauf
  - Finanzen
  - Personal
  - Revision und Recht (soweit vorhanden)
- ❑ die Mitglieder der Geschäftsführung
- ❑ die Mitglieder des Betriebsrates

Checkliste 27: Vertiefende Compliance-Schulungen zu spezifischen Themen und deren Zielgruppen

Spezialthemen der Compliance-Schulung	*Teilnehmerkreis*
❑ Korruptionsprävention	❑ Einkauf/Vertrieb/Außendienst/Entwicklungsingenieure
❑ Prävention von Preisabsprachen	❑ Vertrieb
❑ Exportkontrolle	❑ Vertrieb/Logistik/Außendienst (Service)
❑ Geschäftspartnerprüfung	❑ Einkauf/Vertrieb
❑ Compliance-Aufgaben und Haftung der Geschäftsführung	❑ Mitglieder der Geschäftsführung
❑ Compliance-Überwachungsaufgaben und Haftung des Aufsichtsrats	❑ Mitglieder des Aufsichtsrates (sofern vorhanden)
❑ Alle oben genannten Themen sowie operative Compliance-Prozesse	❑ Lokale Compliance-Manager

Checkliste 28: Compliance-Basisschulungen für spezielle Teilnehmergruppen

- ❑ Neu eingestellte Mitarbeiter
- ❑ Trainees (Hochschulabsolventen mit Potential für Führungspositionen)
- ❑ Praktikanten, Auszubildende, Duale Studenten, Werkstudenten
- ❑ Betriebsräte
- ❑ Assistenten der Geschäftsführung

Checkliste 29: Mögliche kalkulatorische Gestaltung einer Zielvereinbarung einschließlich eines Compliance-Ziels

- ❑ Verfehlte Compliance-Ziele können nicht durch die Übererfüllung anderer Bestandteile der Zielvereinbarung kompensiert werden.
- ❑ Eine Malus-Regelung bestraft den Mitarbeiter, wenn er die Compliance-Ziele nicht erreicht. Kann er sich bei Erfüllung des Compliance-Ziels einen Bonusumfang in Höhe

Zusammenfassung der Checklisten

von zB +10% sichern, verliert er bei Verfehlung des Ziels einen Anteil von 20% seiner Tantieme.

Checkliste 30: Geschäftsprozessoptimierung aus Compliance-Sicht

- Dokumentation der Geschäftsprozessbeschreibungen auf möglichst einheitliche und übersichtliche Weise
- Integration von aus Compliance-Sicht geschäftsprozessabsichernden Maßnahmen, wie zB
  - Vieraugenprinzip
  - Aufgabentrennung
  - Automatisierung von Geschäftsprozessen
- Erstellung neuer, aus Compliance-Sicht erforderlicher Geschäftsprozesse, wie zB
  - Messebesuche durch Mitarbeiter
  - Vertretung des Unternehmens bei Verbandssitzungen

Checkliste 31: Corporate Social Responsibility und Compliance

- Sind der UN Global Compact sowie die Anforderungen der EU zu Corporate Social Responsibility bekannt?
- Sind die zehn Prinzipien des UN Global Compact Inhalt des Verhaltenskodexes geworden?
- Compliance-Themen verschmelzen zunehmend mit sozialer und ökologischer Nachhaltigkeit.
- Compliance und ethische Unternehmensführung werden in einem Atemzug genannt.
- Ethische Betrachtung juristisch nicht eindeutig und klar geregelter Themenstellungen (Grauzonen) helfen, die richtige Entscheidung zu treffen.

Checkliste 32: Lieferantenaudits zur Compliance des Unternehmens

- Richtige, vollständige und zeitnahe Beantwortung der Fragen
- Bei sich häufenden, ähnlichen Anfragen ist das Erstellen eines Antwortkataloges hilfreich, um Doppelarbeiten zu vermeiden.
- Koordinierung der Antworten, wenn das Audit auch Fragen zur sozialen und ökologischen Nachhaltigkeit enthält
- Koordinator ist nicht zwingend der Compliance Officer
- Compliance-Fragen werden ausschließlich vom Compliance Officer beantwortet.

§ 4 Fragen zur steten Eigenprüfung des Compliance Officer

Checkliste 33: Ist das Compliance-Managementsystem gut konzipiert?

- Gewährleistet das Compliance-System eine maximale Effektivität bei der Verhütung und Aufdeckung von Fehlverhalten der Mitarbeiter?
- Wird das Compliance-Programm von der Unternehmensleitung wirksam umgesetzt?

Zusammenfassung der Checklisten

Checkliste 34: Ist das Compliance-Risikomanagement gut konzipiert?

- ☐ Ist der Prozess des Compliance-Risikomanagements geeignet, die spezifischen Compliance-Risiken der Branche, in der das Unternehmen tätig ist, aufzudecken, die entstehen zB durch die hohe Wettbewerbsintensität, Geschäfte mit ausländischen Behörden, Zahlungen an ausländische Amtsträger, der Einsatz von zB Vertriebsagenten, Einladungen, Bewirtungen und Geschenke sowie Spenden und Sponsoringaktivitäten?
- ☐ Wird der Prozess auch den besonderen Risiken eines komplexen regulatorischen Umfeldes gerecht?
- ☐ Ist die Identifikation der Compliance-Risiken effektiv und werden daraus entsprechende Maßnahmen im Rahmen des Compliance-Programms abgeleitet?
- ☐ Wird das Compliance-Programm regelmäßig aktualisiert und werden aus festgestellten Compliance-Defiziten entsprechende Optimierungsmaßnahmen abgeleitet und implementiert?
- ☐ Stellt das Unternehmen ausreichende Ressourcen für das Compliance-Risikomanagement zur Verfügung?
- ☐ Compliance-Risikomanagementprozess
  - Welche Methoden wurden für die Identifikation, Analyse und Abwehr von Compliance-Risiken genutzt?
  - Welche Informationen wurden gesammelt?
  - Wie wurden sie in das Compliance-Programm und das Compliance-Managementsystem integriert?
- ☐ Risikoadäquate Ressourcenallokation
  - Werden bei Transaktionen mit hohem Compliance-Risiko detaillierte Prüfungen durchgeführt, wie zB im Fall fragwürdiger Zahlungen an Vertriebsagenten oder unüblich hohe Rabatte an Großhändler sowie großvolumige Aufträge von Behörden in Hochrisikoländern?
- ☐ Aktualisierung und Überarbeitung
  - Werden die Compliance-Risiken im Unternehmen regelmäßig erhoben?
  - Handelt es sich hierbei um einen einmaligen Prozess pro Jahr oder um eine kontinuierliche Erfassung der Compliance-Risiken.
  - Wurden Richtlinien/Geschäftsprozesse auf Basis gewonnener Risikoerkenntnisse aktualisiert?
  - Basieren die Optimierungsmaßnahmen auch auf Erkenntnissen, die durch entdeckte Compliance-Verstöße oder durch erkannte Defizite des Compliance-Managementsystems gewonnen wurden?
- ☐ Lernen aus Erfahrungen
  - Werden in die Compliance-Risikoanalyse und -bewertung des Unternehmens systematisch die Erkenntnisse integriert, die im Rahmen von Compliance-Verstößen im Unternehmen gewonnen oder bei Wettbewerbern, die in der gleichen Branche oder geographischen Region tätig sind, erkannt wurden?

Checkliste 35: Sind alle erforderlichen Compliance-Richtlinien und -Prozesse vorhanden?

- ☐ Wurde ein Verhaltenskodex veröffentlicht, der alle Mitarbeiter auf die Einhaltung der für das Unternehmen maßgeblichen Gesetze verpflichtet?
- ☐ Vermitteln die Compliance-Richtlinien die notwendigen Inhalte und fördern deren Einhaltung?
- ☐ Existieren Compliance-Prozesse, die der Erfassung und Minimierung von Compliance-Risiken dienen?
- ☐ Besteht ein Compliance-Prozess zur Förderung der Compliance-Kultur?

Zusammenfassung der Checklisten

Checkliste 36: Entwicklung, Vollständigkeit, Zugänglichkeit und Verantwortlichkeiten für die operative Einbindung der Compliance-Richtlinien und -Prozesse sowie besondere Einbindung von Mitarbeitern mit wichtigen Kontrollfunktionen

Entwicklung der Compliance-Richtlinien und -Prozesse
- ❏ Besteht ein durchdachter Prozess für die Gestaltung und Implementierung neuer Compliance-Richtlinien und -Prozesse des Unternehmens?
- ❏ Wer waren die Beteiligten in diesem Prozess?
- ❏ Wurden die betroffenen Geschäfts- und Funktionalbereiche in die Erstellung eingebunden?

Vollständigkeit der Compliance-Richtlinien und -Prozesse
- ❏ Auf welche Weise stellt das Unternehmen sicher, dass seine Compliance-Richtlinien und -Prozesse dem aktuellen Stand der Compliance-Risikosituation gerecht werden, einschließlich absehbarer Gesetzesänderungen?

Zugänglichkeit der Compliance-Richtlinien und -Prozesse
- ❏ Wie wurden die Mitarbeiter und allen anderen relevanten Personen über die Inhalte der Compliance-Richtlinien und -Prozesse informiert?
- ❏ Erschweren Sprachbarrieren oder andere Hindernisse bei Auslandstochtergesellschaften den Zugang derer Mitarbeiter zu diesen Informationen?
- ❏ Stellt das Unternehmen diese Unterlagen in einem elektronisch durchsuchbaren Format zu Verfügung?
- ❏ Wird dokumentiert, wie häufig die jeweiligen Compliance-Richtlinien und -Prozessbeschreibungen aufgerufen werden, um dadurch zB festzustellen, wo besonders hoher Klärungsbedarf besteht?

Verantwortlichkeiten für die operative Einbindung der Compliance-Richtlinien
- ❏ Wer war für die Integration der Compliance-Richtlinien und -Prozesse in die bestehenden Geschäftsprozesse verantwortlich?
- ❏ Wurden die Compliance-Richtlinien und -Prozesse in einer für alle Mitarbeiter verständlichen Weise kommuniziert?
- ❏ Wird ihre Wirksamkeit durch das bestehende System interner Kontrollen verstärkt?

Besondere Einbindung von Mitarbeitern mit wichtigen Kontrollfunktionen
- ❏ Auf welche Weise wurden Mitarbeiter, die wichtige Kontrollfunktionen im Unternehmen innehaben, wie zB Zeichnungsberechtigte, in die neuen Compliance-Richtlinien und -Prozesse eingewiesen?
- ❏ Kennen diese Mitarbeiter die Art von Fehlverhalten, auf die sie besonders achten sollten?
- ❏ Kennen diese sog. „Gatekeeper" die Regeln, auf Basis welcher sie ihre Bedenken eskalieren können?
  - An wen ist der Sachverhalt zu eskalieren?
  - Wie verläuft der Eskalationsprozess?

Checkliste 37: Compliance-Schulungen und -Kommunikation (allgemein)

- ❏ Welche Schritte hat das Unternehmen unternommen, um zu gewährleisten, dass die Compliance-Richtlinien und -Prozesse in dessen Geschäftsprozesse integriert worden sind?
- ❏ Wurden die Mitglieder des Aufsichtsrates, der Geschäftsführung sowie sonstige relevante Mitarbeiter und Führungskräfte, gegebenenfalls sogar relevante externe Geschäftspartner, regelmäßig zu den aktuellen Compliance-Themen geschult?

Zusammenfassung der Checklisten

Checkliste 38: Risikobasierte Compliance-Schulungen, Form, Inhalte, Lernerfolg der Compliance-Schulungen, Berichterstattung über Fehlverhalten sowie Verfügbarkeit von Erläuterungen zu den Compliance-Richtlinien

Risikobasierte Compliance-Schulungen
- ❏ Bietet das Unternehmen für die Herausforderungen, welchen sich Mitarbeiter in Funktionen mit hohen Compliance-Risiken oder in wichtigen Kontrollfunktionen gegenübersehen, zugeschnittene Compliance-Schulungen an?
- ❏ Wurden spezielle Compliance-Schulungen in Bereichen durchgeführt, in welchen es zu einem Compliance-Verstoß gekommen ist?
- ❏ Wurde eine inhaltliche Differenzierung zwischen den Compliance-Schulungen für Führungskräfte und solchen für Mitarbeiter gemacht?
  - Zusätzliche Schulungen bzw.
  - unterschiedliche Compliance-Schulungen?
- ❏ Welche Analysen hat das Unternehmen durchgeführt, um festzustellen, wer geschult werden sollte und zu welchen Themen?

Form, Inhalte und Lernerfolg der Compliance-Schulungen
- ❏ Wurden die Compliance-Schulungen in einer Form und in einer Sprache durchgeführt, die für die Teilnehmer verständlich waren?
- ❏ Wurden Compliance-Schulungen differenziert nach der Teilnehmerzahl, ihrem Fachwissen bzw. Erfahrungsschatz und nach Themen durchgeführt?
- ❏ Nach welchen Kriterien wurde entschieden, dass die Compliance-Schulungen als Präsenztrainings oder als Online-Schulungen durchgeführt werden sollten?
- ❏ Wurde das passende Trainingsformat gewählt, um den größtmöglichen Nutzen der Compliance-Schulung für die Teilnehmer zu gewährleisten?
  - Praktische Ratschläge zur Lösung von Compliance-Problemen?
  - Fallstudien, in welchen für verschiedene Szenarien Lösungsvorschläge erarbeitet werden?
  - Wer gewährt im Unternehmen Unterstützung in Compliance-Fällen?
  - Wurden Schulungen fokussiert auf das Identifizieren von Compliance-Risiken, einschließlich deren Berichterstattung an den Compliance Officer, die Interne Revision oder das Risikomanagement im Unternehmen durchgeführt.
- ❏ Wurden bei den Inhalten der Schulungen die aus früheren Compliance-Verstößen gewonnenen Erkenntnisse berücksichtigt?
- ❏ Ist sichergestellt, dass die Teilnehmer während der Compliance-Schulung Fragen stellen können, einerlei, ob es sich um eine Präsenz- oder Online-Schulung handelt?
- ❏ Wie misst das Unternehmen den Lernerfolg der Compliance-Schulung?
  - Wurden die Mitarbeiter einem Test unterzogen?
  - Wie geht das Unternehmen mit Mitarbeitern um, die den Test nicht oder nicht vollständig bestehen?
- ❏ Hat das Unternehmen evaluiert, ob sich das Verhalten der Mitarbeiter oder der Geschäftsbetrieb nach ihrer Teilnahme an einer Compliance-Schulung verändert hat?

Berichterstattung über Fehlverhalten
- ❏ Was hat die Geschäftsleitung unternommen, um ihre Position in Bezug auf Rechtsverstöße im Unternehmen den Mitarbeitern zu erläutern?
- ❏ Hat das Unternehmen die Belegschaft darüber informiert, dass nach einem Compliance-Verstoß Sanktionen gegenüber dem Mitarbeiter ausgesprochen worden sind, zB durch eine anonymisierte Beschreibung der Art des Fehlverhaltens, das zu Disziplinarmaßnahmen führte)?

Zusammenfassung der Checklisten

Verfügbarkeit von Erläuterungen zu den Compliance-Richtlinien
- ❏ Welche Ressourcen hat das Unternehmen den Mitarbeitern zur Verfügung gestellt, um weitere Erläuterungen zu den Compliance-Richtlinien zu erhalten?
- ❏ Wie hat das Unternehmen beurteilt, ob seine Mitarbeiter wissen, wann sie Rat suchen müssen und ob sie dazu bereit sind?

Checkliste 39: Compliance-Hinweisgebersystem (Whistleblower-Hotline) (allgemein)

- ❏ Besteht im Unternehmen ein Whistleblower-Hinweisgebersystem, das gewährleistet, dass vertrauliche Hinweise auch anonym gemeldet werden können?
- ❏ Verfügt das Unternehmen über einen Prozess für Beschwerden, der proaktive Maßnahmen beinhaltet,
  - die eine Arbeitsplatzatmosphäre ohne Angst vor Vergeltungsmaßnahmen fördern,
  - die geeignete Verfahren für die Einreichung von Beschwerden definieren und
  - die Verfahren zum Schutz der Hinweisgeber umfassen?
- ❏ Ist der dem Hinweisgebersystem zugrundeliegende Prozess so gestaltet, dass Beschwerden
  - kompetente Mitarbeiter (zB den Compliance Officer oder den externen Ombudsmann) erreichen,
  - zeitnah und gründlich untersucht werden und
  - angemessene Konsequenzen gezogen und gegebenenfalls auch Disziplinarmaßnahmen verhängt werden?

Checkliste 40: Wirksamkeit des Hinweisgebersystems

- ❏ Verfügt das Unternehmen über eine anonyme Whistleblower-Hotline?
- ❏ Wurde dieses Hinweisgebersystem gegenüber den Beschäftigten und anderen Dritten effektiv bekannt gemacht?
- ❏ Wurde das Hinweisgebersystem genutzt?
- ❏ Hat das Unternehmen geprüft, ob die Mitarbeiter die Whistleblower-Hotline kennen und sich bei deren Nutzung wohlfühlen?
- ❏ Wie wurde die Relevanz der eingegangenen Hinweise kategorisiert?
- ❏ Erhielt der Compliance Officer vollen Zugang zu allen für die Untersuchung der Beschwerde erforderlichen Informationen?

Checkliste 41: Aufklärung, Reaktion und Ressourcen sowie Nachverfolgung der Untersuchungsergebnisse des Hinweisgebersystems

Prozess der Aufklärung von Hinweisen
- ❏ Wie bestimmt das Unternehmen, wer eine Untersuchung durchführen soll, und wer trifft diese Entscheidung?
- ❏ Befassen sich qualifizierte Mitarbeiter mit der internen Untersuchung eines eingegangenen Hinweises (zB der Compliance Officer)?
- ❏ Wird der Rahmen für den Umfang der Untersuchung angemessen abgesteckt?
- ❏ Welche Kriterien werden hierfür eingesetzt (zB die Größe des potenziellen Compliance-Risikos)?
- ❏ Wie stellt das Unternehmen sicher, dass die Untersuchung eines Hinweises unabhängig, objektiv und sachgerecht durchgeführt und dokumentiert wird?

Reaktion auf die Ergebnisse der internen Untersuchung
- ❏ Wie stellt das Unternehmen eine zeitnahe Bearbeitung der Hinweise sicher?

Zusammenfassung der Checklisten

- ❏ Verfügt das Unternehmen über einen Prozess, mit dem die Ergebnisse interner Untersuchungen verfolgt werden?
- ❏ Wie stellt das Unternehmen sicher, dass die Schlussfolgerungen aus den Untersuchungsergebnissen bzw. deren Empfehlungen umgesetzt werden?

Ressourcen und Nachverfolgung der Untersuchungsergebnisse
- ❏ Werden ausreichende Ressourcen für die Whistleblower-Hotline sowie die internen Untersuchungen allokiert?
- ❏ Wie hat das Unternehmen Informationen aus seinem Hinweisgebersystem gesammelt, nachverfolgt, analysiert und genutzt?
- ❏ Analysiert das Unternehmen regelmäßig die Hinweise oder Untersuchungsergebnisse auf Muster von Fehlverhalten, um mögliche Compliance-Risiken zu identifizieren?
- ❏ Auditiert das Unternehmen regelmäßig die Qualität des Hinweisgebersystems im Rahmen von Stichproben der Verfolgung eingegangener Hinweise?

Checkliste 42: Geschäftspartnerprüfung im Allgemeinen

- ❏ In welchem Umfang kann das Unternehmen die Qualifikationen sowie die gesellschaftsrechtlichen Verflechtungen/Eigentumsverhältnisse ihrer Geschäftspartner (Vertreter/Agenten, Berater, Vertriebspartner usw.) einschätzen?
- ❏ Sind im Unternehmen
  - die Gründe bekannt, die es zwingend notwendig erscheinen lassen, externe Partner in ihre Geschäfte zu involvieren?
  - die Compliance-Risiken bekannt, die damit einhergehen, einschließlich der Reputation der Geschäftspartner und deren Beziehungen zB zu Amtsträgern?
- ❏ Entsprechen die Vertragsinhalte mit den Geschäftspartnern des Unternehmens den üblichen (Compliance-)Standards, einschließlich einer Beschreibung der zu erbringenden Leistungen?
- ❏ Hat das Unternehmen validiert, dass die Leistung tatsächlich erbracht worden ist?
- ❏ Ist die Vergütung für die erbrachte Leistung in dieser Branche und in dieser Region angemessen?
- ❏ Erfolgt eine laufende Kontrolle der Tätigkeit des Geschäftspartners durch das Unternehmen, in dem zB
  - regelmäßige Überprüfungen stattfinden,
  - der Geschäftspartner zu Compliance-Themen geschult wird oder
  - durch eine unabhängige jährliche Prüfung die Compliance des Geschäftspartners zertifiziert wird?

Checkliste 43: Geschäftspartnerprüfung: Compliance-risikobasierte Prozesse und deren Operationalisierung, angemessene Kontrollen, das Management von Geschäftspartnern sowie Compliance-Maßnahmen und Konsequenzen

Compliance-risikobasierte Prozesse und deren Operationalisierung
- ❏ Entspricht die Qualität des Managements der Compliance-Risiken, die aus der Zusammenarbeit mit Geschäftspartnern entstehen können, den spezifischen Compliance-Risiken, welchen das Unternehmen ausgesetzt ist (zB regionale oder branchenspezifische Risiken)?
- ❏ Wie hat das Unternehmen die erforderlichen Prozesse der Geschäftspartnerprüfung in die operativen Einkaufs- und Lieferantenmanagementprozesse integriert?
- ❏ Existiert im Unternehmen eine Richtlinie zur Geschäftspartnerprüfung?

Zusammenfassung der Checklisten

Angemessene Kontrollen
- ❏ Wie wurde die Geschäftspartnerprüfung in die operativen Einkaufs- und Lieferantenmanagementprozesse des Unternehmens integriert?
- ❏ Wie stellt das Unternehmen sicher, dass der Bestellung von Beratern usw eine angemessene geschäftliche Begründung zugrunde liegt?
- ❏ Was war die geschäftliche Begründung für die Bestellung eines Geschäftspartners der später an einem Compliance-Verstoß mitwirkte?
- ❏ Wie stellt das Unternehmen sicher, dass die vertraglichen Vereinbarungen mit einem Geschäftspartner Mindestangaben enthalten über
  - die von diesem zu erbringenden Leistungen?
  - eine angemessene Vergütung der Leistung?
- ❏ Auf welche Weise validiert das Unternehmen, dass
  - die vereinbarte Leistung erbracht worden ist?
  - die Vergütung im Kontext der Gesamtumstände (Region, Branche usw) angemessen war?

Das Management von Geschäftspartnern
- ❏ Wie hat das Unternehmen die Vergütungs- und Anreizstrukturen für Geschäftspartner im Hinblick auf Compliance-Risiken erwogen und analysiert?
- ❏ Wie überwacht das Unternehmen seine Geschäftspartner?
- ❏ Verfügt das Unternehmen über Auditierungsrechte zur Analyse der Bücher und Konten Dritter?
- ❏ Wurde dieses Recht vom Unternehmen in der Vergangenheit ausgeübt?
- ❏ Wie werden die Mitarbeiter, die für das Management von Geschäftspartnern verantwortlich sind, über die Compliance-Risiken geschult, die damit einhergehen und wie man diese vermeidet?
- ❏ Welche Anreize bietet das Unternehmen seinen Geschäftspartnern, sich rechtlich und ethisch einwandfrei zu verhalten?
- ❏ Ist die Beziehung zu den Geschäftspartner Gegenstand der laufenden Compliance-Risikobetrachtungen oder ist dies primär nur beim Onboarding der Fall?

Compliance-Maßnahmen und Konsequenzen
- ❏ Verfolgt das Unternehmen Warnsignale (sog. red flags), die bei der Geschäftspartnerprüfung identifiziert worden sind?
- ❏ Wie wurden diese Warnsignale vom Unternehmen behandelt?
- ❏ Werden Geschäftspartner, die die Überprüfung nicht bestanden haben oder gekündigt wurden auf eine schwarze Liste gesetzt, sodass sie nicht später (erneut) beauftragt werden?
- ❏ Gab es bereits im Rahmen der Geschäftspartnerprüfung Warnsignale bei der Bestellung eines Geschäftspartners, oder nach dessen Beauftragung, der später in einen Compliance-Verstoß involviert war?
- ❏ Wurde ein ähnlicher Geschäftspartner aufgrund von Compliance-Problemen auditiert, suspendiert oder gekündigt?

Checkliste 44: Mergers and Acquisitions (M&A) (allgemein)

- ❏ Verfügt das Unternehmen über ein in die M&A-Prozesse integriertes Programm zur Überprüfung der Compliance des Übernahmeziels (Compliance Due Diligence)?
- ❏ Hat das Unternehmen Sorge dafür getragen, dass das übernommene Unternehmen, seine Mitarbeiter und dessen Geschäftsprozesse in das Compliance-Managementsystem integriert wurden?

Zusammenfassung der Checklisten

Checkliste 45: Compliance Due Diligence, Integration der Compliance-Funktion in den M&A-Prozess sowie Verknüpfung der Compliance Due Diligence mit der Post Merger Integration

Die Compliance Due Diligence im M&A-Prozess
- ❏ Führte das Unternehmen einen vollständigen Compliance Due Diligence Prozess vor der Unternehmensübernahme durch, und wenn nein, warum nicht?
- ❏ Wurden während der Compliance Due Diligence Compliance-Verstöße oder/und Compliance-Risiken festgestellt?
- ❏ Wer führte die Compliance-Risikoprüfung durch und wie wurde sie vorgenommen?
- ❏ Verfügt das Unternehmen über einen M&A Due Diligence Prozess?

Integration der Compliance-Funktion in den M&A-Prozess
- ❏ Wie wurde der Compliance Officer in den M&A Prozess und die nachfolgende Integrationsphase eingebunden?

Verknüpfung der Compliance Due Diligence mit der Post Merger Integration
- ❏ Welche Prozesse setzt das Unternehmen ein, um Compliance-Verstöße oder Compliance-Risiken, die während der Compliance Due Diligence identifiziert worden sind, zu verfolgen und diesen abzuhelfen?
- ❏ Wie geht das Unternehmen bei der Implementierung seines Verhaltenskodexes und seiner Compliance-Richtlinien und -Prozesse im übernommenen Unternehmen vor?
- ❏ Wie erfolgen Compliance-Audits im übernommenen Unternehmen?

Checkliste 46: Ressourcenausstattung und Befugnisse des Compliance Officer

- ❏ Handelt es sich bei dem Compliance-Managementsystem nur um eine Fassade oder wird es effektiv umgesetzt, kontinuierlich überprüft und gegebenenfalls überarbeitet?
- ❏ Hat die Unternehmensleitung genügend Personal für das Compliance-Managementsystem zur Verfügung gestellt, um die Ergebnisse der Compliance-Anstrengungen des Unternehmens zu auditieren, zu dokumentieren, zu bewerten und zu nutzen?
- ❏ Wurden die Mitarbeiter des Unternehmens angemessen über das Compliance-Managementsystem informiert?
- ❏ Sind die Mitarbeiter davon überzeugt, dass die Geschäftsführung hinter dem Compliance-Managementsystem steht?
- ❏ Wissen die Mitarbeiter, dass Compliance-Verstöße nicht toleriert werden?
- ❏ Besteht eine Kultur der Compliance?

Checkliste 47: Commitment und Verhalten der Geschäftsleitung und der (oberen) Führungskräfte sowie des Aufsichtsrates bzw. Gesellschafterversammlung

Commitment der Geschäftsleitung und der oberen Führungskräfte
- ❏ In welchem Umfang haben sich die Geschäftsführung und die oberen Führungskräfte klar zur Einhaltung der rechtlichen Vorgaben sowie der ethischen Standards des Unternehmens geäußert?
- ❏ Haben die Geschäftsleitung und oberen Führungskräfte dieses auf leicht verständliche, klare und unzweideutige Weise im Unternehmen an alle Mitarbeiter kommuniziert?
- ❏ Leben die Geschäftsleitung und oberen Führungskräfte ihr Bekenntnis zu Compliance und ethisch richtigem Verhalten im Unternehmen ihren Mitarbeiter vor?

Zusammenfassung der Checklisten

- ❏ Hat die mittlere Führungsebene diese Vorgaben ihrerseits unterstützt und die Mitarbeiter zur Einhaltung dieser Standards ermutigt?

Das Verhalten der Geschäftsleitung und der oberen Führungskräfte
- ❏ Auf welche Weise haben konkret die Geschäftsführung und oberen Führungskräfte durch Wort und Tat die Einhaltung der gesetzlichen Vorgaben gefördert oder unterlaufen?
- ❏ In welchen konkreten Handlungen manifestierte die Geschäftsleitung ihre Führungsrolle im Rahmen der Compliance-Anstrengungen des Unternehmens?
- ❏ Wie nahm die Geschäftsführung ihre Führungsrolle bei der Aufklärung von Compliance-Verstößen wahr?
- ❏ Auf welche Weise nahmen sie ihre Vorbildfunktion wahr, um den Mitarbeiter das von ihnen erwartete Verhalten zu demonstrieren?
- ❏ Haben die Geschäftsführung oder die oberen Führungskräfte höhere Compliance-Risiken in Kauf genommen, um höhere Umsätze oder Auftragseingänge zu ermöglichen?
- ❏ Wurden Mitarbeiter von ihren Führungskräften dazu ermutigt, gegen gesetzliche Vorgaben zu verstoßen oder sich unethisch zu verhalten, um ambitionierte Geschäftsziele zu erreichen?
- ❏ Wurde der Compliance Officer daran gehindert, seine Pflichten zu erfüllen?

Gemeinsames Commitment der Führungskräfte (einschließlich der Funktionalbereiche Finanzen, Einkauf, Personal und Recht)
- ❏ Auf welche Weise haben die Führungskräfte ihren Mitarbeiter gezeigt, dass sie vollumfänglich hinter den Compliance-Anstrengungen des Unternehmens stehen?
- ❏ Bestand dieses Commitment auch fort, angesichts konkurrierender Interessen oder Geschäftsziele?

Aufsichtsrat und Gesellschafterversammlung
- ❏ Verfügen die Mitglieder des Aufsichtsrates oder die Vertreter der Gesellschafterversammlung über Compliance-Fachwissen?
- ❏ Fanden Gespräche zwischen den Vertretern des Aufsichtsrats und/oder der Gesellschafter auf der einen Seite sowie dem Compliance Officer auf der anderen Seite statt?
- ❏ Fanden Gespräche zwischen den Wirtschaftsprüfern und dem Compliance Officer statt?
- ❏ Welche Informationen nutzen der Aufsichtsrat bzw. die Vertreter der Gesellschafter, um ihre Aufsichtsfunktion auch in Bezug auf die Compliance des Unternehmens wahrzunehmen – insbesondere im Vorfeld von eingetretenen Compliance-Verstößen?

Checkliste 48: Eigenständigkeit und Ressourcen der Compliance-Funktion

- ❏ Verfügt der Compliance Officer über ein ausreichendes Dienstalter und bekleidet er eine angemessene Hierarchieebene im Unternehmen?
- ❏ Verfügt der Compliance Officer über die notwendige Expertise, Geschäftsvorgänge zu verstehen und auf ihre Compliance-Risiken zu überprüfen?
- ❏ Verfügt der Compliance Officer über ausreichende Ressourcen, insbesondere auch über Personalkapazitäten, die es ihm ermöglichen, seine Aufgaben erfolgreich wahrzunehmen?
- ❏ Verfügt der Compliance Officer über eine ausreichende Unabhängigkeit, zB durch die Möglichkeit, sich direkt an den Aufsichtsrat oder dessen Prüfungsausschuss zu wenden?

Zusammenfassung der Checklisten

Checkliste 49: Organisatorische Einbindung, Seniorität und Gravitas sowie Erfahrung und Qualifizierung des Compliance Officer; Ressourcen sowie Unabhängigkeit der Compliance-Funktion, Zugang zu Unternehmensdaten und -informationen, Outsourcing von Compliance-Funktionen

Organisatorische Einbindung des Compliance Officer
- In welchem Bereich ist die Funktion des Compliance Officer angesiedelt (zB eigenständige Abteilung mit direkter Berichtslinien an die Geschäftsführung, Abteilung innerhalb der Rechtsabteilung, Abteilung innerhalb eines Geschäftsbereichs)?
- An wen berichtet die Compliance-Funktion?
- Wird die Compliance-Funktion von einem ernannten Chief Compliance Officer oder wird sie von einer anderen Führungskraft innerhalb des Unternehmens geleitet, die noch andere Funktionen innerhalb des Unternehmens wahrnimmt?
- Sind der Compliance Officer und seine Mitarbeiter ausschließlich für die Compliance-Abteilung tätig oder haben sie noch andere Aufgaben im Unternehmen?

Seniorität und Gravitas des Compliance Officer
- Wie vergleicht sich die Compliance-Funktion im Verhältnis zu anderen strategischen Funktionen im Unternehmen in Bezug auf Status, Vergütungshöhe, Rang/Titel, Berichtslinie, Ressourcen und Zugang zu wichtigen Entscheidungsträgern?
- Wie hoch ist die Fluktuationsrate bei den Mitarbeitern der Compliance-Funktion und anderen relevanten Kontrollfunktionen des Unternehmens?
- Welche Rolle hat die Compliance bei den strategischen und operativen Entscheidungen des Unternehmens gespielt?
- Wie reagierte das Unternehmen auf Bedenken, die vom Compliance-Officer geäußert worden sind?
- Gab es Geschäfte, die aufgrund von Compliance-Bedenken gestoppt, modifiziert oder weiter geprüft wurden?

Erfahrung und Qualifizierung des Compliance Officer
- Verfügt das Compliance-Personal über angemessene Erfahrungen und Qualifikationen für seine Aufgaben und Verantwortlichkeiten?
- Hat sich das Niveau der Erfahrung und Qualifikationen im Laufe der Zeit verändert?
- Wie investiert das Unternehmen in die Weiterbildung des Compliance-Personals?
- Wer überprüft die Leistung der Compliance-Funktion und in welcher Weise wird die Überprüfung durchgeführt?

Ressourcen der Compliance-Funktion
- Verfügt die Compliance-Funktion über ausreichende Personalkapazitäten?
- Stellt das Unternehmen dafür ausreichende Mittel zur Verfügung (Budget, Räume, Technik usw.)?
- Wurden in der Vergangenheit der Compliance-Funktion Ressourcen verweigert, und wenn ja, mit welcher Begründung?

Zugang zu Unternehmensdaten und -informationen
- Verfügt die Compliance-Funktion über einen hinreichenden Zugang zu den Unternehmensdaten und -informationen, um zeitnah und effektiv ihre Funktionen wahrzunehmen?
- Gibt es Hindernisse, die den Zugang zu relevanten Datenquellen einschränken, und wenn ja, was unternimmt das Unternehmen, um diese Hindernisse zu beseitigen?

Unabhängigkeit der Compliance-Funktion
- Besteht eine direkte Berichtslinie des Compliance Officer zu allen Mitgliedern der Geschäftsführung?
- Besteht gegebenenfalls eine Berichtslinie zum Aufsichtsrat und/oder Prüfungsausschuss?

Zusammenfassung der Checklisten

- ❏ Sofern eine solche Berichtslinie zum Aufsichtsrat besteht, wie häufig finden solche Sitzungen statt und nehmen Mitglieder der Geschäftsführung daran teil?
- ❏ Wie stellt das Unternehmen die Unabhängigkeit der Compliance-Funktion sicher?

Outsourcing von Compliance-Funktionen
- ❏ Hat das Unternehmen die Compliance-Funktion ganz oder teilweise an Dritte außerhalb des Unternehmens übertragen?
- ❏ Wer ist im Unternehmen für die Verbindung zu dem externen Dritten verantwortlich?
- ❏ Wer kontrolliert im Unternehmen die Aufgabenwahrnehmung durch den externen Dritten?
- ❏ Welchen Zugang hat die externe Firma oder der externe Berater zu Unternehmensinformationen?
- ❏ Ist die Effektivität und Effizienz der ausgelagerten Prozesse als zufriedenstellend beurteilt worden?

Checkliste 50: Incentivierung und Sanktionen

- ❏ Bestehen Compliance-Prozesse, die Incentivierungen und Sanktionen beinhalten?
- ❏ Wer ist an dem Entscheidungsprozess über Disziplinarmaßnahmen im Unternehmen beteiligt?
- ❏ Handelt es sich immer um den gleichen Prozess, unabhängig vom betroffenen Mitarbeiter, seiner Hierarchieebene oder Funktion im Unternehmen?
- ❏ Werden den Mitarbeitern des Unternehmens im Rahmen des datenschutzrechtlich Zulässigen, die Gründe für die Sanktionen eines ihrer Kollegen mitgeteilt?
- ❏ Wurden Anreize und Disziplinarmaßnahmen im gesamten Unternehmen fair und durchgängig angewendet?
- ❏ Überwacht die Compliance-Funktion die einheitliche Verhängung der Disziplinarmaßnahmen, nachdem Compliance-Verstöße festgestellt worden sind?
- ❏ Gibt es ähnlich gelagerte Compliance-Verstöße, die jedoch unterschiedlich geahndet worden sind?
- ❏ Hat das Unternehmen die Auswirkungen seiner Anreize und Belohnungen auf die Einhaltung der Vorschriften berücksichtigt?
- ❏ Welche Anreize gewährt das Unternehmen für Compliance und ethisches Verhalten?
- ❏ Wurden solche Anreize auch gewährt (wurden zB Mitarbeiter wegen Compliance-Anstrengungen befördert oder, im negativen Fall, wurde eine Beförderung verweigert)?
- ❏ Wer ist im Unternehmen für die Festlegung der Vergütung, einschließlich Boni, und für die Beförderungsentscheidungen der Mitarbeiter der Compliance-Funktion sowie für die Disziplinarmaßnahmen zuständig?

Checkliste 51: Funktioniert das Compliance-Managementsystem des Unternehmens in der Praxis?

- ❏ Wurde der Compliance-Verstoß vom Unternehmen aufgedeckt?
- ❏ Wie wurde das Unternehmen auf den Compliance-Verstoß aufmerksam?
- ❏ Welche Ressourcen stellte das Unternehmen für die Untersuchung eines vermuteten Compliance-Verstoßes zur Verfügung?
- ❏ Welcher Art und wie gründlich waren die Abhilfemaßnahmen?
- ❏ Wurde das Compliance-Managementsystem kontinuierlich verbessert, um bestehenden und künftigen Compliance-Risiken zu begegnen?
- ❏ In welchem Umfang hat das Unternehmen Investitionen in das Compliance-Managementsystem getätigt?

Zusammenfassung der Checklisten

- ❏ Hat das Unternehmen eine angemessene und ehrliche Ursachenanalyse durchgeführt, um zu identifizieren, was zu dem Fehlverhalten beigetragen hat und welche Abhilfemaßnahmen erforderlich sind, um künftig ähnliche Vorfälle zu verhindern?
- ❏ Wurde das Compliance-Managementsystem getestet, ob es einen ähnlich gelagerten Compliance-Verstoß künftig entdecken und verhindern könnte?

Checkliste 52: Kontinuierliche Verbesserungen, Interne Revision, Wirksamkeit der Kontrollen, stetige Aktualisierungen des Compliance-Managementsystems sowie Compliance-Kultur

Kontinuierliche Verbesserung, regelmäßige Tests und Überprüfungen
- ❏ Hat das Unternehmen ernsthafte Anstrengungen unternommen, das Compliance-Managementsystem zu überprüfen und sicherzustellen, dass es nicht veraltet ist.
- ❏ Wurden zB Mitarbeiterbefragungen zur Compliance-Kultur und zur Qualität der unternehmensinternen Kontrollsysteme durchgeführt?

Interne Revision
Auch wenn die meisten mittelständischen Unternehmen nicht über eine eigene Revisionsabteilung verfügen, sollen doch im Folgenden einig Fragen aufgeführt werden. Da es sich regelmäßig um eine Prüfung von Geschäftsprozessen handelt, können diese Fragen zur Prüfung der Qualität interner Geschäftsprozessanalysen genutzt werden.
- ❏ Wie wird bestimmt, wo und wie oft die Interne Revision eine Prüfung durchführt?
- ❏ Steht die Begründung in Einklang mit den Zielen der Compliance-Funktion und dem Revisionsgedanken?
- ❏ Wie werden Audits durchgeführt?
- ❏ Welche Arten von Audits können Compliance-Verstöße im Unternehmen aufdecken und wurden diese durchgeführt?
- ❏ Welche Arten von Compliance-relevanten Prüfungsfeststellungen wurden dokumentiert?
- ❏ Wurden die von der Revision vorgeschlagenen Abhilfemaßnahmen vollständig umgesetzt?
- ❏ Wurde ein Re-Audit durchgeführt, um die Implementierung der Compliance-Maßnahmen zu überprüfen?
- ❏ Wurde die Geschäftsleitung über die Prüfungsfeststellungen, die vorgeschlagenen Abhilfemaßnahmen und deren Umsetzung unterrichtet?
- ❏ Wie haben die Mitglieder der Geschäftsführung die Ergebnisse und Verbesserungsmaßnahmen begleitet?
- ❏ Wie oft führt die Interne Revision Prüfungen in Hochrisikobereichen, wie zB in Tochtergesellschaften in korruptionsgeneigten Ländern oder in Unternehmensbereichen mit viel Behördengeschäft durch?

Wirksamkeit der Kontrollen
- ❏ Wurde das Compliance-Managementsystem auditiert (und gegebenenfalls testiert)?
- ❏ Wurden zu dem Zweck auch Compliance-Daten analysiert sowie Gespräche mit Mitarbeitern und Dritten (zB Geschäftspartner) durchgeführt?
- ❏ Wurden die Ergebnisse der Überprüfung der Geschäftsleitung berichtet?
- ❏ Welche Maßnahmen wurden daraus abgeleitet?

Stetige Aktualisierungen des Compliance-Managementsystems
- ❏ Wie häufig aktualisiert das Unternehmen seine Compliance-Risikobewertungen sowie seine Compliance-Richtlinien, Compliance-Prozesse und -Arbeitsanweisungen?
- ❏ Hat das Unternehmen eine Abweichungsanalyse durchgeführt, um festzustellen, ob bestimmte Compliance-Risikobereiche in seinen Richtlinien, Prozessen oder Schulungen nicht ausreichend berücksichtigt werden?

Zusammenfassung der Checklisten

- ❏ Welche Schritte hat das Unternehmen unternommen, um festzustellen, ob seine Compliance-Richtlinien und -Prozesse für alle Geschäftsbereiche und Tochtergesellschaften sinnvoll sind?
- ❏ Überprüft und passt das Unternehmen sein Compliance-Managementsystem auf der Grundlage der Erkenntnisse an, die aus seinen eigenen Compliance-Verstößen und/oder jenen anderer Unternehmen mit ähnlichen Risiken gezogen wurden?

Compliance-Kultur
- ❏ Wie oft und wie misst das Unternehmen seine Compliance-Kultur?
- ❏ Werden in diesem Zusammenhang alle Mitarbeiter befragt, wie sie das Engagement der Geschäftsleitung und der Führungskräfte für Compliance wahrnehmen?
- ❏ Welche Maßnahmen hat das Unternehmen als Reaktion auf die Ergebnisse der Analyse der Compliance-Kultur implementiert?

Checkliste 53: Untersuchung von Compliance-Verstößen (keine Interne Revisionsabteilung vorhanden)

- ❏ Verfügt das Unternehmen über Mitarbeiter, die fachlich in der Lage sind und budgetär angemessen ausgestattet werden, um Verdachtsfälle von Compliance-Verstößen zu untersuchen (zB im Finanzbereich oder im Qualitätsmanagement)?
- ❏ Verfügt das Unternehmen über adäquate Methoden, die Untersuchung selbst, deren Prüfungsfeststellungen sowie die vorgeschlagenen Compliance-Maßnahmen und die gegebenenfalls erforderlichen disziplinarischen Schritte zu dokumentieren?
- ❏ Wurden die Grenzen der Untersuchung ausreichend groß definiert?
- ❏ Waren die Mitarbeiter, die die Untersuchung durchführten, ausreichend qualifiziert, unabhängig und objektiv?
- ❏ Wurden im Rahmen der Untersuchungen die Grundursachen, Systemschwachstellen und Verantwortungslücken identifiziert?
- ❏ Wurden dabei auch die Verantwortlichkeiten der Führungskräfte und der Mitglieder der Geschäftsführung analysiert?
- ❏ Waren die Reaktionen auf die Prüfungsfeststellungen sachgerecht und verhältnismäßig?

Checkliste 54: Analyse von Compliance-Verstößen

Analyse der tieferliegenden Ursachen
- ❏ Auf welche Weise erfolgt die Analyse der tieferliegenden Ursachen, die den Compliance-Verstoß begünstigten?
- ❏ Wurden systemische Probleme identifiziert?
- ❏ Wer im Unternehmen war an der Durchführung der Analyse beteiligt?

Bestehende Schwachstellen
- ❏ Welche Kontrollmechanismen der Geschäftsprozesse haben versagt?
- ❏ Existierten Richtlinien, Geschäftsprozesse oder Arbeitsanweisungen, die den Compliance-Verstoß hätten verhindern sollen?
- ❏ Waren diese richtig implementiert?
- ❏ Wurden die für den Geschäftsprozess verantwortlichen Mitarbeiter und Führungskräfte zur Verantwortung gezogen?

Zahlungssysteme
- ❏ Wie wurde der Compliance-Verstoß finanziert (zB mittels einer Beschaffungsanweisung, Rückerstattungen an Mitarbeiter, Rabatte, Portokasse)?
- ❏ Welche geschäftsprozessabsichernden Maßnahmen hätten die unzulässige Beschaffung bzw. die Auszahlung verhindern oder aufdecken können?

Zusammenfassung der Checklisten

- Sind diese Prozesse verbessert worden?

Lieferantenmanagement
- Waren Lieferanten an dem Compliance-Verstoß beteiligt?
- Wurden die Lieferanten im Rahmen der Geschäftspartnerprüfung auf ihre Compliance untersucht?
- Welche Maßnahmen zur Optimierung der Geschäftspartnerprüfung und des laufenden Lieferantenmanagements sind erforderlich?

Frühere Hinweise
- Lagen bereits Hinweise vor, die es ermöglicht hätten, rechtzeitig das fragliche Fehlverhalten aufzudecken (zB Audit-Berichte, die auf entsprechende Geschäftsprozessdefizite aufmerksam machten oder Anschuldigungen und Beschwerden)?
- Hat das Unternehmen analysiert, warum diese Informationen nicht genutzt wurden, um den in Frage stehenden Geschäftsprozess abzusichern?

Beseitigung der Compliance-Defizite
- Welche spezifischen Anpassungen hat das Unternehmen implementiert, um das Risiko zu minimieren, dass vergleichbare Probleme in Zukunft nochmals auftreten können?
- Welche spezifischen Gegenmaßnahmen wurden insbesondere in Bezug auf die tieferliegenden Ursachen und hinsichtlich der Nutzung bereits im Unternehmen bekannter Hinweise auf gefährdete Geschäftsprozesse eingeführt.

Verantwortlichkeit
- Welche Disziplinarmaßnahmen hat das Unternehmen als Reaktion auf den Compliance-Verstoß ergriffen?
- Wurden die Sanktionen zeitnah ergriffen?
- Wurden Führungskräfte für Compliance-Verstöße, die unter ihrer Aufsicht stattfanden, zur Verantwortung gezogen?
- Hat das Unternehmen Sanktionen gegenüber der Führungskraft für deren Versäumnisse bei der Aufsicht seiner Mitarbeiter in Betracht gezogen?
- Wie werden die verhängten Sanktionen wegen Compliance-Verstößen im Unternehmen dokumentiert?
- Welche Sanktionen hat das Unternehmen gegen Mitarbeiter und Führungskräfte verhängt (zB die Kürzung oder Streichung der Tantieme, eine Abmahnung oder Kündigung ausgesprochen)?

Checkliste 55: Effizienzverbesserung des Compliance-Managementsystems

- Automatisierung von manuellen, fehler- bzw. manipulationsanfälligen operativen Geschäftsprozessen
- Compliance-Risiken mittels elektronischer Fragebögen erfassen
- Einführung neuer Software zur Absicherung von damit gesteuerten Geschäftsprozessen aus Compliance-Sicht nutzen und anpassen

§ 5 Überlegungen zur Übernahme der Aufgabe des Compliance Officer

Checkliste 56: Quellen der persönlichen Haftung des Compliance Officer

- Das Strafrecht
  (zB in Form der Beihilfe durch Unterlassen zu einer Straftat)
- Das Ordnungswidrigkeitenrecht
  (zB das Unterlassen derjenigen Aufsichtsmaßnahmen, die Zuwiderhandlungen gegen

Zusammenfassung der Checklisten

Pflichten, die den Inhaber des Unternehmens betreffen [Compliance], verhindert oder wesentlich erschwert hätten)
- Das Zivilrecht
(zB Schadensersatzansprüche)

Checkliste 57: Tatbestandsvoraussetzungen der ordnungswidrigkeitsrechtlichen Haftung gemäß § 130 OWiG

- Das Unterlassen derjenigen Aufsichtsmaßnahmen, die erforderlich und zumutbar sind, um der Gefahr von Zuwiderhandlungen gegen betriebs- und unternehmensbezogene Pflichten zu begegnen.
- Die Zuwiderhandlung wäre bei Anwendung der „gehörigen Aufsicht" verhindert oder wesentlich erschwert worden.
- Der Compliance Officer weiß oder verkennt infolge mangelnder Sorgfalt, dass er die Aufsichts- und Kontrollmaßnahmen unterlässt, die zur Verhinderung von betrieblichen Zuwiderhandlungsgefahren erforderlich sind.

Checkliste 58: Voraussetzungen der zivilrechtlichen Haftung auf Schadensersatz

- Der Compliance Officer
  - verletzt seine arbeitsvertraglichen Pflichten oder
  - begeht eine unerlaubte (deliktische) Handlung.
- Dem Arbeitgeber entsteht ein Schaden.
- Zwischen der Pflichtverletzung bzw. der Deliktshandlung und dem Schadenseintritt besteht ein Kausalzusammenhang.
- Der Compliance Officer hat die Verletzung zu vertreten.

Ähnlich wie im Strafrecht, kann auch hier eine Haftung durch ein Unterlassen einer geforderten Handlung ausgelöst werden.

Checkliste 59: Organisatorische Aspekte

- Wurde eine Aufgabenbeschreibung für die Funktion des Compliance Officer erarbeitet?
- Ist sichergestellt, dass der Compliance Officer direkt an ein Mitglied der Geschäftsführung berichtet, einerlei ob es sich um eine
  - Spartenorganisation,
  - Funktionalorganisation,
  - Stab-Linien-Organisation oder
  - Matrixorganisation handelt?
- Liegt das Büro des Compliance Officer in räumlicher Nähe zu denen der Geschäftsleitung?

Zusammenfassung der Checklisten

Checkliste 60: Zusammenarbeit mit externen Ansprechpartnern

- Besteht eine klare Regelung wer im Unternehmen der jeweilige Ansprechpartner ist für Anfragen von
  - Wirtschaftsprüfern
  - Rechtsanwälten
  - Kunden
  - Vertretern von Behörden (Finanzamt, Zoll, Staatsanwaltschaft usw.)
  - Medien (einschließlich Social Media)?
- Wird der Compliance Officer für den Fall, dass er Anfragen beantworten soll, über die zu kommunizierenden Inhalte von der Geschäftsleitung informiert?

Checkliste 61: Spezifische Positionen des Compliance-Budgets

- Beratungskosten
  - Rechtsanwaltliche Beratung (juristische Fragen)
  - Compliance-Beratung (zB zur Weiterentwicklung von Compliance-Prozessen)
- Compliance-Schulungen
  - Externer Compliance-Trainer
  - Schulungsräume (falls eine interne Verrechnung durchgeführt wird oder extern Räume gebucht werden müssen)
- Reise- und Bewirtungskosten
- Kosten für Compliance-Veranstaltungen
  (zB jährliches Treffen der lokalen Compliance-Manager)
- Weiterbildungsmaßnahmen
- Fachliteratur
- Übersetzungskosten
- Druckkosten (Verhaltenskodex, Compliance-Richtlinien usw.)

Checkliste 62: Argumente für den Wertschöpfungsbeitrag von Compliance

- Lieferantenaudits
  Allein schon in Bezug auf die zunehmenden Nachfragen zum Compliance-Managementsystem der Lieferanten und Dienstleister sorgt der Compliance Officer durch seine Aufgabenwahrnehmung dafür, dass die Kundenbeziehung erhalten bleibt und nicht wegen fehlender Compliance-Anstrengungen durch den Kunden beendet wird.
- Verbesserung der Geschäftsprozessqualität
  Eines der Ziele von Compliance ist es, Geschäftsprozesse sicherer und stabiler zu machen.
  - Dadurch werden nicht nur geschäftsschädigende Manipulationen verhindert, durch die Straftaten, die aus dem Unternehmen heraus begangen werden, erst ermöglicht werden.
  - Über diesen originären Compliance-Zweck hinaus, werden durch Compliance-getriebene Geschäftsprozessoptimierungen schlicht auch Fehler vermieden, die unbeabsichtigt zB aufgrund fehlender oder nicht durchgängiger Kontrollen gemacht werden und dem Unternehmen ganz erhebliche Schäden zufügen können.
  - Mehr Transparenz im Unternehmen ist ein erheblicher Mehrwert an sich. So sorgen zB überschneidungsfrei definierte Aufgabenbeschreibungen für mehr Transparenz und Verantwortlichkeit im Unternehmen.

Zusammenfassung der Checklisten

- ❏ Besser motivierte Mitarbeiter
  Compliance mag zwar zunächst als eine zusätzliche Belastung angesehen werden, da zB Geschäftsprozesse verbessert werden müssen. Grundsätzlich wollen jedoch Mitarbeiter ihre Aufgaben auf eine korrekte Art und Weise erledigen. Dazu gehört auch das rechtlich einwandfreie Vorgehen. Klare Vorgaben und Verantwortlichkeiten erleichtern dies, sodass sich Mitarbeiter an ihrem Arbeitsplatz sicher fühlen können.

- ❏ Kosteneinsparungen
  Vielfach werden Vertriebs- und Marketingmaßnahmen damit begründet, dass zB ein entsprechend attraktives Rahmenprogramm bei einer Informationsveranstaltung – etwa über neue Produkte – zwingend erforderlich ist, um die Kundenbeziehung zu stärken. Dennoch wird selten der Beweis dafür erbracht, dass ein Auftrag wegen eines Golfturniers vergeben worden ist. Compliance kann daher indirekt für einen effizienteren Einsatz von Aufwendungen zur nachweisbar verbesserten Kundenbindungen sorgen und damit wenig hilfreiche Ausgaben reduzieren.

- ❏ Profitabilität von Unternehmensprojekten
  Nur selten werden bei Projektrechnungen die für die Auftragserteilung erforderlichen Bestechungsgelder einkalkuliert. Ganz bestimmt werden auch keine Drohverlustrückstellungen für mögliche Geldbußen und Gewinnabschöpfungen gebildet, was nicht nur den Wirtschaftsprüfer erstaunen würde. Dass solche Kalkulationen nicht aufgestellt werden, ist auch gut so, da es keine günstigen Rechtsverletzungen gibt. Allerdings würden sie dazu führen, dass viele Compliance-Verstöße von vornherein gar nicht erst angedacht würden.

- ❏ Versicherungsgedanke
  Sofern keines der Argumente verfängt, können die wirtschaftlichen Aufwendungen für eine gute Compliance mit der einer gesetzlich geforderten Haftpflichtversicherung verglichen werden. So kann man sich nach einigen Jahren unfallfreien Fahrens zwar darüber ärgern, dass man unnütz Versicherungsprämien bezahlt hat. Tatsächlich kommt den meisten Autofahrern dieser Gedanke nicht in den Sinn, da es zum einen eine gesetzliche Pflicht ist, eine Haftpflichtversicherung abzuschließen. Und zum anderen sind sich die meisten Autofahrer darüber bewusst, dass die finanziellen Folgen eines schuldhaft verursachten, schweren Unfalls die eigene wirtschaftliche Existenz vernichten kann. Eine Analogie zu Compliance und der Gefährdung des Fortbestands des Unternehmens durch einen Compliance-Verstoß liegt hier nicht weit.

Stichwortverzeichnis

Die **fett gedruckten Zahlen** verweisen auf den Paragraphen,
die mager gedruckten Zahlen auf die entsprechenden Randnummern.

Amtsträger **2** 91, 205, 213, 261 ff., 284, 298; **4** 707, 717
Ansprechpartner **2** 266, 273
– externe **5** 922 ff.
Anti-Korruptionsrichtlinie *siehe Compliance-Richtlinie, Anti-Korruptionsrichtlinie*
Arbeitsschutz **2** 183, 196, 207, 226, 280
Aufgabenbeschreibung **2** 20 ff., 113, 449; **5** 778 ff., 803, 824, 830 ff., 836, 843 ff., 880, 969 f.
Aufsichtsrat **2** 27, 98, 369 ff., 391; **4** 376; **3** 469, 569; **4** 710, 734
Ausland, Auslandsgesellschaft *siehe auch Tochtergesellschaft*; **1** 7, 15; **2** 163, 176, 200 ff., 256, 298, 354 ff., 363, 437; **3** 484, 582
Behörden **2** 136, 144 f., 208, 264, 281, 292, 330, 343; **3** 469; **4** 526, 540, 565, 707, 713, 750; **5** 943 ff.
Beirat **2** 98
Berichterstattung *siehe auch Compliance-Reporting*; **2** 21, 97, 162, 167, 282, 334, 336, 352, 391; **4** 711; **5** 858
Beschaffung *siehe Einkauf*
Bestechung **2** 12 f., 16, 39, 64, 66 ff., 70, 74, 79, 82, 91, 144, 148, 177, 182, 185, 195, 201 ff., 212 ff., 230, 247 ff., 258 ff., 264, 280 f., 284, 287, 292, 297 ff., 318, 413, 419; **3** 485, 513, 543, 562 f., 567 ff., 588, 609, 657, 685, 716, 720; **4** 722, 754, 782; **5** 787, 888, 917, 933, 966
Betriebsrat **2** 256; **3** 559, 576
Bewirtung **2** 41, 95, 258, 261 f., 298, 405, 413; **3** 484, 513, 661; **4** 707; **5** 917, 968
Bonusregelung **2** 217, 269, 298
BSR-Urteil **5** 795 ff., 813
Buchführung **5** 886
Buchhaltung **2** 417

Committment **4** 745
Compliance Officer
– Aufgabenübernahme *siehe auch Aufgabenbeschreibung*; **5** 779 ff.
– Eigenständigkeit **4** 735 ff.
– organisatorischen Zuordnung **5** 858 ff., 878
– Räumliche Aspekte **5** 874 ff.
Compliance-Budget **2** 24, 73 f., 112, 315; **3** 484; **4** 735, 738, 756; **5** 818, 929, 936, 963 ff.
Compliance-Committee **2** 99, 162, 166, 325, 329 ff., 361; **3** 535, 582, 585, 606, 610; **5** 892, 895, 912, 921

Compliance-Kommunikation **2** 60; **3** 515 ff., 534, 582, 693 f.; **4** 697, 710 ff., 772; **5** 874 ff., 895 ff., 939, 962
– Compliance-Kommunikationsprozess **3** 379 ff.
– Compliance-Kommunikationsstrategie **3** 505 ff.; **4** 527
– Formale Aspekte **2** 231 ff.; **3** 521 ff.
– nonverbal **3** 515 ff.; **4** 530
Compliance-Kultur **2** 61 ff., 110, 115, 208 f., 230, 352; **3** 526 ff., 530, 539, 695 f.; **4** 708, 723, 732 f., 754
Compliance-Managementsystem **1** 8, 15; **2** 21, 28, 42, 47, 51, 53 ff., 117 ff., 136 ff., 147, 150, 153, 156 ff., 168, 230, 246, 290, 298, 311, 314, 321, 324 ff., 352, 364, 370, 374, 379, 396, 433, 435, 441 ff.; **3** 453 ff., 476, 488, 503, 506, 511, 531, 538, 540, 549 ff., 576, 583 ff., 685 ff., 692 ff.; **4** 697 ff., 702 ff., 711, 714, 723 ff., 744 ff., 758 ff.
– Bausteine **2** 55, 60 ff., 379
– Implementierungsschritte **2** 132
– Kontinuierliche Verbesserung **3** 463, 475, 503, 532; **4** 707, 727, 752, 753 ff., 760, 762, 772
– Netzwerk **2** 353 ff.; **3** 496, 582; **5** 869 ff.
– Tests und Überprüfungen **2** 319 ff., 402; **4** 711, 752 ff.
– Verstetigung **3** 457 ff., 539, 692; **4** 777
Compliance-Monitoring **2** 85 ff., 115, 135, 325, 373 ff., 391; **3** 491 ff.; **4** 754
Compliance-Organisation **1** 11 ff.; **2** 41, 72, 142, 161 f., 169 f., 323 ff., 336, 338, 360, 363, 450, 460; **3** 531 ff., 582; **5** 787 ff., 808, 845, 861 ff., 880
Compliance-Programm **2** 83 ff., 86 f., 95, 115, 127, 135, 374, 391, 415, 426 ff., 435; **3** 488, 491 ff., 503, 519; **4** 702, 706 f.; **5** 838
Compliance-Prozesse **2** 26, 54, 93, 161, 165, 168 f., 323 ff., 392, 422, 450; **3** 461, 472, 569, 582, 616, 680; **4** 708 ff., 739 f., 743, 754, 765, 772; **5** 913, 967
Compliance-Reporting **2** 93, 96 ff., 115, 326, 351, 364 ff., 391, 421, 426 ff.
Compliance-Richtlinie **2** 26, 68 f., 95, 115, 128, 133, 135, 137, 148 ff., 159, 172, 240 ff., 288, 326, 392, 414, 442, 449, 460, 478; **3** 524, 526, 677, 680, 690, 692; **4** 704, 708 ff., 724 f., 739, 754, 772; **5** 897, 909, 967
– Anti-Korruptionsrichtlinie **2** 91, 148, 248, 258 ff., 287; **3** 513
– Kartellprävention **2** 248, 267 ff., 287, 318; **3** 543
– Korruptionsvermeidung **2** 212 ff.

Stichwortverzeichnis

- Nachhaltigkeitsrichtlinie für Zulieferer **2** 251 ff., 275 ff.
- Whistleblower-Hotline **2** 253, 337 ff.; *siehe auch Whistleblower-Hotline*

Compliance-Risikoaudit **2** 395; **3** 519
- externes **2** 428 ff.

Compliance-Risikomanagement **2** 75 ff., 168, 298, 338, 352, 393 ff.; **3** 454
- Abfrage **2** 79, 102, 135, 137 f., 162, 278, 325, 330, 364, 392 ff., 421 f., 424 f.
- Analyse **2** 432 ff., 451; **3** 462 ff., 483, 489 f., 492, 495, 519, 551; **4** 763 ff., 771
- Bewertung **2** 79 ff., 95 ff., 115, 412 ff., 435; **4** 707
- Fragebogen **2** 397, 404 f., 409, 416; **3** 463 ff., 470 ff., 490; **4** 672 f.
- Identifikation der Compliance-Risiken **2** 75, 77 ff., 87, 92, 115, 135, 373, 394 ff., 426, 428, 431 ff., 438 f., 461; **3** 479, 484, 488, 493; **4** 707, 711, 718, 724, 752, 756, 758
- Leermeldung **2** 398, 405, 410 ff., 416 ff., 435
- Themencluster **2** 413 ff., 435
- unbeantworteten Anfragen **2** 422 ff.

Compliance-Schulung **2** 21, 24, 83, 91, 95, 115, 128, 134 f., 148, 151, 159, 240, 244 ff., 288 ff., 330, 359, 383 ff., 405, 413 ff., 442 ff., 449; **3** 454, 478 ff., 532, 538 ff., 572 f., 579 f., 615, 628, 631 f., 637 f., 651, 680, 692 ff.; **4** 697, 704, 710 ff., 717 f., 726, 754, 763, 772; **5** 893, 900, 919, 967
- Basisschulung **2** 297 f., 302, 391; **3** 542, 545 ff., 555, 558, 561, 570 ff., 580 f., 584
- Betriebsrat **2** 297; **3** 542, 576, 598
- e-Learning **2** 305, 323
- für speziellen Mitarbeiterkreis **3** 570
- Geschäftsführung **2** 295 ff.
- Online-Schulung **2** 291, 309, 314, 322; **4** 711
- Präsenzschulung **2** 291, 305, 322, 541; **3** 584
- vertiefende Compliance-Schulungen **2** 318; **3** 544, 561 ff.
- Vorbereitung **2** 383 ff.
- Wiederholungsschulung **2** 25, 415; **3** 548 ff., 584, 694

Compliance-Strategie **2** 70 ff., 127
Compliance-Training *siehe Compliance-Schulung*
Compliance-Verstoß **1** 2; **2** 41, 70, 82 f., 91, 97, 106, 121, 132, 135 f., 142 ff., 155, 198, 228, 230, 232, 247, 290, 306 ff., 321, 329 f., 342 f., 349 ff., 371, 377, 418; **3** 604 ff., 630, 634, 638, 644, 659, 666, 680, 683, 689; **4** 711, 718, 720, 734, 748 ff., 756 f.; **5** 783 f., 826, 845, 895, 906, 910, 915, 950 f., 955, 969 f.
- Untersuchung, intern **4** 712 ff., 726, 752, 755 ff.; **5** 812, 845, 890, 914 ff.

Compliance-Zielvereinbarung **2** 24, 27, 95; **3** 478, 585, 591 ff., 613; **4** 741; **5** 893
Corporate Governance **2** 186

Corporate Social Responsibility *siehe auch UN Global Compact*; **2** 102; **3** 456, 643 ff., 657, 661, 663 f., 668, 678; **5** 938

D&O-Versicherung **5** 835
Datenschutz **2** 68, 79, 90, 183, 224, 230, 249, 340, 350, 398; **3** 484 f., 500, 603, 742 f.; **4** 812; **5** 877, 906
- Datenschutzbeauftragter **1** 4; **2** 49, 90, 224, 249; **4** 784; **5** 822, 852, 902, 957
- Datenschutzrichtlinie **2** 90, 249, 274, 287

dezentral **2** 163
Dokumentation **2** 25, 60, 65, 83, 93 ff., 115, 137 ff., 167, 184, 193, 205, 231 f., 235, 241, 255 f., 288, 321 ff., 334, 336, 347, 372, 387, 391, 418 ff., 436 ff.; **3** 611, 617 ff., 633, 640 ff., 677 ff., 685; **4** 709, 715, 733, 754, 756, 769; **5** 851, 898, 901, 935, 965

Due Diligence *siehe auch Geschäftspartnerprüfung*
- Compliance **4** 722 ff.
- Third Party **2** 280; **3** 497

Effizienz **3** 473, 502 f., 603, 641, 738, 762 ff.
- Kosteneffizienz **2** 390

Eigentum des Unternehmens **2** 222, 230
Einkauf **2** 219, 275, 292, 331, 400, 402, 418; **3** 542, 547, 559, 562, 566, 569, 601, 625, 679; **4** 718, 734, 767; **5** 818
Einladungen **2** 95, 260 ff., 285, 298, 322, 326, 384 f., 406, 413; **3** 484, 513, 517 f., 601, 603, 615, 661 f.; **4** 707; **5** 854, 917, 932
Entwicklungsabteilung *siehe Compliance Due Diligence*; **2** 31, 37, 225; **3** 562, 569
Europäischen Union **2** 164, 220, 338, 654 ff.
Exportkontrollbeauftragter **1** 4
Exportkontrolle **2** 220, 230, 254; **3** 484 f., 565, 569
- Exportkontrollbeauftragter **1** 4; **2** 49, 784

Fertigung **1** 7, 12, 16; **2** 37, 74, 76, 215, 437; **3** 495, 518, 557, 678, 684; **4** 763; **5** 856
Finanzabteilung **3** 496; **5** 881, 885 ff., 915, 918, 924, 927
Funktionalbereiche *siehe auch Finanz-, IT-, Kommunikations- Marketing-, Personal-, Rechts- und/oder Revisionsabteilung*; **2** 71 f.; **4** 709, 735; **5** 862 ff., 881 ff., 918 f.
Funktionalorganisation **5** 864 ff., 880

Garantenpflicht **5** 797 ff.
Geistiges Eigentum **2** 223, 230
Geldbuße **2** 212, 216 f.; **4** 659; **5** 829, 969
Geldstrafe **2** 212
Geschäftspartnerprüfung **4** 716 ff., 727, 758, 765
Geschäftsprozess **2** 39 ff., 40 ff., 45, 49 f., 69, 78 f., 83, 90 f., 95, 107, 115, 121, 145, 160, 168 ff., 252, 326, 377, 428, 431, 433, 436 ff.; **3** 459, 463 ff., 469, 471 f., 488, 546, 616 ff.,

Stichwortverzeichnis

640 ff.; **4** 707, 709 f., 723, 753 f., 757 f., 764 ff., 771, 776; **5** 883, 889, 894, 903 f., 913, 917 ff., 969
Geschäftsprozessbeschreibung **2** 69; **3** 436, 439, 618 ff., 642
Geschäftsprozessoptimierung **1** 17; **2** 83, 115, 160, 325, 436 ff., 642; **5** 889, 894
Geschenke **2** 261 f., 288, 298, 406, 413; **3** 481, 484, 513, 661 f.; **4** 707; **5** 917
Gesellschafterversammlung **2** 98; **3** 372, 391; **4** 734

Haftstrafe **2** 212; **5** 798
Haftung **2** 30, 44 ff., 49 ff., 290; **3** 568 f.; **5** 782 ff.
Handwerkskammer **5** 959
Hierachie, Hierachische Einordnung **2** 62; **3** 586, 591, 603, 608; **4** 737, 743; **5** 823, 841, 853, 855 ff., 864, 972
Hinweisgebersystem *siehe Whistleblower-Hotline*

Imageschaden **2** 101, 281; **3** 566; **5** 842
Incentivierung **3** 613; **4** 739 ff.
Industrie- und Handelskammer **5** 959
Integrität **2** 285 f., 376; **3** 500, 511, 589 f., 612, 660; **4** 751; **5** 947
Integritätsstrategie **3** 650
Interessenkonflikt **2** 218, 230; **5** 859
Interne Revisionsabteilung **2** 292, 331, 336; **3** 496, 542, 559; **4** 711, 715, 754 f.; **5** 797, 800, 849 f., 881, 892, 913 ff., 920, 973
Interne Untersuchung **4** 712 ff.
IT-Abteilung **2** 238, 398; **4** 764, 770; **5** 881, 902 ff.
IT-Infrastruktur **2** 225, 230

Joint Venture **2** 280; **4** 727

Kartell **2** 267 ff.
– Kartellamt **2** 121, 136; **5** 944
– Kartellrecht **2** 216, 298, 413; **3** 505, 513, 630 ff.; **5** 829, 907
Kartellprävention *siehe Compliance-Richtlinie Kartellprävention*
Kommunikationsabteilung **3** 529
Korruption *siehe Bestechung*
Kronzeugenregelung *siehe Bonusregelung*
Kunden **1** 7, 13; **2** 24, 35, 41, 94, 101 f., 108, 120, 122, 135 ff., 155, 171, 187 ff., 195, 207 ff., 223, 250, 258 f., 263, 269, 272, 277 ff., 288 ff., 292, 298, 308, 313, 321, 324, 386, 390; **3** 481, 484 f., 518, 560, 563, 591, 593, 609 ff., 629, 633, 659 ff., 665 ff.; **4** 716, 754; **5** 862, 899, 932, 938 ff., 962, 965, 969, 974
Kundenanforderungen **2** 137 ff

Legalitätspflicht **2** 11, 21, 125; **3** 468; **5** 792, 808, 811
Leitungsfunktion **5** 788

Lieferant **2** 102, 137 ff., 171, 186, 191, 219 ff., 230, 264, 275, 280 f.; **3** 484, 624, 656, 660, 667, 678, 680, 683 ff.; **4** 718, 758; **5** 969
Lieferantenaudit **1** 3; **2** 24, 101, 108, 120, 132, 135, 138 f., 240, 290, 298, 313, 321; **3** 455, 460, 611, 663, 665 ff.; **4** 701; **5** 938, 965, 969, 974
Lieferkettengesetz **2** 277; **3** 656
Lokale Compliance-Manager **2** 163, 357, 361 f.; **5** 872 ff.

Marketing **2** 242 ff.; **3** 518, 661 f.; **4** 697; **5** 933, 952 f., 969
– Marketing-Abteilung **2** 379; **3** 529; **5** 881, 896 ff, 918, 952, 956
Matrix-Organisation **5** 869 ff., 880
Mergers & Acquisitions (M&A) **4** 721 ff.
Mitbestimmung **2** 199, 230 ff.; **5** 812

Nachhaltigkeit *siehe Corporate Social Responsibility*
Nachhaltigkeitsrichtline für Zulieferer **2** 275

Ordnungswidrigkeitenrecht **2** 298; **4** 702; **5** 783, 794, 820 ff., 826, 830

Personalabteilung **2** 49, 292, 318, 323, 384, 391, 398; **3** 559, 585 ff., 600 ff.; **5** 810, 816, 893 ff., 918, 973
Personalauswahl **3** 586 ff.; **5** 894
Preisabsprache *siehe Kartell*
Presse **2** 91, 376 f.; **3** 497, 499, 502, 513; **5** 899, 951 ff.
Produktion *siehe Fertigung*

Qualitätsmanager **1** 5

Rechtsabteilung **1** 6; **2** 293, 331; **4** 738; **5** 881, 892, 907 ff.
Rechtsanwälte **2** 74, 146, 256, 280, 305, 315, 322, 345; **3** 536; **5** 907 ff., 922, 928 ff., 962
Red Flags **2** 286; **4** 718
Reputation *siehe Imageschaden*
Ressourcen **2** 75, 82, 112, 118, 207, 226, 431; **3** 551; **4** 707, 711, 715, 728 ff., 735 ff., 746, 752, 774; **5** 817 f., 882, 963 ff.

Sanktionen **2** 63, 95, 106, 212, 216, 228, 232, 260, 269 f., 330; **3** 585, 604 ff., 659; **4** 704, 711, 739 f., 758; **5** 805, 820, 893, 895, 910, 947
Sarbanes-Oxley Act (2002 USA), SOX **2** 32
Schadensersatz **2** 216, 228, 269; **3** 567, 607, 659; **5** 783, 794 ff., 826, 829
Siemens/Neubürger Entscheidung **5** 787
Social Media **5** 950, 954 ff., 962
Spartenorganisation **5** 862 ff.; **6** 880
Stab-Linien-Organisation **5** 866 ff., 880
Steuerrecht **2** 145, 220, 230, 417; **3** 618; **5** 885 ff.

Stichwortverzeichnis

Tax Compliance *siehe Steuerrecht*
Third Party Due Diligence *siehe Due Diligence*
Tochtergesellschaft *siehe auch Auslandsgesellschaft*; **2** 199, 358 f.; **4** 709, 754; **5** 870 f.
tone from the top *siehe auch Verhaltenskodex*; **2** 61, 133, 194
Transparenz **2** 34, 83, 107; **3** 631, 635; **5** 964, 969

Umweltschutz **2** 175, 181, 226, 340; **3** 679
Umweltschutzbeauftragter **1** 4 f.
UN Global Compact **2** 176 ff., 210, 230, 275; **3** 656, 663 f., 675
Unternehmenskultur **2** 386; **3** 526; **5** 856
Unternehmenszentrale **2** 304, 354; **5** 869, 871, 876

Verhaltenskodex **2** 24, 65 ff., 115, 127, 133, 135, 137, 148, 150 f., 159, 171 ff., 251, 256, 266, 275 ff., 287 f., 290, 323, 392, 442, 449; **3** 460, 478, 664, 677, 690, 692; **4** 704, 708, 724, 739, 772; **5** 897, 909, 967
Vertriebsagent **2** 93, 281, 286; **4** 707

Vertriebsvermittler **4** 716

Wertschöpfungskette **2** 31, 428, 431
Wettbewerbsrecht *siehe Kartellrecht*
Wettbewerbsvorteil **2** 108, 243; **3** 504
Whistleblower-Hotline *siehe auch Compliance-Richtlinie, Whistleblower-Hotline*; **2** 164 f., 170, 227, 229, 253, 326, 337 ff.; **3** 496 f., 536, 546; **4** 713 ff., 726; **5** 877; *siehe Hinweisgebersystem*
Wiederholungsschulung *siehe Compliance-Schulung*
Wirtschaftsprüfer **2** 100; **5** 886, 915, 924 ff., 962

Zentralbereiche *siehe Zentrale*
Zielvereinbarung *siehe Compliance-Zielvereinbarung*
Zivilrechtliche Haftung *siehe Schadensersatz*
Zollagent **2** 250, 281, 286; **4** 716, 720
Zollrecht **2** 91, 145, 220, 230; **4** 684, 716, 944, 962
Zulieferer *siehe Lieferant*